思想的・睿智的・獨見的

經典名著文庫

學術評議

丘為君　吳惠林　宋鎮照　林玉体　邱燮友
洪漢鼎　孫效智　秦夢群　高明士　高宣揚
張光宇　張炳陽　陳秀蓉　陳思賢　陳清秀
陳鼓應　曾永義　黃光國　黃光雄　黃昆輝
黃政傑　楊維哲　葉海煙　葉國良　廖達琪
劉滄龍　黎建球　盧美貴　薛化元　謝宗林
簡成熙　顏厥安（以姓氏筆畫排序）

策劃　楊榮川

五南圖書出版公司 印行

經典名著文庫

學術評議者簡介（依姓氏筆畫排序）

- 丘為君　美國俄亥俄州立大學歷史研究所博士
- 吳惠林　美國芝加哥大學經濟系訪問研究、臺灣大學經濟系博士
- 宋鎮照　美國佛羅里達大學社會學博士
- 林玉体　美國愛荷華大學哲學博士
- 邱燮友　國立臺灣師範大學國文研究所文學碩士
- 洪漢鼎　德國杜塞爾多夫大學榮譽博士
- 孫效智　德國慕尼黑哲學院哲學博士
- 秦夢群　美國麥迪遜威斯康辛大學博士
- 高明士　日本東京大學歷史學博士
- 高宣揚　巴黎第一大學哲學系博士
- 張光宇　美國加州大學柏克萊校區語言學博士
- 張炳陽　國立臺灣大學哲學研究所博士
- 陳秀蓉　國立臺灣大學理學院心理學研究所臨床心理學組博士
- 陳思賢　美國約翰霍普金斯大學政治學博士
- 陳清秀　美國喬治城大學訪問研究、臺灣大學法學博士
- 陳鼓應　國立臺灣大學哲學研究所
- 曾永義　國家文學博士、中央研究院院士
- 黃光國　美國夏威夷大學社會心理學博士
- 黃光雄　國家教育學博士
- 黃昆輝　美國北科羅拉多州立大學博士
- 黃政傑　美國麥迪遜威斯康辛大學博士
- 楊維哲　美國普林斯頓大學數學博士
- 葉海煙　私立輔仁大學哲學研究所博士
- 葉國良　國立臺灣大學中文所博士
- 廖達琪　美國密西根大學政治學博士
- 劉滄龍　德國柏林洪堡大學哲學博士
- 黎建球　私立輔仁大學哲學研究所博士
- 盧美貴　國立臺灣師範大學教育學博士
- 薛化元　國立臺灣大學歷史學系博士
- 謝宗林　美國聖路易華盛頓大學經濟研究所博士候選人
- 簡成熙　國立高雄師範大學教育研究所博士
- 顏厥安　德國慕尼黑大學法學博士

經典名著文庫063

論法的精神（下卷）

孟德斯鳩（Montesquieu） 著
許明龍 譯

經典永恆・名著常在

五十週年的獻禮・「經典名著文庫」出版緣起

總策劃 楊榮川

五南，五十年了。半個世紀，人生旅程的一大半，我們走過來了。不敢說有多大成就，至少沒有凋零。

五南忝爲學術出版的一員，在大專教材、學術專著、知識讀本出版已逾壹萬參仟種之後，面對著當今圖書界媚俗的追逐、淺碟化的內容以及碎片化的資訊圖景當中，我們思索著：邁向百年的未來歷程裡，我們能爲知識界、文化學術界做些什麼？在速食文化的生態下，有什麼值得讓人雋永品味的？

歷代經典・當今名著，經過時間的洗禮，千錘百鍊，流傳至今，光芒耀人；不僅使我們能領悟前人的智慧，同時也增深加廣我們思考的深度與視野。十九世紀唯意志論開創者叔本華，在其〈論閱讀和書籍〉文中指出：「對任何時代所謂的暢銷書要持謹慎的態度。」他覺得讀書應該精挑細選，把時間用來閱讀那些「古今中外的偉大人物的著作」，閱讀那些「站在人類之巔的著作及享受不朽聲譽的人們的作品」。閱讀就要「讀原著」，是他的體悟。他甚至認爲，閱讀經典原著，勝過於親炙教誨。他說：

「一個人的著作是這個人的思想菁華。所以，儘管一個人具有偉大的思想能力，但閱讀這個人的著作總會比與這個人的交往獲得更多的內容。就最重要的方面而言，閱讀這些著作的確可以取代，甚至遠遠超過與這個人的近身交往。」

爲什麼？原因正在於這些著作正是他思想的完整呈現，是他所有的思考、研究和學習的結果；而與這個人的交往卻是片斷的、支離的、隨機的。何況，想與之交談，如今時空，只能徒呼負負，空留神往而已。

三十歲就當芝加哥大學校長、四十六歲榮任名譽校長的赫欽斯（Robert M. Hutchins, 1899-1977），是力倡人文教育的大師。「教育要教眞理」，是其名言，強調「經典就是人文教育最佳的方式」。他認爲：

「西方學術思想傳遞下來的永恆學識，即那些不因時代變遷而有所減損其價值的古代經典及現代名著，乃是眞正的文化菁華所在。」這些經典在一定程度上代表西方文明發展的軌跡，故而他爲大學擬訂了從柏拉圖的《理想國》，以至愛因斯坦的《相對論》，構成著名的「大學百本經典名著課程」。成爲大學通識教育課程的典範。

歷代經典・當今名著，超越了時空，價値永恆。五南跟業界一樣，過去已偶有引進，但都未系統化的完整舖陳。我們決心投入巨資，有計畫的系統梳選，成立「經典名著文庫」，希望收入古今中外思想性的、充滿睿智與獨見的經典、名著，包括：

- 歷經千百年的時間洗禮，依然耀明的著作。遠溯二千三百年前，亞里斯多德的《尼各馬科倫理學》、柏拉圖的《理想國》，還有奧古斯丁的《懺悔錄》。
- 聲震寰宇、澤流遐裔的著作。西方哲學不用說，東方哲學中，我國的孔孟、老莊哲學，古印度毗耶娑（Vyāsa）的《薄伽梵歌》、日本鈴木大拙的《禪與心理分析》，都不缺漏。
- 成就一家之言，獨領風騷之名著。諸如伽森狄（Pierre Gassendi）與笛卡兒論戰的《對笛卡兒沉思錄的詰難》、達爾文（Darwin）的《物種起源》、米塞斯（Mises）的《人的行爲》，以至當今印度獲得諾貝爾經濟學獎阿馬蒂亞・

森（Amartya Sen）的《貧困與饑荒》，及法國當代的哲學家及漢學家余蓮（François Jullien）的《功效論》。

梳選的書目已超過七百種，初期計劃首爲三百種。先從思想性的經典開始，漸次及於專業性的論著。「江山代有才人出，各領風騷數百年」，這是一項理想性的、永續性的巨大出版工程。不在意讀者的眾寡，只考慮它的學術價值，力求完整展現先哲思想的軌跡。雖然不符合商業經營模式的考量，但只要能爲知識界開啓一片智慧之窗，營造一座百花綻放的世界文明公園，任君遨遊、取菁吸蜜、嘉惠學子，於願足矣！

最後，要感謝學界的支持與熱心參與。擔任「學術評議」的專家，義務的提供建言；各書「導讀」的撰寫者，不計代價地導引讀者進入堂奧；而著譯者日以繼夜，伏案疾書，更是辛苦，感謝你們。也期待熱心文化傳承的智者參與耕耘，共同經營這座「世界文明公園」。如能得到廣大讀者的共鳴與滋潤，那麼經典永恆，名著常在。就不是夢想了！

二〇一七年八月一日　於

五南圖書出版公司

總目次

【上卷】論法的精神

第一編

【下卷】

第五編

第六編

目次

第五編

第二十六章　法與它所規定的事物秩序的關係

第五編

第二十四章　法與各國宗教儀規和宗教本身的關係

茫茫黑暗之中，我們能夠辨認哪裡比較明亮；眾多的深淵之中，我們亦能夠辨認哪個深淵比較淺。同樣，我們也可以在眾多的錯誤宗教中，尋找那些最符合社會福祉的宗教，那些雖然不能把人引向極樂的來世，卻最能幫助人獲得今生幸福的宗教。

所以，我對世界上各種宗教的審視，僅僅著眼於它們能爲生活在塵世中的人帶來什麼福祉，無論它們源自天上還是來自人間。

第一節　泛論宗教

我是作爲一個政治著作家，而完全不是作爲神學家撰寫本書的，所以，書中可能會有一些東西，只有用塵世俗人的眼光去看，才顯得完全眞實，因爲，我並未把它們與更高的眞理聯繫起來考慮。

至於眞正的宗教，只需稍有一點公正心就可以發現，我從未試圖讓宗教利益屈從於政治利益，而是試圖讓兩者彼此結合，然而，要想做到這一點，首先必須認識和了解它們。

毫無疑問，要人們相親相愛的基督教，希望每個民族都有最佳政治法和最佳公民法，因爲除了宗教以外，這些法律就是人們能夠給予和獲得的最大福祉。

第二節　培爾先生的悖論

培爾先生聲稱，他能證明，與其做一個偶像崇拜者，不如做一個無神論者，換句話說，與其信奉一種不良宗教，不如什麼教也不信[1]。他寫道：「我情願讓人說我這個人並不存在，也不願讓人說我是一個壞人。」這只是一種詭辯，其依據是：對人類來說，相信某人存在毫無用處，反之，相信上帝存在卻非常有用。如果認爲上帝並不存在，就會以爲可以不受約束、爲所欲爲，如果沒有上帝存在的觀念，那就會萌發叛逆念頭。如果因爲宗教並非時時刻刻都在發揮約束作用而斷言它不是一種約束因素，那就等於斷言公民法也不是約束因素。在一部卷帙浩繁的著作中羅列宗教引發的種種弊端，以此作爲反對宗教的理由，卻不羅列宗教帶來的好處，這種推理方法是不可取的。若是把世界上的公民法、君主政體和共和政體所產生的一切弊端羅列出來，一件件無不駭人聽聞。即使宗教對於臣民們沒有用處，對於君王們也不會沒有好處，因爲那些不怕人類法律的人只受一種約束，而這種約束就像是馬嚼子，所以，以白沫清洗馬嚼子不會沒有好處[2]。

一個既熱愛又畏懼宗教的君主猶如一頭獅子，對於撫摸它的手和安撫它的吆喝，馴服而又聽話。畏懼而又憎恨宗教的人猶如困獸，拚命撕咬防止它傷害路人的鐵鍊。完全不信教的人猶如可怕的動物，只有當它撕咬和吞噬獵物時才感到自由。

對於某個人或某個民族來說，問題不在於弄明白，是根本不信教好還是過度信賴宗教好，而是要知道哪個害處少，是過度信賴宗教呢，還是根本不信教。

爲了減輕無神論的可怖程度，人們對偶像崇拜的攻擊有些過頭。古人在社壇供奉某些惡神，並不意味著他們喜愛惡神，恰恰相反，這意味著他們仇恨惡神。斯巴達人建廟供奉恐懼之神，並不意味著這個好戰的民族祈求恐懼之神在戰鬥中奪走斯巴達人的膽量。人們向一些神明祈求，爲的是不要激勵罪惡，而向另一些神明祈求，則是爲了遠離罪惡。

第三節 寬和政體宜於基督教，專制政體宜於伊斯蘭教

基督教與不折不扣的專制主義相去甚遠，因爲，《福音書》既然竭力提倡仁愛，基督教當然反對君主以專制淫威判案定罪和濫施暴虐。

基督教禁止妻妾成群，君主因而較少幽居後宮，較少與臣民隔離，因而比較有人性。他們更願意制定法律，更能夠意識到自己並非萬能。

伊斯蘭教的君主們不斷殺人，也不斷被殺，基督教則使君主們不那麼怯懦，因而也就不那麼殘忍。君主依賴臣民，臣民仰仗君主。眞是妙極了！彼岸世界的福祉似乎是基督教的唯一追求，可是它卻也爲今生帶來了幸福。

儘管衣索比亞國土遼闊，氣候惡劣，基督教依然成功地阻止了專制主義在那裡落地生根。基督教還爲非洲腹地送去了歐洲的習俗和法律。

衣索比亞的一位王儲擁有一個公國，爲其他臣民提供了仁愛和順從的榜樣。就在王儲的公國不遠處，伊斯蘭教徒把塞納爾[3]國王的幾位王子監禁起來；國王死後，樞密院爲扶植繼位者登基，派人掐死了被監禁的那幾位王子[4]。

這一邊，希臘和羅馬的首領們不斷大肆屠殺，那一邊，帖木兒和成吉思汗恣意蹂躪亞洲，毀滅民族和城池。我們只要睜眼看一看那些首領的所作所爲，就能知道我們如何受益於基督教，在治國方面我們享有

一定的政治權，在戰爭中我們享有某種萬民法規定的權利，人類的本性對這些權利無論怎樣表示感謝都不爲過。

在我們當中，正是萬民法給被征服的人民留下了以下這些重要的東西：生命、自由、法律、財產，只要被征服者自己不糊塗，他們的宗教也總是得到保護。

可以說，與當年變成專制和黷武後的羅馬帝國相比，今天的歐洲人民並非更不團結，人民如此，軍隊也如此；當時的軍隊與今天的軍隊相比，情況也是這樣，一方面，當時各國的軍隊相互攻擊，戰事不斷；另一方面，當時的軍隊被允許劫掠城市，瓜分或沒收土地。

第四節　基督教和伊斯蘭教的特徵造成的後果

鑒於基督教和伊斯蘭教的特徵，我們無須詳加審視，就應該皈依前者而唾棄後者。因爲在我們看來，一種宗教能否敦化民俗，無論如何總比一種宗教是否是眞教來得明顯。

一種宗教如果是由征服者傳入的話，那就是人性的不幸。伊斯蘭教建立在破壞精神之上，一味崇尚利劍，至今依然在以這種精神影響人。

牧人之王薩巴卡[5]的歷史令人讚歎[6]。底比斯的神明出現在他的夢中，命令他殺死埃及的所有祭司。他據此斷定，他當國王已經不再讓神明高興，否則，神明不會讓他做此類與神明通常的意願背道而馳的事情，於是，他隱退到衣索比亞去了。

第五節　天主教宜於君主政體，新教宜於共和政體

在一個國家中產生和成長的宗教，通常總是緊跟那個國家的政體走向的，因為，無論是信奉這種宗教的人或是傳播這種宗教的人，除去他們生活在其中的那種政體之外，他們對於其他政體所知甚少。

兩個世紀之前，基督教不幸分裂為天主教和新教，北方民族皈依了新教，而南方民族則依然信奉天主教。

這是因為，北方民族不但現在具有而且將永遠具備一種獨立和自由的精神，而南方民族則不具備這種精神；再者，領袖地位不突出的宗教，比較適合因氣候條件而養成的獨立精神，而對於領袖地位突出的宗教來說，獨立精神就不那麼合適。

建立了新教的那些國家，在國家政治層面上也進行了一些變革。路德雖然獲得了一些君主的支持，可是，新的宗教倘若沒有堂皇的外表，他也很難讓這些君主接受教會的權威。不過，支持加爾文的是共和國中的民眾或是君主國中默默無聞的小市民，所以，他大可不必搞那些堂皇的外表和顯赫的職位。

這兩個宗教派別都可以自詡盡善盡美，加爾文派認為自己最符合耶穌基督的教誨，而路德派則認為自己最符合使徒們的行為。

第六節　培爾先生的又一個悖論

培爾先生咒罵了所有宗教之後，又對基督教大加斥伐，他竟然聲稱，真正的基督教徒倘若組成一個國家，這個國家就不可能生存下去。為什麼不可能？那將是一批對於自己的義務了然於胸的公民，他們具有極大的熱情去履行自己的義務；他們對於天賦的自衛權利有強烈的感受，越是覺得自己受惠於宗教，就越

是覺得自己沐澤於祖國。深深地銘刻在他們心中的基督教教義，具有無比強大的力量，遠遠勝過君主政體下虛僞的榮寵、共和政體下人類的美德以及專制國家中卑劣的畏懼。

這位大名鼎鼎的人物由於不了解自己所信奉的那個宗教的精神，不懂得區分建立基督教所需的神品和基督教本身，不懂得區分《福音書》中的戒律和勸導，因而受到指責，這讓人頗感震驚。立法者之所以不制定法律而進行勸導，那是因爲他們發現，如果把這些勸導作爲法律頒布的話，就會違背法的精神。

第七節　宗教中的完美法律

人類的法律是用來指導精神的，所以，法律應該給予人們以戒律而不是勸導。宗教是用來指導心靈的，所以宗教給予人們的勸導應該很多，而戒律則應該很少。

比方說，宗教設定一些規矩，不是爲了好，而是爲了最佳，不是爲了善，而是爲了至善，因而，只有當這些規矩是勸導而不是戒律時方才合適。因爲，不能指望每個人和每件事都能達於至善。況且，如果這些規矩是法律而不是勸導，那就需要許許多多其他法律來保證這些法律得到遵守。基督教勸人獨身，當這種勸導成爲某一類人必須遵守的法律後，就得每天制定新的法律，迫使這類人遵守獨身的法律[7]。立法者如果把熱愛至善的人眼中的勸導當作戒律來實現，那他就不但會使自己疲憊不堪，也會讓社會不勝其煩。

第八節　道德法規與宗教法規的一致性

一個國家所信奉的宗教，倘若不幸不是上帝賜予的那種宗教，那就始終需要設法讓宗教與道德保持一致。因爲，宗教——哪怕是僞宗教——是爲人正直誠實的最佳保證。

勃固人所信奉的宗教的主要教義是：不殺、不偷、不做下流無恥的事、不做任何讓眾人不快的事，反之，要竭盡全力爲眾人做一切好事。他們相信，能做到這些的人，不論信奉什麼宗教，都能得到拯救。正因爲如此，勃固人民儘管既貧且傲，卻都以慈愛和同情之心對待不幸的人。

第九節　猶太苦修派

猶太苦修派[8]發誓以公正待人，即使奉他人之命也不加害於任何人，他們憎恨不義，對所有的人恪守誠信，以謙和的態度發號施令，永遠站在眞理一邊，面對不義之財避而遠之。

第十節　斯多葛派

古代的各種哲學派別可以看作是不同的宗教。沒有任何一個哲學派別的原則比斯多葛派更無愧於人類，更能培養好人。假若我能在一瞬間忘掉自己是基督教徒，我就會把芝諾學派[9]的毀滅列爲人類的一大災難。

這個學派做得過頭的只是那些包含偉大因素的事，那就是蔑視快樂和痛苦。

唯有斯多葛派懂得培養公民，唯有斯多葛派培育了偉人，造就了偉大的帝王。

暫且把神啓眞理擱置一邊，去到萬物中尋找，你絕對找不到比兩位安托尼烏斯乃至尤利安更偉大的人物。尤利安，就是這個尤利安（儘管我不得不認可尤利安，但絕不會成爲他背棄宗教行徑的同謀），在他之後，再也沒有一個比他更配做統治萬民的君主了。

斯多葛派雖然把財富、人世間的顯赫、痛苦、憂傷和愉悅視爲虛無，可是，他們全力以赴的卻是爲人類謀福，盡社會義務。看來，他們是把確信自身所具有的那種神聖精神，視爲一種關愛著人類的神明。他們爲社會而生，每個人都相信自己的命運就是爲人類效力，爲社會效力並不是一種負擔，因爲他們所得到的全部報酬就在他們自己的內心裡，唯有他們的哲學能使他們幸福，唯有他人的幸福能增加他們自己的幸福。

第十一節　靜修

人生來就要傳宗接代，就要吃飯穿衣，就要從事一切社會活動，所以，宗教不應讓人過一種過於靜修的生活[10]。

穆斯林的沉思是習慣使然，他們每天祈禱五次，每次祈禱都要做出表示，把塵世間的一切拋諸腦後，這就使他們養成了沉思的習慣。此外，他們對一切事物都持冷漠態度，這是因爲教義告訴他們，命運難以抗拒。

倘若此外還有其他因素進一步促成他們的超然態度，比方說，苛政和有關地產權的法律給他們一種不穩定感，那就一切都完了。

祆教曾把波斯治理得欣欣向榮，消除了專制主義的種種弊害，可是，伊斯蘭教如今又把這個帝國摧毀了。

第十二節　苦行

苦行不該與怠惰而應與勤奮的思想相結合，不應與非凡而應與善良的思想相結合，不應與貪婪而應與節儉的思想相結合。

第十三節　不可補贖的罪行

被西塞羅引述的一段高級僧侶的論述[11]表明，羅馬人中間曾經有過不可補贖的罪行[12]，正是在這一點上，索西穆斯巧妙地編造故事，用來詆毀君士坦丁皈依的動機，尤利安在他的《諸王傳》中也據此對君士坦丁的皈依進行辛辣的嘲諷[13]。

異教僅僅禁止若干重大罪行，它只管手而不管心，所以，異教徒可能犯下不可補贖的罪行。可是，有一種宗教[14]不可能有不可補贖的罪行。這種宗教抑制一切情欲，對行動與對欲望和思想同樣小心翼翼；它不是用幾條鏈子而是用無數細繩把我們拴住；它把人類的公理置於一邊，而另立一種公理；它的使命是不斷地把我們從悔引導到愛，又從愛引導到悔；它在審判者和罪人之間設置一個中間人，在遵守教規的人和中間人之間設置一個偉大的審判者。然而，儘管它把恐懼和希望給予所有的人，它依然讓人充分地意識到，雖然沒有一種罪行因其性質而是不可補贖的，但整個生命卻可能是不可補贖的，不斷地以新的罪行和新的補贖去折磨天主的仁慈，那是極端危險的；既然我們欠著上帝的債，而且因從未還清而憂心忡忡，那麼，我們就應該擔心舊債未還又添新債，千萬別把事情做絕，不要一直走到慈父不再寬恕的終點。

第十四節　宗教如何對世俗法律產生影響

宗教和世俗法律的主要目標都應是使人成爲好公民。如果其中一個偏離了這個目標，另一個就更應堅持這個方向。凡是宗教較少加以約束的地方，世俗法律就應嚴加約束。

以日本爲例，由於那裡占主導地位的宗教幾乎毫無教義可言，既不講天堂也不講地獄，爲彌補這一欠缺，法律不但制定得十分嚴厲，而且執行得一絲不苟。

宗教的教義如果認定人的行動受命運支配，那麼，法律規定的懲罰就應嚴厲，治理者就應時時保持警覺，使那些沒有管束就放縱自己的人受到約束。不過，倘若宗教確立的是自由的教義，那就另當別論。

伊斯蘭教的宿命論源自精神的懶惰，而宿命論反過來又導致精神的懶惰。有人說，這是眞主在聖諭中規定的，我們無須行動。在這種情況下，應該用法律去喚醒沉睡在宗教中的人。

如果宗教譴責應該爲世俗法律所許可的某些事，而世俗法律卻許可應該被宗教譴責的某些事，那就很危險了；因爲這種情況表明，和諧與公正的觀念始終缺失，這種缺失會從一方蔓延到另一方。

試以成吉思汗的韃靼人[15]爲例，在他們看來，把刀子扔進火裡，把身子靠在鞭子上，用轠繩打馬，用骨頭擊碎另一塊骨頭，這些都是罪行，甚至是重大罪行；可是，背信棄義、搶掠財物、傷人殺人，這些卻都不構成罪行。總而言之，如果法律把無關痛癢的小事看做大事，那就會產生一種弊害，即把大事看成無關痛癢的小事。

臺灣人相信有一種地獄[16]，不過，這個地獄是用來懲罰以下這些人的：在某些季節中沒有赤身裸體的人、不穿絲綢而穿布衣的人、拾牡蠣的人、做事之前不先問卜於小鳥的人。所以，他們不但不把酗酒和調戲婦女視爲罪惡，甚至反而認爲，子女們的放蕩行爲能博得神明的歡心。

法律如果寬恕一個偶發事件，它就會因此而無謂地失去對人的最大推動力。印度人相信，恆河水具有聖化的效能[17]，死在恆河岸邊的人可以免受陰間的酷刑，並且可以居住在極樂淨土。因此，印度人從偏僻的角落把裝有骨灰的罈子帶到恆河邊上，投入河中。生前是否品德高尚又有何妨？只要死後讓人扔進恆河就行了。

既然相信有一個能得到好報的地方，自然就會相信也有一個會受到懲罰的地方。倘若希望得到好報卻並不懼怕受到懲罰，世俗法律就無計可施了。對於確信自己能在陰間過好日子的人，立法者是無能爲力的，他們根本不把死亡當作一回事。倘若有人確信，官員給他的最重刑罰之日，正是他好日子開始之時，法律又有什麼辦法去約束這樣的人呢？

第十五節　世俗法律有時如何修正僞宗教的謬誤

出於對古代事物的崇拜，由於頭腦簡單或是迷信，人們有時候會創制一些有傷貞操的神祕祭禮或儀式，世界上不乏其例。亞里斯多德說[18]，在這種情況下，法律准許家長代替自己的子女和妻子前去神廟參加祭禮。這項法律眞不錯，它抵禦了宗教對風尚的侵害。

奧古斯都禁止男女青年參加任何在夜間舉行的祭禮[19]，除非有年長的親屬陪同；他恢復牧神節[20]後，禁止青年男女在節日裡裸體奔跑[21]。

第十六節　宗教法律如何修正政治體制的弊害

另一方面，當法律軟弱無力時，宗教可以發揮支撐國家的作用。

比如，當一個國家因內戰頻仍而動盪不安時，宗教如果能使這個國家的某一部分始終處於安定狀態，那就相當了不起。希臘的埃利亞人[22]作為阿波羅的祭司，享受著持久的和平；在日本，京都始終沒有遭受戰亂[23]，因為宗教把維持這座聖城的和平定為必須遵守的規矩；日本似乎是世界上獨一無二的國家，國內的商業從不因戰爭而毀滅，所以它既沒有也不歡迎任何來自外國的資源。

在有些國家裡，未經公眾討論就打起仗來，法律也沒有任何辦法制止或防止戰爭，宗教在這種情況下就可以確定一個和平或休戰時期，以便讓人民去完成那些必須做的事，例如播種以及類似的工作，否則國家就無法繼續生存。

在阿拉伯部落中，每年有四個月停止一切敵對行動[24]，最小的騷亂也被視為褻瀆神明。法國的領主們隨意開戰或停戰，宗教卻規定在某些季節裡必須休戰。

第十七節　續前題

一個國家若有許多記仇的理由，宗教就應提供許多和解的途徑。阿拉伯這個強盜民族，經常做一些相互傷害、彼此不公正的事。穆罕默德定下一條法規[25]：「有人如果寬宥了殺害兄弟的壞人[26]，可以要求壞人支付賠償及利息；但是，如果接受賠償之後還傷害壞人，那就會在審判日受到酷刑的懲罰。」

在日耳曼人中，親人的仇恨和敵意一代一代傳襲，但並非傳之永久。一定數量的牲畜可以抵消殺人之仇，被害人全家都會對此感到滿意。塔西佗就此寫道[27]：「這種做法非常有用，因為對於一個自由的民族來說，敵意相當危險。」我相信，在這些人中間享有巨大威望的神職人員，肯定參與了調解。

馬來人沒有建立起這種調解機制[28]，殺人者確信自己定會被死者的親友殺死，於是放縱自己的狂暴，逢人便傷，逢人便殺。

第十八節　宗教法律如何發揮世俗法律的效力

希臘人最早是一些散居各地的小部落，在海上當海盜，在陸地上胡作非爲，無人管理，也沒有法律。海克力士和忒修斯的英勇功績[29]反映了這個新生民族當時的狀況。除了激起人們對凶殺的恐懼之外，宗教還能做些什麼呢？他告訴人們，被暴力殺害的那個人的憤怒首先使殺人者感到不安和恐怖，接著，他還要殺人者把他以前經常光顧的地方讓給他[30]；人們既不能接觸罪犯，也不能同他談話，否則就會沾染鮮血，並且失去以遺囑安排遺產的資格[31]；凶手應該被逐出城外，他的罪行應該得到淨化[32]。

第十九節　教義對世俗狀態中的人有利或有害，在於教義的濫用與否，而不在於其真僞

即使是最眞實和最聖潔的教義，如果不與社會原則相結合，也會產生非常惡劣的後果；反之，即使是最虛假的教義，如果能與社會原則相結合，也能產生美妙的後果。

孔子的教義否認靈魂不死[33]，芝諾學派不相信靈魂。誰會想到，佛教和芝諾學派從它們的虛假原則中引申出來的結論，雖然不正確，卻非常有益於社會。

佛教和道教相信靈魂不死，可是，從如此聖潔的教義中，人們竟然引申出一些駭人的結論來。

靈魂不死的說法由於被人作了錯誤的理解，在世界各地和各個時代，都誘使一些婦女、奴隸、臣民和朋友走上了自殺之路，到陰間去爲自己所敬佩和熱愛的對象服務。東印度人如此，丹麥人亦然[34]；直至今日，在日本[35]，在望加錫[36]，在世界許多其他地方，都依然如此。

這種習俗並非直接來自靈魂不死的教義，而主要是來自肉體死而復活的教義。從這種教義引申出的結論是，同一個人死後的需求、感情欲望與生前一模一樣。從這個角度看，靈魂不死的教義對人產生的影響非同小可，因爲，在一般人看來，調換一個住所要比重新建造一個容易得多，因而比較容易讓人欣然接受。

對於一個宗教來說，僅僅確立一種教義還不夠，還要加以指導。基督教在我們所說的教義方面就做得非常出色。基督教讓我們寄以希望的，是我們所相信的未來狀態，而不是我們所感受到的或所了解的當前狀態。包括死而復活在內的一切，都將我們引向神靈觀念。

第二十節　續前題

波斯人的聖書寫道：「如果你想成爲聖人，那就教育你的孩子，因爲，他們將來所做的一切都將歸功於你[37]。」聖書勸導人們早婚，因爲到了末日審判時，子女將是一座橋，沒有子女的人就過不去。這些教義雖然虛假，卻非常有用。

第二十一節　輪迴

靈魂不死的教義有三種說法，一爲不死說，二爲更換住所說，三爲輪迴說，分別是基督教的說法、斯基泰人的說法和印度人的說法。剛才談到了頭兩種說法，現在要談的是第三種說法。我認爲，輪迴說在印度的導向有好有壞，因此，其效果也有好有壞。輪迴說使人憎惡流血，因而印度極少發生凶殺事件；儘管幾乎沒有人被處以死刑，所有人卻都安分守己。

另一方面，婦女自焚以殉夫，這說明，受暴死之苦的偏偏是那些無辜的人。

第二十二節　宗教若教人憎惡無關緊要的事物，那就十分危險

宗教偏見造成的榮耀感使印度的各個種姓彼此憎惡。宗教是這種榮耀感的唯一基礎，種姓不同並不構成公民身分上的差別，有的印度人覺得與國王同席進餐是有失體面的事。

這種差別與對他人的某種厭惡有關，與因社會地位的差異而產生的感情截然不同，我們歐洲人的這種感情包含著對下層人民的憐愛。

除了鄙視邪惡，宗教法律應該避免激勵人們鄙視其他事物，尤其不應使人遠離對他人的愛憐。

穆斯林和印度的宗教信徒多得難以計數。穆斯林因爲食用牛肉而遭印度人憎恨，印度人則因食用豬肉而遭穆斯林憎恨。

第二十三節　節日

宗教在規定某日停止工作時，首先應予考慮的是人們的需求，其次才是敬奉對象的崇高偉大。雅典的節日過多是一大弊端[38]。希臘的所有城市都把它們的糾紛提交給統治整個希臘的雅典人民解決，雅典人實在忙不過來。

君士坦丁規定星期天停工歇業，不過，這項規定僅實施於城市[39]，而不實施於鄉村。他認爲，勞動在城市裡是有益的活動，而在鄉村中，勞動則是必不可少的活動。

基於同樣理由，在以貿易爲生的國家中，節日的多寡應與貿易相適應。由於新教國家和天主教國家的地理位置不同[40]，前者對勞動的需求大於後者，所以，取消節日對於新教國家來說比較合適，而對於天主教國家來說就不那麼合適。

唐比埃指出，各國人民的娛樂因氣候不同而大異其趣[41]。炎熱地帶盛產美味的水果，蠻人不費力氣就可獲得生活的必需，因而有較多時間進行娛樂。寒冷地帶的印第安人要不斷地捕魚狩獵，沒有多少閒暇，所以他們的舞蹈、音樂和宴飲都比較少。建立在他們那裡的宗教在做出有關節日的規定時，應該對此有所考慮。

第二十四節　地方性宗教的法律

各種宗教都有許多地方性法律。莫采蘇馬[42]堅持認爲，西班牙人的宗教適合西班牙，墨西哥的宗教適合他的國家。他的話絕非謬說，事實上，立法者縱然不想考慮大自然此前已經確立的東西，那也是辦不到的。

輪迴說是爲印度的氣候量身訂製的。烈日炎炎的鄉村猶如一片火海，只能飼養少量牲畜，缺乏耕畜之虞始終存在，那裡的牛繁殖力很低[43]，卻很容易染病。所以，宗教爲保護耕牛而制定法律，是十分適應治國需要的舉措。

草地雖然受著烈日的炙烤，稻穀和蔬菜卻因有水灌溉而茁壯成長，那條只准以這些作物爲食的宗教法律，顯然對生活在此類氣候條件下的人非常有用。

肉類在那裡不受歡迎[44]，取自於牛的奶和奶油是人們賴以生存的一部分食品；所以說，印度的法律禁止殺牛和吃牛肉，並非沒有道理。

雅典人口密集，土地貧瘠，因而，用小祭品供奉神明與殺牛作供獻相比，前者更能彰顯對神明的崇敬[45]，這是一條宗教箴規。

第二十五節　向異國移植宗教所產生的弊病

鑒於以上所述，將一國的宗教移植到另一國，往往會產生許多弊病[46]。

德·布蘭維利耶先生說，「阿拉伯大概沒有多少豬，幾乎沒有樹林，動物可吃的食料幾乎一點也沒有，不但如此，水和食物所含的鹽分使當地人民很容易得皮膚病[47]。」當地禁止食用豬肉的法律，若其他國家執行肯定不是好事[48]，在那些國家裡，豬肉是極爲普遍而且幾乎是不可或缺的食品。

我要談一點感想。桑克多利烏斯[49]指出，我們食用的豬肉難以讓我們出汗[50]，而且還妨礙其他食物讓我們出汗，他發現，食用豬肉導致的出汗量減少可達三分之一[51]。況且我們知道，不出汗會引起和加劇皮膚病。所以，在由於氣候原因而容易感染皮膚病的地方，例如巴勒斯坦、阿拉伯半島、埃及和利比亞等地，應該禁止食用豬肉。

第二十六節　續前題

沙爾丹先生說[52]，除了邊境上的庫拉河[53]，波斯幾乎沒有可通航的河流。祆教徒禁止在河流上航行的古法，當然沒有在波斯造成任何不便，可是，若是在另一個國家執行該法，就會把貿易澈底摧垮。

在炎熱地帶經常沐浴是司空見慣的事，所以，伊斯蘭教和印度的宗教規定要經常沐浴。印度人在流水中向神祈禱[54]是值得高度讚揚的舉動，可是，生活在其他氣候條件下的人怎麼能去做這種事呢？

產生於特定氣候條件的宗教，若是與另一個國家的氣候條件相差太多，就不可能在那個國家立足，即使被引入那個國家，也會立即被趕出來。從人的角度看，爲基督教和伊斯蘭教設置分界線的，好像就是氣候。

由此可見，一種宗教如果既有獨特的教義又有普遍的信仰，那就幾乎永遠是合適的。有關宗教信仰的法律不宜過細，比如說，不要只規定某一種苦修方式，而應該提出多種苦修方式。基督教充滿良知，節制欲念是神的權力，可是，究竟節制哪一種特定的欲念，則應由世俗權力機構規定，而且應該是可以更改的。

本章注釋

【1】《漫話彗星》，第六十四篇。

【2】戴上嚼子的馬會因暴躁發怒而口吐白沫。——譯者

【3】塞納爾（Sennar），古代努比亞王國，疆域從尼羅河直抵紅海，今為蘇丹一省。——譯者

【4】見《耶穌會士書簡集》，第四輯，第二九〇頁：蓬塞（Poncet），「衣索比亞遊記」。

【5】薩巴卡（Sabbacon），埃及第二十五王朝（西元前七五〇—前七〇〇年之間）的法老。——譯者

【6】狄奧多羅斯，《世界文庫》，第二卷。

【7】參見迪潘（Dupin），《六世紀僧侶著作匯覽》，第五卷。

【8】參見普里多，《猶太史》。

【9】芝諾（Zénon，約前三三六—前二六四），古希臘斯多葛派的創始人，認為人應順應自然或服從命運。——譯者

【10】佛教和道教的毛病就在這裡。

【11】西塞羅，《法律》，第二卷。

【12】「褻瀆神聖是無法補贖的罪，這是一種因蔑視宗教而犯下的罪。凡是可以補贖的罪，但願公共教士們予以補贖。」

【13】據索西穆斯說，君士坦丁在西元三二六年誤殺了人，為了補贖這一罪過，他才皈依基督教。其實，他皈依基督教是在西元三一二年，即殺人事件的十四年之前。——譯者

【14】孟德斯鳩此處指基督教。——譯者

【15】參閱柏朗嘉賓的記述，此人奉教皇因諾森四世之命，於一二四六年出使韃靼。

【16】《創建東印度公司歷次航行記》，第五卷，第一部分，第一九二頁。

【17】《耶穌會士書簡集》，第十五輯，第十三頁。

【18】亞里斯多德，《政治學》，第七卷，第十五章。

【19】蘇埃托尼烏斯，《奧古斯都》，第三十一章。

【20】牧神節為每年的二月十四日，屆時，全身赤裸的青年男女在羅馬的街道上狂奔，並用獸皮條抽打路上遇到

的行人。——譯者

【21】蘇埃托尼烏斯，《奧古斯都》，第三十一章。

【22】埃利亞人（Eléens），希臘西北部埃利亞地區的居民。——譯者

【23】《創建東印度公司歷次航行記》，第四卷，第一部分，第一一七頁。

【24】普里多，《穆罕默德傳》，第六十四頁。

【25】《古蘭經・黃牛》。

【26】即放棄同態復仇。

【27】塔西佗，《日耳曼尼亞志》，第二十一章，第一節。

【28】《創建東印度公司歷次航行記》，第七卷，第三〇三頁。又見福爾班伯爵（comte de Forbin），《福爾班伯爵回憶錄》以及他對望加錫人的記述。

【29】此處指希臘神話中這兩位英雄所完成的英勇無比的偉業。——譯者

【30】柏拉圖，《法篇》，第九卷。

【31】參閱索福克勒斯的悲劇，《伊底帕斯王》。

【32】柏拉圖，《法篇》，第九卷。

【33】一位中國哲學家以下列論據駁斥佛教教義：「佛經說，肉體是人的居所，靈魂作為永生的房客居住在肉體中。父母的肉體如果也只是一個居所，那當然就應該把它當作一堆爛泥加以蔑視。這豈非要從人心中去除熱愛父母的美德嗎？這同樣會使人不愛惜肉體，拒不保養肉體，拒不給予珍惜和愛護。正因為如此，自殺而死的佛教徒數以千計。」見杜赫德《中華帝國全志》第三卷第五十二頁所載一篇中國哲學著作。

【34】參見湯瑪斯・巴塞林（Thomas Bartholin），《古代丹麥》，第五卷，第二部分。

【35】《創建東印度公司歷次航行記》第五卷第二部分中，關於日本的記述。

【36】《福爾班伯爵回憶錄》，第一卷，第一七八、一七九頁。

【37】海德，《波斯人的宗教》。

【38】色諾芬，《雅典政制》，第三章，第八節。

【39】《法律》，第三篇「關於安息日的法典」。此項法規無疑是為異教徒制定的。

【40】天主教國家偏南，新教國家偏北。

[41]《周遊世界記》，第二卷，第一部分，第二一八頁。

[42]莫采蘇馬（Montésuma），一五一九年墨西哥被征服時的皇帝。——譯者

[43]《耶穌會士書簡集》，第十二輯，第九十五頁。

[44]貝尼耶，《莫臥兒帝國遊記》，第二卷，第一三七頁。

[45]阿特納奧斯在《哲人宴享》中引用幼里庇德斯的話，第二卷，第四〇頁。

[46]這裡說的絕非基督教，正如我們在本書第二十四章第一節末尾所說，基督教是人類第一財富。

[47]《穆罕默德傳》。

[48]例如在中國。

[49]桑克多利烏斯（Sanctorius，一五六一——一六三六），義大利醫學教授，他認為飲食過量是致病的原因，最佳的治療方法是出汗。——譯者

[50]桑克多利烏斯，《靜態醫學》，第三編，第二十二條。

[51]桑克多利烏斯，《靜態醫學》，第三編，第二十三條。

[52]貝尼耶，《莫臥兒帝國遊記》，第二卷，第一二二頁。

[53]庫拉河（Kur），即古代的居魯斯河，在高加索南部注入裡海。——譯者

[54]貝尼耶，《莫臥兒帝國遊記》，第二卷，第一三七—一三八頁。

第二十五章　法與各國宗教的建立及其對外機構的關係

第一節　宗教感情

敬神者和無神論者時時都在談論宗教，前者談他所愛，後者談他所懼。

第二節　信奉不同宗教的理由

世界上有多種宗教，每種宗教爲信教者提供的信奉理由並不相同，這在很大程度上取決於各種宗教如何適應人的思想和感受方式。

我們傾心於偶像崇拜，卻不喜歡崇拜偶像的宗教。我們並不十分喜歡神的觀念，卻醉心於讓我們崇拜神明的宗教。這是一種幸福感，它部分地來自我們對自己的滿意，因爲，我們所選擇的是把神從其他宗教的屈辱下解救出來的那種宗教，這說明我們相當具有辨識能力。我們把偶像崇拜視爲粗野民族的宗教，把信奉神明的宗教視爲開化民族的宗教。

如果能把形成教義的最高神明觀念，與進入信仰中的某些可感知的思想結合起來，我們就能對宗教懷有極大的熱忱，因爲，剛才說到的那些理由與我們天生的對可感知事物的愛結合起來了。天主教徒的此類信仰甚於新教徒，所以，天主教徒比新教徒更加執著於自己的信仰，更加熱心地傳播自己所信奉的宗教。

當以弗所人民得知參加公會議的神父們做出決定[1]，從此可以稱上帝之母爲聖母時，他們欣喜若狂，親吻主教們的手，抱他們的膝，歡聲雷動，響徹雲霄[2]。

當一種理智的宗教告訴我們，我們是神的選民，且宣揚這種宗教的人與不宣揚這種宗教的人是大有區別的，我們就會把巨大的熱情寄予這種宗教。如果既沒有偶像崇拜者也沒有基督教徒，伊斯蘭教信徒就不可能成爲好穆斯林。由於偶像崇拜者的存在，穆斯林才相信他們自己是獨一無二的眞主復仇者；由於基督教的存在，穆斯林才確信自己是眞主首選的選民。

與禮拜儀式簡單的宗教相比，禮拜儀式繁複的宗教[3]更能拴住信徒的心。人對於頻繁地參與的事總是比較在心的，穆斯林和猶太教徒對信仰的堅韌不拔，蠻人和未開化人在信仰上的朝三暮四，都是明證；蠻族和野蠻人一心忙於狩獵和作戰，幾乎沒有什麼宗教儀式可言。

人非常善於期望，也很容易懼怕，所以，一種既沒有天堂也沒有地獄的宗教不大能夠籠絡人心。以下事實可以證明此說不假：外來宗教很容易在日本立足，日本人熱烈歡迎並熱愛外來宗教[4]。

宗教應該崇尚純潔的道德，否則難以擁有信徒。儘管如果逐個審視的話，每個人也許都是騙子，但是從總體上看，人是非常誠實的，而且全都熱愛道德。倘若不是討論如此嚴肅的話題，我就會說，這一點只要到劇場去看看戲就可得到充分證明。戲中爲道德所贊同的感情必定討人喜歡，爲道德所摒棄的感情必定遭人嫌棄。

宗教如果能有一個華麗的外表，這將讓我們非常高興，將會使我們更加傾心於宗教。廟宇和僧侶的財富也非常有助於宗教對我們的吸引。所以，連民眾的貧困也能成爲宗教吸引信徒的原因，而製造民眾貧困的人卻曾以宗教爲藉口。

第三節　廟宇

開化的民族幾乎都住在房屋裡，由此自然而然地產生了給神建造一所房屋的念頭。人們可以在這所房屋裡敬神，每當有所期待和有所擔心時，也可以到那裡去找祂。

對於人來說，有一個地方可以近距離地感覺到神的存在，大家可以聚在一起傾吐無奈和苦難，確實是一件最讓人寬慰的事。

不過，這種十分自然的念頭只出現在從事農耕的民族中，自己沒有房屋的民族不會想到建造廟宇。

正因爲如此，成吉思汗對清眞寺表露出極度的輕蔑[5]。這位大汗詢問穆斯林之後表示，他贊同伊斯蘭教的所有教義，唯有去麥加朝覲一事不能贊同。他不明白，爲什麼不能就地敬拜眞主[6]。韃靼人不住在房屋裡，所以對廟宇一無所知。

沒有廟宇的民族對自己的宗教不大在意，這正是韃靼人始終相當包容的原因[7]。爲什麼征服了羅馬帝國的蠻族毫不猶豫地皈依了基督教，爲什麼美洲的野蠻民族不把自己的宗教當成一回事，爲什麼自從歐洲傳教士在巴拉圭修建教堂後，他們就狂熱地信奉我們的宗教。

神明是不幸者的避難所，而沒有人比罪犯更爲不幸，這就讓人自然而然地想到，廟宇是罪犯們的庇護所；這種想法對於希臘的殺人犯來說更加自然，因爲，他們被趕出城市，遠離人群，除了廟宇再也沒有別的房屋，除了諸神再也沒有別的保護人。

起初只有過失殺人犯這樣做，可是，後來連重大罪犯也這樣做時，就出現了這樣一個巨大的矛盾：他們既然冒犯了人，當然也就更冒犯了諸神。

這種避難所在希臘日益增多。塔西佗說，廟宇裡擠滿了還不起債的債務人和不良奴隸，官員難以進行管理，民眾保護人的罪行就像保護祭祀諸神的儀式一樣，元老院於是不得不減少廟宇的數量[8]。

摩西法很聰明。過失殺人是無辜的，但是絕不能讓死者的親屬見到殺人者，於是就為殺人者修建了一個庇護所[9]。重大罪犯沒有資格進庇護所，他們也根本沒有庇護所[10]。猶太人住在可以拆卸的帳篷裡，經常遷徙，因而想不到設置庇護所。他們確實也應該有一座廟宇，可是，如果罪犯們從四面八方湧來，必然會擾亂聖事。如果都像希臘人那樣把殺人犯趕出本國，只怕他們都會因此而信奉外國的神。出於這些考慮，修建了一些用作避難的城市，罪犯們可以住在那裡，直到司祭長去世。

第四節　神職人員

波菲利[11]說，上古時代的人只用青草祭神。祭拜既然如此簡單，人人都可以在家裡主持祭禮。人人都想取悅神明，這很自然，祭禮於是就越來越繁複，忙於耕種的人無法一個細節也不漏地完成全部祭禮。

於是就在特殊場所敬拜神明，這樣一來，就得設置神職人員負責照料，就像某個公民要照料自己的家和家務一樣。所以，沒有教士的民族通常都是蠻族，佩達爾人[12]當年是這樣，沃爾古斯基人[13]如今依然是這樣。

獻身為神服務的人應該受到尊敬，對於某些民族來說尤其如此，他們形成了一種觀念，認為只有肉體潔淨的人，才可接近神最喜歡去的地方，才能主持某些儀式。

對神的崇拜需要持續不斷地付出精力，大多數民族於是讓神職人員單獨成為一個群體。埃及人、猶太人、波斯人就是這樣，他們讓若干家族把自己奉獻給神，讓這些家族世世代代為神服務。還有一些宗教不但讓神職人員遠離世俗雜事，而且還讓他們擺脫家庭的羈絆，基督教的一個主要分支就是這樣做的。我不想在這裡議論獨身戒律的後果，有人覺得，如果神職人員的隊伍太大，而世俗信徒的人數不夠多，獨身戒律就會產生有害的後果。

基於人類理解能力的本質，我們在宗教方面喜歡一切需要付出努力的東西，猶如在道德方面，我們總是在思辨上喜歡那些具有嚴肅性質的東西。一些看來最不適宜實行獨身制的民族，卻喜歡獨身制，儘管後果可能很糟糕。在歐洲南部國家中，基督教的戒律因氣候原因而難以得到遵守，可是，這條戒律卻並未廢棄。反之，在歐洲北部國家中，儘管人的情欲不那麼強烈，獨身制卻遭禁止。不但如此，人口稀少的國家接受這條戒律，人口眾多的國家反而拒絕接受這條戒律。我們知道，上述這些說法僅僅是就獨身制過於擴散的狀況而言，並非對獨身制本身的議論。

第五節　法律應對神職人員的財產設定的限制

一個單獨的世俗家族可能會消亡，他們的財產並無永恆的歸宿。神職人員則是一個不會衰敗的家族，他們的財產不會外流，永遠屬於他們。

世俗家族的數量會增多，他們的財產也應隨之增多。神職人員是一個不應增多的家族，他們的財產應該受到限制。

《聖經．利未記》中有關神職人員財產的一些規定都保留下來了，可是唯獨沒有對於財產的限制。我們確實不知道，什麼是一個宗教團體獲取財產時不得超越的極限。

在民眾眼中，神職人員無止境地獲取財產毫無道理，想要爲此辯護的人都會被視爲傻瓜。

公民法在革除積弊時會遇到一些阻礙，因爲這些積弊總是與一些應該受到尊重的事物有牽連。在這種情況下，間接措施比直接打擊更能體現立法者的智慧。與其禁止神職人員獲取財產，莫如設法讓他們自己對此失去興趣；把權利留下，把事實消除。

某些歐洲國家考慮到貴族的權利，做出了一項有利於他們的規定，即有權向永久管業權的領有者的不動產收取一筆補償金。君主爲了自己的利益，規定在這種狀況下要收取一筆補償稅[15]。卡斯蒂利亞沒有這種稅，那裡的神職人員就獲得了永久產業權擁有者的所有財產；阿拉貢規定要繳付一定數額的補償稅，神職人員所得因而就少一些。法國徵收補償稅和補償金，神職人員的所得就更少；我們甚至可以說，法國的繁榮部分得益於徵收這兩種稅金。如果有可能，不妨增加這兩種稅金，取消永久產業權。

應該賦予神職人員自古就必不可少的領地以神聖和不可侵犯的性質，使之像神職人員一樣具有固定和永久的性質，但是，要讓他們放棄新的領地。

當規章已經成爲流弊時，就應該允許違規，當流弊回歸規章時，就應當容忍流弊。

我們始終記得，當人們在羅馬與神職人員發生糾紛時，有人發送的一份備忘錄上寫道：「不管《聖經・舊約》上怎麼說，神職人員應該爲國家的開支做出貢獻。」不難看出，這份備忘錄的作者對宗教語言不怎麼精通，對苛捐雜稅語言倒是有較透澈的了解。

第六節　修道院

哪怕只有一點點常識的人也能看出，永遠不會衰落的修道院既不應出售其產業以換取終身年金，也不應爲終身年金而進行借貸，除非有人想讓修道院有權繼承無親屬者和不願有親屬者的全部遺產。修道院要弄人民，而且開銀行要弄人民。

第七節 迷信的靡費

柏拉圖說[16]：「有人不承認神的存在；有人承認神的存在，但主張神不應干預人間事務；有人認為，可以很方便地用供獻去安撫神，這三種說法都是有害的，都是對神的侮辱。」柏拉圖的這段話，說出了自然理智在宗教問題上全部最合乎情理的表述。

宗教信仰的華麗外表與國家政制大有關係。優良的共和政體不但制止虛榮的奢侈，而且還制止迷信的奢侈；在宗教問題上制定了不少提倡節約的法律，其中有梭倫制定的若干法律、柏拉圖制定的若干關於喪葬的法律，這些法律都被西塞羅採納了，此外還有努瑪制定的關於供獻的法律[17]。

西塞羅說：「小鳥和一天之中繪成的畫作都是非常虔敬的祭品。」

一個斯巴達人說：「我們的供獻都是一些普通的東西，這樣我們就能天天敬神。」

敬神不能隨便馬虎，但這與大講排場迥然不同。你若不想讓神看到我們如何珍視他所蔑視的東西，那就別把金銀寶貝獻給他。

柏拉圖說得好：「好人收到壞人的禮物時會感到羞愧，褻瀆宗教者的供獻會讓神作何感想呢？」

宗教不應以供獻為由向民眾索取國家留給他們的生活必需品，應該如柏拉圖所說，純潔和虔誠的信徒對神的供獻應是與他們的品行一致的東西[18]。

宗教也不應鼓勵為喪葬而大肆揮霍，人一死就不再有財產多寡之分，此時不去刻意顯示貧富之間的差別，難道不是再自然不過了嗎？

第八節　宗教領袖

神職人員若是很多，自然就應有一個首領，設立這個職務也就成爲一種制度。在君主政體下，不應讓所有權力集中在一個人手中，所以，宗教領袖應該與國家分開。專制主義把一切權力都集中於一個人手中，就沒有必要把宗教領袖與國家分開。不過，在這種情況下，君主就有可能把宗教視爲他的法律，他的旨意的產物。爲了防止這種弊病，宗教就應該擁有自己的權威性文書，例如確立和固定該宗教的聖書之類。波斯國王是宗教領袖，可是，宗教規則卻是古蘭經。中國皇帝是最高宗教領袖，可是，人人手中都有一些書，皇帝本人也要按照書中所說行事。曾有一位皇帝試圖把這些書付之一炬，然而卻徒勞無功，書戰勝了暴政。

第九節　對宗教的寬容

我們在這裡是政治學家，而不是神學家，即使對於神學家而言，容忍一種宗教與贊成一種宗教，兩者也有很大區別。

國家的法律如果允許多種宗教同時並存，就應該強制這幾種宗教彼此寬容。任何一種宗教若受到壓制，就必然會去壓制其他宗教，這是一條規律。因爲，當它僥倖擺脫了壓制之後，就會對曾經壓制它的那個宗教進行攻擊，而且不是作爲一種宗教去攻擊另一種宗教，而是作爲暴政實行壓制。

所以，法律有必要要求各種宗教不但不擾亂國家，而且也不彼此相擾。一個公民僅憑不騷擾國家尚不能滿足法律的要求，他還得不騷擾任何其他公民才行。

第十節　續前題

凡是狂熱地在異地尋求立足的宗教，幾乎都不具有容忍精神，能夠容忍異教的宗教很少會想到向外擴張。因此之故，一個國家對於已經建立的宗教倘若感到滿意，就不應再允許另一種宗教插足進來[19]；這將是一項極好的法律。

有關宗教的政治性法律的基本原則應該是：如果有權自行決定國家是否接受新的宗教，那就應該拒絕接受；如果新的宗教已經在國內站穩腳跟，那就應該對它採取容忍態度。

第十一節　更換宗教

一個君主如果試圖摧毀或更換本國占支配地位的宗教，他將面臨許多危險。倘若他的國家是一個專制國家，摧毀或更換宗教比施行暴政更有可能引發一場革命，革命對於他的國家來說一點也不新鮮。引發革命的原因在於，一個國家要想更換宗教，改變習俗和風尚，不可能一蹴而就，不可能像君主頒布建立新教的敕令那樣快捷。

況且，原有的宗教與國家的政制相互關聯，而新的宗教則不然；原有的宗教與氣候相適應，新的宗教則常常並非如此。不但如此，公民們會憎惡法律，蔑視業已建立的政體，原來對一種宗教的堅定信奉，將被對兩種宗教的疑慮所取代。總之，至少在一段時間中，國家得到的將是一批壞公民和壞信徒。

第十二節　刑法

應該避免在宗教事務中援引刑法。不錯，刑法能讓人產生畏懼，可是，宗教也有自己的刑法，也讓人產生畏懼。一種畏懼將被另一種畏懼抵消。夾在兩種不同的畏懼之間，人的心靈就會變得凶殘。

宗教給予人的恐懼和許諾都如此之大，以致於當這些恐懼和許諾已然進入我們的心靈時，無論官吏採用何種手段迫使我們脫離宗教，結果似乎都將是這樣：如果把我們所信奉的宗教奪走，那就什麼也不能留下；如果不把它奪走，那就不能從我們這裡拿走任何東西。

憑藉灌輸那個偉大的目標[20]，讓人走近那個更加偉大的時刻，並不能讓人脫離宗教。施加恩惠，提供生活方便，誘發對財富的期盼，這些都是攻擊宗教的可靠方法；提醒起不到什麼作用，應該設法讓人們忘卻；當其他感情作用於人們的頭腦，同時宗教所激發的感情趨於沉寂時，不應激起人們的憤怒，而應促使人們的心情趨於平和，這樣才有可能讓人脫離宗教。總起來說，在促成更換宗教這件事上，誘導勝過懲罰。

人的精神特徵在人所使用的各種懲罰中得到了體現。讓我們回想一下日本人的懲罰手段吧[21]，殘暴的懲罰比長期的懲罰更能激起反抗，長期的懲罰只會令人灰心喪氣，而不會令人義憤填膺；這種懲罰看起來好像不難承受，實際上卻是更難承受。

總之，歷史已經充分證明，刑法的效果向來就只有摧毀而已，別無其他。

第十三節　對西班牙和葡萄牙宗教裁判官們的忠告

在里斯本最近一次火刑中被處死的一個十八歲的猶太女子，成爲一本小冊子的主題，我覺得，這是一本前所未有的最沒有用處的書。事實如此清晰，居然還要給予證明，那就肯定無法令人折服。

此書作者聲稱，他雖是猶太人，但他不但尊重基督教，而且十分熱愛基督教，因此，他能讓不信奉基督教的君主們找不到像樣的藉口去迫害基督教。

他對宗教裁判官們說：「你們指責日本皇帝下令用小火把國內所有的基督教徒慢慢地燒死，可是，他會這樣回答你們：『你們的信仰與我們不同，我們對待你們就跟你們對待信仰不同的人一樣，你們只能抱怨自己無能，沒能把我們統統滅絕，反而讓我們把你們統統滅絕。』」

「不過應該承認，你們比那位日本皇帝殘忍得多。我們只相信你們的信仰，但不相信你們所信仰的一切，於是你們就要把我們處死。你們也知道，我們信奉的宗教以前曾經得到過上帝的鍾愛，我們相信上帝至今依然鍾愛它，而你們卻認爲，上帝已經不再鍾愛它了。由於你們做出了這一判斷，於是就對犯了錯誤但情有可原的那些人，施以鐵與火的懲罰[22]，其實，他們只不過認爲上帝依然鍾愛著他曾經鍾愛過的那個宗教而已。你們對我們相當殘忍，對我們的孩子更加殘忍。你們把他們活活燒死，只因爲他們遵循了一些人給予他們的靈感，而這些正是自然法和一切民族的法律教導我們要敬若神明的人。」

「伊斯蘭教的建教手段使你們優於穆斯林，但是，你們卻把這個優勢丟失了。當他們爲自己信徒眾多而自吹自擂時，你們說他們憑藉暴力招徠信徒，依仗刀劍擴展宗教；可是，你們爲什麼用火刑來擴展你們的宗教？」

「你們要我們皈依你們的宗教，我們則以你們爲之驕傲的淵源作爲反駁。你們回答說，你們的宗教雖然是一種新的宗教，卻是一種神聖的宗教。你們爲此提出的證明是，你們的宗教是在異教徒的迫害和殉教者的鮮血中成長起來的；可是，你們今天扮演的是戴克里先[23]的角色，卻讓我們扮演你們的角色。」

「我們懇請你們，不是以你們和我們共同侍奉的上帝的名義，而是以你們所說的那個下凡到人間，爲你們做出榜樣的那個基督的名義，我們懇請你們與我們一起行動，就像他那樣行動，如果他依然在世的話。你們希望我們成爲基督教徒，而你們自己卻不願意成爲基督教徒。」

「可是，縱然你們不願成爲基督教徒，至少也應做個人；倘若你們沒有可以爲你們領路的宗教，沒有可以教化你們的啓示，而只有大自然賜予我們的那微弱的正義之光，那就如你們所願的那樣對待我們吧。」

「如果上天出於對你們的鍾愛而讓你們看到了眞理，那是他給予你們的巨大恩惠；可是，得到了父親遺產的子女，難道可以仇恨沒有得到遺產的子女嗎？」

「如果你們得到了這個眞理，請不要用你們宣揚它時使用的方法把它隱匿起來。眞理的特徵能夠征服心靈，而不是你們所說的軟弱無能，非得靠你們濫施酷刑方能讓人們接受它。」

「如果你們沒有失去理智，那就不應由於我們不願欺騙你們而將我們處死。如果你們的基督是上帝的兒子，我們希望他會因我們不願褻瀆他的奧祕而獎賞我們，我們相信，你們和我們所侍奉的上帝，不會因我們爲宗教去死而懲罰我們，因爲，那正是他過去賜予我們的宗教，我們相信，如今他依然把那個宗教賜給我們。」

「在你們生活的這個時代裡，與生俱來的智慧空前活躍，哲學開啓了心智，你們的《福音書》所宣揚的道德獲得了更廣泛的認知，人與人之間彼此享有的權利以及各種信仰之間的相互影響，都得到了更好的確認。所以，你們如果不拋棄過去的偏見，這種偏見很容易成爲你們強烈的感情，到那時，你們就得承認自己已經不可救藥，難以接受任何啓示和教誨了。國家若賦予你們以權威，那就太不幸了。」

「願意我們坦率地把自己的想法告訴你們嗎？與其說你們把我們視爲你們宗教的敵人，毋寧說把我們視爲你們的敵人；因爲，倘若你們眞的熱愛你們的宗教，你們不會眼看著它遭受粗野無知的腐蝕而無動於衷。」

「我們必須警告你們，萬一後世有人大膽地說，在我們所生活的世紀裡，歐洲人民是文明的人民，那麼，有人就會以你們爲例，證明那個世紀裡的歐洲人是蠻人。你們在人們心目中的形象就會非常糟，糟得連你們所生活的那個世紀也將名聲掃地，而且還會引起人們對你們的同時代人的仇恨。」

第十四節　基督教為何在日本如此遭人憎惡

我已經說過，日本人的性格凶殘[24]。每當面臨是否應該放棄信仰時，基督教總是激勵人們要堅定不移，而官員們則認爲這種堅定非常危險，因爲他們覺得，百姓的膽子越來越大了。最細小的違抗行爲在日本也會受到嚴厲的懲罰，官方下令放棄基督教信仰，不放棄就是違抗，就是應該受到懲罰的罪行，繼續違抗就會招致再一次懲罰。

日本人把懲罰看做是對侮辱君主的行爲的報復。歐洲的殉教者歡快的歌聲在日本人看來是對君主的冒犯。官員們聽到殉教者這個稱呼就害怕，這個稱呼在他們眼中就意味著反叛，所以，他們要竭盡全力阻止任何人獲得這個稱呼。於是，人心激憤，在判刑的法庭和被判刑的被告之間，在世俗法律和宗教法律之間，展開了一場驚心動魄的爭鬥。

第十五節　宗教的傳布

除了穆斯林以外，所有東方民族都認爲，各種宗教就其本身而言，都沒有多大差別。他們之所以害怕建立新的宗教，只不過如同害怕建立新的政體那樣。日本有好幾個教派，國家長期以來有一位宗教領袖，從來沒有因宗教問題而發生爭執[25]。暹羅也是這樣[26]。卡爾穆克人[27]更是如此，他們把宗教容忍看做一個良心問題。卡里卡特[28]有一條國訓，那便是：所有宗教都是好的[29]。

但是，一種從遙遠國家傳入的宗教，一種與當地的氣候、法律、習俗和風尚全然不能適應的宗教，並不會因其神聖而大獲成功，這種情況尤以專制大帝國爲最[30]。起初，外國人受到容忍，因爲那些東西似乎並不損害君主的權威，因而沒有引起注意，當地人處在極度無知之中。一個歐洲人可以利用他所獲得的某些知識博得賞識。起初這樣做是有效的，可是，這是一個因其性質而特別需要太平的國家，稍有風吹草動，政權就可能被推翻，所以，當外來者取得了一些成就，發生了某些爭執，就會引起利益相關者的警覺，新近傳入的宗教和傳播這種宗教的人於是就被禁止；更因爲傳教士之間爆發了爭執，當地人遂開始憎惡這種新的宗教，就連前來傳播這種宗教的人，彼此也不能達成一致意見[31]。

本章注釋

【1】西元四三一年在以弗所舉行了天主教第三次公會議，與會者討論了基督的人神兩性和上帝之母的稱謂等問題。以弗所是位於小亞細亞西側的一個城市，今屬土耳其。——譯者

【2】參閱聖西利爾（Saint Cyrille）的信。

【3】這在全世界都可看到。請讀一下《近東傳教團》和《創建東印度公司歷次航行記》第三卷第一部分第二〇一頁中關於巴達維亞的摩爾人的記述；拉巴神父關於黑人穆斯林的記述等。

【4】此處指基督教和印度的宗教，這兩種宗教都有天堂和地獄，而日本的神道教則既無天堂也無地獄。

【5】成吉思汗走進布沙拉清真寺時，一把奪過《古蘭經》，把它扔在馬蹄下。見《韃靼史》，第三部分，第二七三頁。

【6】《韃靼史》，第三部分，第三四二頁。

【7】日本人源自韃靼人，這一點很容易證明。所以，韃靼人的這種心態也傳遞給了日本人。

【8】塔西佗，《編年史》，第二卷，第三章。

【9】《聖經·舊約·民數記》，第三十五章。

【10】《聖經·舊約·民數記》，第三十五章。

【11】波菲利（Porphyre，二三三—三〇三），新柏拉圖主義哲學家。——譯者

【12】參閱里里奧·吉拉爾蒂（Lilio Giraldi）的著作。〔里里奧·吉拉爾蒂（Lilio Giraldi，一四七九—一五五二），義大利神話作家。——譯者〕〔佩達爾人（Pédaliens），印度的一個民族。——譯者〕

【13】居住在西伯利亞的一個民族。參見伊斯勃蘭茲伊德斯，《北方遊記》，第八卷，第十三頁。

【14】此處指教會。——譯者

【15】補償稅（droits d'amortissement），獲得新的永久管業權的人應該繳納的稅，數額為此產業價值的三分之一。永久管業權是封建領主所享有的一種特權，它規定，領主的附庸如果死後無人繼承遺產，這份遺產就歸領主所有。在歐洲封建時代，教會也是許多領地和莊園的領主。——譯者

【16】柏拉圖，《法篇》，第十卷。

【17】「不得將葡萄酒潑在火葬用的柴堆上。」見《十二銅表法》。

[18]《法篇》，第四卷。

[19]我在這裡所說與基督教無涉。因為正如我在他處所說，基督教是第一財富。參閱前章第一節以及《為論法的精神辯護》，第二部分。

[20]此處指殉教。——譯者

[21]《創建東印度公司歷次航行記》，第五卷，第一部分，第一九二頁。

[22]《福音書》的結構是依據上帝的意圖安排的，因而也是上帝的不可變性的延續，猶太人看不到這一點，這正是他們茫然無知的根源之所在。

[23]戴克里先（Dioclétien，二四五—三一三），羅馬皇帝，三〇三—三一一年間曾殘酷鎮壓基督教。——譯者

[24]本書第六章第十三節。

[25]參閱肯普弗，《日本史》，第三卷，第一章，第一—三頁。

[26]福爾班伯爵，《回憶錄》，第一部分，第四三一頁。

[27]卡爾穆克人（Calmuks），散居在中國西部及中亞的蒙古人，中國的史書稱之為準噶爾人。——譯者

[28]卡里卡特（Calicut），古印度的一個港口城市。——譯者

[29]皮拉爾，《遊記》，第二十七章。

[30]孟德斯鳩此處暗指中國。——譯者

[31]這一段所議論的是指歐洲天主教傳教士在十七、十八世紀傳教的大體情況；所謂爭執就是耶穌會士和其他修會的傳教士之間在「中國禮儀」問題上發生的爭論。——譯者

第二十六章　法與它所規定的事物秩序的關係

第一節　本章總體思想

人受制於多種法律：自然法、神爲法即宗教法、教會法，萬民法、普通政治法、特殊政治法、征服法、各個社會的公民法，最後還有家庭法。教會法又稱教規，是宗教用以實施管理的法規；萬民法可以被看作世界性的公民法，如果把一個民族看做一個公民的話；普遍的政治法以創建一切社會的人類智慧爲對象；特殊政治法涉及每一個社會；征服法的基礎是一個民族企圖、能夠或不得不以暴力對付另一個民族；各個社會的公民法則用來保護公民的財產和生命，防止任何其他公民的侵害；家庭法緣起於每個社會都分爲眾多家庭，需要進行特殊管理這一狀況。

由此可見，法律分屬不同的類別，人類理性的高明之處就在於十分明白，需要制定法律的事項主要應該歸屬於哪一類，從而不至於攪亂支配人類的那些原則。

第二節　神為法和人為法

絕對不要把應該由人爲法規定的事項交由神爲法去規定，反之，也絕對不要把應該由神爲法規定的事項交由人爲法去規定。

這兩類法律的起源、對象和性質都不同。

所有的人都一致認爲，人爲法與神爲法的性質不同，這是一大原則。不過，這條原則本身卻受到其他原則的約束，應該加以探索。

㈠就其性質而言，人爲法應該適用於一切偶發事件，並隨著人的意願的改變而改變。相反，宗教法的特點是永不改變。人爲法爲善而立，神爲法爲至善而立。善可以有多個對象，因爲善不只一種，可是，至善只有一個，所以永遠不會改變。法律可以更換，因爲法律僅僅被認爲是好的，宗教制度則不同，宗教制度始終被認爲是最好的。

㈡在某些國家裡，法律等於零，或者僅僅是君主反復無常的旨意而已。這些國家的宗教法律倘若也像人爲法那樣說變就變，這些宗教法律也就同樣等於零。可是，社會畢竟需要一些固定的東西，而宗教就是這種固定的東西。

㈢宗教的力量主要來自人們的信仰，人爲法的力量來自人們的畏懼。越是久遠的事情，我們往往越相信，因爲我們的頭腦中沒有來自那時的非主流思想，無法對久遠的事情提出質疑，所以，古老適合於宗教。相反，人爲法的優勢在於它的新，它是立法者爲促使人們遵守法律而表達的當前特殊關注。

第三節　有悖自然法的公民法

柏拉圖說：「奴隸如果因自衛而殺死自由民，就將按弒親罪論處[1]。」這就是懲罰大自然所賦予的自衛權利的一條公民法。

亨利八世掌政時，不經證人對質就可以定罪判刑，這就有悖大自然所賦予的自衛權利。事實上，證人必須知道，他所指證的人就是被告，被告也應有權對證人說：你說的那個人不是我；只有在這種情況下才可以定罪判刑。

亨利八世掌政時頒布的另一項法律規定，任何女子若與男子私通而在婚前未向國王如實報告，就要受到懲罰。這項法律踐踏了大自然所賦予的捍衛羞恥心的權利，要求一個女子作這種報告，就像要求一個男子不要捍衛自己的生命一樣不講道理。

亨利二世[2]的法律規定，女子懷孕時若未向官員報告，嬰兒一旦死亡，該女子就應被判處死刑。這種法律同樣違背大自然賦予的自衛權利。其實，只要規定她必須將自己懷孕一事告知一位近親，讓這位近親關照她保護嬰兒就可以了。

當她的羞恥心受到如此嚴重的侵害時，她還能再說什麼呢？她因受過教育而更加懂得應該保護自己的羞恥心，可是在這種情況下，她把死都看得很淡了。

英國有一項法律經常遭人議論[3]，該法准許七歲的女孩自行擇婿。該法在兩個方面令人反感：其一，它沒有考慮到心靈的自然成熟期；其二，它沒有考慮到身體的自然成熟期。

在羅馬，父親可以強迫女兒休夫，儘管這門親事是經他同意的[4]。可是，離婚竟然是由第三者處理的，這就有違人的自然本性。

離婚只有雙方同意或至少一方願意，才符合人的自然本性。雙方如果都不同意卻偏要離婚，那就無異於妖魔鬼怪。總之，只有對自己的婚姻感到煩惱，並且發現結束婚姻對雙方都有好處的時刻已經到來的人，才應該有權決定離婚。

第四節　續前題

勃艮第國王貢德鮑規定，小偷的妻和子如果不告發，就降爲奴隸[5]。這條法律也是違背人的天性的，妻子怎能告發丈夫，兒子怎能告發父親呢？法律做出這種規定，豈不是要人爲懲治一項罪行而犯下另一項更大的罪行嗎？

雷塞遜德斯[6]的法律規定，姦婦的子女或其丈夫的子女可以對她提起控訴，並可審問家奴[7]。這項法律實在太壞了；竟然爲了保持淳樸的民風而顚覆人的本性，須知人的本性正是淳樸民風的根源。

我們高興地看到，戲劇舞臺上的一位青年英雄，在發現其養母的罪行時，對這一發現所表現的憎惡，絲毫不亞於對罪行本身的憎惡[8]；他雖然受到控告、審訊，被判處流放，爲此而蒙受羞辱，但是他在驚異之餘，卻幾乎不敢思索費德爾與之血脈相連的那卑劣的鮮血；他拋棄了他所擁有的最珍貴的東西，最溫馨的東西，與他的心靈對話的所有東西，一切能激怒他的東西，把自己交給神去懲罰，而實際上他是不應受到懲罰的。令我們感到愉悅的是大自然的聲音，這一切聲音中最柔和的聲音。

第五節　何時可以更改自然法原則而按公民法原則裁決

雅典的一項法律規定，子女必須贍養貧困潦倒的父親[9]。但是，以下三類子女不受這條法律的約束：其一，妓女所生者；其二，爲父親所逼而出賣貞操者[10]；其三，其父未曾傳授任何謀生手段者[11]。

法律規定以上三類子女爲例外的原因是，第一類人的父親難以確認，子女的天然義務因而難以確定；第二類人的父親毀壞了他所給予的生命，做了他對子女所能做的最大的壞事，即敗壞了他們的名聲；第三類人的父親使得子女的生活困難重重，難以支撐。法律把這樣的父親與子女僅僅當作公民看待，僅從政治和民事觀點來處理他們的關係。法律認爲，一個優良的共和政體尤其需要良好的民風。

我認爲，梭倫法對於第一類人和第二類人所做的規定都很好，因爲，大自然沒有讓他們知道自己的父親是誰，或是似乎命令他們不要認自己的父親。可是，對於第三類人的規定難以讓人苟同，因爲，他們的父親只不過違背了民事規章而已。

第六節　繼承順序不應以自然法原則而應以政治法和公民法原則為準

沃科尼烏斯法[12]不准立婦女爲遺產繼承人，哪怕是獨生女。聖奧古斯丁說[13]，自古以來沒有比這更不公正的法律。馬爾庫爾弗的一項法規[14]認爲，剝奪婦女繼承父親財產的權利的習俗是對神的不敬。查士丁尼把不准女性繼承而只許男性繼承的法律稱之爲野蠻的法律[15]。這種觀念的根源在於以爲子女繼承父親遺產的權利來源於自然法。其實並非如此。

自然法要求父親撫養子女，但並不強求父親立子女爲繼承人。財產的分割、關於財產分割的法律、分得財產者死後的繼承等等，所有這些都只能由社會做出規定，因而只能由政治法和公民法解決。

不錯，政治法和公民法常常要求由子女繼承遺產，但並非始終如此要求。

我們的采地法規定，長子或最近的男性親屬繼承全部財產，女性不得繼承任何財產，當初作這樣的規定是有一定道理的。倫巴第的法律規定[16]，由姐妹和私生子女以及其他親屬繼承財產，當這些人缺失時，則由國庫會同女兒共同繼承，當初做出這樣的規定也是有一定道理的。

中國的若干朝代曾規定，由皇帝的弟兄繼承皇位，皇子不得繼承。如果希望君主有一定的經驗，如果擔心王子沖齡繼位，如果必須提防宦官把一個個孩子推上皇位，那麼，完全應該確立這樣的繼承順序。有些寫書的人把那些兄弟視爲皇位簒奪者[17]，顯然是以中國的法律觀念爲依據的。

依據努米底亞[18]的習俗[19]，繼承王位的不是傑拉的兒子馬希尼薩[20]，而是他的兄弟戴爾薩斯。巴巴里[21]的阿拉伯人每個村子都有一位村長，直到今天[22]，他們依然按照古老的習俗選擇堂姑表親中的長輩做村長的繼承人。

有一些君主國的君主完全透過選舉產生。在這些國家中，凡是明確規定繼承順序應該依據政治法和公民法加以確定的，政治法和公民法就應決定：在什麼情況下應由子女繼承，在什麼情況下應由其他人繼承。

在多妻制國家裡，君主的子女很多，這些子女的數量在一些國家比在另一些國家更多。有些國家[23]的國王子女數量太多，人民實在負擔不起，於是做出規定，不是由國王的子女，而是由國王的姐妹的子女繼承王位。

（若國家採多妻制），因君主子女眾多，將會使國家處於爆發恐怖內戰的危險之下。但若由君主之姐或妹的子女來繼承王位，因其子女數量也不會比一妻制國王的子女數還多，所以可以防制這種弊病的發生。

在一些國家裡，由於政治或宗教原因，政權始終掌握在某個家族手中，這種情況在印度造成的結果是，有人爲自己屬於這個家族而趾高氣揚，有人因自己不是這個家族的後裔而害怕[24]。那裡的人覺得，要想讓國王永遠是有王族血統的人，就應該由國王的大姐的孩子來繼承王位。

總的準則便是：撫養子女是一項由自然法派生的義務；由子女繼承則是公民法或政治法規定的義務。由此在世界各國引申出一些對待庶出的子女的不同的措施，這些措施所遵循的是各國的政治法或公民法。

第七節 教規不應對屬於自然法範疇的問題做出決定

阿比西尼亞人的齋期相當難熬，長達五十天，身體變得極度虛弱，在很長時間裡做不了事。土耳其人趁機在齋期結束後對阿比西尼亞人發動攻擊[25]。宗教應該維護自然法賦予的自衛權利，對這種行徑做出限制。

猶太人有過安息日的規矩。每當敵人選擇這一天發動進攻時，他們居然不進行抵抗[26]，眞是愚不可及。

康比斯圍攻佩魯茲[27]時，讓一大群埃及人視爲聖物的牲畜打頭陣，埃及的駐軍不敢出擊。難道有誰不知道，自衛的權利高於任何教規嗎？

第八節 不應以教會法原則處置應由公民法處置的事項

依據羅馬公民法的規定[28]，在神聖場所偷竊私人物品者，僅以偷竊罪論處；而依據教會法[29]，則應以瀆聖罪論處。教會法著眼於地點，公民法著眼於事情。可是，如果僅僅著眼於地點，那就等於既不考慮偷竊的性質和定義，也不考慮瀆聖的性質和定義。

正如現今丈夫可以以妻子不忠爲由要求離異，以往妻子也可以以丈夫不忠提出離異[30]。這種有違羅馬法有關規定的做法[31]進入了教會法庭[32]，而能夠在教會法庭上聽到的只有教規。確實，如果從純宗教和與彼岸世界事物的關係角度看，無論是丈夫或妻子，他們在破壞婚姻這一點上並無二致。不過，世界上幾乎所有國家的政治法和公民法，都不無道理地對丈夫提出離異和妻子提出離異做出區分，它們在矜持和節欲方面對婦女的要求高於對男子的要求。因爲，失貞對於婦女來說意味著摒棄一切美德，違背有關婚姻的法律意味著脫離其自然依附狀態，大自然爲對婚姻不忠的婦女打上了某些明確的標記，不但如此，婦女的非婚生子女必須歸丈夫監管，由丈夫出資撫養，而丈夫的非婚生子女則既不歸妻子監管，也不由妻子出資撫養。

第九節　應由公民法原則裁定的事項大多不能由宗教法原則裁定

宗教法以其崇高見長，公民法以其使用範圍廣見長。

源自宗教的至善法律，主要以遵守這些法律的人的善良爲目標，而不是以施行這些法律的社會良好爲目標。公民法恰恰相反，它主要以所有人總體的優秀道德爲目標，而不是以個人的道德良好爲目標。所以，直接源自宗教的觀念縱然非常值得尊敬，終究不能全都用作公民法的原則，因爲，公民法還有另一個原則，那便是社會的普遍福祉。

爲了維護婦女的良好風尚，羅馬人在共和政體下制定了一些規定，這些規定都屬於政治機制範疇。君主政體取而代之後，他們就此制定了一些公民法，這些法律都是依據世俗政府的原則制定的。基督教興起後，新制定的法律與婚姻的神聖性關係較多，而與風尚的普遍良好關係較少；就對於兩性結合的思考而言，從世俗角度出發較少，從宗教角度出發較多。

羅馬法規定[33]，妻子的姦情判處後，丈夫若把她領回家中，就會以妻子不軌行爲的同謀犯身分受到懲處。查士丁尼另有想法，他下令規定[34]，丈夫可以在兩年之內到修道院去把妻子接回家。

起初，丈夫出征期間如果杳無音訊，妻子就可以從容地再婚，因爲她享有離婚權。君士坦丁法規定[35]，妻子應等待四年後，向丈夫所在部隊的長官呈遞離婚書；丈夫日後倘若活著返鄉，妻子不會被告犯姦。但是，查士丁尼法規定[36]，不管丈夫已經出征多久，妻子均不得再嫁，除非他所在部隊的長官以證言和誓言證實此人已經亡故。查士丁尼看重婚姻的不可解除性；不過我們要說，他把這一點看得過重了。只要能夠提出消極證據就足夠了，可是他卻要求提供積極證據；其實，想要得知一個遠征在外，天天出生入死的人究竟是死是活，實在非常困難。大家很自然地想到，遠征的丈夫可能戰死沙場了，而查士丁尼卻想到，此人可能犯了罪，即開小差了。他讓一個女人守活寡，這是他對公共利益的損害；讓一個女人面臨千萬種危險，這是他對個人利益的損害。

查士丁尼法把夫妻雙雙同意進修道院作爲離婚的理由之一[37]，這就完完全全背離了公民法的原則。某些離婚原因緣起於一些婚前無法預料的障礙，這很自然；可是，上述守貞的願望是可以預見到的，因爲它就在我們心中。這條規定增加了婚姻的不穩定性，而就其性質而言，婚姻本來應該是永恆不變的。這條規定衝擊了離婚的基本原則，即允許解除一項婚姻僅僅是因爲有望締結另一項婚姻；說到底，即使從宗教觀念角度來看，這條規定也只是向上帝奉獻不具供獻意義的犧牲品。

第十節　何時應遵循公民法所許可而不遵循宗教所禁止

當禁止多妻制的宗教傳入一個許可多妻制的國家時，單從政治上說，該國的法律不會允許一個有妻有妾的男子信奉這種宗教，除非官員和丈夫對偏房予以補償，即以某種方式賦予她們以公民身分，否則她們的處境將會十分悲慘。她們所做只不過是服從法律而已，可是卻被剝奪了最大的社會利益。

第十一節　不應以關注彼岸世界的法庭準則規範今世法庭

按照基督教僧侶們的悔罪法庭觀念設立的宗教法庭，與一切良好的治理背道而馳。它到處引發義憤，一心建立宗教法庭的那些人，如果沒有從眾多的反抗行動中獲利的話，或許早就向這些反對行動讓步了。

任何一種政體都不能容忍這種法庭。在君主政體下，它只能豢養一些告密者和叛徒；在共和政體下，它只能培養一批狡黠之徒；在專制政體下，它與專制政體一樣，是一個破壞者。

第十二節　續前題

兩個罪行相同的被告被推上宗教法庭，拒不認罪的那個被判極刑，承認罪行的那個免於一死。這是宗教法庭的弊病之一。它源自修道院的某些觀念，依據這些觀念，否認有罪似乎就是不願悔改，於是受到懲罰；承認有罪似乎就是眞心悔改，於是得到拯救。可是，這種區分法不應當應用在世俗法庭上，世俗法庭的審判僅以行動爲依據，它與人只有一種約定，那就是不犯罪；宗教法庭以思想爲依據，它與人有兩種約定，一是不犯罪，另一是懺悔。

第十三節　在婚姻問題上，何時應遵從宗教法，何時應遵從公民法

無論在哪個國家，無論在什麼時候，宗教總要插足婚姻。每當某些事情被視爲不潔淨或不合法，卻又必須這樣做時，宗教就會被請出來，使這些做法在某種情況下變成合法，在另外一些情況下受到譴責。

從另一個角度看，婚姻是人的所有行動中與社會關係最大的一種，因此，婚姻應該由公民法來規範。

與婚姻的性質有關的一切，諸如婚姻的形式、締結婚姻的方式、婚姻帶來的子孫繁衍，都屬於宗教的管轄範圍。子孫繁衍讓所有民族懂得，婚姻是特殊恩惠的賜予對象，可是這份恩惠並非總是能夠得到，所以說，婚姻仰仗於上蒼降福。

兩性結合給財產帶來的後果、雙方從中得到的好處、與新家庭有關的一切、與派生出新家庭的那個家庭有關的一切、與新家庭將要派生出的另一個家庭有關的一切，所有這些都屬於公民法適用範疇。

鑒於婚姻的一大目的是消除不正當結合的不穩定性，宗教就讓婚姻帶有宗教的特徵，公民法也讓婚姻帶有民事的特徵，爲的是讓婚姻具備所有眞實性。因此，除了宗教爲婚姻有效而要求的條件之外，公民法也可以要求另外一些條件。

公民法之所以擁有這項權力，是因爲它所要求的條件只是對宗教條件的補充，而不是與之對抗。宗教法規定要舉行某些儀式，公民法則規定要徵得雙方父親的同意，可見，公民法只是多提了一項要求，並沒有與宗教法相牴觸的要求。

由此可見，婚姻關係是否可以解除，是由宗教法做出決定的，因爲，如果宗教法規定婚姻關係不可解除，而公民法則規定婚姻關係可以解除，那樣的話，兩者就發生矛盾了。

公民法對婚姻提出的各種規定有時並非絕對必要；比如，不解除婚姻但卻處罰締結這個婚姻的人，這種規定就並非絕對必要。

羅馬的巴比安法將它所禁止的婚姻宣告爲不正當婚姻，但僅僅以給予處罰了事[38]。可是，根據馬爾庫斯·安東尼皇帝的演說通過的一項元老院法令，卻宣布此類婚姻爲無效婚姻，婚姻、妻子、嫁妝和丈夫全都不再有了[39]。公民法則伺機行事，有時著力於補救弊病造成的後果，有時則著力於防患於未然。

第十四節　親屬間的婚姻何時應遵從宗教法，何時應遵從公民法

在禁止親屬間結婚的問題上，準確地指出自然法的終點和公民法的起點，是一件十分棘手的事情。爲此首先需要制定出一些原則。

母與子結婚會造成混亂。兒子應該對母親無限尊敬，妻子應該對丈夫無限尊敬，母子結婚就把他們的自然狀態全都顚覆了。

不但如此，大自然把婦女的生育期定得早些，把男子的生育期定得晚些，鑒於同一原因，婦女較早失去生育能力，男子較晚失去生育能力。如果允許母子結婚，那麼，情況幾乎永遠是：正當丈夫精力旺盛時，妻子已經沒有生育能力了。

與母子結婚一樣，父女結婚也爲大自然所摒棄，只是情況略好一些，因爲這種婚姻沒有上面提到的那兩個障礙。所以，韃靼人可以娶女兒[40]爲妻，卻不能娶母親爲妻，正如我們在《韃靼史》中讀到的那樣[41]。

父親關心子女的貞操，這在任何時候都是理所當然的。父親對子女負有撫養之責，使他們的體魄盡可能強健，心靈盡可能不受汙損；精心呵護他們身上一切更能激發願望的東西，一切最能養成仁慈秉性的東西。始終致力於呵護子女的良好品行的父親，自然而然地會遠離一切可能腐蝕子女的東西。有人會說，結婚絕非腐化墮落；但是，結婚之前必然會表白，會求愛，會引誘；而令人噁心的就是這個引誘。

因此，在施教者和受教者之間應該設置一條鴻溝，避免任何腐化，即使是出於正當理由的腐化也不

行。做父親的爲什麼要如此小心翼翼地不讓未來的女婿陪伴和親近女兒呢？

對於姐弟或兄妹亂倫的憎惡出於同一原因。只要父母確實希望子女品行端正，家風優良，那就足以促使子女憎惡一切可能導致兩性結合的東西。

禁止堂表兄弟姐妹結婚，也基於同一理由。遠在初民時期即聖潔無瑕的時期，也就是不知奢華爲何物的時期，所有孩子都待在家裡[42]，生活在家裡，所以，一所不大的房屋就可以住下一個大家庭。兄弟的孩子或是堂兄弟的孩子都被看做兄弟，孩子們彼此也認作兄弟[43]。兄弟與姐妹既然不能結婚，堂表兄弟與堂表姐妹當然也不能結婚[44]。

這些理由非常有力而且完全合乎自然，所以通行全球，且與各地的人群是否有過交往無關。羅馬人不曾告訴臺灣人[45]，四服之內的親屬結婚就是亂倫；羅馬人不曾這樣告訴阿拉伯人[46]，也沒有這樣教導馬爾地夫人[47]。

如果說，有些民族並不禁止父女結婚和兄弟姐妹結婚，那是因爲如同我在本書第一章中所說，人並不始終遵循自己的法則。誰能想到，某些宗教觀念竟然常常讓人因糊塗而犯此類錯誤。亞述人和波斯人可娶母親爲妻，前者之所以這樣做，是出於對塞米拉米斯的宗教崇敬，後者之所以這樣做，則是因爲祆教格外看好這種婚姻[48]。埃及人娶自己的姐妹爲妻，也是由於宗教狂亂，他們以這種婚姻敬奉女神伊西斯[49]。宗教的精神在於要我們竭盡全力去完成偉大而艱險的事業，所以，不必由於某事被一種虛僞的宗教奉爲神聖而認爲此事合乎自然。

禁止父女結婚和兄弟姐妹結婚，爲的是保護家庭中與生俱來的操守觀念，這一原則有助於我們發現，哪些婚姻是自然法所禁止的，哪些婚姻僅僅是公民法所禁止的。

子女通常居住在父母家中，或者被認爲居住在父母家中，因此，依據自然法，女婿與岳母，公爹與媳婦或妻子的女兒，都不能結婚。在這種情況下，表象與實際的效果相同，因爲二者的原因相同。公民法不能也不應准許此類婚姻。

我曾說過，有些民族把堂表兄弟姐妹看做親兄弟姐妹，因爲他們通常生活在同一個屋簷下；而另一些民族則沒有這種混居的習慣。在前一類民族中，堂表兄弟姐妹之間的婚姻應該被視爲違背自然法，可是，其他民族的此類婚姻則不應被視爲違背自然法。

可是，自然法不應該僅僅是地方性法律，所以，當這些婚姻被禁止或許可時，他們應該酌情由公民法予以禁止或許可。

夫妻雙方的兄弟姐妹沒有必要生活在同一個屋簷下，這樣，就無須爲了維護良好的門風而禁止他們之間的婚姻；無論准許或禁止這種婚姻的法律，都不是自然法，而是視具體情況和各國習慣而定的公民法。

在某個國家裡，因習慣而形成的婚姻如果是自然法所禁止的婚姻，那麼在相同情況下，公民法就應加以禁止。自然法所禁止的是不變的，因爲自然法的依據是不變的，比方說，父親、母親和子女必然居住在同一所房屋內。但是，公民法所禁止的則是偶發性的，因爲公民法的依據也是偶發情況，例如，堂表兄弟姐妹等親戚並非始終居住在同一所房屋內。

正是由於這個原因，摩西法和埃及人的法律[50]以及其他許多民族的法律，准許夫妻雙方的兄弟姐妹通婚，而另外一些民族則禁止此類婚姻。

此類婚姻在印度不被禁止是理所當然的。在那裡，舅舅、叔叔和伯伯都被看成與父親一樣，他們有義務把侄甥當作自己的子女培養成人，這是印度人的善良和充滿人情的秉性使然。由這種法律或習俗派生出另一條規矩，那就是：喪妻的男子必娶前妻的姐妹爲續弦[51]。這很合乎自然，新妻成了其姐妹的子女的母親，就不會有殘暴的後娘了。

第十五節　不應依據政治法原則而應依據公民法原則處置的事項

人放棄了與生俱來的獨立狀態，生活在政治法的統轄之下；人放棄了天然的財產公有制，生活在公民法的管轄之下。

政治法使人獲得了自由，公民法使人獲得了財產。只應由與財產有關的法律處置的事項，就不應由與自由有關的法律處置，因爲我們已經說過，與自由有關的法律僅僅只是城邦的權力。認爲公共利益優先於個人利益的想法是一種不合邏輯的推論；只有當涉及城邦權力即公民自由時，公共利益才可優先於個人利益，而在涉及財產時則不應如此，因爲，公共利益就在於人人永恆不變地保有法律允許他擁有的財產。

西塞羅認爲，土地均分法很糟糕，因爲，建立城邦就是爲了讓人人都能保有自己的財產。

且讓我們提出這樣一條準則：公共利益絕不應該是政治法規對個人財產的剝奪，哪怕只是個人財產中微不足道的一部分。在這種情況下應該嚴格執行公民法，因爲公民法是所有權的守護神。

因此，當公共機構需要一個人的財產時，絕不應該依據政治法採取行動，而應由公民法來加以處理；公民法猶如慈母的眼睛，就像關注整個城邦那樣時時注視著每一個人。

政治官員若要修建公共建築或道路，他應該對由此造成的損失給予補償。此時的公共機構就與個人一樣，雙方的關係如同個人與個人的關係。如果公共機構強使公民出售自己的產業，剝奪公民依據公民法所擁有的不受強迫出讓財產的權利，那就走得太遠了。

擊敗羅馬人的那些民族濫用了他們的勝利之後，自由精神喚醒了他們的公正精神，在執行其野蠻法律時有所收斂；如果有人對此心存疑慮，不妨讀一下博馬努瓦那部佳作，他在書中論述了十二世紀的法學。

他在世時，大路常常進行維修，恰如今天一樣。他寫道，一條大路如果已經無法修復，就在離原有大路盡可能近的地方新修一條大路，由新路的受益人出資，給予舊路所有者以補償[52]。當時這種做法的依據是公民法，今天同樣做法的依據則是政治法。

第十六節　應由政治法處置的事項不應由公民法處置

只要不把源自城邦財產的規章與源自城邦自由的規章混為一談，一切問題都可迎刃而解。

國家所有的領地是否可以轉讓？這個問題不應該由公民法而應該由政治法來解決。之所以不應該由公民法來解決，是因為，國家之需要領地用以維持其生存和運轉，恰如國家之需要公民法用以規範財產的處置。

國家的領地如果被轉讓，它就不得不籌款新置一處領地。可是，這種權宜之計會把政府搞垮，因為，事物的性質規定，每建立一處新的國家領地，臣民就要多繳捐稅，而君主的收入則會減少。所以，總而言之，領地是必要的，轉讓領地則是不必要的。

在君主政體下，王位繼承順序的確立是以國家利益為依據的，國家利益要求繼承順序固定不變，以免發生我所說的在專制主義政體下發生的那些災難；在專制政體下，一切都不確定，一切都隨心所欲。

之所以要確立王位繼承秩序，不是為了王室，而是因為國家利益需要一個王室。規範私人繼承事宜的是以個人利益為目標的公民法，規範王位繼承事宜的則是以國家利益及其維護為目標的政治法。

由此推論，當政治法在某個國家中建立了王位繼承順序，當這個順序已經結束時，如果依據某個民族的公民法來要求王位繼承權，那就荒謬絕倫。此社會的法律並非為彼社會而制定，羅馬人的公民法並不比其他民族的公民法更具有可行性，當羅馬人審判國王時，他們應用的就不是他們自己的公民法；他們在審判國王時所應用的準則爲人所不齒，絕對不應該讓它們復活。

由此還可推論，當政治法迫使某個家族放棄王位繼承權時，如果試圖依據公民法給予這個家族以民事補償的話，那也是極端荒謬的。法律中確有關於補償的規定，這對於生活在法律之下的人來說，當然是好事；可是，有一些人是爲了制定法律而被推上臺的，他們的存在就是爲了制定法律，對於這些人來說，補償就不是好事。

有人試圖用解決私人權益的準則來解決一個國王、一個民族，乃至整個世界的權益問題，比如，西塞羅所說的簷槽所有權[53]，這豈非笑話。

第十七節 續前題

貝殼放逐制[54]應由政治法而不應由公民法的有關規章來審查。這個制度不但絲毫不應敗壞平民政府，反而足以證明平民政府的寬厚。我們總是把放逐看做懲罰，但是，如果把貝殼放逐和懲罰看做兩回事，我們就能感受到平民政府的寬厚。

亞里斯多德說，大家都一致認爲，貝殼放逐制體現了某種人道和平民的精神[55]。當時在實行貝殼放逐制的地方，既然誰也不覺得這種制度令人憎惡，那麼，我們這些遠離那個時代和那個地方的人，難道應該在這個問題上與原告、法官，甚至與被告持不同意見嗎？

這種人民的判決當初使被審者享有極大榮耀，只是後來當雅典人濫用這種制度，用來審判一個毫無長處可言的人時[56]，這種制度才被叫停。如果注意到這些事實，我們就能發覺，雅典人對貝殼放逐制的理解是錯誤的，其實，貝殼放逐制是一項值得讚賞的法律，它對一個已經獲得榮耀的公民再次獲得榮耀的不良後果，可以達到預防作用。

第十八節　應該檢驗那些看似彼此牴觸的法律是否屬於同類

普魯塔克明確告訴我們[57]，羅馬人允許丈夫把妻子借給別人。眾所周知，小加圖曾把妻子借給霍廷西烏斯[58]，而小加圖並不是一個可能觸犯國法的人[59]。

另一方面，丈夫如果容忍妻子淫亂，不把她交付審訊，或是判刑後把她帶回家，那就要受罰[60]。這些法律看似彼此牴觸，其實不然。允許羅馬人出借妻子的法律，顯然是斯巴達爲共和國擁有品種優良——如果可以這樣說的話——的孩子而確立的制度。另一項法律則旨在維護良好的民風。前一項法律是一項政治法，後一項法律是一項公民法。

第十九節　不應以公民法處置應由家庭法處置的事項

西哥特法規定，奴隸必須把當場捉住的姦婦和姦夫捆綁起來[61]，交給姦婦的丈夫或法官。這眞是一條令人不寒而慄的法律，竟然把公權、家庭和個人的懲罰權交給了這群卑劣之徒！

這項法律只適用於東方的後宮，那裡的閹奴負責監管宮闈禁地，如有不當事件發生，他們就犯了瀆職罪。他們進行告發的目的，與其說是爲了把犯罪者交付審判，不如說是爲了表白自己，以便讓人查明，他在事件發生的當口絕對沒有疏忽大意。

可是，在婦女不被監管的國家裡，婦女主持家務，公民法如果把他們置於奴隸的監視之下，那就是荒誕無稽了。

這種監管充其量只能是某種情況下的一種特殊家庭法，而絕對不應該是公民法。

第二十節　不應以公民法處置屬於萬民法的事項

自由主要在於：不會被迫做法律不要求做的事。只有在公民法的治理之下，人才能處於自由狀態。我們之所以是自由的，是因爲我們生活在公民法之下。

因此之故，由於君主與君主之間的關係不受公民法約束，所以他們不自由。他們受制於暴力，時時刻刻受他人強制和強制他人。所以，他們在強力下簽訂的條約與他們自願簽訂的條約，同樣具有強制性。我們生活在公民法下，當我們被迫簽訂某個法律所並不要求的合約時，我們可以借助法律之力對抗暴力。可是，君主始終生活在強制他人和受他人強制的狀態中，他不能抱怨他人以暴力強迫他簽訂的條約；否則就等於他抱怨自己所處的自然狀態，他想當其他君主的君主，讓其他君主成爲他的子民，也就是說，違背各種事物性質。

第二十一節　不應以政治法處置屬於萬民法的事項

政治法要求人人都受所在國的民事法庭和刑事法庭的管束，同時也受該國元首的懲治。

萬民法要求君主們互派使節，依據從事物的性質推導出的理由，使節不受派駐國君主節制，也不受派駐國法院管束。他們是派出國君主的代言人，應該享有自由。任何障礙都不應該妨礙他們的行動。他們可能常常令人不快，因爲他們代表一個獨立的人講話。如果因爲他們犯罪就懲治他們，那就會有人誣告他們犯罪；如果因爲他們負債就逮捕他們，那就會有人替他們僞造債務。在這種情況下，爲生而驕矜的君主充當喉舌的，必將會是一個謹小慎微，什麼都怕的人。所以，對使節應該適用萬民法，而不是政治法。使節如果濫用其代表身分，就應終止其代表身分，將他們遣返回國；甚至還可以把他們告到他們的君主面前，這時，若他們的君主不對他們進行審訊，那便是同謀。

第二十二節　印加人阿圖阿爾帕的不幸遭遇

西班牙人恣意破壞了上述原則。印加人阿圖阿爾帕[62]本來只應受萬民法的審訊，西班牙人卻以政治法和公民法對他進行審訊[63]。他們指控他殺死了若干臣民，娶了多個妻子，等等。最爲荒謬的是，他們對他進行審判的依據竟然不是印加人的政治法和公民法，而是西班牙的政治法和公民法。

第二十三節　因某些情況導致政治法摧毀國家時，應採用保護國家的政治法，該法有時會變成萬民法

政治法是爲政治集團制定的，它確立了國家王位繼承的順序，當它反過來對政治集團具有破壞作用時，無疑就應採用另一部政治法，從而改變王位繼承的順序；後一部政治法非但不會與前一部政治法發生牴觸，而且從根本上說是完全一致的，因爲它們都遵循同樣的原則，那就是：人民的安全是至高無上的法律。

我說過，有一個大國[64]成了另一國的附庸，於是每況愈下，而且還牽累了宗主國。眾所周知，國家元首應該在國內，國家收入應該得到良好的管理，貨幣不應流出國外去餵肥另一個國家。主政者不應滿腦子都是外國的訓條，這點很要緊。外國訓條不如本國既有的訓條合適，何況人總是難以割捨自己的成文法和習慣法，因爲正是這些法律成就了每個國家的幸福。各國歷史學家告訴我們，更換這些法律而不發生巨大動盪和血流成河的情況是極爲罕見的。

因此，當一個大國的王位繼承人是另一個大國的國君時，這個大國完全可以拒絕由他國君主來繼承王位，因爲，更改王位繼承順序對於兩個國家都是好事。正因爲如此，俄國女沙皇葉卡捷琳娜在位初期制定的一項法律非常謹愼地規定，任何外國君主均不得立爲俄國的皇位繼承人。葡萄牙的法律也規定，任何外國人都不得以血統爲由繼承葡萄牙的王位。

一個國家既然可以拒絕外國君主繼承本國王位，當然更有理由要求外國君主主動放棄這一繼承權。如果擔心聯姻會給國家帶來喪失主權獨立或國土被瓜分的結果，那就可以要求婚約的簽訂者以及他們未來的子女，放棄對於這個國家的一切權利。放棄權利者和放棄權利的受害者沒有理由憤憤不平，因爲國家本來就可以借助法律把他們排除在繼承者的行列之外。

第二十四節 治安法規與公民法分屬不同類別

官吏對一些罪犯處以刑罰，對一些罪犯予以矯正。前者屬於法律管轄範疇，後者屬於官吏權力範圍；前者被排除在社會之外，後者被強制在社會中遵紀守法地生活。

在治安管理中，實施懲罰的是官吏而不是法律；在審訊罪行時，實施懲罰的是法律而不是官吏。治安管理所涉及的是時刻發生的事，通常都是一些小事，所以無須煩瑣的手續。治安管理的行動迅捷，它所處理的事項每天都會發生，所以不宜施以重罰。治安管理所關注的始終是一些細小的瑣事，因而不宜施以重大儆戒；它所需要的與其說是法律，毋寧說是規章。受治安管理約束的人時時刻刻受到官吏的監督，如果違規，那就是官吏的過錯。所以，不能把重大的違法行為與觸犯治安規章混為一談，兩者分屬於不同類別。

在義大利的某共和國[65]，隨身攜帶槍支被當作死罪懲處，這樣做違背了事物的性質；攜帶槍支竟然與不當使用槍支同罪，這實在太離譜了。

一個麵包鋪老闆的欺詐行為被皇帝當場發現，皇帝遂將他以木樁刑處死，皇帝因此舉而廣受讚頌[66]。其實只有蘇丹才會這樣做，因為在蘇丹看來，只有濫用重典才能做到公正。

第二十五節　不應以公民法的一般規則處置應根據事物性質作特殊處理的事項

水手們在航行途中締結的一切民事借貸契約均屬無效，做出這樣規定的法律是好法律嗎？弗朗索瓦．皮拉爾告訴我們[67]，在他那個時代，葡萄牙人不遵守這條規定，但法國人遵守。船上的人只是短期相聚，君主既為他們提供一切，他們也就沒有任何需求，只有航行這一個目標；他們成了船上的公民，不再生活在社會之中，因而不應締結借貸契約，因為這些契約只能起到承擔市民社會義務的作用。

正是基於這種精神，羅德島人在進行沿海航行期間做出規定，在海上風暴中留守船隻的人可以得到船和船上的貨物，逃離船隻的人則什麼也得不到。

本章注釋

【1】《法篇》，第九卷。

【2】亨利二世（Henry II），法國國王（一五四七—一六一〇在位）。——譯者

【3】培爾在《加爾文主義史評論》第二九三頁中談到該法。

【4】《法典》，第五篇中「關於休婚和解除有關民風的判決」。

【5】《勃艮第法》，第四十一篇。

【6】雷塞遜德斯（Récessuinde，卒於六七二年），西哥特王，曾收集西哥特的各種法律編為法典。——譯者

【7】見《西哥特法》，第三卷，第四篇§十三。

【8】孟德斯鳩在這裡說的是十七世紀法國詩人和劇作家拉辛（Racine）的悲劇《費德爾》（*Phèdre*）。——譯者

【9】違者受當眾羞辱之刑，另一刑罰則為入獄。

【10】普魯塔克，《梭倫傳》，第二十二卷。

【11】普魯塔克，《梭倫傳》，第二十二卷。加里恩努斯，《勸言篇‧關於技藝》，第八章。

【12】沃科尼烏斯（Voconius），西元前一六九年的羅馬執政官，他所制定的剝奪婦女繼承權的法律，史稱《沃科尼烏斯法》。——譯者

【13】《上帝之城》，第三卷。

【14】《法規》，第二卷，第十二章。

【15】《新法集》，第二十一篇。

【16】《倫巴第法》，第二卷，第十六項§六、§七、§八。

【17】杜赫德，《中華帝國全志》，第一卷，第三二三頁和第三二六頁。

【18】努米底亞（Numidie），古代羅馬人對非洲北部的稱呼，其地域相當於今阿爾及利亞的一部分。——譯者

【19】狄特—李維，《古代羅馬史》，第三部，第二十九卷，第二十九章。

【20】馬希尼薩（Massinisse，西元前二三八—前一四八），努米底亞國王。——譯者

【21】巴巴里（Barbarie），十九世紀之前歐洲人對非洲北部各國的稱呼。——譯者

【22】參閱肖（Schaw）先生的《遊記》第一卷，第四〇二頁。

[23] 例如在非洲的羅文哥（今屬安哥拉。——譯者）。參閱《創建東印度公司歷次航行記》，第四卷，第一部分，第一一四頁。史密斯，《幾內亞遊記》，第二部分，第一五〇頁關於瑞達王國的記述。

[24] 《耶穌會士書簡集》，第十四輯，第三八七—三八九頁；《創建東印度公司歷次航行記》，第三卷，第二部分，第六四四頁。

[25] 《創建東印度公司歷次航行記》，第四卷，第一部分，第三十五頁和第一〇三頁。

[26] 龐培圍攻神廟時，他們就沒有抵抗。參閱狄奧，《羅馬史》，第三十七卷。

[27] 佩魯茲（Peluze），尼羅河三角洲上的一座城市，西元前五二五年被康比斯攻克。——譯者

[28] 《法律》，第五篇「《尤利安法》：關於偷竊公共財物」。

[29] 《寺廟法》第十七章「無論誰」問題四，屈亞斯，《觀察》，第十三卷，第十九章，第三節。

[30] 博馬努瓦，《博韋西斯習慣法》，第十八章。

[31] 《法律》，第一篇「法典：《尤利安法》：關於通姦」。

[32] 這種做法如今已不為法國教會法庭採用。

[33] 《法律》，第十一篇末節「《尤利安法》：關於通姦」。

[34] 《新法集》，第一百三十四篇，第十章。

[35] 《法律》，第七篇「關於婚姻的解除和取消有關風尚的裁決」。

[36] 《附錄》，「今天不拘大小如何」篇「法典：關於婚姻的解除」。

[37] 《附錄》，「今天的事」篇「法典：關於婚姻的解除」。

[38] 參見我在本書第二十三章「法與人口的關係」的論述。

[39] 參見《法律》，第十六篇「關於婚姻的儀式」；又見《法律》，第三篇§一，又見《法學階梯》「關於夫妻間的贈予」。

[40] 韃靼人的這條法律非常古老。普里斯庫斯（Priscus）在他的《拜占庭帝國史》中說，阿提拉在某地停下來與女兒埃斯卡結婚，他說：「斯基泰的法律准許這種婚姻。」

[41] 《韃靼史》，第三部分，第二五六頁。

[42] 早期的羅馬人便是如此。

[43] 在古羅馬，這些兄弟都有共同的姓氏，堂表兄弟都以兄弟相稱。

【44】早期的羅馬便是這樣，直到人民通過一項法律，不再禁止堂表兄弟姐妹的婚姻，原因是一位口碑極佳的男子娶了他的堂（或表）姐（或妹）為妻。見普魯塔克，《索求羅馬對象》，第六章。

【45】《印度遊記輯覽》，第五卷，第一部分，第九十八頁；《臺灣島現狀》。

【46】《古蘭經．婦女》。

【47】皮拉爾，《遊記》，第一卷，第一七二頁。

【48】此類婚姻被認為是最光彩的婚姻。見菲洛（Philon），《關於十誡的特殊法律》，巴黎，一六四〇年，第七七八頁。

【49】伊西斯（Isis），埃及女神，神通廣大，能讓死者起死還魂，受到普遍的供奉，後傳入希臘和羅馬。——譯者

【50】參見《法律》，第八篇「法典：關於亂倫的婚姻和有害的婚姻」。

【51】《耶穌會士書簡集》，第十四輯，第四〇三頁。

【52】領主指派稅吏向農民收捐，伯爵強迫鄉紳捐款，主教強迫教會捐款。參見博馬努瓦，《博韋西斯習慣法》，第二十二卷。

【53】西塞羅，《法律》，第一卷，第四章。

【54】關於「貝殼放逐制」，參見本書第十二章第十九節譯注。——譯者

【55】亞里斯多德，《政治學》，第三卷，第十三章。

【56】希帕波魯斯（Hyperbolus）。參見普魯塔克，《阿里斯提德傳》。

【57】普魯塔克，《來古格士與努瑪的比較》。

【58】霍廷西烏斯（Hortensius，前一一四—前五〇），曾任羅馬執政官。——譯者

【59】普魯塔克，《小加圖傳》。斯特拉波說，此事就發生在我們的時代。

【60】《法律》，第十一篇末尾「《尤利安法》：關於通姦」。

【61】《西哥特法》，第三卷，第四篇§六。

【62】阿圖阿爾帕（Athualpa），印加帝國的末代皇帝，一五三五年被俘後被絞死。——譯者

【63】參閱印加人加爾希拉梭（Garcilasso），《西班牙人內戰史》，第一〇八頁。

【64】參見本書第五章第十四節，第八章第十六至二十節，第九章第四至七節，第十章第九至十節。

[65] 指威尼斯。

[66] 這是一冊記述土耳其的遊記。——譯者

[67] 《遊記》，第十四章，第十二節。

第六編

第二十七章　羅馬繼承法的起源與沿革

這個問題涉及極其遙遠的古代，爲探究其底奧，請允許我對早期羅馬法律進行探索，從中發現迄今尚未有人發現的東西。

衆所周知，羅慕洛斯把他那個小國的土地分給該國的公民[1]。我認爲，羅馬繼承法由此發軔。土地分配法規定，一家的財產不得轉移到另一家。法律據此規定的繼承人只有兩類[2]，一類是本家繼承人，即子女和曾經生活在父親照料之下的後代，這類繼承人如果缺失，則由男系中最近的親屬繼承，也就是男系親屬。

這就是說，女系親屬不得繼承，否則財產就會轉到另一個家庭，因而作此規定。基於同樣理由，子女不得繼承母親遺產，母親也不得繼承子女遺產，否則，財產就會轉到另一個家庭。所以，十二銅表法不允許這兩種繼承[3]。十二銅表法只許本家繼承人享有繼承資格，而兒子與母親之間不存在男系親屬關係。

不過，由於女系親屬不能繼承，所以，本家繼承人或最近的男系親屬是男是女都無關緊要；女繼承人雖然可以結婚，財產卻永遠歸屬她的娘家。正因爲如此，十二銅表法對繼承人的性別不作規定[4]。

這樣一來，孫子可以繼承祖父，外孫就不能繼承外祖父，因爲，爲了防止財產轉移到另一個家庭，外孫被排除在繼承人行列之外，只有男系親屬才能繼承。所以，女兒可以繼承其父親，但不能繼承其子女[5]。

所以在早期羅馬，如果與土地分配法不相牴觸，婦女可以參與繼承，反之，婦女不得參與繼承。早期羅馬的繼承法便是如此。繼承法理所當然地從屬於政制，而且源自土地分配制度，所以，其淵源顯然並非來自外邦，也並非來自派往希臘城市的代表們所帶回來的那些法律。

哈里卡納索斯的狄奧尼修斯告訴我們[6]，塞爾維烏斯・圖里烏斯發現羅慕洛斯和努瑪關於土地分配的法律已被廢除後，不但予以恢復，而且還補充了一些新的條文，使之更有分量。所以，剛才提到的這幾部由土地分配制度派生出的法律，都出自這三位羅馬立法者之手，對此無須存疑。

繼承順序既然已經依據政治法確定，公民就不應憑藉個人意願進行擾亂；換句話說，在早期羅馬，不應許可公民立遺囑。不過，臨終之時不能施惠於人，實在有點冷酷。

在法律與個人意願之間找到了一種調和方案，那就是允許個人在人民大會上處分自己的財產，以這種方式立下的每一份遺囑，在一定程度上都可以說是立法機構的一種行爲。

十二銅表法允許立遺囑者選定他所中意的公民爲繼承人。羅馬法之所以要嚴格限制無遺囑繼承人的數量，原因在於土地分配法；羅馬法之所以大幅度擴展訂立遺囑的權利，原因在於：父親既然可以出賣子女[7]，當然更可以剝奪子女的財產。所以說，這是一些不同的後果，因爲它們源自不同的原則；這也就是羅馬法在這方面的精神。

雅典古法絕不允許公民立遺囑。梭倫允許公民立遺囑，但有子女者除外[8]。深受父權思想薰陶的羅馬立法者，甚至允許遺囑損害子女的利益。應該承認，在前後一致這一點上，雅典古法勝過羅馬法。羅馬法漫無節制地准許立遺囑，從而一點一點地破壞了土地分配的政治條規，這比任何其他法律更嚴重地導致貧富懸殊；一個人可以獲得多份土地，結果是少數人得到的太多，大多數人一無所有。因此，一再被剝奪應得份額的人不斷要求重新分配土地。這些人提出這種要求的時候，恰值儉樸、節約和貧窮成爲羅馬特色之時，也恰是奢華發展到無以復加之時。

遺囑既然是人民會議通過的法律，從軍在外的人就被剝奪了立遺囑的權利。人民於是准許軍人在若干同伴面前[9]，表明他本應在人民會議上表明的有關遺囑的意願[10]。

大型人民會議一年只開兩次，人口增多了，事物也更繁雜了。人們認定，應該准許所有公民在代表全體人民的若干羅馬成年公民面前立遺囑[11]；作爲代表的公民共五人[12]，繼承人當著他們的面向立遺囑人購買其門第，也就是他的全部遺產[13]，另一位公民用秤稱量遺產的價值，因爲羅馬人當時還沒有貨幣[14]。

看來，這五位公民分別代表人民的五個階級，由赤貧者組成的第六階級沒有計算在內。

不應該像查士丁尼那樣，把這種通過稱量出售遺產的做法說成是空想，不錯，後來的確成了空想，但起初並非如此。後來用來處置遺產的大多數法律，大多源自這些稱量出售遺產的做法，烏爾比安的《摘要》爲此提供了證據[15]。聾人、啞人和浪子不得立遺囑。因爲，聾人聽不見門第購買者的話，啞人說不出財產的稱謂，浪子由於被禁止參與任何管理事務，因而不能出售他的財產。其他實例我就不講了。

遺囑既然是在人民會議上立下的，它就應是政治法文書而非公民法文書，是公法文書而非私法文書。所以，父親不能准許受他支配的兒子立遺囑。

在大多數國家中，遺囑的格式不比普通契約更爲複雜，因爲，這兩種契約都是締約人意願的表示，同樣屬於私法範疇。可是，羅馬人的遺囑由於屬於公法範疇，格式因而比其他文書繁複[16]。在法國實行羅馬法的那些地區，至今依然如此。

如我所說，遺囑既然是一項人民的法律，就應具有命令的效力，以直接和強制的語言寫就。由此引申出這樣一條規則：不使用命令式語言，便不得給予和轉移遺產[17]。所以，在某些情況下，可以實行替代繼承[18]，把遺產轉給另一個繼承人。但是，絕對不得實行委託繼承[19]，即以請求形式委託某人將遺產和部分遺產轉交給法定繼承人之外的另一繼承人。

父親在遺囑中如果既不立其子爲繼承人，也不剝奪其子的繼承權利，這份遺囑當屬無效；但是，父親如果在遺囑中既不立其女爲繼承人，也不剝奪其女的繼承權利，這份遺囑當屬有效。我認爲此舉有理。因爲，既不立也不廢兒子的繼承權，本應作爲男系親屬繼承其父遺產的孫子就將受到傷害；然而，既不立也不廢女兒的繼承權，由於女兒的子女既非本家繼承人，也非男系親屬，不能作爲男系親屬繼承其母的遺產[20]，所以不會受到任何傷害。

早期羅馬繼承法由於只考慮遵循土地分割的精神，對婦女的財產未作足夠的限制，從而爲奢華的風氣留下了一扇方便之門，因爲奢華是與婦女的財富分不開的。第二次和第三次布匿戰爭期間，人們開始感到這一弊病，於是制定了沃科尼烏斯法[21]。該法是基於極爲重大的考慮而制定的，然而留存至今的記述極少，對該法的議論至今相當含混，所以，我將要對該法作一番澄清。

西塞羅保存了該法的一份殘篇。從中可以看出，該法禁止立婦女爲繼承人，不論該婦女是否已婚[22]。狄特—李維的《摘要》提到了該法，但並無更多內容[23]。據西塞羅[24]和聖奧古斯丁[25]的記述，女兒乃至獨生女都在被禁之列。

大加圖竭盡全力促使該法得以通過[26]。奧盧斯·格利烏斯引述了大加圖在該場合下發表的演說中的一個片段[27]。他想通過禁止婦女繼承遺產來剷除奢華的根源，正如他希望通過爲歐皮安法[28]辯護來制止奢華一樣。

查士丁尼[29]和狄奧菲勒[30]的《學說匯纂》提到，沃科尼烏斯法中有一章對婦女的繼承權作了限制。讀了這一章之後，誰都會認爲，制定這一章的目的是防止遺產因遺贈過多而所剩無幾，以致於繼承人拒絕接受。可是，其實這並不是沃科尼烏斯法的精神所在。前面已經提到，該法旨在防止婦女獲得任何遺產。爲婦女繼承遺產設置障礙的這一章，目的正在於此。因爲，倘若可以隨心所欲地留下遺贈，婦女憑遺贈所獲之財產，就可與無法作爲遺產繼承的財產一樣多。

沃科尼烏斯法是爲防止婦女積攢過多財產而制定的。所以，應予剝奪的是巨額財富，而不是不足以維持奢華的財產。法律規定給予被禁止繼承遺產的婦女以一定數額的財產。我們從西塞羅那裡獲知此事[31]，但他並未說明這筆財產的確切數額。狄奧則說，這筆財產的數額爲十萬小銀幣[32]。

制定沃科尼烏斯法的目的是調節財富，而不是調節貧困。所以西塞羅說，該法僅約束已錄入戶口冊的人[33]。

這就爲規避法律提供了一個藉口。我們知道，羅馬人是極端的形式主義者。前面說到，羅馬共和國的精神就是死摳法律文字。有一些父親爲了把遺產留給女兒，沒有進行戶口登記。裁判官認爲，他們並未違犯沃科尼烏斯法，因爲從文字上看，他們並未違犯該法。

一位名叫安尼烏斯·阿塞盧斯的人立他的獨生女爲遺產繼承人。西塞羅說，他可以這樣做，沃科尼烏斯法並不禁止他這樣做，因爲他的名字不在戶口登記冊上[34]。韋列斯當了護民官，就把女兒的繼承權剝奪了。西塞羅認爲，他可能接受了賄賂，否則他不會打亂其他護民官都遵循的繼承順序。

全體公民都應錄入戶口登記冊，那麼，不在登記冊內的是些什麼人呢？不過，按照哈里卡納索斯的狄奧尼修斯所記述的塞爾維烏斯·圖里烏斯確立的制度[35]，凡是沒有登記在戶口冊上的公民，一律降爲奴隸。西塞羅就說過，有一個人因此而失去了自由[36]。佐納拉斯也說過同樣的話。由此可見，沃科尼烏斯法和塞爾維烏斯·圖里烏斯的制度，在戶口登錄問題上顯然不盡相同。

依據沃科尼烏斯法的精神，沒有登記在根據財產多寡劃分的前五個階級中[37]的人，不算已經錄入登記冊。依據塞爾維烏斯·圖里烏斯制度的精神，凡是沒有登錄在六個階級中，或是沒有被列爲人頭稅繳納者的人，不算已經錄入登記冊。本性的能量竟有如此之大，它居然能驅使那些父親，爲了規避沃科尼烏斯法而甘願受辱，在第六階級中與無產者和人頭稅繳納者爲伍，甚至被列入被剝奪選舉權者名錄[38]也在所不惜。

我們說過，羅馬的法律制度不允許委託繼承。委託繼承是爲規避沃科尼烏斯法而採取的一個手段，具體說來就是，立一個有權依法繼承的人爲繼承人，然後請他把繼承權讓與一個被法律排除在繼承人行列之外的人。這種新的做法產生了一些相當不同的後果。有人把繼承權轉交給他人。塞克斯圖斯．柏圖庫斯[39]的做法妙極了，有人把一大筆遺產交給了他，除了他本人，世界上沒有一個人知道他是受人之託轉交這筆遺產。他找到立遺囑人的遺孀，把她丈夫的全部遺產轉交給她。

另一些人則把委託繼承的全部遺產留給自己，塞克斯提留烏斯．魯富斯便是一個廣爲人知的例子，因爲西塞羅在他與伊比鳩魯派論戰時援引了這個實例[40]。他說：「在我年輕的時候，塞克斯提留烏斯．魯富斯請我陪他去見他的朋友，他詢問這些朋友，他是否應該把昆圖斯．法迪烏斯．加魯斯的遺產交還給他的女兒。他找來了好幾位年輕人，還有幾位德高望重的人物，大家都認爲，交給法迪烏斯的遺產不應超過她依據沃科尼烏斯法應該獲得的數額；塞克斯提留烏斯於是得到了一大筆遺產。如果他當初不是選擇了實惠，而是選擇了公正和正直，那他就連一個小銀幣都休想得到。」西塞羅接著說：「我可以相信，你們本來是願意將遺產轉交他人的，就連伊比鳩魯本來也是願意這樣做的，可是，你們並未照你們的原則辦事。」我在這裡要多說幾句。

立法者不得不制定法律打擊人的天然感情，就像沃科尼烏斯法那樣，這是人類的不幸。因爲，立法者在這樣做時，對社會的考慮多於對公民的考慮，對公民的考慮多於對人的考慮，他們的法律犧牲了公民和人，只想到了共和國。一個人竟然要託付朋友把遺產交給他的女兒，這是因爲法律既蔑視立遺囑者的天然感情，也蔑視女兒的孝心；法律絲毫沒有考慮那個受託轉交遺產的人，他的處境實際上非常尷尬；若是把遺產轉交了，他就是一個不良公民；若是把遺產留給自己，他就是一個食言而肥的人。只有天性善良的人才想規避這種法律，只有老實人才會被選中去規避這種法律；因爲，戰勝貪婪和淫欲是一大勝利，而只有老實人才能取得這種勝利。把他們視爲不良公民或許失之過嚴，這種法律如果確實只能逼迫老實人設法規避法律的話，那就不妨認爲，立法者已經在很大程度上達到了他的目的。

制定沃科尼烏斯法的時候，羅馬依然保存著一些純樸的民風。人們有時爲維護法律而激勵社會良心，讓民眾宣誓遵守法律[41]，這就像是以誠實對抗誠實。可是到後來，民風極度敗壞，委託繼承幾乎失去了規避沃科尼烏斯法的效用，而該法卻大大增加了被遵守的力度。

無數公民死於內戰，奧古斯都執政時期的羅馬人煙稀少，必須大量添丁。於是制定了巴比安法，凡是能鼓勵公民結婚生子的辦法無一遺漏[42]。主要手段之一是讓該法的支持者更加有望繼承遺產，讓不支持者更加無望繼承遺產。沃科尼烏斯法禁止婦女繼承遺產，巴比安法則在某些條件下予以解禁。

妻子[43]尤其是生養了孩子的妻子獲得了根據丈夫遺囑繼承遺產的權利。她們如果有子女，還可以根據族外人的遺囑接受遺產。所有這一切都不符合沃科尼烏斯法的規定，值得注意的是，儘管採取了這些措施，卻並未完全摒棄該法的精神。比如，依據巴比安法的規定[44]，有一個孩子的男子[45]可以依據遺囑接受一個無血緣者的全部遺產，而婦女必須有三個孩子方能獲得這份遺產[46]。

應當指出，巴比安法雖然准許有三個孩子的妻子繼承遺產，但以有族外人的遺囑爲限；在繼承親屬的遺產方面，巴比安法依舊保留了沃科尼烏斯法的全部效力[47]，只不過這種情況沒有持續多久。

羅馬受到來自各國的財富的腐蝕，民風大變，遏制婦女奢華之風已經不可能。生活在哈德良時代的奧盧斯·格利烏斯說[48]，他那時候，沃科尼烏斯法幾乎已經被廢，城邦的淫逸之風把它淹沒了。所以，生活在尼傑爾[49]時代的保盧斯[50]，生活在亞歷山大・塞維努斯時代的烏爾比安，分別在他們的《判決》[51]和《摘要》[52]中提到，男系的姐妹可以繼承遺產，被沃科尼烏斯法剝奪繼承權的僅限於較遠的親屬。

羅馬古法開始顯得過於嚴峻，除了公正、節制和適度之外，裁判官們已經很難被其他東西觸動了。

我們看到，依據羅馬古法，母親根本無權繼承子女的遺產，沃科尼烏斯法爲剝奪母親的繼承權又增添了一條理由。可是，克勞狄皇帝把繼承子女遺產的權利給予母親，作爲對她們喪失子女的安撫。哈德良[53]掌權時發布的德篤利安元老院法令規定，有三個孩子的女自由民可以繼承遺產，女被釋奴則有四個孩子方可繼承。很顯然，這項元老院法令只不過是巴比安法的延伸而已，該法規定，在同樣情況下，婦女可以接受外族人給予的遺產。查士丁尼法則規定[54]，不論子女多寡，婦女均可繼承遺產。

禁止婦女繼承遺產的法律在某些原因的作用下受到了限制，同樣的原因使禁止婦女繼承女系親屬遺產的法律逐漸失去效力。這些法律本來非常符合優良的共和政體的精神，因爲，在共和政體下，女性不應由於擁有財富或有望擁有財富而憑藉奢華高人一頭。在君主政體下則恰恰相反，奢華加重了婚姻負擔，變得相當靡費，所以，要靠婦女提供的財產和她們有望獲得的遺產來支援婚姻。君主政體在羅馬建立後，全部繼承制度都發生了變化。依照過去的法律，女系親屬根本不能繼承遺產，而如今如果男系親屬缺失，裁判官就可以讓女系親屬繼承遺產。奧菲提安元老院法令[55]准許子女繼承母親的遺產，瓦倫提尼安[56]、狄奧多西和阿卡迪烏斯三位皇帝在位時，外孫子和外孫女也可繼承外祖父的遺產。最後，查士丁尼皇帝澈底清除了舊法關於遺產繼承的規定，重新確定了如下三個繼承順序：直系卑親屬、直系尊親屬和旁系親屬；不分男女，也不分男系親屬和女系親屬，並且把舊法有關繼承的所有規定全部廢除[57]。查士丁尼認爲他這樣做是爲了擺脫舊法的羈絆，遵從人的本性。

本章注釋

[1] 哈里卡納索斯，《羅馬古事記》，第二卷，第三章。普魯塔克，《來古格士與努瑪的比較》，第二十四章。

[2] 「未立遺囑者死後無繼承人，最近的男性親屬應獲得遺產。」見《十二銅表法．斷篇》，載烏爾比安，《摘要》末節。

[3] 見烏爾比安，《摘要》，第二十六篇§八；《學說匯纂》，第三篇，「德篤利安元老院法令」：「特權」。

[4] 保盧斯，《判決》，第四卷，第八篇§三。

[5] 《學說匯纂》，第三卷，第一篇§十五。

[6] 《羅馬古事記》，第四卷，第二七六頁。

[7] 哈里卡納索斯的狄奧尼修斯借助努瑪的一項法律證明，允許父親出售兒子三次的法令是羅慕洛斯，而不是十人團制定的。

[8] 普魯塔克，《梭倫傳》。

[9] 這種遺囑稱作「出征遺囑」，不同於依據羅馬皇帝的法令立下的「軍人遺囑」。見《法律》第一篇「關於軍人遺囑」。這是皇帝們對士兵的安撫之一。

[10] 這種遺囑不是書面的（sins libra et tabulis），也沒有一定格式，就像西塞羅在《演說家》第一卷中所說「沒有任何法定手續和格式」。

[11] 《學說匯纂》，第二卷，第十篇§一。奧盧斯．格利烏斯，《阿提卡之夜》，第十五卷，第二十七章。這種遺囑叫做「書面計數遺囑」。

[12] 烏爾比安，《摘要》，第十篇§二。

[13] 狄奧菲勒，《學說匯纂》，第二卷，第十篇。

[14] 羅馬人到了皮洛士之戰時才有貨幣。狄特—李維在談及韋伊之圍時寫道：「當時還不會鑄造銀幣。」

[15] 《摘要》，第二十二篇§十三。

[16] 《學說匯纂》，第二卷，第十篇§一。

【17】例如，「讓狄第烏斯當我的遺產繼承人。」

【18】替代繼承分為：普通替代繼承、未成年替代繼承、智力障礙替代繼承。

【19】奧古斯都以特殊原因為由，批准開始實行委託繼承。《學說匯纂》，第二卷，第二十三篇§一。

【20】依據《十二銅表法》的規定，立遺囑人不得將其遺產給予母親的子女，因為婦女不得擁有繼承人。烏爾比安《摘要》的二十六題§七。

【21】該法係護民官昆圖斯・沃科尼烏斯（Quintus Voconius）倡議。參見西塞羅，《再駁韋列斯》；載狄特—李維，《摘要》，第四十一卷：書中沃隆尼烏斯（Volumnius）有誤，應作沃科尼烏斯。

【22】「重申……不得立任何婦女為繼承人。」西塞羅，《再駁韋列斯》，第一卷。

【23】「他支持不准立任何婦女為繼承人的法律。」見狄特—李維，《摘要》，第四十一卷。

【24】《再駁韋列斯》。

【25】《上帝之城》，第三卷，第二十一章。

【26】狄特—李維，《摘要》，第四十一卷。

【27】《阿提卡之夜》，第十七卷，第六章。

【28】羅馬護民官歐皮烏斯（Oppius，前三世紀）倡議並促使通過了防止婦女奢華之風的法律，史稱《歐皮安法》。——譯者

【29】《學說匯纂》，第二卷，第二十二篇。

【30】《學說匯纂》，第二卷，第二十二篇。

【31】「無人同意給予法迪亞的財產可多於她依據《沃科尼烏斯法》所能得到的數額。」見《善與惡的極限》，第二卷，第五十五章。

【32】「可以援引《沃科尼烏斯法》，該法規定，婦女獲得到的遺產不得多於十萬小銀幣。」狄奧，《羅馬史》，第五十六卷。

【33】「那些已經登入戶口冊的人。」西塞羅，《再駁韋列斯》。

【34】「他未經戶口登記」。

【35】《羅馬古事記》，第四卷。

【36】「他沒有登記在戶口冊上」。

【37】前五個階級人數極多，以致於有的作者就說只有五個階級。

【38】「降為最低公民等級」。

【39】西塞羅，《善與惡的極限》，第二卷。

【40】西塞羅，《善與惡的極限》，第二卷。

【41】塞克斯提留烏斯說，他曾宣誓遵守法律。

【42】請參閱作者在本書第二十三章第二十一節中的論述。

【43】參見烏爾比安，《摘要》，第十五篇，第十六篇。

【44】同樣的區別在《巴比安法》的許多條文中都可看到。參見烏爾比安，《摘要》末篇第四至六節。

【45】「有了我，你才有子女，才享有做父親的權利；有了我，你才被立為繼承人。」尤維納利斯，《諷刺詩》，第九章第八十三行和第八十七行。

（這是一個性無能者的妻子對她的情夫所說的話。因為依據《巴比安法》規定，已婚而無子女的男子不得繼承遺產。——譯者）

【46】參見《狄奧多西法典》，第九法：「關於被宣布為公敵者的財產。」又見烏爾比安，《摘要》，末篇§六以及第二十九篇§三。

【47】參見烏爾比安，《摘要》，第十六篇§一；索佐梅諾斯，《教會史》，第一章，第十九節。

【48】奧盧斯·格利烏斯，《阿提卡之夜》，第二十卷，第一章。

【49】尼傑爾（Pescennius Niger），羅馬將軍，一九三年被敘利亞軍團擁立為皇帝。——譯者

【50】保盧斯（Paulus, Julius），西元三世紀的《羅馬法》學家。——譯者

【51】《判決》，第二十卷，第一章。

【52】烏爾比安，《摘要》，第二十六篇§六。

【53】即庇烏斯（Pie）皇帝，因過繼而更名為哈德良。

【54】《法律》，第二篇，「法典：關於子女的權利」第三卷第三篇第四節「德篤利安元老院法」。

【55】時在西元前一七八年。——譯者

【56】《法典》，「關於親生與合法的子女」，第九條。

【57】《法律》，「法典：關於親生與合法的子女」，第十二條；《新法集》，第一百一十八篇、第一百二十七篇。

第二十八章　法國公民法的起源與沿革

「肉體如何由舊變爲新，這就是我想要講述的……」

奧維德：《變形記》[1]

第一節　日耳曼各族法律的不同特點

法蘭克人離開故土之後，就讓本族的智者編纂薩利克法[2]。克洛維斯在位期間[3]，里普埃爾法蘭克人部落併入與薩利安法蘭克人部落[4]，但依舊保留著自己的習俗，奧斯特拉西亞國王戴奧德里克[5]下令把這些習俗編爲成文法[6]。他還搜集他的附庸國巴伐利亞和阿勒曼的習俗編爲成文法[7]。之後，日耳曼尼亞的實力因許多部族出走而大爲削弱，法蘭克人征服了前面的土地後，後退一步，把他們的統治帶進了父輩的森林。有跡象表明，圖林根[8]法典也是這位戴奧德里克下令編纂的[9]，因爲，圖林根人也是他的臣民。鐵錘查理和丕平[10]征服了弗里茲人[11]，在此之前弗里茲人沒有法律[12]。查理曼最先征服了薩克森人，爲他們制定了至今猶存的法律。這兩部法典出自征服者之手，只要讀一下就可知道。西哥特人、勃艮第人和倫巴第人創建王國後，把他們的法律變爲成文法，目的不是要求被征服者遵照執行，而是爲了自己的方便。

薩利克法、里普埃爾人、日耳曼尼亞人、巴伐利亞人、圖林根人以及弗里茲人的法律，都非常簡潔樸實，體現出一種原始的粗糙以及一種獨有的精神，一種未曾被另一種精神削弱的精神。這些法律變化很小，因爲除了法蘭克人，這些民族都沒有離開日耳曼尼亞。法蘭克人所建立的帝國也有一大部分在日耳曼尼亞。所以，他們的法律都屬於日耳曼法。西哥特人、倫巴第人和勃艮第人則不然，他們的法律喪失了許多原來的特色，因爲這些民族在新的土地上定居之後，失去了許多原來獨有的特點。

勃艮第王國壽命不長，征服者的法律來不及發生重大改變。貢德鮑和西吉斯蒙德[13]把他們的習俗編纂成書，只不過，他們幾乎已是末代君王了。倫巴第人的法律沒有修訂，倒是增添了一些內容。羅塔利制定的法律被格利摩、路易普朗、拉希、埃斯圖爾弗[14]等人用作範本，形式上沒有新的改動。西哥特人的法律則不然[15]，他們的國王對這些法律進行了修訂，又讓神職人員再作修訂。

墨洛溫王朝的國王們將薩利克法和里普埃爾法中與基督教絕不相容的部分刪除，但保留了這兩部法的基本部分[16]。西哥特法就不是這樣。

勃艮第人和西哥特人的法律採用肉刑，尤以西哥特人爲甚。薩利克法和里普埃爾人的法律不允許採用肉刑[17]，較好地保存了這些法律原有的特點。

勃艮第人和西哥特人居住的那幾個省分易受攻擊，因而千方百計地試圖調和與原有居民的關係，爲他們制定對各族居民一視同仁的公民法[18]。可是，確信自己實力過人的法蘭克國王們，沒有對此予以關注[19]。

法蘭克人控制下的薩克森人桀驁不馴，堅持不懈地進行反抗。所以，在他們的法律中可以看到征服者的冷酷[20]，這在其他蠻族的法典中是看不到的。

罰金體現了日耳曼法的精神，而肉刑則顯現了征服者法律的精神。

薩克森人在境內所犯罪行被處以肉刑，只有當他們在境外犯罪時，才依據日耳曼法的精神懲處。

法律規定，一旦犯罪就永無寧日，就連去教堂躲避也不允許。

在西哥特宮廷裡，主教們的權威無限，重大事項都在主教會議上決定。當今宗教裁判所的一切規矩、原則和觀點，全都來自西哥特法典。僧侶們用以對付猶太人的那些法律，全都是當年的主教們制定的。

此外，貢德鮑爲勃艮第人制定的法律非常得體。羅塔利和其他倫巴第君主們的法律更是如此。不過，西哥特人的法律以及雷塞遜德斯、秦達遜德斯和埃吉加[21]制定的法律，全都幼稚、拙劣和癡妄，辭藻華麗，空洞無物，內容淺薄，文字浮誇。

第二節　蠻族諸法均為屬人法

這些蠻族法律的一大特點是與地域無關，法蘭克人依據法蘭克人的法律審判，日耳曼尼亞人依據日耳曼尼亞人的法律審判，勃艮第人依據勃艮第人的法律審判，羅馬人依據羅馬人的法律審判。那時的征服者不但沒有考慮統一各族人民的法律，甚至沒有想到爲被征服者制定法律。

我發現，這種情況的根源存在於日耳曼人的固有習俗之中。日耳曼各部族被沼澤、湖泊和森林分隔，我們可以從凱撒的著作[22]中獲知，他們喜歡分居各地。對羅馬人的懼怕使他們聯合起來，當他們在一地混居時，各個部族的每個人都接受本部族的習俗和習慣法審判。各個部族的人在自己所屬的部族內部是自由和獨立的。當他們在一地混居時，依然享有獨立。他們有共同的祖國，同時也有各自的共和政府；領土是共同的，部族則是各異的。這些部族在離開家鄉之前，就已經具備了屬人法精神，而且帶著這種精神四處征戰。

這種做法在馬爾庫爾弗的法規[23]、蠻族的法律，尤其是里普埃爾人的法律[24]和墨洛溫王朝諸王的諭令[25]中得到確認，加洛林王朝的有關敕令[26]都來自墨洛溫王朝諸王的諭令。子女遵守父親所遵守的法律[27]，妻子遵守丈夫所遵守的法律[28]，喪夫的婦女重新遵守自己原來遵守的法律[29]，被釋奴遵守他們的主人所遵守的法律[30]。不但如此，每個人還可以選擇他所願意遵守的法律，羅泰爾一世爲此下令，每個人的選擇都必須公之於眾[31]。

第三節　薩利克法與西哥特法和勃艮第法的主要差異

前面說到[32]，勃艮第法和西哥特法對不同民族一視同仁；但是，薩利克法並非如此，它對法蘭克人和羅馬人的不同待遇令人萬分痛心。殺死一個法蘭克人，蠻族人或受法蘭克法管束的人，應付賠償金二百蘇[33]，被殺的如果是羅馬人業主，賠償金則爲一百蘇[34]，被殺的如果是羅馬人僕從，賠償金就只有四十五蘇。被殺的如果是國王的法蘭克人臣屬，賠償金是六百蘇[35]，被殺的如果是國王的羅馬人客卿[36]，賠償金僅爲三百蘇[37]。由此可見，薩利克法極其殘酷地區別對待法蘭克士紳和羅馬士紳、普通法蘭克人和普通羅馬人。

不但如此。如果聚眾襲擊一個法蘭克人[38]並將他殺死在家中，薩利克法規定賠償六百蘇。可是，如果被襲擊的是羅馬人或被釋奴[39]，賠償金減半。薩利克法還規定[40]，如果一個羅馬人用鐵鍊捆縛一個法蘭克人，應付賠償金三十蘇；可是如果一個法蘭克人用鐵鍊捆縛一個羅馬人，他應賠付的僅僅只是十五蘇。一個法蘭克人如果被一個羅馬人剝光衣服，可得賠償金六十二蘇；一個羅馬人如果被一個法蘭克人剝光衣服，只能得到賠償金三十蘇。對於羅馬人來說，所有這一切都是難以忍受的不公。

可是，有一位享有盛譽的作者[41]，以法蘭克人是羅馬人最好的朋友爲假設，爲法蘭克人定居高盧編造理由。那麼，既給羅馬人帶去了駭人的災禍，也在羅馬人那裡遭受了駭人的災禍的法蘭克人，眞是羅馬人的最好朋友嗎？用武力征服羅馬人之後又冷酷無情地壓迫羅馬人的法蘭克人，眞是羅馬人的最好朋友嗎？他們是羅馬人的朋友，恰如征服了中國的韃靼人是中國人的朋友一模一樣。

儘管有幾位天主教的主教利用法蘭克人擊敗了信奉阿里烏斯教派[42]的多位國王，難道因此就可以認爲，這些主教眞的願意生活在蠻族統治之下嗎？難道可以就此得出結論說，法蘭克人特別關注羅馬人嗎？我的結論恰恰相反：法蘭克人越是認爲羅馬人不足慮，就越發不放鬆對他們的壓迫。

可是，作爲一個歷史學家，迪波教士所發掘的是劣質的史料以及詩人和演說家的作品，然而，理論體系的基礎不應建立在浮誇的著作之上。

第四節 羅馬法何以消失在法蘭克人地區而保存在西哥特人和勃艮第人地區

至今模糊不清的那些事情，會因我在前面所說的事情而變得清晰。今天叫做法蘭西的這塊土地在墨洛溫王朝時代處於羅馬法、提奧多西法典和居住在那裡的各個蠻族[43]的管束之下。

在法蘭克人統轄地區，編纂法蘭克法供法蘭克人使用，編纂提奧多西法典[44]供羅馬人使用。在西哥特人地區，依據阿拉里克[45]的命令制定的提奧多西法典[46]，用來解決羅馬人的爭訟，歐里克下令編制的該國成文習慣法[47]，用來解決西哥特人的爭訟。薩利克法何以能在整個法蘭克人地區普遍擁有權威呢？羅馬法何以在那個地區日趨衰微，而在西哥特人地區卻日益擴展，並擁有普遍權威呢？

我認爲，羅馬法之所以被棄而不用，是因爲法蘭克人、蠻族人以及接受薩利克法管束的人享有巨大優勢[48]，以致於所有人都想拋棄羅馬人而接受薩利克法的管束。只有僧侶依舊使用羅馬法[49]，更換法律對他們沒有任何好處，身分和社會地位的差異僅僅體現在賠償金的數額上，這一點我在下面還將談及。可是，一些特別法[50]規定，他們的補償金應與法蘭克人的補償金一樣優厚，所以他們不放棄羅馬法。羅馬法沒有給他們造成任何損害，況且制定羅馬法的那幾位羅馬皇帝都是基督教信徒。

另一方面，在西哥特人的遺產問題上，西哥特法給予西哥特人的民事權益，絲毫不多於羅馬人[51]，因此，羅馬人沒有任何理由放棄自己的法律轉而接受另一種法律，所以，他們繼續使用羅馬法，而不採用西哥特法。

這一點在下面將看得更加清楚。貢德鮑法相當公正，並不厚勃艮第人而薄羅馬人。從該法的序言來看，該法既是爲勃艮第人制定的，也是爲解決羅馬人與勃艮第人之間可能出現的糾紛制定的；一旦出現這種糾紛，法庭由相同數量的雙方人員組成。之所以必須這樣做，是出於當時政治協議[52]方面的一些特殊原因。羅馬法在勃艮第繼續存在，用以解決羅馬人與羅馬人之間可能發生的爭訟。羅馬人沒有理由像居住在法蘭克人地區的羅馬人那樣放棄自己的法律。況且，從阿戈巴爾[53]致寬厚者路易的那封有名的信函中不難看出，薩利克法並未在勃艮第施行。

阿戈巴爾請求國王寬厚者路易在勃艮第施行薩利克法[54]，可見該法當時並未在該地施行。因此，羅馬法在附屬於這個國家的一些省分中過去存在，現在依然存在。

羅馬法和西哥特法在西哥特人定居的地區裡繼續施行，而薩利克法則從未在那裡施行。不平和鐵錘查理把撒拉遜人逐出該地時，臣服於這兩位君主的城市和省分[55]提出了要求，終於保住了他們自己的法律。這樣一來，儘管當時所有法律都是屬人法，然而不久之後，羅馬法卻在這些地區被視爲屬物法和屬地法。

禿頭查理[56]於八六五年在皮斯特[57]發表的一道敕令證明了這一點，他在敕令中將根據羅馬法進行審判的地區與不根據羅馬法進行審判的地區作了區分[58]。

皮斯特敕令證實了兩件事，其一，有些地區依據羅馬法進行審判，有些地區則不是這樣；其二，正如該敕令所表明，當時依據羅馬法進行審判的那些地區，就是如今依據羅馬法進行審判的那些地區[59]。由此可見，法國的一些地區使用習慣法，另一些地區使用成文法，這種區別遠在皮斯特敕令時期就已經存在了。

我說過，君主國初期的法律都是屬人法，皮斯特敕令既然區分羅馬法地區和非羅馬法地區，這就意味著，非羅馬法地區選擇某種蠻族法律的人非常多，幾乎沒有人選擇羅馬法；而在羅馬法地區，選擇蠻族法的人非常少。

我知道，我在這裡所說的都是前所未聞的新鮮事。如果這些新鮮事都正確無誤，那就都是相當古老的舊事了。說到底，把它們說出來的是我，還是瓦盧瓦[60]或比尼翁[61]，又有什麼關係呢？

第五節　續前題

在勃艮第人中，貢德鮑法與羅馬法共存了相當長的一段時間，寬厚者路易在位期間，貢德鮑法依舊在使用，阿戈巴爾的那封信令人對此不存任何疑慮。與此同理，儘管皮斯特敕令把西哥特人所占領的地區叫做羅馬法地區，其實西哥特法在那裡依舊存在。皮斯特敕令頒布十四年之後的西元八七八年，結巴路易[62]執政時期舉行了特魯瓦基督教公會議[63]，這便是明證。

後來，哥特人和勃艮第人的法律在他們自己國家裡也不施行了，其原因也就是促使各地蠻族的屬人法全都廢棄的那些普遍原因。

第六節　羅馬法何以能保存在倫巴第人的領地內

一切都符合我的原則。倫巴第人的法律對各族一視同仁，羅馬人絲毫無意放棄自己的法律轉而採用倫巴第人的法律。促使法蘭克人統治下的羅馬人選擇薩利克法的理由，在義大利根本不存在。羅馬法與倫巴第法同時並存。

倫巴第法後來甚至向羅馬法讓步，儘管它依舊是主要貴族的法律，卻不再是統治民族的法律。共和政體在大多數城市中建立後，貴族不是自行消亡便是被澈底摧毀[64]。新的共和國的公民都不願意採用倫巴第法，因爲該法規定了司法決鬥制度，而且保留著許多騎士制度的風俗和習慣。幾乎完全生活在羅馬法管束下的義大利神職人員從此勢力強大，遵守倫巴第法的人數日益減少。

再者，倫巴第法沒有羅馬法那種讓義大利想起當年曾主宰天下的氣魄，也不具備羅馬法的廣度。倫巴第法和羅馬法還能發揮的作用，僅僅是補充那些已經成爲共和國的城市的法規而已。倫巴第法僅僅對若干局部有所補充，而羅馬法卻包羅萬象，那麼，爲這兩種法所作的補充孰優孰劣呢？

第七節　羅馬法何以在西班牙被廢棄

西班牙的情況不同。西哥特法在那裡獲勝，而羅馬法則被廢棄了。秦達遜德斯[65]和雷塞遜德斯[66]禁止羅馬法，甚至不允許在法庭上提及羅馬法。雷塞遜德斯制定了法律，廢除對西哥特人與羅馬人通婚的禁令[67]。這兩部法律顯然體現了同一種精神，因爲，國王雷塞遜德斯想要消除造成西哥特人與羅馬人之間隔閡的主要原因。人們當時認爲，最大的障礙莫過於禁止兩族人民通婚和許可各自適用不同的法律。

可是，儘管西哥特的國王們禁止羅馬法，羅馬法卻始終存在於他們所擁有的高盧南部。高盧南部遠離國家政權中心，擁有較大獨立性[68]。瓦姆巴[69]於六七二年登上王位，從他的那部《瓦姆巴王的歷史》獲知，本地人占有優勢地位[70]，羅馬法享有較大權威，西哥特法的權威性則較差。西班牙的法律既不符合他們的習俗，與當時的形勢也不相宜，本地人之所以堅守羅馬法，也許因爲他們把自由與羅馬法連在一起了。此外，秦達遜德斯和雷塞遜德斯的法律包含有對付猶太人的一些可怕的規定，不過，猶太人在高盧南部實力強大。《瓦姆巴王的歷史》把這些猶太人地區叫做娼寮省分。撒拉遜人來到這些省分是受邀而來，那麼邀請他們的是猶太人還是羅馬人？西哥特人最先受到壓迫，因爲他們是統治民族。普洛科比烏斯的著作告訴我們，災難臨頭時，西哥特人從納波奈茲高盧退到西班牙去了[71]。毫無疑問，他們在災難臨頭時退到西班牙那些尚在抵抗的地區去了，高盧南部依然受西哥特法支配的人數遂大爲減少。

第八節　僞造敕令

那位可憐的編纂者柏努瓦·萊維特[72]不是把禁止羅馬法的西哥特法變成一項敕令，而且還說是查理曼的敕令嗎[73]？他把這部地方性法律變成了一部到處都適用的法律，似乎想要把羅馬法從全世界剷除掉。

第九節　蠻族法典和敕令何以消失

薩利克法、里普埃爾法、勃艮第法、西哥特法逐漸爲法蘭西人所拋棄。詳述如下：

由於采地變成世襲，附屬采地有所擴大，因而出現了上述這些法律無法適應的許多新做法。那些法律主要以罰款來解決大部分問題的精神被保留下來，可是，也許因爲貨幣的價值已經發生變化，罰款也隨之有了變化。我們在許多財產或遺產文書中看到，領主們爲他們應在小型法庭上支付的罰金確定了數額[74]。這就是說，人們遵循的是法律的精神，而不是法律的條文。

此外，法蘭西被分割爲許許多多小領地，這些領地自認爲是國王的封建臣屬而不是政治臣屬。所以，很難讓同一部法律在各處都得到承認。即使想要讓所有領主遵守同一部法律，實際上也辦不到。派遣特派官員[75]到各省去監督司法和政治事務的做法也幾乎不再使用。即使從財產和遺產文書也可以看出，就在新的采地建立時，國王已經剝奪了自己對這些采地派遣特派官員的權力。所以，當整個國家都變成大大小小的采地時，就不能再向采地派遣這類官員，共同的法律也就不復存在，因爲誰也沒有辦法讓共同的法律得到遵守。

所以，在加洛林王朝末期，薩利克法、勃艮第法和西哥特法已經不受重視，而到了加佩王朝初期，幾乎聽不到有人談論這些法律了。

在墨洛溫王朝和加洛林王朝時期，常常召開全國性的領主和主教會議，那時還談不上普通百姓的會議。與會者在這些會議上尋求管理神職人員的辦法，神職人員這個群體可以說是在征服者的庇護下形成並確立其特權的。在這些會議上制定的法律，就是人們所說的敕令。此時發生了四件事：其一，確立了采地法，教會的一大部分財產受采地法管束；其二，僧侶愈加分化，並且置改革法於不顧[76]，其實他們並非獨一無二的改革派；其三，有人將歷次公會議制定的教規在[77]以及教皇敕答諭旨彙集成冊；其四，神職人員接受了這些法律，因爲在他們看來，這些法律來自更聖潔的源頭。我在前面說到，自從采地建立後，國王們不再向外省派遣官員監督國王所頒布的法律的執行情況，所以，在加佩王朝時期，再也聽不到有人議論敕令了。

第十節　續前題

倫巴第法、薩利克法和巴伐利亞法增添了不少敕令。若要尋求此舉的原因，必須從事物本身中去發現。敕令分爲好幾類，有的與政治管理相關，有的與經濟管理相關，有的與民事管理相關，而大多數則與教會管理相關。與民事管理相關的敕令被添加在公民法中，也就是說，被納入各民族的屬人法中。正因爲如此，敕令聲稱，有關規定中絕無反對羅馬法的內容[78]。事實是，與經濟管理、教會管理以及政治管理相關的敕令，與羅馬法毫不相干；與民事管理相關的敕令僅與蠻族法律有關，主要是對這些法律作了一些詮釋、修改和增刪。可是我認爲，添加在屬人法上的這些敕令，卻使敕令本身被忽視了。在蒙昧時代，一部書的節本常常使它的正本被人遺忘。

第十一節　蠻族法典、羅馬法和敕令被廢棄的其他原因

日耳曼民族征服羅馬帝國後，學會了使用文字，於是就仿效羅馬人，把自己的習俗書寫成文[79]，使之成爲法典。查理曼身後的幾位國王治國無方，加上諾曼人入侵和內戰頻仍，這些脫離了蒙昧狀態的征服者民族，重新墜入蒙昧之中，既不識字，更不會書寫。這樣一來，成文的蠻族法和羅馬法以及那些敕令，在法蘭西和德意志全被人遺忘了。教皇和希臘皇帝統治著義大利，那裡有許多繁華的城市，經營著當時幾乎獨一無二的商業，所以，文字的使用在義大利得到了最佳的保存。以前臣屬於西哥特人和勃艮第人的高盧由於與義大利毗鄰，因而較好地保存了羅馬法，何況，羅馬法在高盧是一種屬地法和一種特權。有跡象表明，西哥特法在西班牙湮滅的原因是那裡的人不識字。許多法律湮滅之後，各地形成了一些習慣法。

屬人法廢棄了，補償金和安保費[80]不再依據法律條文而是依據習慣確定；所以，幾個世紀之後，人們

從成文法重新回到不成文的習慣法，這情形猶如當初君主政體建立時，從日耳曼的習慣法過渡到成文法一樣。

第十二節　地方性習慣法、蠻族法和羅馬法的沿革

從不少歷史文獻可以看出，在墨洛溫王朝和加洛林王朝時期，已經有了地方性習慣法。文獻提到了地方習俗[81]、老習慣[82]、習俗[83]、法律和習慣法[84]。有些作者認爲，所謂習慣法其實就是蠻族的法律，而所謂法律其實就是羅馬法。我能夠證明這種說法是錯誤的。國王丕平規定，凡是沒有法律的地方，均以習慣爲法，但是，習慣不得優於法律[85]。如果硬說羅馬法優於蠻族法典，那就是與所有古代文獻唱反調，更何況，蠻族法典所記述的始終與這種說法相反。

蠻族的法律非但不是這些習慣法，倒是作爲屬人法的蠻族法律把習慣法納入到他們的法律中去了。例如，薩利克法是一種屬人法，可是，在僅有或幾乎僅有薩利安法蘭克人居住的地區，薩利克法儘管是屬人法，對於薩利安法蘭克人來說，卻變成了屬地法，只有對於居住在其他地方的法蘭克人來說，薩利克法才是屬人法。倘若在薩利克法是屬地法的某一地方，一些勃艮第人、日耳曼尼亞人或羅馬人常常發生爭訟，那就要用這些民族自己的法律來解決；而大量依據這些法律做出的判決，就會把新的習慣引入當地。這就是對丕平的法制所作的最佳解釋。在案例不依照薩利克法處置的情況下，這些習慣對當地的法蘭克人產生影響，那是理所當然的事；可是，這些習慣在處置案件中的作用倘若超過了薩利克法，那就不是理所當然的事了。

所以，每個地方都有一種主導法律和已被接受的習慣，這些習慣與主導法律不存在矛盾時，可以用作

主導法律的補充。

這些習慣甚至可能成爲一種非屬地法的法律的補充。仍以上面的情況爲例，在一個薩利克法是屬地法的地方，一個勃艮第人接受勃艮第法的審判，可是此案在勃艮第法中找不到相關的文字規定，毫無疑問，在這種情況下，此案只能依照當地的習慣法處置。

在丕平執政期間，已經形成的習慣法不如法律的威力大，可是不久之後，習慣法就壓垮了法律。新的法規一向是爲醫治新的毛病而開出的藥方，因此可以認爲，從丕平時代開始，習慣法已經被視爲優於法律了。

正如我們在皮斯特敕令中所看到的那樣，羅馬法從最初就開始變成一部屬地法；而我所提及的特魯瓦公會議似乎可以表明，西哥特法仍然繼續有效；這兩部法律何以如此呢？我在上面所說可以對此做出解釋[86]。羅馬法變成了普通屬人法，而西哥特法則變成了特殊屬人法，因此，羅馬法也是一部屬地法。可是，爲什麼蠻族的屬人法由於蒙昧而到處被毀，而羅馬法作爲屬地法卻在西哥特和勃艮第各省繼續存在呢？我的回答是：羅馬法的命運同其他屬人法大致一樣，否則，在羅馬法曾經作爲屬地法存在的那些省分中，提奧多西法典本應依然施行，而實際上現在那裡施行的是查士丁尼法[87]。對於這些省分來說，殘留下來的僅僅是曾經施行羅馬法和成文法的那些地區的名字，是人民對將其視爲特權的法律的熱愛，以及留存在人們記憶中的羅馬法的若干規定，如此而已。不過，這些已經足以產生以下效果，那就是，當查士丁尼編纂的法典問世時，哥特人和勃艮第人轄下的各個省分都把它當作成文法來接受，而在法蘭克人的舊轄區裡，這部法典僅僅被當作寫成文字的道理[88]。

第十三節　薩利克法或薩利安法蘭克法與里普埃爾法蘭克法以及其他蠻族法的區別

薩利克法規定，不得使用消極證言。也就是說，依據薩利克法，提起訴訟和提出控告的人必須爲自己的主張提供證據，而被告僅僅予以否認是不夠的。這種規定與世界上幾乎所有國家的法律相符。

里普埃爾法蘭克人的法律具有另一種精神[89]，它只要求提供消極證言。一個被提起訴訟或被控告的人，在大多數情況下可以通過與若干證人一起發誓，證明自己並未做過被指控的事。案情越重，參與立誓的證人就應越多[90]，有時可多達七十二名[91]。日耳曼尼亞人、巴伐利亞人、圖林根人、弗里茲人、薩克森人、倫巴第人和勃艮第人的法律，都與里普埃爾人的法律如出一轍。

我說過，薩利克法不接受消極證言，只有一種情況例外[92]，不過，即使在這種情況下，也不能只有消極證言，而必須輔以證據。原告讓他的證人提供證言支援他的訴訟[93]，被告讓他的證人提供證言爲他辯護；法官從控辯兩造的證言中釐清事實眞相[94]。這種做法與里普埃爾法以及其他蠻族法迥然不同，依據這些法律的規定，被告應該發誓自己絕對沒有犯罪，同時讓他的父母也發誓，證明他說的是事實，以此來表明自己的清白無辜。這類法律只適合於純樸和天生直率的民族，不過，立法者依然需要設法防止流弊，下面我們很快就會談及。

第十四節　其他差異

薩利克法不准以決鬥取證。而里普埃爾法[95]以及幾乎所有蠻族法都准許以決鬥取證[96]。在我看來，決鬥是採用消極證言的法律的一種自然延續和彌補。當一個人提起指控，而這項指控將因被控者的誓言而歸於無效時，對於一個眼看就要受辱的具有尚武精神的人來說，除了向被控者的僞誓和強加於己的不公討回公道外，他還能做什麼呢[97]？薩利克法不接受消極證言，所以無須以決鬥取證，也不接受以決鬥取證。但是，里普埃爾人[98]和其他蠻族接受決鬥取證的法律[99]，因而不得不規定許可以決鬥取證。

我請大家讀一下勃艮第王貢德鮑有關此事所作的兩條著名的規定[100]，可以看出，這些規定是依據事物的性質制定的。借用蠻族的法律用語來說，那就是不讓企圖濫用誓言的人有機會發誓。

倫巴第人使用的羅塔利法規定，已經以發誓爲自己的無辜作證的人，不必再受決鬥之苦。這種做法越傳越廣[101]，下面我們就會看到由此產生的種種弊病，以及爲何應該回歸古制的理由。

第十五節 一點說明

我並不是說，在蠻族法典的變更中，在增添的那些法規和諸多敕令中，都無法找到某種文字表述，用以說明之所以採用決鬥取證，事實上並不是由於准許採用消極證言。在幾個世紀的過程中，由於一些特殊情況而制定了一些特殊法律。我說的是日耳曼法的普遍精神、這些法律的性質及其起源；我說的是由法律所表明或確立的日耳曼人的古老習俗；我在這裡所談及的僅此而已。

第十六節 薩利克法的沸水取證[102]

薩利克法准許採用沸水取證[103]。這種採證方法實在太殘酷，所以法律允許一種緩和措施，以減輕其殘忍程度[104]。被傳喚前來進行沸水取證者，在對方同意之下，可以用金錢贖買自己的手。被告以取得由法律確定的一筆款額爲條件，只要求若干證人以發誓表明被告並未犯罪。這是薩利克法承認消極證言的一個特殊規定。

這種證據僅是一種雙方同意的協議，法律可以接受，但並未對此做出規定。凡同意被告以消極證言進行辯護的原告，均可獲得一筆補償。原告既有原諒被告的過錯或侮辱的自由，也有相信被告誓言的自由。

法律規定的這種緩和措施[105]，促使對殘忍的取證法心存恐懼的被告和有望得到一小筆補償金的原告，在裁決之前解決爭訟，化解仇恨。很顯然，這種消極證言一旦做出，就不再需要其他證據，由此可見，薩利克法的這種特殊規定不會帶來透過決鬥做出裁決的後果。

第十七節　我們的先人的想法

我們的先人把公民的榮譽、財產和性命，較少寄託於理性，較多寄託於偶然因素；他們一再使用的那些無法證明任何事情的證據，既與無辜無關，也與罪惡無關。當我們看到這些時，不能不深感驚詫。

從未被征服的日耳曼人[106]極端放縱。各個家族因謀殺、偷盜和侮辱而刀劍相向[107]。這種習慣後來有所改變，他們的內戰被置於某些規則之下，只有依據官員的命令並且在官員的監視之下，方可相互訴諸武力[108]。這比普遍放縱，聽任相互廝殺，畢竟好些。

如今的土耳其人把內戰中的首次勝利視爲上帝的裁決，日耳曼人也是這樣，他們把解決私人糾紛的決鬥結果視爲上帝的決斷，上帝無時無刻不在注視著懲治罪人和掠奪者。

塔西佗說，日耳曼人的某個國家要與另一個國家打仗時，就找一個俘虜來與本國人決鬥，以決鬥的結果來推斷誰將在即將開始的戰爭中獲勝。他們既然相信決鬥可以裁決公共事務，當然更相信決鬥可以解決私人之間的爭端。

在所有國王中，勃艮第國王貢德鮑主張決鬥裁決最熱心。這位君主在他的法律中爲決鬥提供理由。他說：「這是爲了不讓我的臣民再就含混不清的事實立誓，再就確鑿的事實立假誓。」於是，這邊教會人員宣布准許決鬥的法律爲不敬，那邊勃艮第法卻將規定立誓的法律視爲褻瀆神靈。

決鬥取證有著某種基於經驗的理由。在一個以打仗爲唯一能事的國家裡，怯懦意味著另外一些邪惡，它表明怯懦者已經背棄他所受的教育，對榮譽無動於衷，不依照他人所遵循的原則行事。它表明，怯懦者不怕他人的蔑視，也不在意他人的敬重。只要出身不算太壞，通常就不缺少應該與力量相輔相成的機智，也不缺少應該爲勇氣提供支援的力量。因爲，倘若珍視榮譽，那就要終生投身於爲獲得榮譽而必須投身的事業。此外，在一個尚武的國家裡，力量、勇氣和剛毅受到尊敬，眞正意義上爲人不齒的罪惡大多產生於欺詐、工於心計和狡猾，也就是產生於怯懦。

以火取證就是讓被告將手放在一塊燒熱的鐵上或浸入沸水，然後用布把手包好並加封，三天之後若無傷痕，就宣告爲清白無辜。誰都知道，慣於舞刀弄槍的人皮膚又厚又粗，縱然把手放在火上或沸水中也無大礙，三天之後不至於留下明顯的痕跡。如果留下了痕跡，那就只能說明受考驗者不是一個男子漢大丈夫。我們的農民可以用他們粗糙的大手若無其事地操弄燒紅的鐵塊，就連勞動婦女的手也禁得住燒紅的鐵塊。爲捍衛小姐太太而不惜與人決鬥的不乏其人[109]；況且在一個沒有奢華的國家裡，幾乎不存在中產階級。

依據圖林根法規定[110]，被控通姦的婦女只有在無人出面爲她決鬥時，方被裁決以沸水取證。依據里普埃爾法，只有找不到證人爲被告申辯時，才使用沸水取證[111]。可是，一個婦女如果沒有一個人願意爲她辯護，一個男子如果沒有一個人能證明他誠實可信，那麼，僅憑這一點就足以證明他們是有罪的。

所以我說，在採用決鬥、熱鐵和沸水取證的那個時代，法律與習俗相得益彰，法律雖然並不公正，但是，因法律而產生的不公正後果卻並不多，後果優於原因，對公正的侵害甚於對權利的侵害，法律雖然不合情理，卻並不專橫。

第十八節　決鬥取證法何以越傳越廣

由阿戈巴爾給寬厚者路易的那封信可以得出這樣的結論，決鬥取證法並未被法蘭克人採用，因爲，阿戈巴爾了解了貢德鮑法的種種流弊後，就要求在勃艮第依據法蘭克法進行審判[112]。然而我們知道，法蘭西那時是採用司法決鬥的，這樣一來就處於兩難境地了。這種狀況可以用我剛才所說做出解釋，那就是：薩利安法蘭克法不採用決鬥取證，里普埃爾法蘭克人卻採用決鬥取證[113]。

但是，儘管教會人士大聲反對，司法決鬥仍然日復一日地在法蘭西擴展。其實，促成司法決鬥日益擴展的，在很大程度上恰恰就是這些教會人士，我馬上就將對此予以證明。

倫巴第法爲我們提供了這個證明。奧托二世[114]的律令前言寫道：「很早以前傳入了一種可惡的習慣，若有某個遺產文書被指控僞造，提交這件文書的人只要對著《福音書》發誓說，此件確係眞實可靠的原件，就可不經任何司法程序，成爲遺產的所有者。因此，僞誓肯定有效[115]。」奧托一世皇帝[116]在羅馬加冕時[117]，教皇約翰十二世主持召開了一個會議，義大利的所有領主在會上向皇帝強烈呼籲，要求制定一項法律糾正這一可恥的流弊[118]。教皇和皇帝認爲，應該把這個問題提交即將在拉文納召開的基督教公會議討論[119]。與會的權貴們提出了同樣的要求，而且嚷嚷得更加起勁，可是，有人以某些人物缺席爲由再次擱置這個問題。奧托二世和勃艮第國王康納德[120]抵達義大利後，與義大利的權貴們在維羅納[121]舉行了一次會議。在他們一再要求下，皇帝徵得全體與會者的同意後，頒布一項法律；該法規定，凡是因遺產發生爭執，一方出示遺產證書，而另一方指控遺產證書係僞造時，應以決鬥解決爭端；此規定還適用於采地爭訟，也適用於教會，不過，教會方面可由決鬥人代爲進行決鬥。由此可以看出，貴族之所以強烈要求司法決鬥，原因是教會的取證方法有毛病；可是，儘管貴族強烈要求，流弊本身實際上也是一種呼聲，況且享有權威的奧托二世來到義大利，爲的就是以主人身分說話和採取行動，教會人士在兩次會議上依然毫不動搖；教會人士既然是在貴族和君主齊心協力的逼迫下才做出讓步的，司法決鬥因而可以被認爲是貴族的一項特權，是他們防止不公正的一個堡壘，是他們的財產不受侵犯的一項保證。從此以後，司法決鬥日趨盛行。這種情況出現在皇帝強大而教皇弱小的時期，出現在兩位奧托皇帝在義大利重建帝國威望的時期。

前面我說過，由於准許消極證言，才出現了決鬥裁決。我將就此談一點想法，藉以證實我的這一說法。被指控出示僞造遺產證書的人，可以利用消極證言成功地爲自己辯護，爲此他只要手按《福音書》宣稱證書絕非僞造即可；這就是有人在兩位奧托皇帝面前抱怨的弊病。有什麼辦法可以糾正法律被人斷章取義後所產生的弊病呢？於是乎就採用決鬥。

爲了講清當時神職人員和世俗人士之間的爭端，必須先說說奧托二世的法規。此前已有羅泰爾一世[122]的法規[123]，該法規爲了確保財產權，爲應對上面所說的爭端和抱怨，規定由公證人立誓，保證他所製作的遺產證書絕非僞造；公證人如果已經過世，則由在遺產證書上簽名的證人立誓。可是，毛病依然存在，還得採用我所說的補救辦法。

我發現，在此前查理曼主持的大會上，全國人民向他提出[124]，在當時的條件下，很難讓被告和原告都不發假誓，所以還是恢復司法決鬥爲好。查理曼同意照此辦理。

司法決鬥蔓延到勃艮第，立誓取證則受到限制。義大利國王戴奧德里克禁止東哥特人進行司法決鬥[125]，而秦達遜德斯和雷塞遜德斯的法律則似乎連司法決鬥的想法都不准有。不過，這些法律在納波奈茲很少爲人接受，司法決鬥因而在那裡被看作哥特人的一項特權[126]。

希臘人毀滅東哥特之後，倫巴第人征服了義大利，把決鬥也帶到了義大利。不過，他們最初的幾部法律對決鬥作了一些限制[127]。查理曼[128]、寬厚者路易、兩位奧托皇帝制定了一些一般性的法規，起初把決鬥應用到刑事案件中，後來又擴大應用到民事案件中；這些法規被納入倫巴第法，添入薩利克法。人們不知道怎麼做才好。立誓作證這種消極證明方法有其弊病，決鬥取證也有弊病，人們於是依據自己受損害的程度，時而採用立誓取證法，時而採用決鬥取證法。

一方面，教會高興地看到，人們因世俗糾紛而求助於教會和祭壇[129]；另一方面，高傲的貴族喜歡用利劍來保衛自己的權利。

我並不是說，貴族所抱怨的立誓取證法是神職人員採用的。其實，這種辦法源自蠻族的法律精神和消極證言制度的建立。但是，由於這種取證方法讓許許多多罪犯得以逃避罪責，因而使人想到應該求助於教會的神聖性，藉此使罪犯膽戰心驚，使立假誓者大驚失色；教會人士支援並使用這種辦法，因爲他們其實是反對採用消極證言的。我們在博馬努瓦的著作[130]中看到，宗教法庭從來不採用此類證據，這也許在很大程度上促成了廢棄消極證言，並削弱了蠻族法典在這方面的規定。

我們因此而更能感受到消極證言的採用與我多次說到的司法決鬥之間的關聯。世俗法庭既採用消極證言也採用決鬥，宗教法庭則既不採用消極證言也不採用決鬥。

一個民族採用決鬥取證，是其尚武精神使然。因爲，當人們把決鬥視爲神明裁決而予以採用時，另外一些被視爲神明裁判的手段，諸如雙臂交叉法[131]、冷水法[132]、沸水法，就都被廢除了。

查理曼留下命令，他的兒子們如果發生爭執，就用雙臂交叉法解決。寬厚者路易規定他的[133]，這些方法僅用於宗教事務，他的兒子羅泰爾澈底廢除了雙臂交叉法，同時被廢除的還有冷水法[134]。

當時被普遍接受的採證法很少，所以我並不是說，上述這些採證方法後來並未被任何一個教堂所採用，何況腓力・奧古斯都的一項法規曾經提到了這些採證方法。我只是想說，這些方法很少被實際應用。博馬努瓦生活在聖路易時代以及稍晚一些時候，他在談及各種取證方法時提到了司法決鬥，但是，上面說到的其他方法他一個也未提到。

第十九節　羅馬法、薩利克法和敕令被遺忘的另一原因

我在前面已經談及薩利克法、羅馬法和敕令以及它們的權威消失的原因；在我看來，決鬥取證法的廣泛傳播是其主要原因。

薩利克法因不准採用決鬥取證法而在某種程度上變得無效，於是就消亡了。羅馬法也不准許採用決鬥取證法，於是也消亡了。當時人們所考慮的只是如何制定准許決鬥的法律，並以此作爲優良的法律原則。敕令所作的規定同樣無效。許多法律就這樣失去了效力，卻無人能夠準確說出，它們究竟是什麼時候失去效力的。它們被人們遺忘了，卻沒有別的法律取而代之。

這樣的國家無須成文法，即使有了成文法，也會很容易被人們遺忘。一旦發生爭執，只要下令進行決鬥就可以了，而決鬥並不需要多少才幹。

所有民事行爲和刑事行爲都被簡化爲某些事實。決鬥就是針對這些事實進行的。所以說，決鬥所要解決的不只是訟案本身，還有附帶訟案和預審訟案；博馬努瓦就是這樣說的，他還列舉了一些實例[135]。

我發現，在加佩王朝初期，法律原則基本上都是待人接物之類的舉止問題，名譽問題支配著一切。有人如果不服判決，法官就會追究他對法官的冒犯。在布日[136]，一個被傳喚的人如果沒有按時到場，法官就

會說：「我派人傳喚你，你卻因不屑而不來，你得爲此而向我賠禮。」雙方接著就進行一場決鬥。胖子路易[137]對這種習慣進行了改革[138]。

在奧爾良，所有索債訟案都採用決鬥[139]。路易七世宣布，債務金額超過五蘇時方可進行決鬥。這項法令只是一條地方法規，因爲，在聖路易執政時期[140]，債務金額達到十二鍔即可進行決鬥。博馬努瓦曾聽一位法學家說[141]，法國過去有一種壞習俗：可以在一定時間內僱用一個專職決鬥人，讓他爲自己的訟案與人進行決鬥。由此可見，司法決鬥在當時流傳極廣。

第二十節　名譽問題的由來

蠻族法中有許多不解之謎。弗里茲法給予棒擊受害者的賠償只是區區的半蘇[142]。但對於受傷者，即使傷勢極輕微，賠償金也肯定多於半蘇。薩利克法規定，一個自由民棒擊另一個自由民三下，賠付三蘇；被擊者如果因受擊打而流血，擊打者應受之懲罰與以鐵器傷人相同，即賠付十五蘇。補償金額依傷勢輕重而定。倫巴第法規定[143]，擊打一下、兩下、三下或四下，罰金各不相同。如今擊打一下和擊打十萬下，應受懲罰並無差別。

納入倫巴第法的查理曼法規定[144]，決鬥者應使用棍棒進行決鬥。這也許是對教會人士的一種讓步，也許是鑒於決鬥已經日漸普遍而採取的一種減少流血的措施。寬厚者路易的敕令規定，決鬥時可以任選棍棒或刀劍[145]。後來只有農奴才可以在決鬥時使用棍棒[146]。

名譽問題的一些要件此時已經出現並逐漸形成。告發者向法官訴說某人犯了某罪，被告人則指責告發人誣告[147]，法官於是下令決鬥。準則由此形成，那就是，當一個人被指責撒謊時，必須通過決鬥釐清事實。

一旦宣布要決鬥，就不能反悔。如果反悔，就要受罰[148]。由此形成一條慣例，一言既出就不能收回，否則就會名譽掃地。

紳士們決鬥時手持武器騎在馬上[149]，平民決鬥時站在平地手持棍棒[150]。由於這個緣故，棍棒就被視爲用來侮辱人的器械[151]，被棍棒擊打的人也就被視同平民。

只有平民才在決鬥中不遮掩臉面[152]，因此也只有他們的臉部才可能被擊中。被打耳光的恥辱就得用血來清洗，因爲打在臉上的耳光說明自己被人當作平民對待了。

日耳曼人各族人民對名譽的看重絲毫不亞於我們，甚至可以說有過之而無不及。所以，最遠的遠親也對侮辱感同身受，他們的所有法典都以此爲基點。倫巴第法規定，一個人如果出於羞辱和戲弄的目的，在扈從的簇擁下前去毆打一個毫無防備的人，應該賠付給被打者的賠償金相當於殺人賠償金的一半[153]；如果出於同一目的而把被打者捆綁起來，那就應該賠付殺人賠償金的四分之三[154]。

所以不妨這樣說，我們的先人極度重視名譽和面子，但是對於侮辱的不同方式，例如，用什麼器械打在什麼部位，用什麼方法擊打等等，卻並不加以明確的區別。所有這一切都是被打，都是侮辱，在這種情況下，受辱的程度取決於暴行的大小。

第二十一節　對日耳曼人的名譽問題的又一看法

塔西佗說[155]：「對於日耳曼人來說，在戰鬥中丟棄盾牌是奇恥大辱，不少人因此而自殺身亡。」所以，薩利克古法規定，被人誣指丟失盾牌的人可以得到賠償金十五蘇[156]。

查理曼在修正薩利克法時，把此項賠償金減爲三蘇。沒有理由因此而懷疑這位君王想要削弱軍隊的紀律性，很明顯，他之所以作此修改，原因在於武器的變化，而武器的變化其實是許多習慣發生變化的根由。

第二十二節　與決鬥有關的習俗

我們與婦女的關係建立在感官的愉悅所產生的幸福感、愛和被愛的魅力以及取悅她們的願望。一個人的長處由許多成分構成，婦女能對其中一部分做出高明的判斷。取悅婦女的普遍願望造成了獻媚之心，但是，獻媚之心並不是愛情，它只是體貼，只是輕佻，只是騙人的山盟海誓。

從各個民族的不同情況和各個時代來看，在愛情的上述三種表現中，側重於其中一種的時候多，側重於其中兩種的時候少。不過我認爲，在決鬥盛行的時期，獻媚之心獨占鰲頭。

我在倫巴第法中發現[157]，兩個決鬥人之一如果身上帶有魔幻草，法官就會讓他取掉，並讓他發誓身上不再有魔幻草。制定這條法規的依據只能是公眾輿論；有人說，人們由於恐懼而想出了許多東西，魔幻草這類被認爲有魔力的東西就是因恐懼而幻想出來的。在個人決鬥中，決鬥人全身披掛，手持沉重的防衛性和進攻型武器，品質好、強度高的武器自然擁有極大的優勢，倘若有人說某位決鬥人的武器具有魔力，很多人聽了就會暈頭轉向。

由此產生了奇異的騎士制度，所有人都傾心於此類想法。在小說裡，我們看到了游俠、巫師、仙女、長著翅膀或是通人性的馬、無形的人和刀槍不入的人、關注大人物們的出生和教育的魔法師、有魔力和無魔力的宮殿；在現實世界中，我們看到了一個嶄新的世界；只有凡夫俗子才依照大自然的正常秩序過日子。

在世界上充斥著城堡、碉樓和盜賊的那些地方，游俠們武器永不離身，以路見不平拔刀相助爲榮。於是在我們的小說中，基於愛情觀念的殷勤獻媚就與武藝和保護結合起來了。

人們幻想出一些不同凡響的男子來，當他們遇見品德高尚、容貌動人而又嬌弱無助的美女時，心甘情願地爲她們赴湯蹈火，在日常生活中則設法取悅她們。殷勤獻媚之風就這樣產生了。

我們的騎士文學爲這種取悅女子的願望推波助瀾，把鮮見於我們先人的殷勤獻媚之風推向歐洲的部分地區。

碩大無朋的羅馬城中奢華驚人，進一步推動著感官享受的思想。出於對希臘鄉村的那種寧靜氛圍的追求，有人萌生了描寫愛情的念頭[158]。保護婦女的品德和美貌的游俠觀念，導致對婦女的殷勤獻媚之風。

這種精神因騎士比武制度而得以長期延續，騎士比武將勇武和愛情結合在一起，從而使殷勤獻媚之風顯得尤爲重要。

第二十三節　司法決鬥的法律原則

我們也許會有一種好奇心，想要知道司法決鬥這種醜陋的習俗如何歸納出某些原則，看看這種怪異的法律原則究竟是什麼東西。人從根本上來說是講理性的，然而有時候卻會把偏見當成規矩。沒有任何東西比司法決鬥更加有悖良知了。不過，說清楚了這一點之後，司法決鬥在實際執行中稍稍多了一些謹愼。

想要清楚地了解當時的法律原則，就應仔細地讀一讀聖路易制定的法規，他對司法制度進行了巨大的改革。德方丹是聖路易的同時代人，博馬努瓦的著作撰寫於聖路易身後[159]，其他人生活在他過世之後。因此，古人的做法應該從後人所作的改動中去尋找。

第二十四節　司法決鬥的規則

原告若有數人[160]，就應通過協商指定一人參與決鬥；如果不能取得一致，就應由聽取辯護的那位原告，從所有原告中指定一人參與決鬥。

紳士向平民提出挑戰時[161]，應該攜帶盾牌和棍棒步行前往；如果他騎著馬帶著武器前去挑戰，那就要讓他下馬，並取走他的武器。於是他只能穿著僅剩的襯衣與平民決鬥。

決鬥開始之前，司法官員要宣布三條禁令[162]。第一，當事人的親屬必須退場；第二，在場旁觀的人必須保持安靜；第三，不得救助決鬥人，違者處以重罰，這種救助若是致使決鬥雙方中的一方敗北，則甚至可將其處死。

司法官員負有守護決鬥場之責[163]，若有一方求和，司法官員應記住決鬥雙方當時的位置和狀態，以便一旦和議不成，可以在原有狀態下重新開始決鬥[164]。

被挑戰方如果認爲對方有罪或立假誓，並拾起挑戰物[165]接受挑戰，在這種情況下，非經當地領主同意不得議和。一方在決鬥中敗北後，非經伯爵[166]同意也不得議和[167]；這與國王的赦免書有關。

但是，當事關重罪時，如果領主被禮物收買後同意講和，他不但要支付罰金六十鋰，而且他所享有的處置不良分子的權利也要轉交給伯爵[168]。

不少人既無力挑戰也無力應戰。查明原因後，可以允許他們僱用決鬥人。爲使被僱用者的利益與決鬥的勝負掛鉤，規定他若敗北將被砍掉一隻手[169]。

上世紀制定了禁止決鬥的法律，違者處死；其實，砍掉武士的一隻手，使之失去武士的資格，或許也就足夠了。因爲，對於男子漢來說，通常最大的悲哀也莫過於失去了自己特有的品質而苟且偷生。

當一方犯有死罪[170]而雙方均由決鬥人代爲決鬥時，決鬥場選在雙方當事人都看不到的地方，兩人均用一條繩子拴住，誰的決鬥人敗北，就用這條繩子處死誰。

在決鬥中敗北的一方並不輸掉全部爭訟。例如，決鬥如果針對預審判決，那麼，輸掉的也僅僅是預審而已[171]。

第二十五節　為司法決鬥設置的限制

在無關緊要的民事訟案中，即使一方已經接受另一方的挑戰物，領主也要強令收回。

案件如果涉及眾所周知的事實[172]，例如一人在集市上被殺，那就不要求提供證人證言，也不要求進行決鬥，法官依據眾所周知的事實判決。

如果領主的法庭經常用同一種方法判案，而這種方法已爲大家所熟知[173]，此時領主就會拒絕雙方進行決鬥，以免習慣法因決鬥的不同結果而改變。

只能爲自己、爲家族成員或直屬領主申請決鬥[174]。

被告若被免於起訴，原告的親屬就不得要求進行決鬥，否則訟案就會沒完沒了。

如果親屬們要爲死者復仇，但這個人卻並沒有死，而且重新露面的話，就不需要進行決鬥。與此同理，如果大家都知道，案發時嫌疑人並不在現場，那也就沒有理由進行決鬥[175]。

被害人在死亡之前如果曾爲疑凶辯解[176]，並且指認另一個人爲凶手，那就完全不必進行決鬥。但是，如果被害人並未指認任何人爲凶手，那麼，他的辯解只能被視作對凶手的寬恕，仍須繼續追究，倘若案件發生在紳貴之間，甚至可以通過開戰來求得解決。

如果已經開戰，而一方的親屬發出或接受進行決鬥的挑戰，戰爭的權利立即中止。雙方被認爲有意通過司法程序解決問題；拒不停戰的一方將被判賠付因此而造成的損失。

由此可見，司法決鬥的好處在於它能將普遍性的爭端化解爲特殊性的爭端，把處置的權利還給法庭，將原本只能由萬民法處置的案件，變成可以由公民法處置的案件。

有許多明明白白的案件被作了愚蠢的處置，同時又有許多棘手的案件被處理得十分漂亮。

一個因被指控犯罪而被挑戰的人[177]，如果能夠確鑿地指證罪犯就是挑戰者，那就不存在是否接受挑戰的問題，因爲，任何一個罪犯都懂得，與其束手就擒接受懲處，不如進行一場勝敗未卜的決鬥。

由裁決人決斷或由宗教法庭判決的案件，不得以決鬥進行處理[178]。凡涉及妻子得自丈夫的財產[179]案件時，也不得以決鬥進行處理。

博馬努瓦說：「婦女不能決鬥。」如果一個婦女提出挑戰而不指定自己的決鬥人，挑戰就不會被接受。此外，婦女若沒有得到其主人[180]即丈夫的許可，也不得提出挑戰。不過，向婦女提出挑戰無須事先徵得其丈夫的同意。

挑戰者或被挑戰者若不滿十五歲[181]，不得進行決鬥。不過，在有關未成年孤兒的案件中，人身監護人或財產監護人如果敢冒風險的話，可以進行決鬥。

在我看來，農奴可以獲准在以上幾種情況下進行決鬥。農奴如果受到挑戰，他可以與另一個農奴決鬥，可以與一個自由民決鬥，甚至可以與紳士決鬥；但是，挑戰者如果是農奴[182]，紳士可以拒不接受挑戰，農奴的領主甚至可以把他從法庭帶回。農奴可以依據領主的條規[183]或習俗，與任何一位自由民決鬥；

教會聲稱，它的農奴同樣擁有這項權利[184]，以此作爲尊重教會的標誌[185]。

第二十六節 訴訟當事人與證人的決鬥

博馬努瓦[186]說，當一個人發覺證人將要提出對他不利的證言時，他可以以對方當事人提供僞證和誹謗爲由，要求法官不讓第二位證人出庭[187]；證人如果堅持支持訴訟，就可以向對方發出進行決鬥的挑戰。此事無須進行調查，因爲，如果證人在決鬥中敗北，那就說明他所支援的那方提供了僞證，結果就是敗訴。

不能讓第二證人立誓，因爲他若是提供了證言，兩位證人的證言足以使案件就此結束。倘若能制止第二證人提供證言，第一證人的證言也就歸於無效。

第二證人若被阻止提供證言，該方就不能再要求聽取其他證人的證言，並因此而敗訴。不過，如果無人提出決鬥挑戰[188]，那就還可以要求聽取其他證人的證言。

博馬努瓦說，證人可以在陳述證言之前向己方的訴訟當事人作如下表述：「我不打算爲你的訟案決鬥，也不想爲我自己而介入訟案。但是，如果你準備手持武器爲我提供防護，我就說出眞相。」[189]在這種情況下，訴訟人就不得不爲證人決鬥，他若在決鬥中敗北，他的官司並未敗訴[190]，只是不能再採信那位證人的證言而已。

我覺得，這是由古代的習慣法蛻變而來。我之所以作如是想，是因爲挑戰證人的做法在巴伐利亞法[191]、勃艮第法[192]中都可找到，而且沒有任何限制。

前面已經提到貢德鮑的律令，這部律令遭到阿戈巴爾[193]和聖阿維特[194]聲嘶力竭的反對。

聖阿維特說：「被告提出的證人如果發誓說被告不曾犯過被指控的罪，原告就可向證人提出進行決鬥的挑戰；因爲，對於已經發誓並聲稱了解眞相的人來說，爲支持眞相而進行決鬥沒有任何困難。」這位國王沒有給證人留下任何避免決鬥的口實。

第二十七節　訴訟當事人與領主的附庸決鬥，就判決不妥提起上訴

決鬥裁決的性質是一勞永逸地結束訟案，不容許重新審理，也不容許重新追訴[195]。羅馬法和教會法所規定的上訴，也就是向上一級法院提請再審，從而改變原審法庭的裁決，這種做法在法蘭西是不存在的。一個尚武的民族由於一心只想著名譽和面子，不懂得這種司法程序。出於同一原因，他們甚至會把對付訴訟當事人的辦法用來對付法官[196]。

對於這個民族而言，上訴就意味著發出挑戰，用武器進行以流血告終的決鬥，而不是邀請對方打一場筆墨官司，筆墨官司是後來才有的事。

聖路易在他的《條例》中說，上訴是不忠不義之舉[197]。所以，博馬努瓦說，有人倘若想要控告領主加害於他[198]，他應該向領主宣布放棄采地，然後向上級領主告發，並向領主發出進行決鬥的挑戰。與此同理，領主如果向自己的領主告發自己的附庸，也要放棄與被告發者的隸屬關係。

就領主的判決不公提起上訴，等於指責領主的判決不公且含有惡意；以這種言辭指責自己的領主，不啻是犯下了一種叛逆罪。

所以，與其直接指控領主判決不公，莫如指控組成和主持法庭的那些人，因爲這些人都是領主的附庸。這樣做只是指控那些附庸，沒有犯叛逆罪之虞，而對附庸的指控以後是可以說清楚的。

指控附庸審案不公要冒很大風險[199]。如果等待法官做出並宣布判決，而所有參與審案的附庸都認爲審

理並無不妥之處，那就得與他們一個一個地進行決鬥【200】。如果在全體參審的附庸發表看法之前提出指控，那就得與所有持相同意見的附庸【201】決鬥。爲了避免這種危險，訴訟當事人可以請求領主命令每一位附庸大聲說出自己的意見【202】，當第一位附庸說完他的意見而第二位即將發表意見時，當事人應該立即表示，指責第一位表示意見的附庸說假話，是個壞人，無端誣陷他人。這樣一來，他需要與之決鬥的就只有這個人。

德方丹主張【203】在指責審判不公之前，先讓三位法官發言。他認爲不必與這三位法官決鬥，更不必與所有已經發表一致意見的法官決鬥。出現這種差異的原因在於，那時還很少有完全相同的做法。博馬努瓦說的是克萊蒙地方的做法，而德方丹說的則是韋芒杜瓦地方的做法。

當參審的附庸之一宣布支持判決後【204】，法官就下令提出挑戰，與此同時，上訴人還要向法官提出擔保，保證其仍然堅持上訴。但是，被上訴的附庸無須提出擔保，因爲他是領主的人，有義務支持上訴，否則就要向領主支付罰金六十鋰。

上訴人如果不能證實判決不公，就得向領主支付罰金六十鋰【205】，並向被上訴的附庸以及曾公開表示支持判決的那兩位附庸支付相同款額的罰金【206】。一個疑犯如果被強烈懷疑犯有可判死刑的重罪，而且已經被捕並被判決，他就不能以判決不公爲由提起上訴【207】，因爲，否則他就可以一而再，再而三提起上訴，爭取多活幾天或達成和解。

如果有人指控判決不公【208】卻並不提供證據支持自己的主張，也就是說不參與決鬥，若此人是紳士，就得支付罰金十鋰，若此人是農奴，就得支付罰金五鋰，作爲對他信口開河的懲罰。

決鬥中敗北的法官和附庸【209】不會被處死，也不會被砍掉手或足。可是，倘若事關死刑案件，上訴人在決鬥中敗北後就要被處死【210】。採用這種對附庸提起判決不公上訴的辦法，爲的是避免對領主本人提起上訴。領主如果沒有附庸【211】或附庸的人數不足，他可以出資向他的領主借用附庸【212】，不過，被借用的附庸如果不願意，就不一定非參與審案不可，他們可以宣稱此番僅為提供建言而來。倘若出現這種特殊情況[213]，領主本人就得主持審判並宣判，如果有人以審判不公為由提起上訴，就得由他本人應訴。

領主如果窮得無力借用他的領主的附庸[214]，或者由於疏忽而沒有提出這個請求，或者他的領主不借，此時領主本人既不能單獨審案，也不會有人被迫在這樣一個不能做出判決的法庭上進行辯護，在這種情況下，案件就應上交給上級領主的法庭審理。

我認為，這就是司法與采地分離的主要原因之一。由此形成了法國法學的一條規則：采地是采地，司法是司法。因為在法國，沒有附庸的附庸為數極多，他們無力支撐一個法庭，所有的案件於是都交到他們的領主的法庭去審理，這樣一來，既然他們不能也不願主張司法權，因而就這樣喪失了自己的司法權。

所有參審的法官都要出席宣判[215]，以便當有人以審判不公為由質問他們是否同意判決時，他們可以對他說「是」。德方丹說：「這裡牽涉到的是禮節和光明正大的問題，既不能逃避也不能遲延。」我覺得，英國至今仍在遵循的那種做法，即只有所有法官一致同意方可宣判死刑，其源頭即來自上述這種想法。

這就是說，判決必須依據大多數參審法官的意見做出。如果持正反意見的人數相等，凡涉及刑事案件的就做出有利於被告的判決，凡涉及債務的案件就做出有利於債務人的判決，凡涉及遺產的案件就做出有利於被告的判決。

德方丹說，附庸不得以下列理由為藉口拒不參與審案：出席審案的法官僅有四名[216]；全體法官並未到齊；最高明的法官並未出席審案。這就像是在激戰之時，附庸以身邊只有一部分兵員為由，拒不馳援他的領主。但是，讓法庭具有威望，選用最勇敢和最聰明的人充當法官，這是領主該做的事。我列舉這些是想說明附庸的義務：既要決鬥又要審案，就其性質而言，我們甚至可以說，審案就是決鬥。

一個在自己的法庭上控告附庸的領主[217]，可以對參與審案的某個附庸提出審判不公的指控。但是，由於附庸因立誓效忠而必須敬重領主，領主則因接受了附庸的效忠而必須施惠於附庸，所以需要區分以下兩種情況：其一，領主籠統地指責審理不公和不妥[218]；其二，點名指責該家臣瀆職[219]。在第一種情況下，領主所指責的是他自己的法庭，某種意義上也就是他自己，所以他無法向誰提出決鬥挑戰；在第二種情況下，可以提出決鬥挑戰，因爲他所指責的是附庸的名譽；在爲了維持公共安寧而進行的決鬥中，兩人中必有一人喪失生命和財產。

在這種特殊情況下，這種區分是必要的，但後來，這一區分被擴大使用了。博馬努瓦說，當有人以審案不公爲由提出指控，並把矛頭對準參與審案的某個附庸時，那就要進行決鬥；但是，如果此人只是指控審案不公，那麼，被指控的附庸可以自由選擇，既可以通過決鬥也可以經由法律途徑解決爭端[220]。可是，博馬努瓦時代的主流精神是限制司法決鬥，而受指控的附庸所擁有的是否通過決鬥來維護原判的選擇權，同樣既與當時的名譽觀念相左，也違背了附庸維護領主法庭的承諾。所以我覺得，博馬努瓦提出的這種區分對法國是一種全新的法律原則。

我並不是說，所有對審案不公的指控都要通過決鬥解決，這種指控如此，其他所有指控也如此。讀者可能還記得我在本書第二十五章中談到的一些例外。在這裡，決定是否取消決鬥挑戰的是上級領主的法庭。

對國王法庭所做出的裁決，不得以不公爲由提出指控，因爲，無人與國王處於平等地位，無人可以對他提出指控，國王沒有上級，不能就其法庭的裁決提起上訴。

這條基本法不但與政治法一樣是必要的，而且與公民法一樣，減少了當時司法實踐中的弊端。一個領主如果擔心有人指控他的審判不公[221]，或是發現有人將要提出這種指控，如果他認爲提出這種指控不利於司法公正，他就可以要求由國王法庭的法官來主持審理，因爲，國王法庭的判決是不能被指控爲不公的。

德方丹說，國王菲利普[222]曾把樞密院的全體成員都派到科比教士的法庭去審理案件[223]。

領主若是請不到國王法庭的法官，只要他的直接領主是國王，他就可以把自己的法庭併入國王法庭去審理案件。領主與國王之間如果還有若干層中間領主的話，他可以求助於他的直屬領主，逐級上達國王。

所以，儘管當時尚無如今的上訴做法，甚至連上訴的概念也沒有，不過，求助於國王還是有的，國王畢竟是江河之源頭，百川之歸宿。

第二十八節　向上級法庭提起瀆職之訴

領主法庭若是延宕、規避或拒絕爲雙方做出公斷，當事人可以就此向上級法庭提出指控。

在加洛林王朝時期，每個伯爵手下都有幾名官員，他們的人身隸屬領主，司法上卻不歸領主管轄。這些官員以伯爵的名義主持初審和大大小小的複審和終審。全部區別在於司法管轄權的劃分上，比如說，伯爵有權宣判死刑，就涉及自由和財產返還的案件做出判決[224]，而百人長[225]則無權作這些決定。

基於同一理由，直接與政治秩序有關的重大案件保留給國王審理[226]。主教、教士和伯爵等要人之間的爭訟，就屬於重大政治案件，由國王會同其各大附庸進行審理[227]。

有些作者說，伯爵可以把指控提交給國王的特派員，這種說法缺乏依據。其實，伯爵與國王的特派員各自獨立，他們的司法權力相等[228]。全部差異在於國王的特派員每年主持審案四個月，其餘八個月則由伯爵主持審案[229]。

在初審中[230]被判有罪的人[231]如果申請重審，而且再次敗訴，就得支付罰金十五蘇，或由主持審案的法官打手十五下。

伯爵和國王的特派員如果覺得自己的權力不足以讓大人物們服從他們的裁決，可以要求他們做出保證，一定向國王法庭提起訴訟[232]，目的是請求審理，而不是請求重審。我在梅斯敕令[233]中發現，只能以審案不公為由向國王法庭提起上訴，其他理由的上訴均被禁止，違者將受到懲罰。

有人如果不服[234]助理法官[235]的裁決，但未提出申訴，那就把他監禁起來，直到他服從裁決；如果他提出申訴，那就把他安全地押送到國王法院，將案件交由國王法院審理。

就瀆職向上級法庭提起訴訟幾乎是不可能的。因為，凡是對有權主持審案的人心懷不滿的，原因絕非他們不如期開庭，而是開庭次數太多[236]。許多法令一再規定，伯爵及其他官員每年開庭不得超過三次。問題不是糾正他們的懶散，而是要制止他們過於積極。

可是，當出現了無數小采地，建立起了一層又一層的封建臣屬關係後，疏於開庭的現象開始發生在某些附庸身上，於是就瀆職向上級法庭提起訴訟的現象就出現了[237]，何況這種訴訟能給上級領主帶來豐厚的罰金。

司法決鬥越來越普遍，由於地點、案情以及時間等各種原因，有時很難找到足夠的官員主持決鬥，所以有些案子就長期懸而未決。於是就出現了就瀆職向上級法庭提起的訴訟。此類訟案是我們歷史上值得關注的事件，因為，當時的戰爭大多因踐踏政治法而引起，猶如今天訴諸戰爭的原因或藉口通常是違反萬民法一樣。

博馬努瓦說[238]，凡是就瀆職而提起的指控，從未導致決鬥，究其原因，大概有以下這些：鑒於領主的人身應受的敬重，當事人不能向領主本人發出決鬥挑戰；當事人也不能向領主的附庸提出決鬥挑戰，因為事情很清楚，只要算一算傳喚出庭的日子或其他日子就可以了；既然沒有審判，自然也無從就審判不公提出指控。最後，附庸們既然侵害了當事人的利益，當然也就冒犯了領主，可是，領主與他的附庸進行決鬥不符合尊卑有序的規矩。

可是，在上級領主的法庭上，如果證人的證言表明瀆職確有其事，被指控者此時可以向證人提出決鬥挑戰[239]，這樣就既不冒犯領主，也不冒犯他的法庭。

㈠倘若由於領主的附庸故意延宕審案，或在到期之後避而不加審理，因而造成瀆職，就瀆職而向上級領主提出指控的對象應該就是領主的附庸，這些附庸如果敗訴，就應向他們的領主支付罰金[240]。領主不能爲他的附庸提供任何幫助，相反，他應該查封這些附庸的采地，直至他們將六十鋰的罰金交清。

㈡瀆職如果起因於領主本人，例如他因人手不足而沒能及時審理案件，或者沒有召集他的附庸前來審案，或是沒有指定一人替他召集附庸，在這種情況下，當事人可以向上級領主指控領主瀆職，不過，出於對領主應有的尊敬，被傳喚出庭的是原來的被訴方[241]，而不是領主本人。

領主可以向他的上級領主要求對他進行審判，如果勝訴，案件就發回給他審理，申訴人則應向他支付罰金六十蘇[242]。但是，瀆職如被證實確有其事，對領主的處分就是剝奪其對此案的審理權。案件本身則由上級領主的法庭審理[243]，實際上，就瀆職而提出指控的目的正在於此。

㈢只有在涉及采地的案件中，領主的法庭才會審訊領主本人[244]；當所有指定的日期全都超期之後，法庭就該傳訊領主接受權貴們的詢問了[245]，傳訊領主應得到君主的批准，並由君主下令傳訊。領主不由附庸傳訊，因爲他們不能傳訊領主，但是他們可以代表領主傳喚他人[246]。

領主儘管瀆職，卻讓人做出了判決，在這種情況下，提出瀆職指控之後，可能再提出審判不公的指控[247]。

當附庸以瀆職爲由向上級法庭指控自己的領主時[248]，如果指控不能成立，附庸就要向領主支付罰金，罰金的金額由領主任意確定。

㈣根特人[249]曾向國王指控弗蘭德伯爵瀆職，理由是他的法庭遲遲不對他們的案件做出判決。事實上，這位領主處置案件所用的時間，比當地習慣法規定的時間還要短，所以，這些根特人就被國王發回給領主處理。領主下令扣留他們的財產，數額高達六萬鋰。於是他們再次上告到國王面前，要求減少這筆罰金。國王最終裁定，伯爵不僅可以收取這筆罰金，而且只要他願意，罰金的數額還可以更高些。博馬努瓦親歷了這幾次審判。

㈤領主若因附庸的生命或名譽受到損害，或因非采地的財產等原因與附庸發生爭端，此類訟案不能以瀆職爲由向上級法庭提出指控，因爲，此類案件根本不由領主法庭審理，而是由上級領主法庭審理。德方丹說[250]，家臣無權就領主的人身做出裁決。

在當時的著作中，這些事情都混亂不清，所以我費了好大力氣把這些事情講清楚，而把它們從一團亂麻中理清，無異於重新發現。

第二十九節　聖路易統治的朝代

聖路易在他的領地內取消了司法決鬥，在他的相關法令[251]和《條例》[252]中都可查到。可是，除了就裁判不公向上級法庭提出的指控案件外，他並未禁止男爵領主們的法庭採用司法決鬥[253]。

如果指控領主法庭判案不公[254]，就必須同時向原審法官提出決鬥挑戰。可是，聖路易規定，可以提起裁決不公之訴而不能進行決鬥[255]，這是一個具有革命性的變革。

他宣布[256]，在他的領地上，不能就審判結果起訴領主，因爲這是一種背叛罪。其實，倘若這是一種背叛領主的罪行，當然更是背叛國王的罪行。可是，他規定，可以要求修改國王法庭做出的判決[257]，理由並非這些判決不公或有誤，而是這些判決造成了損害[258]。他對此做出的規定是，如果當事人對於男爵的裁決感到冤屈，應該提起裁決不公之訴[259]。

剛才提到，依據《條例》的規定，不能對國王領地內的法庭提起裁決不公之訴，而只能要求原審法庭改判。如果原審法庭不願改判，國王准許向他的法庭提起訴訟[260]，或是依據自己對《條例》的詮釋，向國王本人呈送陳情書或懇請書[261]。

聖路易准許就領主法庭的裁決提起裁決不公之訴，要求把案件移送國王法庭或上級領主法庭[262]，這並不是爲了到那裡去用決鬥解決，而是依據他所規定的程序借助證人的證言來解決[263]。

因此，無論是在領主法庭上可以提起裁決不公之訴，還是在國王領地的法庭上不可提起裁決不公之訴，依據法規，當事人都可以向上級法院提起訴訟而不必冒決鬥的風險。

德方丹講述了他所見到的最初兩個案例[264]，在這兩個案例中都沒有進行司法決鬥。第一例發生在國王領地聖康坦法庭，另一例發生在蓬蒂厄法庭，那裡的伯爵到庭參審，但是他反對依據舊法處置案件。不過，這兩個案子都依法審理，沒有借助決鬥。

有人也許會問，聖路易對男爵法庭的審案程序所作的規定，爲何有別於他自己領地的法庭？請聽其中原因。聖路易委託自己的領地法庭制定規則時，他的目標不會受到任何阻撓；可是，領主們享有古老的特權，除非有人敢冒指責裁決不公的風險，否則案件就絕對不會從領主的法庭移走，所以，聖路易就得對這些領主們謹慎從事。他保留了裁決不公之訴，但規定不以決鬥處置這類訴訟，也就是說，爲了減少變革引起的震動，他採取了名存而實亡的手法。

領主們的法庭並未普遍接受這種做法。博馬努瓦說[265]，在他那時有兩種審案方法，一種依照國王《條例》，一種依照古制；領主們可以任意選用其中之一；只是在一個案件中，一旦選用了此種方法，就不能再採用彼種方法。他還說，克萊蒙伯爵採用新制[266]，而他的附庸們仍然採用舊制，但是，他若願意，隨時可以恢復舊制，否則，他在附庸們面前的權威就要打折扣。

應該知道，那時的法蘭西分割為國王領地[267]和眾多的男爵領地，用聖路易《條例》上的話來說，也就是分割為王權轄區和非王權轄區。國王向王權轄區發號施令時，僅以自己的名義即可，而當他的號令施於男爵領地時，則由國王與男爵們聯名發布，或由他們蓋章或副署[268]，否則，男爵們就會視對其財產有利與否決定是否接受國王的命令。下級附庸與上級附庸的關係大體上也是這樣。《條例》雖然對領主們有利，而且相當重要，但在頒布之前並未徵得領主們的同意，所以，表示接受的只是那些相信這些法律對自己有利的領主。聖路易的兒子羅貝爾在他的克萊蒙伯爵領地接受《條例》，但是他的附庸們卻認為，不宜在他們的領地上實施這些法律。

第三十節　對上訴的看法

有人認為，上訴既然就是要挑起決鬥，那就應該立即付諸實施。博馬努瓦說[269]：「倘若走出法庭而沒有提起上訴，那就等於放棄上訴，也就是承認判決有效[270]。」

第三十一節　續前題

德方丹告訴我們[271]，平民不能指控領主法庭的裁決不公，《條例》證實了這一說法[272]。德方丹還說[273]：

「因此，在領主和平民之間，除了上帝，沒有其他法官。」

是有關司法決鬥的規定剝奪了平民對領主提起裁決不公之訴的權利，這一點千真萬確。無論依據法規或習俗[274]，凡是有權參與決鬥的平民，就有權對領主提起裁決不公之訴，哪怕參審的領主家臣是騎士[275]。德方丹提出了一些補救辦法[276]，以使指控判決不公的平民與騎士決鬥這類事不至於發生。

司法決鬥開始消失，新的上訴習慣逐漸形成；自由民遇到領主判案不公時擁有補救手段，而平民卻不擁有同樣手段，有人認爲這不合理。高等法院於是如同接受自由民的上訴一樣接受平民的上訴。

第三十二節　續前題

對領主法庭的判決提起不公之訴時，領主應親自到庭，在上級領主面前爲其法庭的判決辯護。同樣[277]，在瀆職之訴中，被傳喚方應該帶著領主一起出庭上級領主的庭審，以便一旦瀆職無法證實時，領主可以立即重新審理。

此後，原本屬於特殊情況的這兩種案例，由於形形色色的上訴案件的出現而成爲適用於所有案例的普遍規則；在這種情況下，領主終生只能在別人的法庭審案，而不能在自己的法庭審案；只能處理別人的案件而不能處理自己的案件；這就顯得太不同尋常了。伐魯瓦的菲利普[278]下令，被傳喚的只能是法官[279]。隨著上訴案件日漸增多，爲訴訟進行辯護的就是上訴人了，以往由法官做的事變成由當事人來做了[280]。

上面已經說到[281]，領主在瀆職之訴中失去的僅僅是在他的法庭審案的權利。可是，如果領主本人是被上訴人[282]，而這種情況越來越多[283]，領主就得向國王或受理訴訟的上級領主支付罰金六十鋰。上訴被普遍接受後，每當領主的原判在上訴中被改動，他就得支付罰金。這種做法漸漸變成了一種習慣，長期延續，並由魯西永法令[284]加以肯定，後來則由於其不合情理而消亡。

第三十三節　續前題

在司法決鬥中，以裁決不公為由起訴原審法官的原告，可能因決鬥而敗訴[285]，但不可能因決鬥而勝訴。事實上，無論他人做了什麼，原審中的勝訴方都不能因此而變成敗訴方。提起裁判不公之訴的上訴人即使在決鬥中取勝，也還得與原審中的勝訴方進行一場決鬥，這場決鬥的目的不是辨明原判是否公正，因爲前一場決鬥已經由於上訴人的勝利而宣告原判無效，這場決鬥的目的是要判定上訴人提出的要求是否正當。下面這種宣判方式可能就是由此而產生的：「法庭宣布上訴無效，法庭宣布上訴和上訴所指控的原判無效。」其實，提起裁決不公之訴的原告倘若在決鬥中戰敗，上訴也就自然無效；而他如果在決鬥中勝出，原判連同上訴都歸於無效；隨之應該重新進行審理。

以上所述絕對準確無誤。通過調查進行審理的案件不使用這種宣判方式[286]。先生說，調查庭在其初創期間不能使用這種宣判方式[287]。

第三十四節　訴訟程序何以變成祕密進行

決鬥造成了一種公開的訴訟程序，控方和辯方都爲公眾所知。博馬努瓦就此寫道[288]：「證人必須當眾宣讀證言。」

爲布蒂利耶[289]的著作作注的人[290]此說，他從舊時一些從事法律工作的人以及古老的手抄訴訟文書中獲知，古代法國的有些刑事案件是公開審理的，其方式與羅馬公開審理的案件沒有多大差異。這與當時人們不識字有關。文字的使用使想法得以固定下來，使保守祕密成爲可能。可是，在沒有文字的時候，只有公開進行審訊，才有可能把這些想法固定下來。

由領主的附庸審理或在附庸面前進行辯護的案件[291]，總會有一些不確定因素，所以，每次開庭都可以借助被稱作記憶[292]的這個程序說明當事人進行回憶，在這種場合，不得向證人提出決鬥的挑戰，否則訴訟就將永遠無法終結。

後來出現了一種祕密審理程序。過去所有審理活動都公開進行，現在全都改爲祕密進行。質詢、審查、檢驗證言、對質和公訴人的結論，無一不祕密進行，這就是現在的做法。公開審理適合於舊時的政體，新的審理程序適合此後建立的新政體。

爲布蒂利耶著作作注的人認爲，一五三九年[293]法令是這一變化的標誌。我認爲，這個變化是從一個領主領地到另一個領主領地逐漸發生的，在此期間，各個領地相繼摒棄舊的審案方法，聖路易的《條例》也日臻完善。其實博馬努瓦曾說過[294]，公開聽取證言僅限於可以提出決鬥挑戰的那些場合，而在其他場合，聽取證言是祕密進行的，當事人的陳述採用書面形式。決鬥挑戰既然不復存在了，審理當然就變成祕密進行了。

第三十五節　訴訟費用

對於訴訟費用的負擔問題，舊時的法國世俗法庭根本不作判決[295]。敗訴方向領主或領主的附庸支付罰金，這就已經夠厲害了。在以決鬥解決問題的刑事訴訟中，戰敗方失去了生命和財產，再重的懲罰也莫過於此。在以決鬥解決問題的其他訴訟中，罰金的數額有時是固定的，有時則由領主任意規定，這就讓人對審理結果惴惴不安。不以決鬥解決問題的案件也是這樣。鑒於領主是主要獲益者，所以訴訟費用主要也由領主支付，諸如召集附庸，安排他們審案等等。此外，由於案件大多在當地審理，而且幾乎總是很快結案，又不像後來有許多文書，所以無須由訴訟當事人支付訴訟費用。

自從有了向上級法院提起訴訟這個程序之後，訴訟費用問題就隨之出現了。難怪德方丹說[296]，自從依據成文法提起訴訟，也就是依據聖路易的新法提起訴訟後，當事人就得支付訴訟費用。不過依據常規，除非指控裁決不公，否則就不能向上級法院提起訴訟，所以也就不存在支付訴訟費用問題；如果案件發回領主審理，領主只能得到一筆罰金，同時可以占用有爭議的財產一年零一天。

可是，上訴變得比較方便之後，此類訴訟就大量增加[297]，案件頻繁地從一個法院移到另一個法院，當事人一次又一次離開自己的住地前往法院應訴；新的訴訟技巧不斷湧現，以致訴訟時間越拖越長；規避正當要求的手段越來越精巧；訴訟當事人學會了爲讓人追尋而故意逃跑；控方已經破產而辯方依然若無其事；種種道理都被淹沒在成堆的文書和滔滔不絕的辯詞之中；律師之類爲打官司而忙碌的訴訟輔助人員多得難以計數，公道卻難見天日；心術不正的人在得不到支持的地方卻找到了主意。凡此種種表明，必須以支付訴訟費用來讓訴訟人有所顧慮，讓他們必須爲判決付費，爲逃避判決的每一種手段付費。美男子查理[298]就此頒布了一項總法規[299]。

第三十六節　公訴方

依據薩利克法、里普埃爾法以及蠻族的其他法律，對於罪惡的懲罰一律處以罰金，那時不像我們現在這樣有負責追究罪行的公訴方。實際上，一切都歸結爲對損害做出賠償，所有的追究在某種意義上都屬於民事性質，任何一個個人都可以進行追究。另一方面，羅馬法對於罪行的追究規定了某些群眾性的形式，這種形式與公訴方的職責並不一致。

司法決鬥也與設置公訴方的觀念相牴觸，因爲，誰願意充當公訴人代表所有的人去和所有的人決鬥？

我在穆拉托里先生[300]編入倫巴第法的一部法規集中發現，在加洛林王朝時期，有一個代表公訴方的訴訟代理人[301]。不過，讀完了這部法規集後就發現，那時的公訴代理人與如今我們所說的公訴人，即總檢察長、國王檢察官、領主檢察官，都截然不同。這些訴訟代理人與其說是民事法規的公共管理人員，不如說是政治和家事法規的公共管理人員。從這部法規集中可以看出，這些官員從來不對罪犯進行追究，也不管與未成年人、教會和個人狀態有關的案子。

我說過，公訴人制度的建立與司法決鬥相牴觸。不過，我倒是在這部集子中發現了一項規定，涉及一個有權參與決鬥的公訴代理人。穆拉托里先生把這項規定放在亨利一世[302]的法規後面，而這項規定就是爲了這部法規制定的[303]。這項規定說：「凡是殺死父親、兄弟、侄子、外甥或其他親屬者，一律不得繼承遺產，遺產由其他親屬繼承，其本人財產收歸國庫。」爲取得這筆應收歸國庫的遺產，支持國庫享有此項權利的公訴代理人擁有參加決鬥的自由；這一點載明於總法則中。

從這些法規中可以看出，公訴代理人的追究對象是以下這幾類人：逮住小偷卻未將其送交伯爵者[304]；舉行起義或聚眾反對伯爵者[305]；不顧伯爵命令而救助死刑犯者[306]；違反伯爵命令拒不將小偷送交伯爵的教會訴訟代理人者[307]；將國王的祕密洩露給外邦人者[308]；手持武器追趕皇帝特使者[309]；因蔑視皇帝的信函[310]而被皇帝的訴訟代理人或皇帝本人追究者；不願接受君主的貨幣者[311]。無論被追究的對象是哪一種人，公訴代理人都依照法律規定追索由國庫收繳的財物[312]。

可是，在刑事案件中見不到公訴代理人的身影，即使出現以下各種情況也不例外：進行決鬥[313]；發生火災[314]；法官當庭被殺[315]；涉及個人身分[316]；涉及自由和奴役[317]。

這些法規不只是爲倫巴第法，也是爲此後添加的敕令制定的，所以，它們所反映的是加洛林王朝時代的做法，對此不應有所懷疑。

很顯然，正如外省的國王特使一樣，這些公訴代理人隨著加洛林王朝的覆亡而消失。究其原因，大概有如下幾點：普遍適用的法律不復存在，全國性的國庫也不復存在；外省不再有伯爵主持訴訟，因此也就不再有以維護伯爵權威爲主要使命的官員了。

在加佩王朝時期，由於決鬥之風日甚一日，因而無法建立公訴人制度。布蒂利耶在他的《鄉村大全》中談到司法官員時提到了法官、擁有采地的家臣和執達吏。我們不妨讀一下《條例》和博馬努瓦的博維西斯習慣法中關於當時司法追究方式的記述。

我在馬略卡[318]國王雅克二世的法律[319]中發現，他設置了一個國王檢察長的職務，其職能與我們今天的檢察長相似[320]。顯而易見，檢察長是在司法形式發生變化之後才設立的。

第三十七節　聖路易的《條例》何以被人遺忘

《條例》的命運注定它在很短的時間裡誕生、衰老和死亡。

我想就此談幾點看法。聖路易的《條例》從來就不是爲了在全國通行而制定的，儘管這部法典的前言確實是這樣說的。這是一部一般性的法典，對幾乎所有民事事項都作了規定，其中包括：財產的遺囑處分或生前處分、婦女的妝奩和優遇、采地的收益和特權、治安事務等等。可是，每一個城市、鄉鎮和村莊當時都有各自的習慣法，想要制定一部普遍適用的民事法，無異於推翻分別適用於王國每一個地方的所有法律。當時的君主雖然已經無人不臣服，可是要把各地的所有習慣法彙編成一部普遍適用的習慣法，依然是一項考慮不周的舉措。因爲，如果說，利弊參半時不應更改，那麼，利少弊多時就更不應更改。每個領主無不醉心於自己的主權和實力，這就是當時王國所處的境況，如果注意到了這一點，那就不難看到，更改各地既有的法律和習俗，絕對不是各地的執政者想要做的事。

我剛才所說又一次證實，《條例》這部法典並未在高等法院中獲得男爵們和法律界人士的贊同，迪康熱[321]引用的收藏在亞眠市政廳的一件手稿就是這樣記述的[322]。我們從其他手稿獲知，這部法典是聖路易在出征突尼斯之前的一二七〇年制定的。這個說法也不見得符合事實。因爲，聖路易出征突尼斯是在一二六九年，迪康熱先生也注意到了這一點，所以他推斷說，這部法典是聖路易不在國內時頒布的。不過，我覺得事實未必如此。聖路易怎麼會在他遠離法國的時候做這樣一件招致動亂、引發革命而並非改革的事呢？這一舉措比其他舉措更需要就近觀察，絕非軟弱無力的攝政機構可以完成，何況這個攝政機構中的一些權貴還可從這一舉措的失敗中獲利呢。這些權貴就是聖德尼修道院院長馬蒂耶、內勒伯爵西蒙・德・克萊蒙；這兩位如果亡故，接任的便是埃夫勒主教菲利普、蓬蒂厄伯爵讓。前面已經說到[323]，蓬蒂厄伯爵在他的領地上反對執行新司法制度。

我想說的第三點是，有重大的跡象表明，我們現在所看到的法典，並非聖路易關於司法制度的《條例》，兩者之間有著不小的差異。法典中多次引述《條例》，可見它是一部評述《條例》的著作，而非《條例》本身。此外，博馬努瓦經常提及聖路易的《條例》，可是，他所提及的始終是聖路易的條例，而不是匯總條例的那部法典《條例》。德方丹的寫作年代是在聖路易在位期間[324]，他提到最初兩次執行聖路易的《條例》時，是被當作早年的事件提到的。可見，聖路易的《條例》早於我剛才說到那部法典。如果仔細檢視一番那部法典，再考慮到被某些蠢材編排在這部著作開篇處的錯誤百出的前言，大致可以推斷，那部法典頒行於聖路易死前不久，甚至是在他死後才問世的。

第三十八節　續前題

被我們稱之爲聖路易《條例》的這部集子，是一部晦暗、混亂和含糊的法典，它把法蘭西的法律原則與羅馬法攪在一起，時而用立法者的口吻說話，時而用法律顧問的口吻說話，它囊括了有關民法的所有案例和所有問題，那麼，這究竟是一部什麼樣的法典呢？想要了解這個問題，必須置身於那個時代之中。

聖路易看到了當時法律的弊病，遂設法激起人們對這些弊病的憎惡，他爲自己領地上的法庭和他的附庸們的法庭制定了一些法規，大獲成功。在他過世不久之後就開始寫作的博馬努瓦寫道，聖路易所確立的審案方式被很多領主法庭所採用。

聖路易爲領主法庭所制定的法規，雖然只是作爲人人應該效仿而且值得效仿的範例，而不是作爲一種適用於全國的法律來制定的，但是，他畢竟實現了初衷。他消除了弊病，讓人看到了什麼才是好法律。大家在他的法庭上和他的附庸們的法庭上看到了，什麼是更自然，更合理，更符合道德、宗教、公共安寧以及人身和財產安全的司法審理程序，於是就棄舊圖新，接受了這套新的司法審理程序。

在不必強制的時候進行規勸，在不必命令的時候進行誘導，這才是最高明的做法。理性擁有天然的強大力量，甚至是不容抵抗的力量，有人硬要與之對抗，殊不知對抗本身就是理性的勝利；過不了多久，與之對抗的人不得不重新回歸理性。

聖路易爲了讓大家厭棄法蘭西法律的原則，所以讓人翻譯有關羅馬法的著作，使之爲當時的法律界人士所了解。德方丹是我們所知的第一位預審學作者[325]，他大量應用了羅馬法，從某種意義上說，他的著作把法蘭西以往的法律原則、聖路易的法律或條例以及羅馬法融爲一體了。博馬努瓦很少使用羅馬法，但是，他把法蘭西以往的法律原則與聖路易的法規調和起來了。

我認爲，正是遵循著這兩部著作特別是德方丹那部著作的精神，某位法官編纂了被我們稱之爲《條例》的那部法學著作。這部集子的標題上寫明[326]，它是依據巴黎和奧爾良以及男爵領主法庭的習慣編寫的；它的前言寫明，此書論述了整個王國、安茹[327]以及男爵領地的司法習慣。由此可見，《條例》這部書是爲巴黎、奧爾良和安茹所編，恰如博馬努瓦和德方丹的書是爲克萊蒙和維爾芒圖瓦索而編一樣。博馬努瓦所說似乎表明，聖路易的若干法律已經滲透到男爵們的法庭，所以，編纂者有理由聲稱此書也與男爵們的法庭有關[328]。

很顯然，此書的編纂者把聖路易的法律和條例與當地的習慣法糅合在一起了。這部書相當寶貴，因爲它不僅編入了安茹的古代習慣法，還把當時施行的聖路易的法律和條例，以及當時在安茹實施的法蘭西法律原則收入書中。

與德方丹和博馬努瓦的著作有所不同，此書以命令的口吻說話，儼然是一位立法者，事實上這一點不難理解，因爲這是一部文字記載的司法習慣和法律的彙編。

此書有一個內在的缺陷，那就是它是一部兩不像的法典，因爲它把法蘭西法律原則與羅馬法混作一團，這兩者從無關聯，原本是彼此矛盾的，卻硬是被湊在一起。

我知道，法國的附庸和家臣們的法庭，判決之後不得向另一個法庭提起上訴的做法，以「我宣布有罪」或「我宣布無罪[329]」這樣的語句宣判的方式，都與羅馬法的群眾性審判頗爲相似。但是，古羅馬的法律原則此時很少得到應用，得到較多應用的倒是後來羅馬皇帝們引進的那些法律原則，《條例》應用這些法律原則的目的是規範、限制、修正和擴大法蘭西的法律原則。

第三十九節　續前題

聖路易採用的司法方式不再被採用。這位君王較少著眼於審判方式本身，也就是說，他不大關注什麼是最好的審判方式，而是比較關注以較好的審判方式取代舊的審判方式。他的首要目標是激起人們對舊法的憎惡，其次才是制定新法。可是，當他的新法顯現出某些弊病時，另一種很快就取而代之了。

所以說，與其說聖路易的法律改變了法蘭西的法律原則，莫如說它爲這種改變提供了一些方法。聖路易的法律開啓了新的法庭，確切地說，是開啓了通向新的法庭的道路。人們可以方便地到一個擁有普遍權威的法院去打官司，過去的判決僅僅依據某些領地的習慣法做出，現在的判決則構成了普遍適用的法律原則。在《條例》的作用下，終於出現了過去從未有過的具有普遍性的判決。房子反正已經蓋好了，鷹架倒塌就倒塌吧。

所以說，聖路易的法律所產生的效果，絕不是什麼立法傑作能帶來的。有時候需要數百年時間才能爲變革作好準備。時機逐漸成熟，革命就會到來。

王國的幾乎所有案件，最後都由高等法院審理結案。過去高等法院所審理的除了公爵、伯爵、男爵、主教和教士之間的案件[330]，就是國王和他的附庸之間的案件[331]，而不是政治性質和民事性質的案件。後來，不得不將高等法院變成一個常年工作的機構，其組成人員常年聚集在一起；不但如此，爲了能夠審理所有的案件，還設置了一些新的高等法院。

高等法院剛剛變成一個固定的機構，立即就開始編纂它的判例。美男子菲利普在位期間，讓・德・蒙呂克編輯了一部巴黎高等法院判例集，這就是我們今天稱之爲《奧里姆[332]實錄》的那部判例集[333]。

第四十節　何以採用教皇聖諭的司法形式

可是，爲什麼放棄既有的司法形式，轉而採用教會法的司法形式，而不採用羅馬法的司法形式呢？這是因爲，人們司空見慣的是採用教會法審案的宗教法庭，從未見過任何採用羅馬法審案的法庭。何況，當時對於宗教法庭與世俗法庭的司法管轄界限，人們了解得還很少。一些人[334]既在宗教法庭也在世俗法庭進行訴訟，沒有任何不同[335]；一些相似的案子也是這樣，既可以在宗教法庭也可以在世俗法庭審理。世俗司法機構爲自己保留的專屬範圍，似乎只包括領主與附庸的封建關係事務、世俗人員所犯並不觸犯宗教戒律的罪行[336]。因爲，每當涉及協議和契約糾紛時，按理應該到世俗法庭尋求解決；但是當事雙方如果願意，也可以告到宗教法庭去，宗教法庭雖然無權強令世俗法庭執行它的判決，但是它可以用革出教門作爲威脅，強制執行它的判決[337]。在此類情況下，世俗法庭若是試圖改變審判方式，就會採用宗教法庭的審判方式，因爲這是世俗法庭的司法人員所熟悉的，他們不會採用羅馬法的審判方式，因爲他們對此不熟悉。

第四十一節　教會裁判和世俗裁判的此消彼長

由於民政權執掌在許許多多的領主手中，所以對於教會來說，日漸擴大它的司法權並非難事。可是，由於教會的司法權削弱了領主的司法權，從而加強了國王的司法權，國王的司法權反過來又一步一步對教會的司法權實行限制，迫使教會司法權向國王的司法權做出讓步。高等法院在審判程序上借鑒了宗教法庭的一切良好和有效的做法之後，回過頭來再看宗教法庭，就只能發現種種弊病了。國王的司法權日益加強，日益具有矯治這些弊病的能力。這些弊病確實不能容忍，我不想在此一一列舉，只請大家讀一讀博馬努瓦、布蒂利耶的著作以及國王的敕令[338]。我只想談一談直接關係到公共利益的那些弊病。我們是從旨在矯治這些弊病的高等法院決定中知道這些弊病的；愚昧猶如濃重的黑暗製造了這些弊病，光明一旦顯現，這些弊病就銷聲匿跡了。教會的緘默表明，他們自己也歡迎矯治這些弊病。就人性的本質而言，這是值得讚揚的。任何人生前如果沒有把自己的一部分財產貢獻給教會，就叫做未作懺悔而死，就要被剝奪爲他舉行聖事和葬禮的權利。生前若未曾留下遺囑，死者的親屬應該請主教與他們共同指定幾位仲裁人，以便確定死者本應寫明在遺囑上的奉獻給教會的財產。新婚夫婦如果沒有花錢買到許可的話，第一夜不得同房，就連第二夜和第三夜也不行。之所以務必選擇這三夜，是因爲在其他日子裡，新婚夫婦願意給的錢肯定不會多。高等法院把這種規定廢止了，拉戈[339]的《法蘭西法律詞彙》一書[340]收入了高等法院針對亞眠主教的一項法令[341]。

讓我們回到本節開始的地方。在一個時代裡或是在一個政府裡，當我們看到國家機構中某些部門竭力提升自己的威望，彼此爭奪某些利益時，倘若把這些行徑視爲腐化的表徵，那就常常會犯錯誤。人類固有的一大不幸就是懂得適可而止的偉人少之又少。隨勢而動在任何時候都比急流勇退容易，所以，在上層人物的行列中，品德極高的人不難找，極端明智的人卻不容易找。

身居他人之上實在是妙不可言，熱愛善良的人也極愛自己，所以，倘若要對自己的好心提出懷疑，誰也不會不備感痛苦。實際上，我們的行爲受制於許多因素，所以，做好事要比把事做好容易一千倍。

第四十二節　羅馬法的復興及其結果，法庭的變化

查士丁尼的《學說匯纂》在一一三七年前後被重新發現[342]，羅馬法好像因此而獲得了重生。義大利開設了一些學校，教授羅馬法。那時已經有了查士丁尼的《法典》和《新法集》。前面已經說過，羅馬法在義大利大行其道，倫巴第法幾乎銷聲匿跡。

義大利的飽學之士把查士丁尼的法律帶到了法蘭西，法國人過去只知道提奧多西法典[343]，因爲，查士丁尼法典是在蠻族定居高盧後制定的[344]。這部《法典》曾遭到一些人的反對，但是儘管教皇爲了保護教會法而把一些人革出教門[345]，這部《法典》依然保持住了自己的地位。聖路易試圖借助讓人翻譯查士丁尼的著作來提高這部《法典》的聲望，我們的圖書館裡至今依然收藏著查士丁尼組織翻譯的譯文手稿。我說過，聖路易的《條例》大量利用這些手稿。美男子菲利普在法國使用習慣法的地區，把查士丁尼的《法典》作爲付諸文字的理由，下令廣爲傳授[346]；在實行羅馬法的地區，這部《法典》則作爲法律被接受下來了。

前面說過，借助司法決鬥判案對審案者的才能要求甚低，只需依據各地的習俗和因傳統而形成的習慣法，對各地的訴訟做出判決即可。在博馬努瓦生活的年代[347]，有兩種不同的審案方式：在一些地方由領主的家臣審理，在另一些地方由法官審理[348]。採用第一種審案方式時，領主的家臣們依照他們的司法管轄區的習慣審案[349]；採用第二種審案方式時，由鄉紳或長者把該司法管轄區的習慣告訴法官。所有這一切都無須任何學問、任何才具和任何調查。可是，聖路易的《條例》和其他法律文集問世了，羅馬法被翻譯出來並且開始在學校中教授了，訴訟技巧和審判技巧開始形成了，精通業務的司法人員和法學家出現了，於是乎，鄉紳和領主的家臣們無法繼續審案，家臣開始退出領主法庭，領主不再願意召喚他們來審案，何況，

審判不再是讓貴族稱心、讓武士興趣盎然的一樁名聲遠揚的壯舉，而是他們既不懂也不想懂的一件差事。家臣審案日漸[350]少見，領地法官審案日益增多。領地法官從前並不審案[351]，他們只負責調查和宣布鄉紳的判決。不過，由於鄉紳已經不再具有審案的能力，於是領地法官們便親自審案。

這種變化並不困難，因爲眼前就有現成的教會審判案例，再說，教會法和新的民事法在取消家臣審案這一點上，也起到了推波助瀾的作用。

這樣一來，在法國王政時期經常見到，在薩利克法和敕令中以及在加佩王朝初期的法學著作中記述的情形，即法官從不獨自審案的習慣就不復存在了[352]。由於在一些地方啓用了法官助理，負責爲法官提供諮詢並取代以往的鄉紳，同時，法律規定法官在動用肉刑時必須有兩位文士在場，因此，法官獨自審案這種過去僅出現在地方司法審理中的弊病，起初有所改善，後來因爲上訴非常方便，最終徹底消失了。

第四十三節　續前題

由此可見，並非哪一項法律禁止領主主持法庭，並非哪一項法律取消了領主的家臣們在法庭上的職能，沒有任何一項法律規定要設置領主法官，也沒有哪一項法律賦予他們以審判權。所有這一切都是順理成章地逐漸形成的。想要了解羅馬法、法庭的判決令和新近寫成文字的習慣法，就得進行研究，這是目不識丁的貴族和平民無法做到的。有關此事的法令我們只見到過一份，這份法令要求領主們在非教會人士中遴選領主法官[353]。有人認爲，這就是創設領主法官的由來，這個看法不見得對，這件法令只說了我們所看到的話，並無其他。不但如此，這件法令還依據它所提出的理由做出如下規定：「爲了能夠懲處瀆職的領主法官，領主法官必須從平民中遴選[354]。」眾所周知，教會人士在那個時代是享有特權的。

領主們過去享有特權，如今不再享有了，切莫以爲這些特權是被作爲非法竊取的權利而被剝奪的，其實，不少特權都是在不經意間失去的，另外一些特權則是主動放棄的，這是因爲，數百年間發生了許許多多的變化，這些特權無法繼續存在下去了。

第四十四節　人證

當時的法官除了習慣就沒有別的規章，所以遇到問題時通常都要求助於證人。

司法決鬥日益稀少後，取而代之的是書面調查。可是，口頭證據即使寫成文字，終究還是口頭證據，無非只是增加一些訴訟費用而已。因此就制定了一些規定[355]，使此類調查歸於無效；同時又建立了公共登記處，用以確證貴族身分、年齡、親子關係、婚姻關係等大多數與身分有關的事實。書面證據不容易篡改，所以把習慣法寫成文字。這些做法都十分合理，因爲，要想證實皮埃爾是不是保爾的兒子，到洗禮登記處去查詢，要比花費大量時間進行調查方便得多。一個地方倘若有大量習俗，把它寫成一部習慣法，總要比讓大家一一證明這些習俗方便一些。此外還有那個著名的法令，它規定，凡涉及一百鋰以上的債務，除非一開始就提供了書面證據，否則一律禁止提供人證。

第四十五節　法蘭西習慣法

我已經說過，法蘭西是一個由不成文的習慣法支配的國家，每個領地各不相同的習慣法也就是該地區的民事法。恰如博馬努瓦所說[356]，每個領地都有自己的民事法，且這種民事法是很特殊的。博馬努瓦是偉大的寫作家，他以他的思想照亮了他的那個時代。這位寫作家說，他不相信能在全國找到兩個使用同一部法律的領地。

這種五花八門的差異有其第一根源，還有其第二根源。關於第一根源，讀者不妨回憶一下我在前面關於地方習慣法的章節中的論述，至於第二個根源，則可以從司法決鬥的種種變故中尋找，因為，偶發事件不斷出現必然促成一些新的習慣。

這些習慣起初僅僅保留在長者的記憶中，後來慢慢地形成為法律或習慣法。

㈠在加佩王朝初期[357]，前後幾位國王以我在前面介紹過的方式頒發了一些特殊法規和普遍適用的法規，例如菲利普二世的條例和聖路易的條例。與此同時，國王的大附庸們會同他們屬下的領主，也在各自的公爵領地或伯爵領地上，依據各自的實際情況制定了一些法規或條例，例如布列塔尼伯爵若弗魯瓦關於貴族遺產分割的法規，拉烏爾公爵的諾曼第習慣法，國王蒂博[358]的香檳習慣法，蒙福爾伯爵西蒙的法律，等等。由此而產生了一些成文法，其中有的比原有的法規更具有普遍性。

㈡在加佩王朝初期，幾乎所有的平民都是農奴。在若干原因的推動下，國王和領主解放了這些農奴。

領主在解放農奴時給予他們一些財產，因而需要用民事法來規範他們的財產支配權。領主在解放農奴時等於放棄了自己的財產，所以有必要制定一些法規來規範他們為自己保留的權利，作為財產的等價物。這兩種權利都由解放農奴條例加以規定，這些條例因而也就成為法蘭西習慣法的一部分，而這部分習慣法都是成文習慣法。

㈢聖路易和他的幾位繼任者在位時期，德方丹和博馬努瓦等造詣深厚的法學家為各自的采邑編寫了成文習慣法。他們這樣做的目的，主要是規範司法程序，而不是規範當時在處理財產方面的習慣。可是，這些東西都包括在他們編寫的成文法中了。儘管這些法學家的聲望僅僅來自於其論述的眞實性和公開性，可是，他們卻對法蘭西法律的復興做出了積極的貢獻，對於這一點我們絲毫不應懷疑。這些就是當時的法蘭西成文習慣法。

隨後到來的便是偉大的時代。查理七世[359]及其繼任者下令在全國範圍內編寫不同的地方性習慣法，編制編寫習慣法應遵循的格式。由於這些習慣法以行省爲單位編寫，而且各個領地都把各自的成文或未成文的習慣法送交該省的議會，所以，在不傷害應予保留的個人利益的前提下，這些習慣法力圖編寫得盡可能更具普遍性[360]。因此，我們法國的習慣法具有以下三個特點：它們是成文法，它們具有較大的普遍性，它們蓋上了國王的印璽。

這些習慣法中的若干部後來重新進行了修訂，作了一些改動，刪除了爲現行法律所不容的一些規定，增添了來自現行法律的某些內容。

雖然有些法國人把習慣法視爲一種與羅馬法對立的法律，以致於法國的領土因適用的法律不同而分爲羅馬法地區和習慣法地區，可是，羅馬法的一些規定實際上已經被習慣法所吸收，尤其在重新編寫習慣法時；在這個離我們並不那麼遙遠的時代，希望獲得公職的人必須熟悉羅馬法，人們不能再以不知道應該知道的事和知道不應該知道的事爲榮，聰慧的天資主要用於學習一種職業，而不是立即從事這種職業，就連不斷地娛樂嬉戲也不是婦女的特質了。

在本章的結尾處，我原本應該多說幾句，深入一些更重大的細節，一一詳論那些在不知不覺間發生的變化，這些變化自從施行上訴制度以來，已經成爲法國法律制度中的重要組成部分。不過，若是細細論述所有這些，我就得在一部卷帙浩繁的著作中再加進去一部卷帙浩繁的著作。我就像那位古物愛好者一樣，離開家鄉前往埃及，到了那裡之後，只看了一眼金字塔就匆匆回國[361]。

本章注釋

[1] 奧維德（Ovide），著名拉丁詩人。《變形記》是一部著名神話史詩，共十五卷，講述了從混沌時期到凱撒執政時期有關的神話。——譯者

[2] 參閱《薩利克法》的前言。萊布尼茨（Leibnitz）先生在他的《論法蘭克人的起源》中說，《薩利克法》在克洛維斯在位之前制定的，但不可能在法蘭克人走出日耳曼尼亞之前制定，因為那時他們不懂拉丁語。

[3] 參閱圖爾的格雷瓜爾，《法蘭克史》。

[4] 里普埃爾法蘭克人（Francs Ripuaires），又譯萊茵河畔法蘭克人，見本書第十八章第二十二節譯注。薩利安法蘭克人（Francs Saliens），居住在萊茵河的支流艾瑟爾河沿岸的法蘭克人，又譯海濱法蘭克人。——譯者

[5] 奧斯特拉西亞（Austrasie），墨洛溫王朝時期的法蘭克王國。戴奧德里克（Théodoric），克洛維斯的兒子。——譯者

[6] 參見《巴伐利亞法》的前言和《薩利克法》的前言。

[7] 參見《巴伐利亞法》的前言和《薩利克法》的前言。

[8] 圖林根（Thuringien），古代德國中部的地區。——譯者

[9] 「盎格魯維利諾人的法律就是圖林根人的法律」。

[10] 鐵錘查理（Charles Martel，六八八—七四一），法蘭克王國的宮相，王國的實際統治者。丕平（Pépin，七一四—七六八），鐵錘查理的兒子，外號矮子丕平，法蘭克國王（七五一—七六八在位）。——譯者

[11] 弗里茲人（Frisons），居住在歐洲西北部的一支日耳曼人。——譯者

[12] 弗里茲人沒有文字。

[13] 西吉斯蒙德（Sigismond，卒於五二三年），勃艮第王（五一六—五二三在位）。——譯者

[14] 格利摩（Grimoald），倫巴第王（六六二—六七二在位）；路易普朗（Luitprand），倫巴第王（七一二—七四三在位）；拉希（Rachis），倫巴第王（七四四—七五〇在位）；埃斯圖爾弗（Aistulphe），倫巴第王（卒於七五八年）。——譯者

[15] 歐里克（Euric）制定了《西哥特法》，婁維吉爾德（Leuvigilde）作了修改。參閱伊西多爾《紀年史》。

秦達遜德斯和雷塞遜德斯加以改造。埃吉加（Egiga）編纂了至今猶存的法典，他還將此事委託給主教們。從托萊多第十六屆公會議來看，秦達遜德斯和雷塞遜德斯的法律被保存下來了。

【16】參閱《巴伐利亞法》的前言。

【17】在希爾德貝一世（Childebert I）的諭令中只發現了寥寥數例體刑。

【18】參閱《勃艮第法》的前言及正文，尤其是其中第七條第五款和第三十八條。又見圖爾的格雷瓜爾，《法蘭克史》，第二卷，第二十三章，以及《西哥特法》典。

【19】參閱本書本章第三節。

【20】參見《薩克森法》第二章第八、九節，第四章第二、七節。

【21】秦達遜德斯（Chaindasuidade），西班牙的西哥特王（六四二—六四九在位）。雷塞遜德斯（Récessuinde），西哥特王，前者之子。埃吉加（Egiga），西班牙的西哥特王（六八七—七〇一在位）。——譯者

【22】《高盧戰紀》，第六卷。

【23】《法規》，第一卷，法式八。

【24】《里普埃爾法》，第三十一章。

【25】克羅泰爾五六〇年的諭令，載《敕令彙編》，巴魯茲版，第一卷，第四條；該書末尾。

【26】《倫巴第法》所附敕令第一卷第二十五篇第七十一章；第二卷第四十一篇第七章；第七十六篇第一、二章。

【27】《倫巴第法》所附敕令第一卷第五篇。

【28】《倫巴第法》所附敕令第一卷第七篇第一章。

【29】《倫巴第法》所附敕令第一卷第七篇第二章。

【30】《倫巴第法》所附敕令第二卷第三十五篇第二章。

【31】《倫巴第法》，第二卷，第四十七篇。

【32】本書本章第一節。

【33】《薩利克法》，第四十五篇§一。

【34】「在所居住的村莊裡擁有財產者」。《薩利克法》，第四十五篇，第十五章和第七章。

【35】「忠於主人者」。《薩利克法》，第四十四篇，第四章。

【36】羅馬人中的大人物都在朝廷中服務，許多主教就在宮中成長一事可資證明。因為，除了羅馬人，沒有什麼人能識文斷字。

【37】「如果此羅馬人是國王的客卿」。《薩利克法》，第四十四篇，第六章。

【38】《薩利克法》，第四十五篇。

【39】此處指里都斯（Lidus），其身分優於農奴。見《日耳曼尼亞法》，第九十五章。

【40】《薩利克法》，第三十五篇，第三章和第四章。

【41】迪波教士。

【42】阿里烏斯教派是西元四世紀的一個基督教異端，當時高盧地區的許多國王都是其信徒，其首領為阿里烏斯，忠於正統基督教的克洛維斯擊敗了這些國王。——譯者

【43】他們是法蘭克人、西哥特人和勃艮第人。

【44】該法於四三八年編纂完成。

【45】阿拉里克（Alaric），即西哥特王阿拉里克二世（四八四—五〇七在位）。——譯者

【46】該法典的前言表明，該法於阿拉里克在位二十年時制定，兩年後由阿尼阿烏斯公布。

【47】西班牙紀年五〇四年，見伊西多爾，《紀年史》。

【48】「法蘭克人、蠻族人或生活在《薩利克法》之下的人。」《薩利克法》，第四十五篇，第一章。

【49】《里普埃爾法》第五十八篇第一章寫道：「依據教會所尊奉的《羅馬法》。」參見迪康熱，《晚期拉丁語和希臘語詞匯》中的「《羅馬法》」條所列舉的眾多權威著作。

【50】請閱林登勃洛赫版《薩利克法》。該法末尾所附多項敕令以及蠻族法的多種法典中所規定的神職人員，在這方面享有的特權。又見查理曼八〇七年致其子義大利國王丕平的信函，載《敕令彙編》，巴魯茲版，第一卷，第四五二頁，其中提到，神職人員可獲得三倍的補償金。又見《敕令彙編》，巴魯茲版，第一卷，第五章第三〇二條。

【51】參閱該法。

【52】我將在本書第三十章第六、七、八、九節中再次談及。

【53】阿戈巴爾（Agobard，七七九—八四〇），里昂大主教，曾與寬厚者路易作對。——譯者

[54] 阿戈巴爾，《著作集》。

[55] 參見杜申（Duchesne），《文集》，第三卷，第三六六頁中的熱爾韋·德·蒂爾布里（Gerbais de Tilburi）所說：「與法蘭克人簽訂了一個條約，條約規定，生活在該地的哥特人遵循其父輩習俗，受其固有法律管束。因而，納波奈茲省就歸於丕平。」又，卡泰爾（Catel），《朗格多克史》，所記七五九年的編年史。又，杜申，《文集》，第三卷，第三一六頁所記，一位不知名的作者為寬厚者路易所作的傳記中有關塞提馬尼亞人民在卡里西亞戈人民會議上所提請求的記述。

[56] 禿頭查理（Charles le Chauve，八二三—八七七），查理曼的孫子，八四〇年繼承其父寬厚者路易的王位，成為法國國王。——譯者

[57] 皮斯特（Pistes），加洛林王朝時期的一個重要城市，禿頭查理經常在此居住。——譯者

[58] 該敕令第十六條寫道：「依據《羅馬法》審判的地區繼續照此辦理，其他地區……」參見該《敕令》第二十條。

[59] 參見《皮斯特敕令》，第十二條和第十六條：「在卡維羅諾」「在納波納」等。

[60] 瓦盧瓦（Valois, Adrien de，一六〇七—一六九二），研究法國起源的法國歷史學家。——譯者

[61] 比尼翁（Bignon, Jérome，一五八九—一六五六），法國官員和學者，著有《法蘭西王國諸王史》。——譯者

[62] 結巴路易（Louis le Bègue，八四六—八七九），法國國王，禿頭查理之子。——譯者

[63] 此次公會議是在教皇約翰八世主持下舉行的，會議期間，結巴路易加冕為王。——譯者

[64] 參閱本書本章第九節和第十節。

[65] 他於六四二年登基為王。

[66] 「我們不願再受外邦法和《羅馬法》的折磨。」見《西哥特法》，第二卷，第一篇，篇§九、§一〇。

[67] 「允許哥特男子娶羅馬女子為妻，也允許羅馬男子娶哥特女子為妻。」見《西哥特法》，第三卷，第一篇，第一章。

[68] 參見卡希歐多爾魯斯，《東哥特史》，第四章，第十九封信和第二十六封信，其中有關於當時聲望最高的東哥特王戴奧多里克對這些地區寬容態度的記述。

[69] 瓦姆巴（Vamba，又稱Bamba，卒於六八七年），繼雷塞遜德斯為西哥特王。——譯者

[70] 從附錄在《瓦姆巴王的歷史》後面的那些判決書來看，高盧南部的叛亂具有普遍性。鮑盧斯及其同夥都是羅馬人，他們甚至得到了主教們的支持。瓦姆巴不敢將被他打敗的叛亂者處死。《瓦姆巴傳》的作者把納波奈茲高盧叫做叛亂的溫床。

[71] 「在大屠殺中倖存的哥特人攜妻帶子逃往西班牙，投奔公然以暴君行事的竇德斯。」見《哥特戰紀》。

[72] 柏努瓦・萊維特（Benoît Lévite），美茵茲的一位主教，八五〇年編寫出版了一部託名查理曼和寬厚者路易的偽造《敕令集》。——譯者

[73] 《敕令彙編》，巴魯茲版，第一卷，第六章，第三百四十三節，第九八一頁。

[74] 德・拉・托瑪希耶爾（de la Thaumassière）先生收集了好幾份。參閱他的《貝里古今地方性習慣法》，第四十一章、第四十六章及另外幾章。

[75] 拉丁文寫作 Missi dominici。

[76] 禿頭查理在八四四年敕令第八條中說道：「以有權制定教規為藉口的主教們，既不應反對本敕令，也不應置若罔聞。」他似乎已經預感到這項敕令將被廢棄。

[77] 這些教規冊子中加入了難以計數的教皇諭令，教皇的諭令在舊有的教規集子中很少，小德尼在他自己編的教規集子中放進去了許多教皇諭令，伊西多爾・梅卡多爾編的集子中有許多教皇諭令，其中有真也有假。舊教規集在法國一直使用到查理曼時代。這位君主從教皇亞德里安一世手中接過了小德尼編的教規集，並讓大家都接受它。伊西多爾・梅卡多爾編的集子大約在查理曼時代出現在法國，人們都迷戀這部集子，此後接著出現的便是所謂的《教規法集》。

[78] 參見《皮斯特敕令》，第二十條。

[79] 這些法典的前言中對這一點說得非常清楚。我們甚至可以在薩克森法和弗里茲法中看到依據不同地區的情況制定的不同法規。在原有的習俗之上添加一些具體情況所要求的特殊條規，對付薩克森人的嚴厲的條規便是如此。

[80] 我在下面還要談及此事。（安保費（freda），侵害者除了向受害者支付補償金之外向法蘭克國王繳納的罰金，數額相當於補償金的三分之一。由於找不到更適當的詞，姑且譯為安保費。——譯者）

[81] 馬爾庫爾弗，《法規》，前言。

[82] 《倫巴第法》，第二卷，第五十八篇§三。

[83]《倫巴第法》，第二卷，第四十一篇§六。

[84]《聖萊熱傳》。

[85]《倫巴第法》，第二卷，第四十一篇§六。

[86]本書本章第五節。

[87]提奧多西法典是提奧多西二世於西元五三四年頒布的一部法典，它彙集了君士坦丁以來的多種羅馬帝國的法律和法規。查士丁尼法典則是根據東羅馬帝國皇帝查士丁尼的命令於西元五三四年編制的一部法典，十一世紀被再度發現。孟德斯鳩此處想說的是，《羅馬法》的施行不具有連續性，到六世紀就消失了。十一世紀再度發現的《羅馬法》是查士丁尼法典，人們就像從未中斷過似的施行這部法典。——譯者

[88]意思是說，《羅馬法》在習慣法地區被當作典範，用來彌補口頭習慣法的不足。——譯者

[89]塔西佗所說與此相符，他說，日耳曼人既有共同習慣，也有特殊習慣。見《日耳曼尼亞志》，第二十七章，第五節。

[90]《里普埃爾法》，第六、七、八篇以及其他篇。

[91]《里普埃爾法》，第十一、十二和十七篇。

[92]當被告是國王的扈從即附庸時，通常被假定為相當坦誠。見《薩利克法條例》，第七十六篇。

[93]見《薩利克法條例》，第七十六篇。

[94]猶如當今英國的做法。

[95]《里普埃爾法》，第三十二篇，第五十七篇§二，第五十九篇§四。

[96]見下一個注。

[97]這種精神在《里普埃爾法》中體現得十分明顯。見該法五十九篇§四，第六十八篇第五節；又見八〇三年附加在《里普埃爾法》中的寬厚者路易的敕令第二十二條。

[98]見《里普埃爾法》。

[99]弗里茲人、倫巴第人、巴伐利亞人、薩克森人、圖林根人和勃艮第人的法律均如此。

[100]《勃艮第法》第八篇§一，二有關刑事的規定；第四十五篇關於民事的規定。又見《圖林根法》第一篇§三一，第七篇§六，第八篇；《日耳曼法》第八十九篇；《巴伐利亞法》第八篇第二章§六，第三章§一，第九篇第四章§四；《弗里茲法》第二篇§三，第十四篇§四；《倫巴第法》第一卷第三十二篇§

§三，第三十五篇§一，第二卷第三十五篇§二。

【101】見本書本章第十八節末尾。

【102】與決鬥一樣，同屬神明裁決。被控者將手浸入沸水中，燙傷處若在三天後痊癒，其清白即被證明。——譯者

【103】另一些蠻族法律也准許採用沸水取證。

【104】《薩利克法》，第五十六篇。

【105】《薩利克法》，第五十六篇。

【106】有塔西佗的話為證：「同樣的特徵存在於每一個人身上。」見《日耳曼尼亞志》，第四卷，第二章。

【107】維萊猶斯・派特庫盧斯（Velleius Paterculus）說，日耳曼人用決鬥解決一切。見《羅馬史》，第二卷，第一百一十八章。

【108】參閱蠻族法典，關於較近時代，可參閱博馬努瓦，《博維西斯習慣法》。

【109】見博馬努瓦，《博維西斯習慣法》，第六十一章。又見《安格爾法》，第十四章，依據該法，沸水取證僅為輔助手段。

【110】《圖林根法》，第十四篇。

【111】《里普埃爾法》，第三十一章，第五節。

【112】「如果我們的君主同意，就依據法蘭克法進行辯護。」

【113】參見《里普埃爾法》，第五十九篇§四；第六十七篇§五。

【114】奧托二世（Othon II，九五五—九八三），神聖羅馬帝國皇帝（九七三—九八三在位）。——譯者

【115】《倫巴第法》，第二卷，第五十五篇，第三十四章。

【116】奧托一世（Othon I），神聖羅馬帝國皇帝。——譯者

【117】西元九六二年。

【118】「義大利的權貴們強烈要求至聖的皇帝更換法律，禁止可鄙的行為。」《倫巴第法》，第二卷，第五十五篇，第三十四章。

【119】此次公會議於西元九六七年舉行，教皇約翰十三世和皇帝奧托一世均出席。

【120】康納德是羅道夫的兒子，奧托二世的舅父，汝拉山外勃艮第王國的國王。

【121】時在九八八年。

【122】羅泰爾一世（Lothaire I），法蘭克皇帝（八四〇—八五五在位）。——譯者

【123】載於《倫巴第法》，第二卷，第五十五篇§三十三。在穆拉托里（Muratori）先生使用的版本中，此項法規被說成是居伊（Guy）皇帝所訂。

【124】見《倫巴第法》，第二卷，第五十五篇§二十三。

【125】見卡希歐多爾魯斯，《東哥特史》，第三卷：第二十三封信和第二十四封信。

【126】不知作者為何人的《寬厚者路易傳》寫道：「巴賽隆納伯爵貝拉被一個名叫蘇尼拉的人指控背叛自己的誓言後來到宮中，貝拉於是依據他們的特殊法律與蘇尼拉進行決鬥，兩人既然都是哥特人，進行一場馬上決鬥就是理所當然的事，結果蘇尼拉敗北。」

【127】見《倫巴第法》，第二卷，第四篇；第九篇§二十三；第二卷，第三十五篇§四—§五；第五十五篇§一—§三。《羅塔利法規》；《路易普朗法規》，第十五節。

【128】《倫巴第法》，第二卷，第五十五篇§二十三。

【129】司法立誓當時在教堂中舉行。墨洛溫王朝時期，王宮裡專設一個小教堂用於處理爭訟。見馬爾庫爾弗，《法規》，第一卷，第三十八章；《里普埃爾法》，第五十九篇§四，第六十五篇§五；圖爾的格雷瓜爾，《法蘭克史》；添加在《薩利克法》中的八〇三年敕令。

【130】《博維西斯習慣法》，第三十九章，第二一二頁。

【131】雙臂交叉法的具體做法是這樣的：控辯雙方面對面地站立在十字架下面，雙臂前伸成十字狀，第一個因支持不住而雙臂下垂者被視為有罪。——譯者

【132】冷水法的具體做法是：控辯雙方被捆住手腳放入冷水中，沉底者被視為有罪。——譯者

【133】這些規定可在《倫巴第法》和《薩利克法》的附錄中找到。

【134】見《倫巴第法》，第二卷，第五十五篇§三十一。

【135】《博維西斯習慣法》，第六十一章，第三〇九頁和第三一〇頁。

【136】胖子路易一一四五年的法規，載於其諭令集。

【137】胖子路易（Louis le Gros），即法國國王路易六世（一一〇八—一一三七）。——譯者

【138】胖子路易一一四五年的法規，載於其諭令集。

【139】胖子路易一一六八年的法規，載於其諭令集。
【140】參閱博馬努瓦，《博維西斯習慣法》，第六十三章，第三二五頁。
【141】參閱《博維西斯習慣法》，第二十八章，第二〇三頁。
【142】維爾馬盧斯（Wilemari），《知識的增加》，第五卷。
【143】《倫巴第法》，第一卷，第六篇§三。
【144】《倫巴第法》，第二卷，第五篇§二十三。
【145】西元八一九年添入《薩利克法》。
【146】博馬努瓦，《博維西斯習慣法》，第六十四章，第三二三頁。
【147】博馬努瓦，《博維西斯習慣法》，第六十四章，第三二九頁。
【148】博馬努瓦，《博維西斯習慣法》，第三章，第二十五頁和第三二九頁。
【149】關於決鬥時所持武器，參見博馬努瓦，《博維西斯習慣法》，第六十一章，第三〇八頁；第六十四章，第三二八頁。
【150】參見博馬努瓦，《博維西斯習慣法》，第六十四章，第三二八頁。又見加朗所說的聖奧班·當茹的條規。
【151】羅馬人從不把棍棒視為侮辱的器械。「關於棍棒的法律。關於被侮辱者。」
【152】他們除了手持的棍棒和盾牌之外，別無他物。博馬努瓦，《博維西斯習慣法》，第六十四章，第三二八頁。
【153】《倫巴第法》，第一卷，第六篇§一。
【154】《倫巴第法》，第一卷，第六篇§二。
【155】《日耳曼尼亞志》，第六章，第六節。
【156】見《薩利克古法》。
【157】《倫巴第法》，第二卷，第五十五篇§十一。
【158】不妨讀一讀中世紀的希臘小說。
【159】成書於西元一二八三年。
【160】博馬努瓦，《博維西斯習慣法》，第六章，第四〇頁和第四十一頁。
【161】博馬努瓦，《博維西斯習慣法》，第六十四章，第三二八頁。

【162】博馬努瓦，《博維西斯習慣法》，第六十四章，第三三〇頁。

【163】博馬努瓦，《博維西斯習慣法》，第六十四章，第三三〇頁。

【164】博馬努瓦，《博維西斯習慣法》，第六十四章，第三三〇頁。

【165】此處指挑戰者放在地上的手套和帽子等物品。——譯者

【166】伯爵（Comte），伯爵的頭銜源自羅馬帝國，是一種官職，而不是爵位。在古代法國，伯爵也是國王選定主持一地軍政的主要官員，基本上從貴族中遴選。本書提及的伯爵，大多不是後來的貴族等級公、侯、伯、子、男意義上的貴族稱謂，而是國王委派的一個地方官員。——譯者

【167】大附庸擁有特權。

【168】博馬努瓦在《博維西斯習慣法》第六十四章第三三〇頁中寫道：「他失去了司法權。」這句話在當時的作者看來沒有普遍意義，而是僅限於該案。見德方丹，《諫言》，第二十一章，第二十九條。

【169】敕令中有這樣的規定。這種做法一直延續到博馬努瓦生活的時代。見《博維西斯習慣法》，第六十一章，第三一五頁。

【170】博馬努瓦，《博維西斯習慣法》，第六十一章，第三三〇頁。

【171】博馬努瓦，《博維西斯習慣法》，第六十一章，第三〇九頁。

【172】博馬努瓦，《博維西斯習慣法》，第六十一章，第三〇八頁；第六十三章，第三三九頁。

【173】博馬努瓦，《博維西斯習慣法》，第六十一章，第三一四頁。又見德方丹，《諫言》，第二十二章，第二十四條。

【174】博馬努瓦，《博維西斯習慣法》，第六十三章，第三二二頁。

【175】博馬努瓦，《博維西斯習慣法》，第六十三章，第三二二頁。

【176】博馬努瓦，《博維西斯習慣法》，第六十三章，第三二三頁。

【177】博馬努瓦，《博維西斯習慣法》，第六十三章，第三二四頁。

【178】博馬努瓦，《博維西斯習慣法》，第六十三章，第三二五頁。

【179】此處指結婚時丈夫指定妻子享有的財產，妻子在丈夫死後方可動用。——譯者

【180】博馬努瓦，《博維西斯習慣法》，第六十三章，第三二五頁。

【181】博馬努瓦，《博維西斯習慣法》，第六十三章，第三二三頁。又見本書第十八章，第二十六節。

[182] 博馬努瓦，《博維西斯習慣法》，第六十三章，第三二一頁。

[183] 德方丹，《諫言》，第二十二章，第七條。

[184] 「他們可以決鬥，也可以作證。」見於一一一八年胖子路易的諭令。

[185] 一一一八年胖子路易的諭令。

[186] 博馬努瓦，《博維西斯習慣法》，第六十三章，第三二五頁。

[187] 博馬努瓦，《博維西斯習慣法》，第三十九章，第二一八頁：「在他們立誓之前，要問明他們提供證據是想要幫助誰，因為只有依據這一點，才有可能以偽證為由取消他作證的資格。」

[188] 博馬努瓦，《博維西斯習慣法》，第六十一章，第三一六頁。

[189] 博馬努瓦，《博維西斯習慣法》，第六章，第三九、四〇頁。

[190] 不過，決鬥倘若是由決鬥人代為進行的，那麼一旦敗北，決鬥人就要被砍掉一隻手。

[191] 《巴伐利亞法》，第十六篇§二。

[192] 《勃艮第法》，第四十五篇。

[193] 《致寬厚者路易的信》。

[194] 《聖阿維特傳》。

（聖阿維特（Saint Avit，卒於五二五），維埃納主教。——譯者）

[195] 「人們到法庭去是回應決鬥挑戰，決鬥既已結束，就沒有理由再提起上訴了。」見博馬努瓦，《博維西斯習慣法》，第二章，第二十二頁。

[196] 博馬努瓦，《博維西斯習慣法》，第六十一章，第三三八頁。

[197] 《條例》，第一卷，第十五章。

[198] 博馬努瓦，《博維西斯習慣法》，第六十一章，第三一〇頁、第三一一頁；第六十七章，第三三七頁。

[199] 博馬努瓦，《博維西斯習慣法》，第六十一章，第三一三頁。

[200] 博馬努瓦，《博維西斯習慣法》，第六十一章，第三一四頁。

[201] 他們都贊成對案件的審理。

[202] 博馬努瓦，《博維西斯習慣法》，第六十一章，第三一四頁。

[203] 德方丹，《諫言》，第二十二章，第一條、第十條。他只說要向每個人支付一筆罰金。

【204】博馬努瓦，《博維西斯習慣法》，第六十一章，第三一四頁。

【205】博馬努瓦，《博維西斯習慣法》，第六十一章，第三十一頁。德方丹，《諫言》，第二十二章，第九條。

【206】德方丹，《諫言》，第二十二章，第九條。

【207】博馬努瓦，《博維西斯習慣法》，第六十一章，第三一六頁。德方丹，《諫言》，第二十二章，第二十一條。

【208】博馬努瓦，《博維西斯習慣法》，第六十一章，第三一三頁。

【209】德方丹，《諫言》，第二十二章，第七條。

【210】參見德方丹，《諫言》，第二十一章，第十一條和第十二條以及下面若干條。這些條文區分兩種情況，其一，事實被證實，上訴人就應被處死；其二，僅為預審案件。

【211】博馬努瓦，《博維西斯習慣法》，第六十二章，第三二二頁。

【212】伯爵並非必須同意將其附庸借出。博馬努瓦，《博維西斯習慣法》，第六十七章，第三三七頁。

【213】「誰也不能在自己的法庭裡審案。」博馬努瓦就是這樣說的。見《博維西斯習慣法》，第六十三章，第三三六頁和第三三七頁。

【214】博馬努瓦，《博維西斯習慣法》，第六十二章，第三二二頁。

【215】德方丹，《諫言》，第二十一章，第二十七條、第二十八條。

【216】至少應有四名法官。參見德方丹，《諫言》，第二十一章，第三十六條。

【217】博馬努瓦，《博維西斯習慣法》，第六十七章，第三三七頁。

【218】「審理既不公亦不妥」。博馬努瓦，《博維西斯習慣法》，第六十七章，第三三七頁。

【219】「出於謀劃或許諾，你作了不公的判決，恰如你的為人一樣。」博馬努瓦，《博維西斯習慣法》，第六十七章，第三三七頁。

【220】博馬努瓦，《博維西斯習慣法》，第六十七章，第三三七頁和第三三八頁。

【221】德方丹，《諫言》，第二十二章，第十四條。

【222】國王菲利普（Philippe III），即菲利普三世，史稱勇夫菲利普，聖路易之子，法國國王（一二七〇—一二八五在位）。——譯者

【223】德方丹，《諫言》，第二十二章，第十四條。

【224】八一二年敕令III第三條，巴魯茲版，第四九七頁；添加在《倫巴第法》中的禿頭查理敕令，見該法第二卷第三條。

【225】百人長（centenier），伯爵屬下的官員，負責一個小鎮的次要案件的審理。——譯者

【226】八一二年敕令第二條，《敕令彙編》，巴魯茲版，第四九七頁。

【227】「會同親信」。寬厚者路易的敕令，巴魯茲版，第六六七頁。

【228】參見添加在《倫巴第法》中的禿頭查理的敕令。見該法第二卷，第五十九篇。

【229】八一二年敕令III第八條。

【230】初審，拉丁文寫作Placitum。

【231】添加在《倫巴第法》中的敕令，見該法第二卷，第五十九篇。

【232】這在法規、敕令和條例中都可見到。

【233】頒布於七五七年。見《敕令彙編》，巴魯茲版，第一八〇頁，第九條和第十條。七五五年韋爾農敕令第二十九條，巴魯茲版，第一七五頁。這兩道敕令均為丕平國王在位時頒布。

【234】頒布於八〇五年的查理曼敕令XI，巴魯茲版，第四二三頁；《羅泰爾法》，見《倫巴第法》，第二卷，第五十二篇，第二十三條。

【235】助理法官是伯爵屬下的官員，拉丁文寫作scabini，即職業法官。

【236】參見《倫巴第法》，第二卷，第五十二篇§二十二。

【237】從菲利普二世執政時期開始就有此類上訴。

【238】博馬努瓦，《博維西斯習慣法》，第六十一章，第三一五頁。

【239】博馬努瓦，《博維西斯習慣法》，第六十二章，第三一五頁。

【240】德方丹，《諫言》，第二十一章，第二十四條。

【241】德方丹，《諫言》，第二十一章，第三十二條。

【242】博馬努瓦，《博維西斯習慣法》，第六十一章，第三一一頁。

【243】德方丹，《諫言》，第二十二章，第二十九條。

【244】路易八世在位期間，領主內勒（Nesle）控告弗蘭德伯爵夫人讓娜（Jeanne, comtesse de Flandre），要她在四十天之內將案件交付審理。後來他又以瀆職為由向國王法庭控告讓娜。她回答說，她將讓她在佛蘭德的

附庸主持審理。國王法庭宣布，案件不會交出，伯爵夫人將會被傳喚。

【245】德方丹，《諫言》，第二十一章，第三十四條。

【246】德方丹，《諫言》，第二十一章，第三十四條。

【247】博馬努瓦，《博維西斯習慣法》，第六十一章，第三一一頁。

【248】博馬努瓦，《博維西斯習慣法》，第六十一章，第三一二頁。不過，指控領主者如果不是領主的附庸或家臣，就只需向他支付罰金六十蘇。

【249】博馬努瓦，《博維西斯習慣法》，第六十一章，第三一八頁。

【250】德方丹，《諫言》，第二十一章，第三十五條。

【251】頒布於一二六〇年。

【252】《條例》第一卷第二章和第七章；第二卷第十章和第十一章。

【253】在《條例》中隨處可以看到。博馬努瓦，《博維西斯習慣法》，第六十一章，第三〇九頁。

【254】即以判案不公為由向上級法庭提出指控。

【255】《條例》，第一卷，第六章；第二卷，第十五章。

【256】《條例》，第二卷，第十五章。

【257】《條例》，第一卷，第七十八章；第二卷，第十五章。

【258】《條例》，第一卷，第七十七章。

【259】《條例》，第二卷，第十五章。

【260】《條例》，第一卷，第七十八章。

【261】《條例》，第二卷，第十五章。

【262】可是，如果有人不想指控裁決不公，卻又想上訴，這種請求不會被接受。《條例》第二卷，第十五章規定：「領主法庭依法有權執行。」

【263】《條例》第一卷，第一、二、三章。

【264】德方丹，《諫言》，第二十二章，第十六條和第十七條。

【265】博馬努瓦，《博維西斯習慣法》，第六十一章，第三〇九頁。

【266】博馬努瓦，《博維西斯習慣法》，第六十一章，第三〇九頁。

【267】《博維西斯習慣法》、《諫言》和《條例》，第二卷，第十、十一、十五章。

【268】參見洛里埃（Laurière）《法令集》中加佩王朝初期的法令，特別是菲利普二世執政時期關於教會司法權的法令、路易八世關於猶太人的法令、勃魯塞爾編輯的法令集，特別是聖路易關於土地租賃和贖回的法令，以及封建女子成年的規定等，參見《法令集》，第二卷，第三章，第三十五頁，《法令集》中菲利普二世的法令，第七頁。

【269】博馬努瓦，《博維西斯習慣法》，第六十三章，第三一七頁；第六十一章，第三一二頁。

【270】參見聖路易，《條例》，第二卷，第十五章；查理七世的一四五三年法令。

【271】德方丹，《諫言》，第二十一章，第二十一條和第二十二條。

【272】《條例》，第一卷，第八十六章。

【273】《諫言》，第二卷，第八條。

【274】德方丹，《諫言》，第二十二章，第七條。迄今對該條與第二十二章，第二十一條的解釋一直不對。德方丹絲毫不曾把領主的判決與騎士的判決對立起來，因為這兩者本來就是同一回事；但是，德方丹指出，普通平民與享有決鬥特權的平民是迥然有別的。

【275】騎士始終享有充當法官的權利。見德方丹，《諫言》，第二十一章，第四十八條。

【276】德方丹，《諫言》，第二十二章，第十四條。

【277】德方丹，《諫言》，第二十一章，第三十三條。

【278】伐魯瓦的菲利普（Phlipe de Valois，一二九四—一三五〇），即菲利普六世（Phlipe VI），法國國王（一三二八—一三五〇），伐魯瓦王朝的第一位國王。——譯者

【279】時在一三三二年。

【280】不妨看看布蒂利耶時代的狀況，他生活在一四〇二年間。參閱《鄉村大全》，第一卷，第一九頁，第二〇頁。

【281】見本書本章第三十節。

【282】博馬努瓦，《博維西斯習慣法》，第六十一章，第三一二頁，第三一八頁。

【283】博馬努瓦，《博維西斯習慣法》，第六十一章，第三一二頁，第三一八頁。

【284】此處指法國國王查理九世一五六四年在魯西永頒布法令的第二十七條。——譯者

[285] 博馬努瓦，《博維西斯習慣法》，第六十一章，第三一二頁，第三一八頁。

[286] 德．拉羅什弗拉萬德．拉羅什弗拉萬（Bernard de la Roche-Flavin，一五三六—一六二四），法國圖盧茲高等法院推事。——譯者

[287] 德．拉羅什弗拉萬，《法國的高等法院》，第一卷，第十六章。

[288] 博馬努瓦，《博維西斯習慣法》，第六十一章，第三一五頁。

[289] 布蒂利耶（Jean Boutillier），法國十四世紀的法學家，著有《鄉村大全》一書。——譯者

[290] 人名叫沙龍達（Charondas，一五三六—一六一七），曾任法國克萊蒙地方官員，一六〇三年整理出版了布蒂利耶的《鄉村大全》一書。——譯者

[291] 如博馬努瓦所說，見博馬努瓦，《博維西斯習慣法》，第三十九章，第二〇九頁。

[292] 所謂記憶，就是由證人證明過去做過的事、說過的話以及法庭下過的命令。

[293] 當時在位主政的是弗朗索瓦一世。——譯者

[294] 博馬努瓦，《博維西斯習慣法》，第三十九章，第二一八頁。

[295] 德方丹，《諫言》，第二十二章，第三條，第八條；博馬努瓦，《博維西斯習慣法》，第三十三章；《條例》，第一卷，第九十章。

[296] 德方丹，《諫言》，第二十二章，第八條。

[297] 布蒂利耶寫道：「如今大家都喜歡向上級法院告狀。」見《鄉村大全》，第一卷，第三篇，第十六頁。

[298] 美男子查理，即查理四世（Charles IV，一二九四—一三二八），法國國王和納瓦爾國王（一三二二—一三二八在位）。——譯者

[299] 時在一三二四年。

[300] 穆拉托里（Muratori，一六七二—一七五〇），義大利米蘭城的一個圖書館管理人員。——譯者

[301] 拉丁文寫作：Advocatus de parte publica。

[302] 亨利一世（Henri Ier，一〇〇八—一〇六〇），法國國王（一〇三一—一〇六〇）。——譯者

[303] 參見這項法令和這條法規，載《義大利的歷史學家》。

[304] 《穆拉托里法規集》，第一〇四頁，關於《查理曼法》第八十八條，見該集第一卷，第二十六篇§七十八。

【305】《穆拉托里法規集》中的另一條法規，見該集第八十七頁。

【306】《穆拉托里法規集》，第一〇四頁。

【307】《穆拉托里法規集》，第九十五頁。

【308】《穆拉托里法規集》，第八十八頁。

【309】《穆拉托里法規集》，第九十九頁。

【310】《穆拉托里法規集》，第一三二頁。

【311】《穆拉托里法規集》，第一三二頁。

【312】《穆拉托里法規集》，第一七三頁。

【313】《穆拉托里法規集》，第一四七頁。

【314】《穆拉托里法規集》，第一四七頁。

【315】《穆拉托里法規集》，第一六八頁。

【316】《穆拉托里法規集》，第一三四頁。

【317】《穆拉托里法規集》，第一〇七頁。

【318】馬略卡（Majorque），地中海上屬於西班牙的最大島嶼。——譯者

【319】參見《聖徒傳》六月，第三卷，第二十六頁。

【320】「為長期協助聖庭而設立的職位，負責對聖庭中的案件進行調查和追究。」

【321】迪康熱（Ducange，一六一〇—一六八八），法蘭西駐亞眠財政官，著有《晚期拉丁語和希臘語詞匯》一書。——譯者

【322】見《條例》，前言。

【323】本書本章第二十九節。

【324】本書本章第二十九節。

【325】他自己在《諫言》的前言中寫道：「在我之前，從未有人做過可用作範例的事。」

【326】舊時歐洲的書名往往很長，有時由好幾個句子組成，故有此說。——譯者

【327】安茹（Anjou），法國西部地區，曾是英國領土。——譯者

【328】《條例》一書的標題和前言極其含混不清。首先是巴黎、奧爾良以及男爵法庭的司法習慣，然後是全國所

有世俗法庭以及國王特別裁判所的司法習慣，最後還有整個王國以及安茹和男爵法庭的司法習慣。

[329] 《條例》，第二卷，第十五章。

[330] 參見迪蒂耶（Dutillet）關於附庸法院的著作，《法國國王高等法院演說集》。又見拉羅什弗拉萬，《法國的高等法院》，第一卷，第三章；比代（Budé），《〈法學階梯〉注釋》以及保爾・埃米爾（Paul Emile），《歷史》。

[331] 其他案件由普通法院審理。

[332] 蒙呂克（Jean de Monluc）編輯的巴黎高等法院審理實錄有多卷，第一卷的第一個字為拉丁文Olim，意為從前。後人即以Olim（奧里姆）稱呼此實錄。——譯者

[333] 參閱埃諾院長的佳作，《新編法蘭西簡史》中關於一三一三年部分。

[334] 博馬努瓦，《博維西斯習慣法》，第十一章，第五十八頁。

[335] 寡婦、十字軍戰士以及擁有教會財產並為這些財產進行訴訟者。博馬努瓦，《博維西斯習慣法》，第十一章，第五十八頁。

[336] 宗教法庭甚至以立誓為藉口爭奪這些案件的審理權，從菲利普二世與教會和男爵們達成的那個著名的協定就可看出；此協議見於洛里埃，《法令集》。

[337] 博馬努瓦，《博維西斯習慣法》，第十一章，第六〇頁。

[338] 參閱布蒂利耶，《鄉村大全》，第九卷：什麼人不能向世俗法庭提起訴訟。博馬努瓦，《博維西斯習慣法》，第十一章，第五十六頁；菲利普二世的法規中與此有關的條款。菲利普二世與教會、國王以及男爵議定的條例。

[339] 拉戈（Ragueau，卒於一六〇五），法國法學教授。——譯者

[340] 在「遺囑執行人」詞條下。

[341] 一四〇九年三月十九日發布。

[342] 據法國學者稱，此說純係傳言；查士丁尼的《法典》其實是在十一世紀重新發現的。——譯者

[343] 義大利遵循查士丁尼《法典》，所以在特魯瓦公會議之後發布的聖諭中，教皇約翰八世談到了這部《法典》，並非因為這部《法典》已為法國人所知，而是因為教皇知道這部《法典》。教皇聖諭則各處都要遵守。

[344] 這位皇帝的法典頒行於西元五三〇年。

[345] 《教皇聖諭》，第五卷，「論特恩」篇。

[346] 據迪蒂耶稱，這是美男子菲利普於一三一二年為奧爾良大學下達的敕令。

[347] 博馬努瓦，《博維西斯習慣法》，第一章中對法官職責的論述。

[348] 在村鎮上，市民由其他市民審理，這與采地上的人彼此互審一樣。參閱拉・托瑪希耶爾，《貝里舊俗》，第十九章。

[349] 所以，所有訴狀都以這樣的語句開篇：「法官老爺，依照您所管轄的司法區的……。」布蒂利耶在《鄉村大全》中記述了這種訴狀。見該書第一卷，第二十一篇。

[350] 這個變化是在不知不覺中發生的。布蒂利耶留下遺囑的那年是一四〇二年，那時還有家臣審案，他在《鄉村大全》第一卷第二十一篇中記述了訴狀的格式：「法官老爺，在這裡為我審案的有高級、中級和低級法官，有法院、法庭、法官以及家臣和執達吏。」不過，只有涉及領主與附庸的封建事務案件時，才由家臣審理。見《鄉村大全》，第一卷，第一篇，第十六頁。

[351] 據布蒂利耶在《鄉村大全》第一卷第十四篇中提到了領主發給法官的文書格式，從這種文書的格式看，法官好像是不審案的。博馬努瓦的《博維西斯習慣法》第一章「法官」也為此提供了證明。法官只掌管審判程序。「法官必須在家臣面前聽取申述，並詢問當事人是否願意法庭依據他們的申述做出判決。如果當事人說：老爺，我願意。法官就應該命令家臣做出判決。」還可參見聖路易的《條例》，第一卷，第五十五章；第二卷，第十五章：「如果法官不願做出判決。」

[352] 博馬努瓦，《博維西斯習慣法》，第六十七章，第三三六頁；第六十一章，第三一五頁，第三一六頁；《條例》，第二卷，第十五章。

[353] 此件係一二八七年頒發。

[354] 「目的是當他們在履行職務中犯有過失時，他們的上級可以處罰他們。」

[355] 參見如何證明年齡和親屬關係。《條例》，第一卷，第七十一章和第七十二章。

[356] 博馬努瓦，《博維西斯習慣法》，前言。

[357] 參閱洛里埃，《法令集》。

[358] 蒂博（Thibaud），即納瓦爾國王蒂博五世（一二三四年即位），他同時也是香檳伯爵。——譯者

【359】查理七世（Charles VII，一四〇三－一四六一），法國國王（一四二二－一四六一在位）。——譯者

【360】貝里和巴黎的習慣法就是這樣編寫的。參閱拉·托瑪希耶爾，《貝里古今地方性習慣法》，第三章。

【361】參閱《英國觀察家報》，第十期。

第二十九章　制定法律的方式

第一節　立法者的精神

寬和適中應該是立法者的精神。我說過這句話，而且我覺得，我之所以要寫這部書，只是爲了證實這句話。道德上的善和政治上的善始終處在兩極之間。下面就是一個實例。

法律手續對於自由而言是不可或缺的。但是，手續可能過於繁雜，以致於損及立法的目標；如果過於繁雜，案子就會一拖再拖，以致於難以審結；財產的所有權就會無法確定；一方的財產就會不加審查便給予另一方，或因一再審查而使控辯兩造雙雙破產。

公民就會喪失自由和安全，原告就會無法證明被告有罪，被告就會無法證明自己清白。

第二節　續前題

塞西里烏斯在奧盧斯·格利烏斯的《阿提卡之夜》中談論十二銅表法允許債權人將無力還債的債務人剁成碎塊時表示，這種凶殘的做法是有道理的，這樣就可以防止債務人超過還債能力進行借貸[1]。這麼說來，最殘忍的法律豈不就是最佳法律？善豈不就是過激？事物的所有關係豈不就會被統統摧毀嗎？

第三節　看似與立法者的意圖相悖的法律其實最與之相符

梭倫的法律宣稱，凡在騷亂中不參與任何一方者均為無恥小人。這項規定聽起來有些怪異，但是應該考慮到當時希臘所處的實際情況。希臘那時分成許多小邦，在一個苦於內亂的共和國裡，有理由擔心那些極端小心謹慎的人將自己隱蔽起來，致使形勢向極端方向發展。

在這些小邦的騷亂中，大多數人都參與了爭鬥或是製造了爭鬥。在大的君主國中，參與騷亂各派的人為數不多，大多數民眾寧可不採取任何行動。在這種情況下，當然應該號召參與騷亂的少數人回到大多數人的行列中來，而不是號召大多數人倒向騷亂參與者。在另一種情況下，則應讓少量明智和清醒的人參與到騷亂行列中去，這樣就能讓一種已經發酵的酒，由於放入了一滴別的酒而停止發酵。

第四節　違背立法者意圖的法律

有一些法律就連立法者也知之甚少，以致於與立法者的初衷背道而馳。有這樣的規定：一份恩地若有兩個人主張，那麼，其中一個死亡後，另一個主張者就可以得到這份恩地。為法國人制定這一規定的人也許想要藉此熄滅爭訟，可是，實際效果卻恰恰相反。我們看到，教會人士相互攻擊，拚命廝打，就像英國犬那樣，不死絕不甘休。

第五節　續前題

下面我要談到的這條法律，就在埃斯基涅斯為我們所保存的誓詞中[2]：「我發誓，絕不摧毀近鄰同盟的任何一座城市，絕不讓它們的河流改道；倘若有誰敢做此類事情，我將向他宣戰，並把他的城市摧毀。」這部法律的最後一條表面上是對第一條的肯定，實際上恰好相反。安菲克提翁[3]要求其近鄰同盟的成員絕對不要摧毀希臘的城市，可是，該同盟的法律卻為摧毀城市大開方便之門。想要在希臘人中間確立一種良好的萬民法，就要讓他們習慣於認為，摧毀一座希臘城市是一樁殘暴的舉動，所以，甚至就連消滅摧毀者也不應該。近鄰同盟的法律是公正的，但並不嚴密，它被濫用就證明了這一點。腓力賦予自己摧毀城市的權力，不就是以這些城市踐踏了希臘人的法律為藉口嗎？近鄰同盟原本可以執行另外一些刑罰，例如，下令將摧毀者所在城市的某些官員或濫施暴行的軍隊首長處以死刑，在一段時間中摧毀他人城市者不得享受希臘人的特權，並應支付罰金，直至被毀的城市恢復原貌。法律尤其應該關注對損失的賠償。

第六節　相似的法律未必就有相同的效果

凱撒下令，個人藏在家中的小銀幣不得多於六十枚[4]。這項法律在羅馬被認作調節債權人和債務人關係的好法律，因為，它一方面強迫富人借錢給窮人，另一方面也使窮人得以滿足富人的要求。在體制[5]時代，法國也有一條相似的法律，效果卻極其可悲，因為制定此項法律時的形勢非常糟糕。不但一切理財手段都被取消，就連把錢財存放在自己家中也不被允許，這簡直就是強取豪奪。凱撒的禁令為的是讓錢財在民眾之間流動，那位法國大臣[6]的禁令卻是為了讓所有的金錢都集中到一個人的手中去。凱撒規定以地產或私人抵押換取金錢，那位法國大臣卻規定用證券換取金錢，而這些證券一文不值，因為這些證券是借助法律的力量強迫民眾購買的，這種性質就決定了它不可能有任何價值。

第七節　續前題，妥善立法的必要性

雅典、阿戈斯和敘拉古[7]都制定了貝殼放逐制[8]。由於考慮不周，這項制度給敘拉古帶來了數不清的惡果。一些重要的公民手拿一片無花果樹葉，相互投票放逐對方[9]，致使具有才幹的人紛紛離職而去。在雅典，由於立法者深諳此項法律的適用範圍及其限度，貝殼放逐制成效良好；那裡被投票放逐的從來只有一個人，而且必須有很多人投票同意方可，所以，除非某人確實不能再留在雅典，否則就很難被放逐。

貝殼放逐每年舉行一次，實際上，自從這項制度只能針對令其同胞膽戰心驚的某個大人物之後，貝殼放逐就遠非日常事務了。

第八節　相似的法律未必出自相同的動機

法國人接受了羅馬法中大部分關於替代繼承的法規，可是，採用替代繼承的動機卻與羅馬人迥然不同。羅馬人在繼承遺產時，要依據祭司法的規定交若干供獻[10]。因此，羅馬人認爲死而無人繼承有辱臉面，於是就把奴隸當作繼承人，並且創立了替代繼承制度。最先創立的普通替代繼承制就是一個有力證明，這種繼承制只有在法定繼承人不願意接受遺產時方可使用，其目的不是讓遺產永遠留在同一個家族中，而是找到一個能夠繼承遺產的人。

第九節　希臘法和羅馬法都懲罰自殺，但動機不同

柏拉圖說[11]，一個人倘若並不是奉官員之命，也不是爲了免受恥辱，而是出於懦弱而殺死與他聯繫最

緊密的那個人，也就是他自己，那他就要受到懲罰。羅馬法懲治自殺行爲，但是，它所懲治的是因犯罪而絕望所誘發的自殺行爲，而不是因懦弱、厭世或不堪忍受痛苦而導致的自殺行爲。羅馬法免予懲治的自殺行爲，恰是希臘法律所懲治的，而羅馬法所懲治的，恰恰又是希臘法律所不予懲治的。

柏拉圖的法律是依據斯巴達的法制制定的，在這個法制體系中，官員的命令絕對沒有通融餘地，恥辱是最大不幸，懦弱是最大罪行。羅馬法把所有這些美好的理念統統拋棄，它只是一種財政法律。

共和時期的羅馬根本沒有懲治自殺行爲的法律。在歷史學家的著述中，自殺行爲始終得到善待，從來沒有關於自殺者受到懲處的記述。

最初幾位皇帝時期，羅馬的幾個大家族不斷因獲罪而滅門。以自殺來防止因犯罪而被判刑的習慣逐漸形成，因爲有人從中發現了巨大好處，那就是可以得到體面的安葬，遺囑也可以得到執行[12]。之所以出現這種情況，原因在於此時羅馬沒有懲治自殺的法律。不過，當皇帝們不但凶殘而且貪得無厭時，就不再把爲自己保留財產的手段留給他們想要剪除的那些人，他們宣布，出於對罪行的悔恨而剝奪自己的生命，也是犯罪。

關於皇帝們的動機，我所說絕對不錯，因爲他們做出規定，自殺者生前所犯罪行如果不應被處沒收財產，自殺而死後可保留其財產[13]。

第十節　看似相反的法律可能源自同一精神

如今爲了傳喚一個人，可以到他的家裡去，當年羅馬人卻不能這樣做[14]。傳審是一項暴烈的行動[15]，是對人身的一種強制行爲[16]。當年不許入戶傳喚當事人受審，猶如今天對一個僅因民事債務而被判罪的人，不能實施人身強制一樣。

羅馬法[17]和我們的法律都採用如下原則：家是每個公民的庇護所，在家中不受暴力侵犯。

第十一節　兩種不同的法律如何進行比較

作僞證在法國要處死刑，在英國則不處死刑。若要評論孰佳孰劣，還得知道，法國對疑犯要進行刑訊，英國則不進行刑訊；還有，在法國，被告不得提請證人，法庭極少允許被告陳述帶有辯白性質的事實；英國則聽取控辯雙方的證言。法國的這三項法律組成爲一個環環相扣的體系，英國的這三項法律同樣組成一個環環相扣的體系。英國法律由於不准對罪犯進行刑訊，因而很難指望被告會對自己的罪行懺悔，所以必須從各個方面收集外來的證據，但又不敢以死刑脅迫證人。法國的法律由於多了一個手段，所以不怎麼顧忌對證人進行恐嚇，相反，進行恐嚇是有道理的。法國法律只聽取一方的證言[18]，那就是公訴人的證言，被告的命運就系於公訴人的唯一證言。可是在英國，法庭聽取雙方的證言，案子在某種程度上可以由雙方展開爭論。因此，僞證的危害就比較小，而且被告擁有反駁僞證的機會，不像法國那樣根本不給被告這個機會。所以，要想判明這兩種法律孰優孰劣，哪一種比較符合理性，不能僅僅兩相對比，而要通盤考慮，通盤比較。

第十二節　看似相同的法律有時其實不同

希臘和羅馬的法律對窩贓者的處置與偷竊者相同[19]，法國的法律與此相同。希臘和羅馬的法律在這一點上是正確的，法國的法律則不然。在希臘和羅馬，對偷竊者的處罰是罰金，所以窩贓者理應受到同樣的處罰，因爲，任何人無論以何種方式使他人遭受損失，都應給予補償。可是，法國的法律對偷竊者處以死刑，所以不應該對窩贓者處以同樣的刑罰，否則就失之過重了。窩贓者往往出於無心，而偷竊者永遠是明知故犯。窩贓者只是妨礙對犯罪行爲提供證明，偷竊者則是犯罪。前者在其所做的一切中都處於被動，後者所採取的都是主動行爲。偷竊者需要克服更多的障礙，在更長的時間裡咬緊牙關對抗法律。

法學家走得更遠，他們認爲，窩贓者比偷竊者更可惡[20]，在他們看來，如果沒有窩贓者，偷竊不可能長久不爲人知。如果懲罰僅僅只是處以罰金，他們的主張也許是對的，這涉及損害賠償問題，而窩贓者通常更具備賠償能力。但是，處罰如果是死刑，那就得依照其他原則決定刑罰了。

第十三節　不應將法律與其立法目的分開，羅馬法對偷竊的處置

偷竊者來不及藏匿贓物時就被人贓俱獲，羅馬人稱之爲現行偷竊，事後被發現的偷竊則被稱之爲非現行偷竊。

十二銅表法規定，對已成年的現行偷竊犯處以杖笞，並降爲奴隸，對未成年者僅處以杖笞；對非現行偷竊犯處以相當於被偷物品價值兩倍的罰金。

鮑爾希安法對公民廢除了杖笞和降爲奴隸的懲罰，對現行偷竊犯處以相當於被偷物品價值四倍的罰金，對非現行偷竊犯的懲處依然是相當於被偷物品價值兩倍的罰金。

這些法律將這兩種偷竊定爲不同性質，處以不同刑罰，不免令人不解。偷竊犯是否當場被捉，實際上只是一個具體情節而已，絲毫不能改變偷竊的性質。我很懷疑，羅馬法處置偷竊罪的全部理論很可能來自

斯巴達人的法制。來古格士爲了培養公民的機智、心計和靈巧，要求對兒童進行小偷小摸的訓練，並且狠命鞭打當場被抓的小孩。這就是希臘人和羅馬人區分現行偷竊和非現行偷竊的由來[21]。

羅馬人把犯偷竊罪的奴隸推下塔佩亞懸崖[22]。在這一點上，羅馬人的做法並未將斯巴達人的法制作爲依據，來古格士的法律關於偷竊的規定根本不是爲奴隸制定的。在這一點上背離斯巴達人的做法，其實正是追隨斯巴達人的法制精神。

在羅馬，一個未成年的小偷被抓後，裁判官就叫人對他隨意杖笞，這與斯巴達人的做法無異。所有這些做法由來已久。斯巴達人採用的是克里特人的習俗。柏拉圖認爲，克里特人的法制是爲戰爭而制定的，爲此他援引下面這一條爲證：「能夠忍受私人格鬥中的痛苦，也就能夠忍受暗中進行偷竊的痛苦。」

公民法依附於政治法，因爲公民法總是爲社會制定的。所以，要想把一個國家的公民法移植到另一個國家去，最好事先考察一下，看看這兩個國家的法制和政治法是否相同。

克里特人關於偷竊罪的法律移植到斯巴達人那裡時，由於這項法律是連同政治體制和法制一起移植過去的，所以它適合於斯巴達人就像此前適合於克里特人一樣。可是，由於羅馬的法制與斯巴達不同，這項法律從斯巴達移植到羅馬後總是格格不入，與羅馬人的其他公民法規章毫無關聯。

第十四節　不應將法律與其制定時的情況分開

雅典有一條法律規定，雅典城一旦被圍困，就應將所有無用的人處死[23]。這是一條卑劣的政治法，它來自同樣卑劣的那條萬民法。在希臘，一座城市一旦被攻占，該城居民就失去公民自由，被作爲奴隸出售。被攻占的城市就被澈底摧毀，這就是頑強抵抗和喪失人性之舉的緣由，不但如此，這也是有時制定此類殘暴法律的緣由。

羅馬法規定[24]，醫生可因疏忽或不能勝任而被處以刑罰；地位較高的醫生可處流放，地位較低的醫生可處死刑。法國的法律與此不同，因爲羅馬法與法國的法律不是在相同的情況下制定的。在羅馬，無論誰想當醫生都可以濫竽充數，在我們這裡，任何人都必須經過學習，並且取得資格方可行醫，所以，大家都認爲醫生是精通醫術的人。

第十五節　法律有時應當自行修正

十二銅表法規定，可以殺死夜間行竊的盜賊[25]，白晝行竊的盜賊被發現後如果進行抵抗，也准許將他殺死。但是，該法還規定，殺死盜賊的人必須高聲大叫並且向公民呼喊[26]。那些准許公民自行執法的法律，應該始終堅持此項要求。因爲，呼叫可以證明殺死盜賊者並未犯罪，可以在他採取行動時引來證人，招來法官。必須讓民眾了解情況，而且應該讓他們了解殺賊時的具體情況，因爲此時的一切，諸如神態、面容、激情、緘默或是每一句話，統統都會說話，都能證明殺賊者有罪或無罪。這樣一條可能危害公民安全和自由的法律，理應當著公眾的面執行。

第十六節　制定法律時的注意事項

凡是具有足夠的才能爲本國或他國制定法律的人，都應該對制定法律的方式給予一定程度的關注。法律的文風應該簡約。十二銅表法是一個少而精的典範，小孩子都能記熟背誦[27]。查士丁尼的《新法集》冗長無當，以致於不得不加以刪節[28]。

法律的文風應該樸實，平鋪直敘永遠要比拐彎抹角好。東羅馬帝國的法律裡沒有至尊的皇帝，出現在那裡的君王們說起話來也像是修辭學家。當法律的文風變得臃腫時，人們就只把它看作是一部浮誇的著作。

法律的用詞要做到讓所有的人都理解爲相同的概念。樞機主教黎胥留主張，可以在國王面前指控大臣[29]，但是，指證的事實如果不重大，此人就要受到懲處。這就必然妨礙所有的人說出任何對他不利的實情，因爲，重大不重大完全是相對而言的，某甲認爲重大的事，在某乙看來完全可能並不重大。

依據霍諾里烏斯法的規定，將釋放奴買爲農奴或使之焦慮不安的人應被處以死刑[30]。不應該使用使之焦慮不安這種類含混不清的字眼，因爲是否使人焦慮不安完全取決於這個人的感受程度。

法律需要確定某個額度時，應該儘量避免用金錢作標識，因爲貨幣的價值可因千萬種原因發生變化，同等數額的貨幣可能早已不是原來的實際價值了。我們都知道羅馬那個魯莽漢子的故事[31]，他見誰打誰耳光，然後依據十二銅表法讓人送去二十五蘇了事。

當事物的概念在法律中已經闡釋清楚後，就不應再使用模糊不清的詞語。路易十四的一項刑事法令[32]一一列舉了各種應由國王審理的案件後，又加了這幾個字：「以及所有向來由國王的法官審理的案件」，這樣一來，剛剛走出專斷，馬上又回去了。

查理七世說[33]，聽說在習慣法地區，有的控辯雙方違背王國習慣法，在判決下達後的三、四或六個月後才提起上訴，他於是下令規定，除非由於檢察官舞弊或欺詐[34]，或確有重大和明顯的原因，當事人可以在超過上訴期限之後提起上訴，否則必須立即上訴。這項法令的這個結尾否定了開頭的規定，而且否定的如此澈底，以致於後來有人在三十年後才提起上訴[35]。

倫巴第法規定，並未發誓入教卻身著教服的婦女不得結婚[36]，該法寫道：「一個男子倘若只用一個戒指就可以娶一個老婆，那就不可能再娶一個老婆而不犯法，更不用說上帝之妻或聖母了……」我想說的是，在法律中講道理，應該從眞實到眞實，而不應該從眞實到虛構，或是從虛構到眞實。

君士坦丁的一項法律規定，只需主教一人的證言，無須聽取其他人的證言[37]。這位君主想抄近道，審理案件只看人，看人又只看身分高低。

法律不能讓人難以捉摸，而應該能爲普通人所理解。法律不是高深的邏輯藝術，而是一位家長的簡單道理。

在一部法律中，例外、限制和修改如果都不是非有不可，那就最好統統不要。有了這一些，就會有另一些。

沒有充足的理由就不要對法律進行更改。查士丁尼曾規定，男子訂婚後如果在兩年內不能完婚，女子可以退婚而不失去其妝奩[38]。後來他對這項法律作了更動，允許貧窮的男子把兩年延長爲三年[39]。可是，就這種事例而言，兩年與三年沒有什麼不同，三年不見得就比兩年好多少。

如果想要證明一部法律確有道理，那就要讓道理配得上這部法律。羅馬的一部法律規定，盲人不得辯訴，因爲他看不見法官的服飾[40]。提出這樣一個不像樣子的理由，顯然出於故意，因爲站得住腳的理由其實多得很。

法學家保盧斯說，七個月時出生的嬰兒已經發育完全，畢達哥拉斯的數率似乎可以爲此提供證明[41]。這就很奇怪了，怎麼要靠畢達哥拉斯的數率來判案呢。

有些法國法學家說，國王得到一個地區後，該地的教會就被置於國王的特權之下，由國王任命該地的神職人員，理由就是王冠是圓形的。我不想在這裡討論國王的權利，也不討論在這種情況下，公民法或教會法的理由是否應該讓位於政治法的理由。我只是想說，如此可敬的權利應該以嚴肅的準則來捍衛。一種身分所帶來的眞實權利的基礎，竟然是表示這種身分的標誌物的形狀，此事誰見過？

達維拉[42]說，查理九世在剛滿十四歲時就被盧昂高等法院宣布爲成年，那時的法律規定，凡涉及未成年人財產權的收回和管理，要一天不差地計算實足年齡，而當涉及尊號授受時，過了生日就算長了一整歲[43]。我無意對這條至今並未產生任何流弊的規定說三道四，而只是想說，這位濟貧署署長所說的道理不對，國王要治理萬民，豈止是一個尊號問題。

在推斷方面，法律勝過人。法國的法律[44]認爲，商人破產前十天中的活動都帶有欺騙性，這就是法律的推斷。羅馬法規定，發現妻子的姦情而不休妻的男子，除非出於對打贏官司缺乏信心，或是不大在乎自己是否丟臉，否則就要受到處罰。這就是人的推斷。法官需要推斷丈夫的行爲動機，並且依據一種模糊不清的思維方式做出決斷。法官判案的依據如果是推斷，判決就具有隨意性，如果依據法律進行推斷，法律就會給予法官一種恆定的規則。

我說過，柏拉圖的法律懲處那些由於懦弱而並非爲逃避恥辱而自殺的人[45]。這是一項很糟糕的法律，因爲，依照這項法律，萬一無法從罪犯嘴裡掏出他自殺的動機時，法官就得自行推斷自殺者的動機。可以逃避的法律削弱了立法，猶如沒有實效的法律削弱了必不可少的法律一樣。每一項法律都應該有效，不能允許因特殊條款而拒不執行。

羅馬人的法西迪安法規定，遺產繼承人永遠可以獲得遺產的四分之一。另一項法律[46]則規定，立遺囑人可以禁止繼承人獲得這份四分之一遺產。這簡直就是拿法律開玩笑，這樣一來，法西迪安法就變爲無效了，因爲，立遺囑者如果想讓繼承人獲得遺產的話，繼承人無須借助法西迪安法的力量，立遺囑人如果不想讓繼承人獲得遺產的話，他可以禁止繼承人援引法西迪安法。

制定法律時應該切實注意，防止法律違背事物的性質。奧蘭治[47]親王被流放時，腓力二世發出懸賞，答應給予殺死奧蘭治親王的人或他的繼承人兩萬五千埃居和爵位。這種話居然出自國王之口，而且以上帝的僕人的名義，爵位竟然可以許諾給這種行爲，而這種行爲竟然是以上帝僕人的身分發出的懸賞！所有這一切把榮譽觀念澈底傾覆，把道德觀念和宗教觀念也統統澈底傾覆。以空想的至善爲藉口，對一件並不壞的事加以禁止，這種必要性十分罕見。

法律在一定程度上應該是直率的。爲懲治人的邪惡而制定的法律，本身就應潔白無瑕。西哥特法有一條荒謬的規定[48]，它強迫猶太人食用所有與豬肉一起烹煮的食物，但可以不吃豬肉。這是一種極端殘暴的規定，因爲它把猶太人置於不得不違反他們自己法律的境地，而他們的法律已經所剩無幾，除了從不吃豬肉這一點可以辨認出他們是猶太人之外，再也沒有別的什麼標誌了。

第十七節　制定法律的不良方式

與我們的君主一樣，羅馬皇帝也通過諭旨和敕令發布他們的旨意。不過，羅馬皇帝和我們的君主也有不同，他們允許法官和個人就他們的爭執向皇帝呈送陳述書，皇帝的批覆則叫作敕覆。教皇的敕諭其實就是敕覆。我們知道，這是一種不良的立法方式，要求通過這種方式立法的人，是立法者的不良引導人。尤里烏斯．卡皮多利努斯說[49]，圖拉眞經常拒不簽發此類敕覆，爲的是不讓一個往往只是一種屬於特殊恩惠的決定，普遍使用到所有案件中去。馬克里努斯[50]決定取消所有敕覆[51]；在他看來，把康茂德和卡拉卡拉以及另外那些笨拙無能的皇帝的敕覆視爲法律，這是不能容忍的。查士丁尼卻不這樣認爲，他把這些敕覆統統編入了他的法律彙編。

我提請閱讀羅馬法的讀者注意，把那些假設性的東西與下列這些法律區分開來：元老院法令，平民會議決議，皇帝們的總體法制，以及一切基於事物的性質、婦女的脆弱性、未成年人的弱點和公共利益而制定的法律。

第十八節　整齊劃一的觀念

大人物有時會沾染某些整齊劃一的觀念（查理曼也未能倖免），而小人物則不可避免地會沾染這種觀念。他們在統一中找到了他們所了解的那種完善，因爲他們不可能不發現這種完善。行政管理和商貿中使用統一的度量衡，全國使用統一的法律，所有地方都尊奉統一的宗教。可是，這些整齊劃一的東西就那麼恰當，永遠沒有任何例外嗎？變革比忍受的痛苦更大嗎？偉大的天才難道就不知道，什麼時候應該整齊劃一，什麼時候應該有所區別嗎？在中國，中國人守中國人的禮儀，韃靼人守韃靼人的禮儀[52]；儘管如此，中國在以太平爲目標這一點上，卻是世界上無人能與之比肩的。只要民眾都遵法守法，至於是哪種法律又有多大關係呢？

第十九節　立法者

亞里斯多德時而想要滿足他對柏拉圖的妒忌，時而想要滿足他對亞歷山大的熱情。柏拉圖爲雅典人民的暴戾而義憤塡膺。馬基維利滿腦子是他的偶像瓦倫迪諾瓦公爵[53]。湯瑪斯．莫爾的著述大多是他閱讀所得，而不是他所想，他想讓世界各國都按照希臘城邦的簡單方式來進行治理[54]。哈林頓眼裡只有英格蘭共和國，而在一大群作者看來，凡是沒有國王的地方都亂得不可開交。法律總要遭遇立法者的激情和偏見，有時與之擦肩而過，只是染上一點淡淡的色彩，有時則停下腳步，與之融為一體。

本章注釋

【1】塞西里烏斯說，他從未看到或讀到這項懲罰曾付諸實施；很可能根本就沒有這種規定。有些法學家認為，關於《十二銅表法》只允許分割出售債務人所得款項的說法比較可信。

【2】埃斯基涅斯，《偽使節》，一一五。

【3】安菲克提翁（Amphictyon），近鄰同盟的倡議和創立者。——譯者

【4】狄奧，《羅馬史》，第四十一卷。

【5】此處指約翰．羅的金融體制。參閱本書第二十二章第六節譯注。——譯者

【6】約翰．羅曾被任命為法國的財政總監，所以孟德斯鳩稱他為大臣。——譯者

【7】阿戈斯（Argos），古希臘的一個城邦。敘拉古，見本書第八章第四節譯注。——譯者

【8】亞里斯多德，《政治學》，第五卷第八章。關於「貝殼放逐制」，參見本書第十二章第十九節譯注。——譯者

【9】普魯塔克，《狄奧尼修斯傳》。

〔有法國學者指出，普魯塔克並未論及貝殼放逐制，孟德斯鳩可能把此書與狄奧多羅斯的《世界文庫》相混了。——譯者〕

【10】遺產如果伴有過於沉重的債務，遺產繼承人就會設法通過出售部分遺產來逃避應該給予教會的供獻。這就是拉丁文中「無供獻遺產」一詞的由來。

【11】柏拉圖，《法篇》，第九卷。

【12】「自殺而死者的遺體應妥善安葬，遺囑應得到尊重，以此作為對其速死之回應。」見塔西佗，《編年史》，第六卷。

【13】安東尼皇帝「關於生前未判決的自殺者的財產」。

【14】《法律》，第十八卷：「關於傳喚。」

【15】參見《十二銅表法》。

【16】賀拉斯，《諷刺詩》，第九行：「他把對手拖上法庭。」正因為如此，應該受到尊敬的人不應被傳審。

【17】《法律》，第十八卷：「關於傳審。」

[18] 法國的古法規定，證人的證言由雙方聽取。所以聖路易的《條例》第一卷，第七章規定，對偽證的懲處是罰金。

[19] 《法律》，第一卷：「關於窩贓者。」

[20] 《法律》，第一卷：「關於窩贓者。」

[21] 對比普魯塔克在《來古格士傳》中所說與《法學階梯》中「盜竊」篇以及《學說匯纂》，第四卷，第一篇§一、二、三。

[22] 塔佩亞懸崖位於朱庇特神廟所在的羅馬卡皮托里山西南端，古羅馬人常在這裡將死刑犯推下懸崖。——譯者

[23] 「因年齡而無用的人應該處死。」見克里亞諾斯，《埃爾莫根尼斯》。

[24] 柯里尼法「謀殺犯」，《學說匯纂》，第四卷，第三題；《阿契利亞法》。

[25] 《法律》，第四卷：「關於阿吉利安法」。

[26] 《法律》，第四卷：「關於阿吉利安法」。又見添加在《巴伐利亞法》中的塔西里昂法令：「本地居民法。」

[27] 「就像必須會唱的歌一樣。」西塞羅，《法律》，第二卷。

[28] 此項刪節工作是由伊內留烏斯完成的。

[29] 黎胥留，《政治遺囑》。一六九九年版，第一卷，第八章，第六段，第二五七頁。

[30] 「或企圖騷擾被以某種方式釋放的奴隸。」見於西蒙神父（le P. Simond）引用的迪奧多西法典的附錄，載《高盧古代教規》，第七三七頁。

[31] 奧盧斯・格利烏斯，《阿提卡之夜》，第二十卷，第一章。

[32] 該法令前面寫明了頒布此法令的動機。

[33] 見於一四五三年由他發布的蒙戴爾萊圖爾法令。

[34] 可以在不影響公共秩序的前提下懲辦檢察官。

[35] 一六六七年法令對此有所規定。

[36] 《倫巴第法》，第二卷，第三十七篇。

[37] 見於西蒙神父引用的迪奧多西法典第一卷的附錄。

[38]《法律》，第一卷：法典「關於休婚」。

[39]《新法集》，但是今天篇；《法典》：「解除婚約」。

[40]《法律》，第一卷：「控告」。

[41]保盧斯，《判例》，第四卷，第九篇。

[42]達維拉（Davila, Enrico-Caterino，一五七六—一六三一），出生於義大利的歷史學家，曾在法國做官。——譯者

[43]達維拉，《法蘭西內戰》，第九十六頁。

[44]指一七〇二年十一月八日頒布的法律。

[45]柏拉圖，《法篇》，第九卷。

[46]《新法集》，「但是立遺囑人」。

[47]奧蘭治親王（Prince Orange，一五三三—一五八四），即威廉一世，荷蘭共和國的締造者。——譯者

[48]《西哥特法》，第十二章，第十六節。

[49]見尤里烏斯·卡皮多利努斯，《馬克里努斯》。

[50]馬克里努斯（Macrin，一六四—二一八），羅馬皇帝（二一七—二一八在位）。——譯者

[51]見尤里烏斯·卡皮多利努斯，《馬克里努斯》。

[52]此處孟德斯鳩所說的中國人和韃靼人應理解為漢人和滿人。——譯者

[53]瓦倫迪諾瓦公爵（Valentinois le Duc），原名塞薩爾·博爾吉亞（César Borgia），法國國王路易十二以為他有能力統一義大利，遂於一四九八年冊封他為公爵。——譯者

[54]參見他的著作《烏托邦》。

第三十章　法蘭克人的封建法理論與建立君主政體的關係

第一節　封建法

有一件事世界上曾發生過，以後肯定不會再發生。我相信，我若避而不談此事，就會在本書中留下一個缺陷。這就是那些曾經一度出現在整個歐洲的法律，它們與此前人們所知道的那些法律並無聯繫，它們成就了無數好事和壞事，幫助出讓領地的人保留了權利，在相同的東西和相同的人之上設立了領主權利，把這些權利交給若干人，從而削減了整個領主權利的分量；它們在疆域過於廣闊的帝國中設置界限，制定帶有某種無序傾向的規則，而這種無序狀況具有一種傾向秩序和和諧的趨勢。

若要一一談論這些法律，就得另外再寫一部書。鑒於本書的性質，讀者在本書中看到的這些法律，將是我所觀察的，而不是我所論述的。

封建法律猶如一幅美麗的畫卷。一顆古老的橡樹高高聳立[1]，遠遠望去，枝繁葉茂，走近觀察，樹幹一株，樹根卻不見蹤影，只有挖開地面才能找到樹根。

第二節　封建法的根源

征服羅馬帝國的民族出自日耳曼尼亞。描述這些民族的習俗的著作雖然不多，我們倒是有兩部，而且分量相當重。凱撒在與日耳曼人作戰時記述了日耳曼人的習俗[2]，他的一些策略就是依據日耳曼人的習俗制定的[3]。凱撒在這方面的幾頁書等於好幾卷。

塔西佗寫了一部關於日耳曼人習俗的專著，這部書篇幅很小，可是，這是塔西佗的著作，他把一切都寫得很精練，因爲他親眼看到了一切。

凱撒和塔西佗與我們所掌握的蠻族法典極其吻合，在他們的著作中處處可以看到這些法典，在這些法典中處處可以看到他們兩人的影子。

在封建法研究中，儘管我仿佛置身於幽暗的迷宮中，到處都是岔路和曲徑，但我卻堅信，線頭攥在我的手中，我一定可以走到頭。

第三節　附庸制的起源

凱撒說：「日耳曼人對農業不怎麼熱心，他們的食物絕大部分是牛奶、乳酪和肉類，也沒有私人擁有的數量明確、疆界分明的土地。官員和首領們每年把他們認爲大小適當、地點合宜的田地，分配給集聚在一起的氏族和親屬，一年之後，又強迫他們遷到別處去[4]。」塔西佗說[5]，「每個君主都有一群人擁戴並跟隨。」塔西佗用他自己的語言稱這些日耳曼人爲侍從[6]，這個稱呼當然與他們的狀況不無關係。這些日耳曼人爭強好勝，人人都想獲得君主的青睞，各個君主之間也互爭高下[7]，看誰的侍從多且勇。塔西佗說：「身邊圍著一群挑選出來的年輕人，這意味著地位和實力，平時是排場，戰時是堡壘。誰在侍從的數量和勇氣上超過他人，誰就在本族和近鄰中聲望卓著；於是就有人前來送禮，各地的使節也紛至遝來。名聲往往決定著戰爭的結局。在戰鬥中，君主的勇氣倘若不如人，那就是恥辱，官兵的品德若是不能與君主媲美，同樣也是恥辱，君主戰死而官兵依然苟活著，那就是永世無法清洗的奇恥大辱。神聖的承諾就是保衛君主。自己的城邦若無戰事，君主就到正在打仗的城邦去，以此保持與許多朋友的關係。這些朋友從他們那裡得到戰馬和長矛，豐盛而並不美味的飯食便是對他們的一種回報。君主們的慷慨大方全仗著打仗和劫掠才得以維持。要勸說他們耕種土地以期豐收，遠比勸說他們挑戰敵人血濺沙場難得多。凡是能夠以鮮血換取的東西，他們絕不會以汗水去換取。」

所以，日耳曼人只有附庸而沒有采地。君主根本沒有土地，所以也就無所謂采地，或者說，采地就是戰馬、武器和飯食。之所以說有附庸，是因為有忠心耿耿的下屬，這些下屬曾立誓效忠，有義務作戰，他們所承擔的義務與後來為采地承擔的義務相差無幾。

第四節　續前題

凱撒說[8]：「當任何一個領袖在公眾會議上宣布他願意做首領，讓願意跟隨他去的人趕快表態時，那些贊成這件壯舉或對他表示欽佩的人，都站起來表示願意效力，這位領袖於是就博得了群眾的讚揚。但是，他如果不履行自己的承諾，就會失去公眾的信任，被人看作逃兵和叛徒。」

凱撒在這裡所說的以及我在上一節中引述塔西佗的話後所作的論述，便是墨洛溫王朝的歷史淵源。

每次征戰之前，國王們都要重組軍隊，勸降另一些部隊並招募新兵；為了多多攫取，就要多多散財，他們不斷地通過瓜分獲得許多土地和戰利品，又不斷地把這些土地和戰利品分發掉，他們的領地不斷擴大，又不斷地縮小；父親把一個王國贈與兒子時，總要搭上一些財寶[9]；國王的財寶被認為是一個君主國所不可或缺的東西，即使為了給女兒做嫁妝，也必須徵得其他國王同意，否則便不能因嫁女而把財寶分給外邦人[10]。聽到上述這些敘述，我們絲毫也不應吃驚。君主政體的運轉依靠發條，需要不時上緊方可。

第五節　被法蘭克人征服的地區

有人說，法蘭克人進入高盧之後，占據了所有土地並使之成為采地。這個說法與事實不符。一些人之所以這樣想，是因為他們看到，在加洛林王朝末期，幾乎所有的土地都變成了采地、次采地、采地或次采地的附屬地。可是，這是由於一些特殊原因而形成的，下面將要予以說明。

有人試圖由此推斷，蠻族制定了普遍適用的法規，以便到處建立耕作種奴隸制；這種推斷就像它的原則一樣，都不正確。如果在一段時間中，采地都是可以回收的，那麼，王國境內的所有土地，不是采地就是采地的附屬地，所有人就都是附庸和附屬於附庸的農奴；由於擁有財富就擁有權力，所以，持續不斷地支配著他的唯一財產即采地的國王，也就擁有土耳其的蘇丹那種獨斷專行的權力。若是果真如此，歷史就被整個顛倒了。

第六節　哥特人、勃艮第人和法蘭克人

高盧被日耳曼人侵占。西哥特人占據了納波奈茲和幾乎整個法國南部。勃艮第人定居在東部，法蘭克人把其餘地方幾乎全都征服了。

蠻族在他們征服的地區內保留了他們原住地的風俗、喜好和習慣；這一點無需懷疑，因為，任何一個民族都不可能在短時間內改變思想方式和行動方式。這些日耳曼人不大務農，從塔西佗和凱撒的記述來看，他們主要依靠畜牧為生。所以，蠻族的法律大多與畜群有關。撰寫了法蘭克人史的羅里孔[11]就是一個牧人。

第七節　分割土地的不同方式

哥特人和勃艮第人以種種藉口侵入羅馬帝國，羅馬人爲了遏制他們的劫掠和破壞，不得不設法爲他們提供生活來源。起初給他們小麥[12]，後來覺得分給他們土地更好。正如我們在[13]和勃艮第人[14]的紀年史和法典中所看到的那樣，羅馬皇帝和代表羅馬皇帝的官員，就分地問題與西哥特人和勃艮第人達成了一些協定[15]。

法蘭克人的做法不同。薩利克法和里普埃爾法中找不到任何有關分地的蹤跡。他們征服一些地方，拿走他們所要的東西，如此而已，他們只在自己人中間制定規矩。

因此，要把高盧的勃艮第人和西哥特人，西班牙的西哥特人，奧古斯圖魯斯[16]和奧多亞克[17]麾下駐在義大利的僱傭兵[18]的做法，與高盧的法蘭克人和非洲的汪達爾人[19]的做法[20]區分開來。前一種做法是與原居民達成的協議，因而也就是與他們分地的約定，後一種做法則與分地毫無關係。

第八節　續前題

有人說，蠻族奪取了羅馬人的大量土地。之所以有這種說法，是因爲在西哥特人和勃艮第人的法律裡發現，這兩個民族占有三分之二的土地。可是實際上，只有在指定給他們的地區裡，他們才占有三分之二的土地。

貢德鮑在勃艮第法裡說，勃艮第人在定居區裡占有三分之二的土地[21]；勃艮第法的第二補編說，以後來到此地的人只能得到一半土地[22]，並非一開頭就把所有土地都分給羅馬人和勃艮第人了。

這兩部法規使用了同樣的表述，所以可以彼此印證。既然不能把勃艮第法所說的分地理解爲把所有土地全都分掉，當然同樣也不能對西哥特法作這樣的理解。

西哥特人與勃艮第人一樣，行事比較講究節制，他們並未在所有被他們征服的地方剝奪羅馬人的土地。他們拿這許多土地做什麼？他們拿走了對他們合適的土地，把其他土地都留下了。

第九節　勃艮第人和西哥特人的法律在分地方面的正確實施

不應把分地看做出於暴戾精神的一種舉措，而應看作為滿足居住在同一地區的兩個民族的相互需要而採取的舉措。

勃艮第法規定，每個勃艮第人都應被羅馬人作為客人接待。這與日耳曼人的習俗相符。據塔西佗說[23]，日耳曼人是世界上最好客的民族。

法律規定，勃艮第人占有三分之二的土地和三分之一的農奴。這項法律遵循了兩個民族的精神，符合他們謀生的方式。勃艮第人放牧，對土地的需求較多，對農奴的需求較少。耕種土地要付出巨大勞動，所以羅馬人對農奴的需求較多，對土地的需求較少。樹林均分，因為兩個民族在這方面的需求相同。

從勃艮第法典可以看出，每個蠻族人都被安置到一個羅馬人的地方[24]。所以，並非所有土地都分掉，拿出土地的羅馬人和接受土地的勃艮第人數量相等。羅馬人的損失被減到了最小程度。勃艮第人善戰，會狩獵，會放牧，分到荒地也不在乎；羅馬人為自己保留了最適宜耕種的土地，勃艮第人的牲畜讓羅馬人的土地變得肥沃。

第十節　奴役

勃艮第法寫明[25]，勃艮第人在高盧定居時，得到了三分之二的土地和三分之一的農奴。由此可見，勃艮第人到來之前，在這部分高盧地區已經有了耕作奴隸[26]。

勃艮第法在有關兩個民族的事務上，爲兩個民族的貴族、自由民和農奴[27]分別作了正式而明確的區分。奴役因而不爲羅馬人所特有，恰如自由民和貴族不爲蠻族所特有一樣。

勃艮第法規定[28]，一個勃艮第被釋奴倘若沒有向其主人支付一定數額的贖金，也沒有收到一個羅馬人支付的第三者保金，他就始終被認爲是主人家的奴隸。所以，擁有產業的羅馬人是自由的，因爲他完全不屬於另一個家庭；他是自由的，因爲，他的第三者保金就是他擁有自由的標誌。

翻一翻薩利克法和里普埃爾法就可以知道，生活在法蘭克地區的羅馬人所受的奴役，絕不比生活在高盧其他征服者地區的羅馬人更甚。

布蘭維利耶伯爵先生的主要論點出錯了，他沒能證明法蘭克人曾制定過普遍適用的規定，從而使羅馬人淪於奴役之中。

他的著作毫無技巧可言，他出身於古老的貴族，在書中使用的就是貴族的那種簡樸、直率和天眞的語言，他所說的對話和錯話，人人都一目了然。所以，我就不再對他的那部著作詳加評說了。我只是想說，他的悟性勝過才智，他的才智勝過知識，不過，他的知識不容輕視，因爲，他對法國歷史和法律中的大事所知甚多。

布蘭維利耶伯爵先生和迪波教士各有一套理論，一個像是在詛咒第三等級，一個像是在詛咒貴族。太陽神把戰車交給法厄同[29]駕馭時對他說：「你若上得太高，就會燒毀天宮，你若下得太低，就會焚毀大地。你若太向右走，就會掉進巨蛇星座，你若太向左走，就會走進祭台星座。好好地走在兩者之間吧[30]。」

第十一節　續前題

有人之所以覺得在征服時期就有一種普遍適用的法規，是因爲在加佩王朝初期的法國，奴隸的數量已經多得驚人；由於沒有注意到奴隸的數量是逐漸增多的，因而以爲在一個黑暗的時代就存在著一種普遍適用的法律；其實根本沒有。

墨洛溫王朝初期，無論法蘭克人或羅馬人，都有大量自由民。可是農奴數量的增速極快，到了加佩王朝，幾乎所有農夫和城市居民都變成了農奴[31]。在墨洛溫王朝初期，城市管理與羅馬相似，有市民群體、元老院和法院；到了加佩王朝初期，就只有領主和農奴。

法蘭克人、勃艮第人和哥特人入侵時，凡是軍隊帶得動的東西，諸如黃金、白銀、傢俱、衣服，甚至男子、婦女和男童，統統劫掠一空，集中起來由軍隊瓜分[32]。整個歷史證明，這些蠻族首次定居下來後，也就是在他們實施了第一次劫掠之後，就把當地居民吸納進來，同時保留他們原有的一切政治和民事權利。戰時搶走一切，平時給予一切，這便是當時的萬民法。倘若不是如此，在薩利克法和勃艮第法中，怎麼會有那麼多與把所有人都變成奴隸的做法完全相反的條款呢？

但是，征服戰爭沒有完成的，卻由同一部萬民法在戰事結束後完成了[33]。由於抵抗、反叛和城市被占領，民眾淪入奴役之中。除了各族之間的征服性戰爭，法蘭克人的獨特之處在於，國家一分爲幾之後，兄弟和甥侄之間的內戰不斷，而萬民法在這些內戰中始終得以執行，所以與其他國家相比，法蘭西的奴役更加普遍一些。我認為，這也許就是在領主權利方面，法國的法律與義大利和西班牙的法律有所不同的原因之一。

征服戰爭不過是短暫的事件，而在戰爭中應用的萬民法則產生了某些奴役。由於同一部萬民法連續使用了數百年，所以，奴役就有了驚人的擴展。

特德里克[34]認為奧弗涅人民對他不忠[35]，於是對分給他管轄的法蘭克人說：「跟我走吧，我要把你們帶到一個地方去，那裡有黃金、白銀、俘虜、衣服和許許多多牲畜，你們可以把那裡的人全都遷到你們的地方去。」

貢特朗和西爾佩里克媾和[36]之後，圍困布林熱的軍隊奉命撤退，他們帶走的戰利品難以計數，連人和牲畜也幾乎沒有留下一個。

義大利國王戴奧德里克一心要在蠻族中高人一籌，為此採取了相應的策略，他派兵進入高盧時，在寫給他的將軍的信中說道：「我要求大家執行羅馬法，請你們把逃跑的奴隸交還給他們的主人；自由捍衛者不應鼓勵拋棄奴隸制。其他國王盡可以高高興興地劫掠和摧毀他們攻克的城市，我的獲勝方式不同，我要讓臣民抱怨我征服他們太晚了。」很顯然，他想讓法蘭克的勃艮第人國王遭人憎惡，而且不言自明地提到了他們的萬民法。

萬民法在加洛林王朝依然存在。據《麥斯年鑒》[37]記述，丕平的軍隊進入阿基坦，帶著無數戰利品和農奴返回法蘭西。

我還可以援引許多權威著作[38]。巨大的災難激起了人們的惻隱之心，多位聖潔的主教看到俘虜們被成雙成對地捆在一起後，便拿出教會的錢，甚至出售教堂的聖杯，盡其所能為這些俘虜贖身，許多聖潔的僧侶為此竭盡全力，《聖人傳》對這些事蹟記述得最為詳盡[39]。凡是上帝計畫之內的事情，他肯定已經一一完成，儘管在這些事情上，我們有理由責備這些傳記的作者們有時過於輕信，但是，我們依然可以從中得到巨大的啓示，看清楚當時的風俗和習慣。

當我們把目光投向傳之久遠的歷史和法律著作時，就好像見到了一片大海，一片一望無際的汪洋大海[40]。這些冷冰冰的、枯燥的、乏味的、艱澀的著作，統統都要讀，要把它們吞下去，就像寓言中所說，沙特恩把石頭吞下去那樣。

自由民所開發的無數土地[41]，變成了領主擁有永久所有權的地產。一個地方如果失去了曾經居住在這裡的自由民，擁有大量農奴的人就會攫取或強制他人出讓大片土地，在那裡建立起村莊，就像我們在各種條例中所看到的那樣。另一方面，過去從事手藝的人如今變成了農奴，可是依然還得從事手藝。所以說，奴役把過去奪走的東西歸還給了手藝和耕作。

當時一種常見的做法是：土地所有者把農奴交給教會使用，用以頂替年貢，並且認爲，這些農奴的勞役等於替土地所有者爲教會的神聖事業做出了貢獻。

第十二節　蠻族分得的土地不繳貢賦

一群淳樸、貧窮、自由、尙武的牧人，他們的生活不依靠任何技藝，對於土地的依賴也僅限於那間小茅屋[42]，他們跟隨首領戰爭，爲的是獲取戰利品，而不是爲了繳納或收取貢賦。苛捐雜稅是後來發明的，是人們開始享受到其他手藝帶來的福祉後才發明的。

一阿龐[43]土地繳納一陶罐葡萄酒作爲臨時稅[44]，這是西爾佩里克和弗雷戴貢德[45]強制徵收的一種稅，繳納者僅限於羅馬人。其實，並不是法蘭克人，而是教會人士撕毀了這些納稅人名冊，而當時的所有教會人士全都是羅馬人[46]。承受此稅之苦的主要是城市居民[47]，而當時的城市居民幾乎全都是羅馬人。

據圖爾的格雷瓜爾記述[48]，在西爾佩里克在位時，某個法官曾經強迫法蘭克人納稅，國王死後，這位法官因此而躲進了一所教堂；法蘭克人在西爾佩里克在位時期是自由民：「在西爾佩里克在位期間，向許多身爲自由民的法蘭克人徵稅。」可見，不是農奴的法蘭克人是不納稅的。

任何一位語法學家看到迪波教士對這段文字的解釋，都會大吃一驚[49]。他說，被釋奴（affranchis）那時也叫作自由民（ingénus），並以免除賦稅（affranchis de tributs）解釋拉丁文的 ingenui。法文可以使用 affranchis de tributs 這種片語，諸如 affranchis de soins（免除照看）、affranchis de peines（免除刑罰）等等，但是在拉丁文中，ingenue a tributes（不納稅自由民）、libertini a tributis（不納稅被釋奴）、manumissi tributorum（不納稅人）這種片語卻是怪異不通的。

圖爾的格雷瓜爾說，派特尼烏斯認爲，他之所以會被處死，是因爲曾向法蘭克人強制徵稅[50]。這段文字讓迪波教士十分難堪，他只能對這件並不清楚的事情進行猜測，冷冷地說，那是一種超額的賦稅[51]。

我們在西哥特法[52]中看到，一個羅馬人的土地如果被一個蠻族人占有，法官爲了讓這塊地能繼續繳稅，就要強制這個蠻族人把地賣掉，由此可見，蠻族是不繳土地稅的[53]。

迪波教士爲自圓其說，需要西哥特人繳稅[54]，於是他脫離法律的字面意義和實質意義，僅僅依靠想像就說，在哥特人定居和這項法律頒布之間的這段時間裡，賦稅增加了，但只涉及羅馬人。要知道，擁有任意處置歷史事實大權的人，只有阿杜安神父一位啊[55]。

迪波教士又到查士丁尼的法典[56]中去尋找依據[57]，試圖用以證明羅馬人的軍事收益也要納稅；他由此得出結論說，法蘭克人的采地或收益也要納稅。可是，把法國采地的淵源說成是羅馬人定居高盧的觀點，如今已經無人以爲然了；這個說法只是在一個時期中被認爲可信，那時我們只知道羅馬史，而對我們自己的歷史卻所知甚少，而且種種古老的見證物還被湮沒在歷史的塵埃之中。

迪波教士為了說明當時法蘭克人的習慣做法，列舉了卡希歐多爾魯斯，講述了義大利和戴奧德里克統治下的高盧，其實這是一些不應混淆的事實。有朝一日我也許會寫一本書，講一講東哥特王國的君主制體制，與其他蠻族在那時所建立的君主體制截然不同；絕不能因為法蘭克人有某種做法，就說東哥特人也有這種做法；恰恰相反，我們有理由認為，正因為東哥特人有某種做法，所以法蘭克人不會採用與此相同的做法。

對於那些精神飄浮在博學之中的人來說，最費力氣的事是在並非與主題毫不相干的地方尋找證據，借用天文學家的話說，就是在那裡找到太陽的位置。

迪波教士任意解釋敕令，如同他任意解釋歷史和各族人民的法律一樣。他說法蘭克人是納稅的，於是他就把只有農奴才做的事讓自由民去做[58]；他要談論法蘭克人的民團，於是就把只有自由民才能當的差說成農奴也可以做[59]。

第十三節　羅馬人和高盧人在法蘭克君主國中的負擔

下面我要談一談羅馬人和被征服的高盧人是否繼續繳納帝國時期的稅賦。為了節省篇幅，我只想說，雖然他們起初繳納稅賦，但不久之後就被免除了，這些稅賦後來變成服兵役了。我承認，我確實無法想像，為何法蘭克人起初對苛捐雜稅如此親近，後來突然變得那麼疏遠。

從寬厚者路易的一道飭令[60]中，我們可以清楚地看到自由民在法蘭克君主國中的狀態。為逃避摩爾人壓迫的一些三五成群的哥特人和伊比里亞人，被收留在這位路易的土地上[61]。路易與這些外來者議定，他們將作爲自由民隨他們的伯爵出征，在行軍途中，他們將在伯爵的指揮下擔負守衛和巡邏[62]，他們向國王的特派員和往返於宮廷的使節提供車馬[63]；他們不得被強制繳納其他稅賦，並將享受自由民的待遇。

這些做法不能說是加洛林王朝初期的新舉措，應該說，至少在墨洛溫王朝中期和後期就已經有了。八六五年的一道敕令明確地寫道，古老的習俗規定，自由民要從軍，要花錢提供前面說到的車馬[64]。這些就是他們要負擔的特殊稅賦，擁有采地的人則不必繳納，我在下面將會對此提出證明。

這還不是一切。有一條規定幾乎不允許讓這些自由民承擔稅賦[65]。凡是擁有四個份地[66]的人必須從軍出征，擁有三個份地的人需要與一個擁有一個份地的自由民湊對，後者爲前者支付四分之一的稅賦，並且留住在前者家中。兩個各自擁有兩個份地的自由民同樣可以湊對，從軍出征的那一位的費用，由留守的那一位負擔一半。

不但如此，還有許多條令把采地的特權賦予自由民的土地或管區，我在後面將會詳加講述[67]。這些土地無須繳納伯爵和其他官員所索取的所有負擔；條令中詳細羅列了各種負擔，卻不曾提到稅賦，可見並不徵收稅賦。

羅馬的苛捐雜稅在法蘭克人的王國裡，輕易地就被廢除了。羅馬人徵收的稅非常複雜，頭腦簡單的法蘭克人想不到這些，更沒有徵收這種稅的計畫。韃靼人倘若今天侵入歐洲，要讓他們弄清楚我們的財政是什麼，恐怕也是一件相當勞神費力的事情。

《寬厚者路易傳》的不知名作者[68]，在談到查理曼在阿基坦安置的伯爵和法蘭克民族的其他官員時說，他把守衛邊境的任務、軍事權力和管理國王領地的職責交給了他們；由此可以得知加洛林王朝時期國王的收入情況。國王擁有領地，由奴隸耕種。但是，徭役、人頭稅和帝政時期對自由民的人身或財產徵收的其他稅賦，都變成了守衛邊界和從軍征戰的義務。

這部著作還說[69]，寬厚者路易在日耳曼尼亞找到了父親查理曼，父親問他，一個國王怎麼會窮到這步田地，路易答覆說，他這個國王徒有虛名，幾乎所有領地都爲領主們所擁有。查理曼擔心，那些未經深思熟慮就給出去的土地，如果讓年輕的兒子自己去統統討回來，難免會失去領主們的愛戴，於是派遣了一些專員去處理此事，使之恢復原狀。

主教們寫信給禿頭查理的兄弟路易[70]，信中說：「看管好你的土地，不然的話，你就不得不在僧侶們的住所之間遊蕩，把他們的駕車奴隸弄得疲憊不堪。無論如何，你總得衣食無慮，還能接待使節才是。」由此可見。當時國王的收入主要來自他們的領地[71]。

第十四節　所謂稅賦

蠻族走出他們的本土之後，想把他們的習俗書寫成文字。可是，用羅馬字母書寫日耳曼語比較困難，於是便以拉丁文來書寫這些成文法。

在征戰及其推進過程的混亂中，大多數事物都發生了質的變化，要想表達這些事物，就得借用與新的習俗最接近的拉丁文舊詞。因此，爲了能讓人想起羅馬人舊時的稅（cens）[72]，就使用稅（census）和賦（tributum），至於那些與羅馬人的概念毫無關係的事物，就用羅馬字母書寫日耳曼人的詞，例如罰金（fredum），在下面幾節中，我將要對此詳加說明。

稅和賦這兩個詞被任意使用之後，它們的含義在墨洛溫王朝和加洛林王朝期間就不大明確，一些自成體系的近代作者[73]在當時的著作中見到稅這個字，就以爲它與羅馬人的稅字含義完全相同，由此而產生的結果是，法國頭兩個王朝的國王不僅替代了羅馬皇帝的地位，而且對羅馬帝國的行政體制也沒有作任何改動[74]。加洛林王朝時期徵收的某些稅由於偶然因素或某些變化而改成了其他稅種[75]，這些作者們就斷言說這些稅與當年羅馬人的稅完全一樣。他們發現，自從有了近代法規之後，國王的許可權具有絕對不可剝奪的性質，他們於是就說，這種稅相當於當年羅馬人的稅，並不在國王固有許可權之內，因而是百分之百的侵占。對於他們的其他結論，我不準備談論。

把當代所有的概念統統放置到遙遠的已逝年代中去理解，謬誤之源即在於此，後果之嚴重莫過於此。對於想把一切以往的事物予以現代化的人，我想借用埃及祭司對梭倫所說的話：「哦，雅典人，你們只不過是些孩子而已。」

第十五節　所謂的稅只向農奴而不向自由民徵收

國王、神職人員和領主分別向各自領地上的農奴按規定征賦。國王徵收此賦，有維利斯敕令為證；神職人員徵收此賦，有蠻族法典[76]為證；領主徵收此賦，有查理曼制定的相關法規[77]為證。

這些賦被稱作稅，這是經濟稅，而不是財政稅；是純私人性質的稅收，而不是公共稅收。

我說過，所謂稅是向農奴徵收的一種賦。馬爾庫爾弗的一個規定可以為我證明此事，這件文書包含有國王的一項規定，准許生而為自由民並且未在納稅名錄上登記的人成為神職人員[78]。我還有一件文書可資證明，那就是查理曼寫給他派往薩克森地區的一位伯爵的一道諭令[79]，諭令說，鑒於薩克森人皈依基督教，因而將自由給予他們，所以說，其實這是一個自由憲章[80]。查理曼恢復了他們原有的公民自由，並免除他們的納稅義務[81]。由此可見，身為農奴和繳納稅賦是一回事，恰如身為自由民無須繳納稅賦一樣。

查理曼還頒發過一道諭令，給予被法蘭西王國收留接納的西班牙人以某些好處[82]，諭令規定，伯爵們不得向這些西班牙人徵收任何稅賦，也不得剝奪他們的土地。眾所周知，來到法蘭西的外國人都被當作農奴對待，而查理曼卻要求把他們視爲自由民，讓他們擁有自己的土地，禁止向他們徵稅。

禿頭查理的一道施惠於西班牙人的敕令[83]規定，對待這些西班牙人要像對待法蘭克人一樣，禁止向他們徵稅；從這裡也可以看出，自由民是不納稅的。

若干國王或教會的屯墾者將他們份地的附屬土地，出售給教會人士或與他們地位相同的人，只留給自己一個小茅屋，這樣一來，他們就不必納稅了。皮斯特敕令第三十條糾正了這個流弊，下令恢復原狀。這也可以證明，所謂稅就是奴隸繳納的一種賦。

由此導致的另一個結果是，法蘭西王國境內沒有普遍徵收的稅，這一點在大量文書中都說得相當明白。有一道敕令[84]這樣寫道：「以往合法徵稅[85]的地區仍應徵收國王稅」，這通敕令意味著什麼呢？查理曼曾下過一道敕令[86]，要求其駐在各省的特使準確調查過去屬於國王許可權的所有稅賦[87]「，這通敕令表明什麼呢？他還在另一道敕令[88]中處理了被要求納稅的人們所繳的稅款[89]，這又意味著什麼呢？還有一位作者[90]寫道：「如果某人得到了一塊納賦的土地，也就是一塊我們習慣於收稅的土地。[91]」這又是什麼意思呢？最後還有一件文書[92]，禿頭查理在這件文書上談到了那些自古以來一直由國王徵稅的納稅土地[93]，這又作何解釋呢？

請注意，有些文書乍一看好像與我所說相反，其實恰恰證實了我的說法。我們已經在上面的敘述中看到，王國內的自由人只負有提供車輛的義務。我剛才援引的文書把這種義務也叫作納稅[94]，可是它把這種稅與農奴交納的稅作了嚴格的區分。

此外，皮斯特敕令[95]還談到了那些爲自己的人頭和茅屋納稅的法蘭克人，在饑饉期間出售自己[96]。國王希望他們能夠贖身。因爲，凡是借助國王的敕令解除奴隸身分的人[97]，通常得不到完全的自由[98]，可是他們必須繳納人頭稅。我在這裡所談的就是這類人。

所以，必須摒棄以下這種觀念：存在著一種針對所有人普遍徵收的稅，它起源於羅馬人的行政管理制度，由此推測，領主的稅賦同樣也來自侵占。其實，如果不考慮對稅這個詞的誤用，那麼，法蘭西王國中的所謂稅，實際上是由主人對農奴徵收的一種特殊稅。

前面那麼多的引文肯定讓讀者極度厭煩，我懇請讀者原諒。如果不是因爲我的面前始終擺著迪波教士的那部《法蘭西君主國在高盧的建立》，我可能不會那麼囉唆。最能阻礙知識進步的，莫過於一位著名作者的一部壞書。因爲，欲授人以眞知，需從解惑始。

第十六節　家臣或附庸

我曾談及隨君主出征的那些日耳曼志願者。這一習俗在征服戰爭結束後依然保留著。塔西佗把這類人叫作侍從[99]；薩利克法把這類人叫作矢忠於國王的人[100]；馬爾庫爾弗把這類人叫作國王的忠臣[101]；最早的法國歷史學家稱之爲家臣或忠臣[102]；後來的歷史學家則稱之爲附庸或領主[103]。

薩利克法和里普埃爾法有大量關於法蘭克人的條款，卻只有寥寥幾條是關於國王的家臣的。關於這些家臣的規定與關於其他法蘭克人的規定不同，這是因爲，家臣們的財產適用政治法而不是公民法，再則，他們的財產歸軍隊所有，而不歸家庭所有。

在不同時期的不同作者筆下，爲這些家臣保留的財產分別被叫作國庫財產[104]、恩賜、榮賞、采地。

采地起初是可以撤銷的，對這一點不應有所懷疑[105]。據圖爾的格雷瓜爾的記述[106]，蘇內吉希爾和加洛曼的采地被剝奪了從國庫得到的一切，只給他們留下了自己的產業。貢特朗把侄子希爾德貝扶上王位時，與他進行了一次密談，告訴他應該賜給哪些人以采地，剝奪哪些人的采地[107]。馬爾庫爾弗的一項法規說，國王可以用作交換的，不單是出自他的國庫的恩賜，也可以是來自另一個人的金庫的恩賜[108]。在倫巴第法中，這種恩賜與產權是截然不同的[109]。歷史著作、法規、各蠻族的法典在這一點上都是一致的。《采地概要》[110]的作者們告訴我們[111]，起初領主可以隨意撤銷采地，後來把采地的期限定為一年，再後來定為終生[112]。

第十七節　自由民的兵役

兩種人要服兵役：一是附庸和附庸的附庸，他們擁有領主的采地，所以要為領主服兵役。二是法蘭克人、羅馬人和高盧人中的自由民，他們為伯爵服兵役，由伯爵或他的軍官統率。

所謂自由民，指的是這樣一些人，他們一方面沒有任何恩賜或采地，另一方面，他們也不受耕作奴役；他們所擁有的土地叫作自由地。

伯爵召集自由民，率領他們打仗[113]。伯爵麾下有兩名叫作督軍的軍官[114]；由於所有服役的自由民都分編在若干百人隊中，多個百人隊編為鎮，所以伯爵麾下還有一些叫作百人長的軍官；編在鎮或百人隊中的自由民士兵在這些百人長帶領下作戰[115]。

百人隊這種編制是在法蘭克人定居高盧之後才出現的，採取這一措施的是克羅泰爾和希爾德貝，他們這樣做的目的是讓每個地區對於發生當地的盜竊事件負起責任來，這兩位君主的諭令談到了這件事[116]。這種制度如今在英國仍可看到。

伯爵率領自由民作戰，附庸率領自己的附庸或附庸的附庸作戰，主教、教士或他們的代理人[117]帶領他們的附庸參戰[118]。

主教們很爲難，他們並不覺得自己的參戰行爲很合適[119]，於是他們請求查理曼不再強求他們參戰。可是，當他們的請求獲得批准時，卻又抱怨因此而失去了公眾的尊敬。查理曼不得不就此闡明他的意圖的正確性。不管怎樣說，我發現當主教們不再參戰後，他們的附庸並非在伯爵的率領下作戰，恰恰相反，率領主教的附庸們作戰的，是國王或主教遴選的親信[120]。

在寬厚者路易的一道敕令[121]中，國王把附庸分成三類：國王的附庸、主教的附庸、伯爵的附庸。只有當家臣或領主因故不能親自率領他們的附庸參戰時，才由伯爵率領參戰[122]。

可是，家臣由誰率領上戰場呢？毫無疑問，當然是國王，國王始終是家臣們的領袖。正因爲如此，敕令中常常出現國王的附庸與主教的附庸相互對立的情形[123]。國王個個驍勇、自豪和尊貴，他們御駕親征絕不是爲了率領主教的兵員，也不會選擇與這些人生死與共。

但是，有一道敕令對此做出了規定，家臣同樣應率領他們附庸和附庸的附庸參戰。查理曼在這通敕令中下令，凡擁有四個份地者，不論份地是自己的地產或是他人的恩賜，一律都要參戰抗敵或是跟隨自己的領主。

很顯然，查理曼想要表明的是：只有自己一塊地的人應該加入伯爵的隊伍，享有領土恩地的人則應隨領主出征。

可是，迪波教士卻硬要說[124]，敕令提到附屬於某位領主的男子時僅指農奴，他是以西哥特法和西哥特人的實際做法爲根據的。其實，他倒不如以敕令爲依據更好。我剛才援引的敕令明確地表達了相反的意思。禿頭查理與其兄弟簽訂的協議也提到，自由民可以自行選擇領主或國王；這個規定與其他許多規定是一致的。

因此，可以說有三種兵員，其一是國王的家臣的隊伍，家臣又有他們自己的家臣；其二是主教或其他神職人員以及他們的附庸的隊伍；其三是伯爵的隊伍，他們率領的是自由民。

握有個別指揮權的人隸屬於握有全面指揮權的人，所以，我並不認爲附庸不能隸屬於伯爵。

我們看到，附庸們如果沒有盡到采地的義務，伯爵和國王的特使可以對他們施加處罰，讓他們支付罰金。

同樣，國王的附庸如果搶掠[125]，只要他們自己不提出願意接受國王處置的要求，就可由伯爵對他們進行處置。

第十八節　雙重職務

凡在軍事上受某人管轄的人，在司法上也受此人管轄；這是法蘭西王國的一項基本原則。所以，寬厚者路易的八一五年敕令[126]規定，伯爵對自由民兼領軍事權和司法權；因此，率領自由人出征的伯爵的法庭[127]，也被稱爲自由民的法庭[128]。下面這條準則或許就由此形成：凡涉及自由的案件，不能由其官員的法庭審理，而只能由伯爵的法庭審理。所以，主教或教士的附庸也就不能在伯爵的率領下參戰[129]，因爲他們不在伯爵的司法管轄之下。因此，伯爵也不能率領家臣的附庸的附庸參戰。因此，英國的法律詞彙[130]寫明[131]，薩克森人稱作科普爾的人，諾曼人稱之爲伯爵或扈從，因爲他們與國王共用司法罰金。所以，就我們所見，任何附庸對其領主的義務[132]，無論何時都是從軍打仗和在他的法庭審理家臣[133]。

司法權和率領作戰權聯結在一起的原因之一是，率領作戰者同時要負責徵稅，所謂稅就是由自由民提供用於作戰的車輛，以及我將要談到的某些司法利益。

領主在自己的采地上擁有司法權，基於同一原則，伯爵在自己的伯爵領地內也擁有司法權。可以這樣說，在不同時期中，每當采地上變化發生時，伯爵領地內也隨之發生變化；這是因爲，在治理思想和治理方法方面，采地和伯爵領地沒有差別。總而言之，伯爵領地內的伯爵就是領主，采地上的領主就是伯爵。把伯爵視爲司法官員，把公爵視爲軍事官員，這種想法是不正確的，實際上，伯爵和公爵既是軍事官員，也是民事官員[134]。區別在於公爵下轄若干伯爵，儘管弗雷德加里烏斯告訴我們，也有許多伯爵並不隸屬於任何公爵[135]。

有人大概會想到，法蘭克人的政體一定相當嚴苛，因爲同一批官員同時握有軍事權、民事權和司法權，乃至稅務權。我曾經說過，這就是專制主義的明顯標誌之一。

但是，別以爲伯爵就像土耳其的帕夏那樣單獨審案[136]。每當審案時，他們都要召集當地名流參與刑庭或是審判會議[137]。

爲了讓大家了解法規、蠻族法和敕令中關於審判的規定，我想告訴大家，伯爵、伯爵領地總管和百人長的職能是相同的[138]。法官、司法助理和助理法官，這些都是以不同頭銜稱呼的同一些人，大多是伯爵的副手，通常有七名。由於參與審判的官員不得少於十二名[139]，人數不夠時就請名流補足[140]。

然而，無論是誰擁有管轄權，是國王和伯爵，或是伯爵領地總管和百人長，或是領主和神職人員，他們從不獨自一人審案。這種在日耳曼尼亞森林中養成的習慣，在采地已經有了新形式之後依然保存著。

財政權比較完善，伯爵很難濫用。君主對自由民擁有的權力相當簡單，如我在前面所說，這種權力無非就是在某些公共場合[141]向他們徵集車輛而已；至於司法權，則有防止舞弊的法律[142]。

第十九節　蠻族人民中的和解金

對日耳曼人的法律和習俗如果沒有透澈的了解，就不可能對法國的政治法有較深入的認識，所以，我要花一點時間對這些法律和習俗作一番探究。

從塔西佗的著作看，日耳曼人只有兩種極刑：絞死叛徒，溺死懦夫。日耳曼人的公罪只有這兩種。一個人若是損害了另一個人，受冒犯者或受害者的父母就會參與糾紛，雙方的仇恨則以賠償解決[143]。受害者如果願意接受賠償，賠償對象就是受害者本人；受害者的父母如果也受到傷害，他們也是賠償對象；受害者如果死亡，賠償則歸其父母所有。

據塔西佗說，履行此類賠償需通過雙方訂立協議，所以在蠻族法中，這種賠償叫作和解金。

我發現，只有弗里茲人的法律[144]聽任每個家庭處於自然狀態，沒有任何政治或民事法律加以管束，任由各自以能夠想到的方法進行復仇，直到心滿意足方才甘休。這項法律後來有所緩和，它規定[145]，被要求償命的人在家中不受仇人報復，在往返教堂的途中以及審訊場所也有安全保障。

薩利克法的編纂者列舉了法蘭克人的一種古老習俗[146]，盜墓剝屍者要被逐出人群，直至受害者家屬同意其返回時爲止。在此之前，包括其妻在內的任何人都不得向他提供飲食或將其接回家中，在這種情況下，就雙方關係而言，受罰者與他人，他人與受罰者，都處在一種自然狀態之中，直到支付和解金後方才終止。

此外，各蠻族的智者賢人都想自行採取某種措施，用以取代當事雙方的協定，因爲等待這種協定太費時間，而且太危險。他們細心地規定了一個公正的數額，作爲受害方應該接受的和解金。所有蠻族法在這方面的精確度確實令人稱道，對案情作細緻分類[147]，對情況作具體分析；法律設身處地爲受害者著想，替他向對方提出他本人在冷靜狀態下可能提出的賠償要求。

在塔西佗時代，日耳曼人似乎還處在自然狀態中，正是這些法律的制定，使他們脫離了自然狀態。

羅塔利在倫巴第法中宣稱，他增加了古代習慣法中對於受害者的賠償，爲的是讓受害者滿意和消除敵意[148]。事實是，倫巴第人本是貧苦的民族，征服義大利後發了財，從前規定的和解金顯得微不足道了，於是和解變得難以達成了。我毫不懷疑，正是出於這種考慮，征服民族的首領們制定了至今依然通行的那些法典。

加害者應該付給死者父母的款項是和解金的主要部分。和解金的數額可因身分不同而有異[149]。安格爾法規定，死者若是日耳曼貴族，和解金爲六百蘇；死者若是一個自由民，和解金爲二百蘇；死者若是農奴，和解金爲三十蘇。能夠得到高額和解金當然也是一種特權。因爲，高額和解金除了表明他的身分外，也爲生活在暴烈民族中的他提供了更大的安全係數。

巴伐利亞的法律讓我們對此深有體會[150]。該法列出了應該得到雙倍和解金的家族名單，這便是地位僅次於阿吉羅芬格人[151]的那些家族[152]。阿吉羅芬格人是公爵後裔，公爵歷來從他們當中選出，他們可以獲得四倍的和解金。公爵本人可以獲得的和解金比阿吉羅芬格人又多三分之一。法律寫明：「因爲他是公爵，給予他的榮耀超過他的親屬。」

和解金均以貨幣計算。不過，由於蠻族人不大使用貨幣，在日耳曼尼亞地區居住時更是如此，所以，也可以用牲畜、小麥、傢俱、武器、狗、狩獵用的猛禽以及土地等作價代替貨幣[153]。有時法律乾脆把這些東西的價格確定下來[154]。這些蠻族人的貨幣很少，以罰金處理的案件卻很多，原因就在於此。

所以，這些法律非常注重精確區分各種過失、傷害和罪行，以便讓每個人都清楚，自己受到了何種程度的冒犯或侵害，準確地知道自己可以獲得多少賠償，特別是知道他不應接受超出定額的賠償。

這樣一來，我們就很明白，凡是接受了賠償的人又尋機復仇，那就犯了大罪。這種罪行既是對私人的侵犯，也是對公眾的侵犯，因爲這是對法律的蔑視。立法者當然不會不懲罰這種罪行[155]。

當這些民族在民治政府下丟失了某些獨立精神，國王們致力於改善國家的管理時，有一種罪行被認爲特別危險[156]，這就是不願支付或不願接受賠償。我們看到，在各種不同的蠻族法中，立法者都強制支付和接受賠償[157]。的確如此，不願接受賠償的人是想爲自己保留復仇的權利，不願支付賠償的人則爲受害者保留了復仇的權利。智者賢人於是對日耳曼人的法制進行了改革，要求支付和接受賠償，但不再強制執行。

剛才我提及薩利克法的一個規定，立法者給予受害者接受或不接受賠償的自由。正是這項法律禁止盜墓剝屍者與任何人交往，直至受害者的父母接受賠償，提出准許他返回人群爲止[158]。

把和解金付給在行竊中被殺的盜賊的親屬，或是因姦淫而被休的婦女的親屬，那就不對了。巴伐利亞法規定，對於此類情況絕不支付和解金，同時也懲罰報復者[159]。

在蠻族法典中也不乏有關過失犯罪如何支付和解金的規定。倫巴第法歷來非常明智，它規定，在這種情況下和解金由肇事者酌定，受害者的親屬不得訴諸報復[160]。

克羅泰爾二世頒布過一道相當明智的敕令，他禁止被盜者在沒有法官命令的情況下，私下接受和解金[161]。

第二十節　後來的領主司法權

蠻族法律規定，發生凶殺、傷害和侮辱等事件後，除了向受害者的親屬支付和解金外，還要支付一筆酬金（Fredum）[162]。後面我將詳談，俾使讀者對此有一個清晰的概念。我想說的是，這是肇事者因受到免遭報復的保護而給予保護者的一份酬謝。如今在瑞典語中，安保費（Fred）一詞依然表示和解的意思。

在這些性格暴烈的民族中，主持司法公道就是給加害人提供保護，免遭受害人報復，同時強制受害人接受他應得到的賠償。因此，日耳曼人就與其他民族不同，他們的司法保護罪犯免遭受害者的報復。

蠻族的法典說明了哪些案件應該繳納安保費。在受害者親屬無法進行報復的案件中，加害者不必繳納罰金。道理很清楚，既然不可能發生報復行爲，當然也就無須行使保護權。倫巴第法於是規定[163]，某人若因過失而殺死一個自由民，必須按死者的價值賠償，但無須繳納罰金，因爲，既然事實是過失殺人，被害者的親屬就無權實施報復。例如，里普埃爾法規定[164]，某人被木塊或手工製作的對象砸死，有罪的是木塊或對象，受害者的親屬可以取走自用，但無權要求肇事者繳納罰金。

該法規定[165]，與此同理，牲畜若是致人死亡，只需賠償而無須繳納罰金，因爲，死者的親屬並未受到侵害。

薩利克法規定[166]不滿十二歲的少年因犯罪應支付和解金，但不繳罰金；因爲，他還不能使用武器，所以，受害者本人或其親屬不能要求報復。

罪犯因爲犯罪而失去了平安和安全，繳納罰金就是爲了重新獲得平安和安全。可是，少年不是成年人，他並未失去安全，也不可能被置於人群之外。

罰金是一種付給當地審判主持人的地方稅[167]。但是，里普埃爾法禁止審判主持人自行索取[168]，而應該由勝訴方收取，然後轉交給財政部門，藉此永保里普埃爾人之間的和平。

罰金的多寡與受到的保護程度成正比。所以，受到國王的保護比受到伯爵或其他法官的保護，應該繳納更多的罰金。

我覺得，領主司法權由此已經產生了。無數資料表明，采地有時包括一些面積巨大的土地。我在前面已經指出，對於法蘭克人分得的土地，國王不徵收任何稅賦，更不對采地保留任何權利。獲得了采地的人在這方面享有相當廣泛的權利，他們收取采地上的一切收穫和一切收益，其中最大的收益之一就是司法收益，即依據法蘭克人的習俗收取的安保費[169]，由此產生的結果便是，擁有采地的人也就擁有司法權，而這種司法權的行使僅僅只是向受害者的親屬支付和解金，向領主繳納好處費。這種司法權其實不是什麼別的東西，就是迫令加害者依法支付和解金和繳納罰金。

我們從一些法規中看到，采地確有這種權利。因爲，這些法規或是確認一處采地屬於或永久轉歸某位家臣所有[170]，或是確認一處采地的特權屬於或是永久轉歸教會所有[171]。還有許多條例也證實了這一點[172]，這些條例禁止國王的法官和官員前往領地去行使任何司法職責或索取司法酬謝。國王的法官既然不能向地方索取酬謝，自然也就不再到地方去了；當地的國王法官以往承擔的職務就由當地法官承擔了。

國王的法官不得爲確保雙方當事人出庭而讓他們支付保證金，要求支付保證金的應該是獲得領地的人。此外，國王的特派員不得要求提供住宿，因爲事實上他們已經不再承擔任何職責。

由此可見，新舊采地上的司法權都是采地所固有的權利，是采地眾多權利中的一種收益權。正因爲如此，任何時代的人都對此作如是觀，由此而產生的原則便是，司法權在法國被視爲一種可繼承的遺產。

有人認爲，司法權起源於國王和領主對其農奴的身分解除。可是，解除奴隸身分的並非只有日耳曼各族及其後裔，而把司法權視爲遺產的卻只有他們。此外，我們從馬爾庫爾弗的《法規》中[173]也看到，自由民起初也被置於這種司法管轄之下，所以，農奴既然居住在采地，當然也是司法管轄的對象；但是他們並非采地之所以形成的根源，因爲他們本身就被包含在采地之中。

另外一些人的看法更加直截了當，他們說，是領主篡奪了司法權，如此而已。但是，世界上篡奪君主權力的人難道只有日耳曼人的後裔所組成的民族嗎？歷史充分表明，其他民族也曾篡奪他們君主的權力，卻並未發現因此而出現所謂的領主司法權。所以，必須到日耳曼人的習俗中去尋找領主司法權的根源。

我請大家讀一讀魯瓦索[174]的著作[175]，看看他所猜想的領主們組織和篡奪各種司法權的方法。在他看來，領主是世界上最奸詐的人，他們不像武夫那樣在戰場上劫掠，而是像鄉村法官和公訴人那樣相互偷盜。依照他的說法，在王國的各省裡，在許多王國裡，這些武夫建立了一種普遍的政治體系。魯瓦索把自己在書齋裡應用的推理方法，說成似乎就是這些武夫的推理方法。

我還想說，如果司法權不是采地的附屬物，那麼，無論在宮廷中或是戰場上，采地爲什麼要爲國王或領主提供服務，而且到處都是這樣呢[176]？

第二十一節　教會的領地司法權

教會獲得了相當可觀的地產。我們看到，國王賜予教會以巨大的財富即采地，我們發現，司法權首先在這些教會的采地上確立起來了。這種非同一般的特權其源頭在哪裡呢？在於采地的性質。教會的地產擁有這樣的特權，因爲無人可以剝奪它的這種特權。地產被賜予教會時，就像賜予家臣一樣，連同附在這份地產上的特權一起賜給了教會。我們已經看到，這份地產如果賜予非教會人士，受賜者就應該爲國王提供服務，所以，賜予教會的這份地產同樣應該提供服務。

因此，教會有權在采地上收取和解金和罰金。這就意味著教會必然要阻止國王委派的官員進入它的領地收取安保費，行使任何司法權，因此，在《法規》[177]中，在條例和敕令中，教會的這種司法權就被稱作豁免權。

里普埃爾法規定[178]，教會的被釋奴除了在他們被釋地的教堂裡[179]，不得在其他地方舉行司法集會[180]；由此可見，教會甚至對自由民也擁有司法權，而且在君主制初期就已經有了它自己的審判會議。

我在《聖人傳》[181]中讀到，克洛維斯把一塊六法里的土地交給一位神聖的人物治理，並規定這塊土地不受任何司法管轄。我覺得這是一個誤傳，是一個由來已久的誤傳，生活的眞實與謊言都與習俗和法律有關，而我們在這裡探究的正是這些習俗和法律[182]。

克羅泰爾二世下令給擁有邊遠地區土地的主教和權貴，要他們在當地選擇司掌審判並因此接受薪金的人。

克羅泰爾二世[183]還爲他的官員和教會法官規定了各自的司法權限。查理曼於八〇二年發布敕令，授予主教和教士以司法官員應有的身分。查理曼的另一道敕令[184]禁止國王的官員對任何耕種教會土地的人行使司法權[185]，除非這些人是爲了進行欺詐或逃避稅賦而耕種教會土地。聚集在蘭斯的主教們宣布[186]，教會的附庸均處於他們的豁免權行使範圍之內。八〇六年的查理曼敕令規定[187]，教會對其領地上的所有居民擁有刑事和民事司法權。最後，禿頭查理[188]還將國王的司法權、領主的司法權和教會的司法權作了區分。下面我還將詳加論述。

第二十二節　司法制度在加洛林王朝末期的建立

有人說，附庸們在加洛林王朝末期的混亂中，取得了他們自己地盤上的司法權。人們總是喜歡泛泛而論，而不願意認眞研究。說附庸們以前並不擁有司法權容易，講清楚他們如何取得司法權就比較困難。可是，司法權並非源自篡奪，它源自最初的確立，而不是它的腐敗。

巴伐利亞法寫道[189]：「若是殺死了一個自由民，就得向死者的父母支付賠償金，死者如果沒有父母，賠償金就支付給公爵或者死者生前託付的人。」大家都知道，爲獲得賞賜而實行託付[190]是怎麼回事。

阿勒曼尼亞法寫道[191]：「奴隸被劫的主人應該向劫犯的君主索要賠償金。」

希爾德貝敕令寫道[192]：「一個百人長如果在另一個百人長的轄區內或家臣的地界內發現盜賊，但並不加以驅趕，他就應該把盜賊交出，否則就應以發誓證明自己的清白。」由此可見，百人長的轄地與家臣的轄地是有區別的。

希爾德貝的這道敕令爲克羅泰爾[193]頒發於同年的一項法規[194]提供了解釋。該法規與希爾德貝的敕令所針對的情況和案情沒有什麼不同，兩者的區別僅在於用詞不同。希爾德貝的敕令稱之爲 **in terminis fidelium nostrorum**（我的家臣們的地界）的，克羅泰爾稱之爲 **truste**（封地）。比尼翁先生和迪康熱先生認爲[195]，**in truste** 指的是另一位國王的領地，但他們並未說對。

義大利國王丕平[196]。爲法蘭克人和倫巴第人頒發過一項法規[197]，對行使司法權時有瀆職或延宕行爲者予以懲處，這位君主還規定[198]，一個擁有采地的法蘭克人或倫巴第人如果不願審理訟案，該法蘭克人或倫巴第人所在地的法官們可以暫停其采地權的行使，在此期間，由該法官或其代理人審理訟案。查理曼的一道敕令[199]表明，國王並不收取安保費。查理曼的另一道敕令[200]表明，封建法規和封建法庭均已建立。寬厚者路易的一道敕令規定，擁有采地者如果不審理訟案，或者妨礙他人審理訟案，大家就可隨意住在他家中，直到案件審結[201]。我還可舉出禿頭查理的兩道敕令；其一是八六一年敕令[202]，該敕令表明，各地的司法機構已經建立，法官和法官下屬的官員已經就位；其二是八六五年敕令[203]，該敕令對國王本人的領地與其他人的領地作了區分。

我們沒有見到采地的初始轉讓，因爲我們知道，采地的建立是征服者分地的結果。所以，無法用初始契約來證明，司法權一開始就附屬於采地。可是，正如前面所說，我們在采地的確認或永久轉移條例上看到，司法權已經在那裡建立，由此推知，司法權源自采地的性質，是采地的重要特權之一。

有關在教會屬地上確立封建司法權的文獻，多於我們所掌握的能夠證明在家臣的賜地和采地上確立封建司法權的文獻；原因有以下兩個：其一，我們所掌握的文獻大多是僧侶們為修道院之需而保存或搜集的；其二，教會的可承襲地產由特殊讓與組成，對於既有秩序來說是一種例外，所以對此應有條例加以規定；家臣們接受的讓與則是政治方面的後果，為此不需要更不必保存特殊條例。國王通常只是借助權杖完成簡單的讓與，恰如我們在《聖摩爾傳》中所看到的那樣。

馬爾庫爾弗的第三條法規[204]有力地證明，神職人員和世俗人士同樣享有豁免特權以及由此帶來的司法特權，因為這些特權既是為前者也是為後者確定的。克羅泰爾二世的條例也是如此[205]。

第二十三節　迪波教士《法蘭西君主國在高盧的建立》的總體思想

結束本章之前，有必要對迪波教士的著作作一番審視，因為我的想法始終與他的想法南轅北轍，如果他已經發現了眞理，那我就沒有發現。

這部著作以其高超的寫作技巧迷惑了許多人；作者在書中對涉及的問題從頭到尾進行假設，證據越缺乏，似是而非的論述就越多，無數臆測被當作原則，進而又從這些原則推導出另一些臆測作為結論。讀者竟然忘掉了，自己之所以懷疑為的是開始相信。作者的淵博學識被置於體系之外，沒有寫進他的體系；無關緊要的枝節分散了讀者的注意力，以致於無暇顧及主旨了。不但如此，作者的探索對象如此之多，讓人無法想像他竟然什麼也沒有發現。旅途如此漫長，令人以為終於到達了目的地。

可是，當我們細細一看，卻發現原來這是一具泥足巨人。迪波教士的體系如果立論有據，完全可以從這部著作的主題中找到他想要的一切，而不必用連篇累牘的三大卷來證明；他無須到處去尋找遠不可及的東西，理性本身就會擔負起使命，把這個眞理放置在其他眞理的鏈條之中。歷史和我們的法律本來應該對他說：「不必爲難自己，我們將爲你作證。」

第二十四節　續前題，對該書基本體系的思考

迪波教士試圖澈底消除法蘭克人是作爲征服者進入高盧的看法。在他看來，法蘭克國王受人民之請，輕而易舉地登上帝位，承襲了羅馬皇帝們的各種權力。

這種說法與當時進入高盧的克洛維斯攻城掠地時的實際情況不符，與他向羅馬軍官希亞格利烏斯[206]挑戰並攻下其防地時的實情也不相符；所以，這種說法僅僅適用另一個時期的實情，那就是克洛維斯借助暴力成爲高盧大部分地區的主人後，由於人民的選擇和愛戴，受邀去統治高盧的其餘地區。克洛維斯僅僅被人民接受還不夠，還得受到邀請才是。迪波教士應該證明，人民不願意生活在羅馬人或他們自己的法制之下，而心甘情願地接受克洛維斯的統治。可是，據迪波教士說，在這部分尚未受到蠻族侵襲的高盧境內，羅馬人分爲兩類：一類屬於阿莫里克[207]聯邦，他們趕走了羅馬皇帝的官員，與蠻族進行自衛戰爭，用自己的法律管理自己；另一類則是服膺羅馬官員的羅馬人。可是，迪波教士卻說，仍然生活在羅馬帝國的羅馬人向克洛維斯發出了邀請，對此他提供證據了嗎？根本沒有。他說阿莫里克人的共和國向克洛維斯發出了邀請，甚至與他簽訂了一些條約，迪波教士對此提供證據了嗎？依然是根本沒有。他不但說不清楚這個共和國後來的歸宿，甚至連它是否存在過都拿不出證據。從霍諾里烏斯時代一直到克洛維斯的征戰，迪波教士始終追隨著這個共和國的歷史，儘管他以出色的寫作技巧把當時的所有事件都與這個共和國掛鉤，

然而，我們在作者的筆下卻都看不到這個共和國。因爲，用索西穆斯著作中的一個片段[208]證明，在霍諾里烏斯統治下的羅馬帝國[209]，阿莫里克地區和其他高盧行省高舉反叛義旗，組成了一個共和國[210]，這是一回事；用事實證明，儘管經歷了高盧人的多次綏靖，阿莫里克人卻一直擁有自己的共和國，而且一直延續到被克洛維斯征服之前，這是另一回事；兩者是不相同的。迪波教士想要確立自己的體系，就得拿出過硬和精準的證據來。因爲，當我們看到征服者進入一個國家，憑藉武力把它的大部分領土置於自己的統治之下，整個國家不久以後就對征服者表示臣服，而歷史並未說明事情何以發展到了這種地步；在這種情況下，我們有充分的理由認爲，此事既然是以武力肇始的，同樣也是以武力終結的。

迪波教士既然沒有認識到這一點，他的整個體系也就一垮到底，這是不難想見的。因此，每當他從自己的這個原則中推導出某些結論，諸如高盧人並未被法蘭克人征服，法蘭克人是受羅馬人之邀來到高盧的等等，我們始終有理由否定他的此類說法。

迪波教士以克洛維斯曾被授予羅馬人的官職爲據來證明他自己的原則。據他說，克洛維斯繼其父希爾代里克擔任民團長官之職。可是，這兩個職務純系迪波教士的杜撰。他引以爲據的聖雷米致克洛維斯的信函[211]，其實就是一封祝賀登基的賀信。一件文書爲何而寫本來很清楚，他爲何卻要另有一說呢？

克洛維斯在位末期，被阿納斯塔西烏斯皇帝任命爲執政，可是，僅有的一年任期能給予他什麼權威呢？迪波教士說，有跡象表明，阿納斯塔西烏斯皇帝在同一紙任命書上還任命克洛維斯爲行省總督。我倒是想說，有跡象表明並無此事。就一件毫無依據的事實而言，給以肯定和給予否定具有同等權威。我甚至還另有理由。圖爾的格雷瓜爾在談到克洛維斯任執政官時，對於他任行省總督一事隻字未提。即使他當過行省總督，充其量也只有半年左右。克洛維斯在執政官任上一年半後過世，所以不可能把行省總督變成一項世襲的職務。最後，當他當上執政官之後，再加上有人所說的行省總督，他已然是君主國的主人了，所有權力都已經確立。

迪波教士提出的第二個證據，是查士丁尼皇帝把克洛維斯在羅馬帝國和高盧領有的所有權力，都交割給其子孫。我原本可以就此事多說幾句。我們可以從法蘭克國王們執行割讓條件的方式做出判斷，割讓這些權力對於他們來說是否重要。何況，法蘭克國王們是高盧的主人，他們是太平之君，而查士丁尼在那裡不擁有一寸土地；西羅馬帝國早已覆滅，東羅馬帝國僅僅作爲西羅馬帝國的代表才對高盧享有若干權力，這些其實是凌駕於權力之上的權力。法蘭克人的君主國已經建立，典章已經制定，居住在高盧的個人和族群彼此享有的權利已經商定，各族的法律不僅已經頒布，甚至已經用文字寫出。對於一個已經建成的國家，外來的權力割讓有何用處？

在秩序蕩然無存、一片混亂、國家全然崩垮之時，在征服者燒殺劫掠之時，所有主教卻竭力向征服者阿諛諂媚，迪波教士捧出這些主教的誇誇其談說明了什麼呢？除了說明那些被迫阿諛奉承的人是些軟骨頭之外，還能說明什麼？修辭與詩歌除了這些技藝本身的使用之外，還能證明什麼？圖爾的格雷瓜爾提及克洛維斯實施的幾樁謀殺後說，上帝讓克洛維斯的敵人天天匍匐在他面前，因爲他走在他的道路上；聽了這樣的話能不驚詫不已嗎？教會人士對於克洛維斯改宗基督教滿心歡喜，而且從中獲得了巨大利益，誰會對此有所懷疑？可是與此同時，人民在征服中受盡苦難，羅馬統治者向日耳曼統治者做出了讓步，誰能對此有所懷疑？法蘭克人既不願意也不可能改變一切，再說，哪個征服者有此癖好？然而，迪波教士爲了讓他的所有結論都正確無誤，就必須說法蘭克人不但沒有改變羅馬人的任何東西，反而改變了他們自己。

遵循迪波教士的方法，我甚至可以證明希臘人並未征服過波斯。首先可以說說某些希臘城市與波斯人簽訂的條約，然後再說說波斯人僱用的希臘人，猶如羅馬人僱用的法蘭克人一樣。儘管我們可以把亞歷山大攻入波斯人的家鄉，圍困、占領和摧毀提爾城，看作一件特殊事件，猶如希亞格利烏斯事件一樣；但是，那就看看猶太人的大祭師如何驅前迎奉亞歷山大[212]，聽聽朱庇特·阿蒙的神諭[213]，想一想此事在戈耳狄俄斯如何被預言[214]，看看所有城市如何張開雙臂歡迎他，總督和權貴們如何成群結隊前來迎奉他。他身著波斯服，也就是克洛維斯的執政官服。大流士不是把王國的一半給了他嗎？大流士不是被人當作暴君處死了嗎？大流士的母親和妻子不是爲亞歷山大之死而痛哭流涕嗎？昆圖斯-庫爾提烏斯[215]、亞里安、普魯塔克不都是同時代人嗎？他們的著作[216]中所缺失的某些東西，印刷術不是已經爲我們提供了一些線索嗎？這就是《法蘭西君主國在高盧的建立》一書所記述的歷史。

第二十五節　法蘭西的貴族

迪波教士認爲，在法蘭西王國初期，法蘭克人中只有公民一個等級。這種說法對於我們的名門望族是一種侮辱，對於先後統治我國的三個偉大王朝同樣是一種侮辱。偉大王朝的偉大淵源豈不就要湮沒在遺忘、黑夜和時間之中了嗎？歷史豈不應該向我們昭示一些時代，說明三個偉大的王朝在那時只不過是普普通通的家族嗎？爲了證明西爾佩里克、丕平、于格·加佩曾是顯貴，難道非得到羅馬人、薩克森人，也就是說到被征服民族中去尋找他們的淵源嗎？

迪波教士的見解以薩利克法爲依據[217]。他說，薩利克法表明，法蘭克人中間顯然不存在兩類公民。該法規定，凡是殺死一個法蘭克人，不管其身分是什麼，一律賠付和解金二百蘇[218]；但是，薩利克法對羅馬人作了一些區分；國王的客卿如果被殺，和解金爲三百蘇；羅馬人業主被殺，和解金爲一百蘇；隸屬於他人的羅馬人被殺，和解金僅爲四十五蘇。鑒於和解金的多寡意味著重大區別，所以迪波教士由此得出結論說，法蘭克人只有一個等級，羅馬人則有三個等級。

令人吃驚的是，他的錯誤竟然沒能使他發現自己的錯誤。其實，生活在法蘭克人統治之下的羅馬貴族，其和解金如果高於法蘭克人，其地位如果高於最高貴的法蘭克人和最高級的軍事將領，那倒眞的是咄咄怪事了。一個勝利者民族倘若果眞如此不尊重自己，卻對被征服的民族充滿敬意，那會呈現怎樣的一副模樣呢？況且，迪波教士列舉的其他蠻族法表明，這些民族的公民分爲多個等級，這個普遍規律如果恰恰不存在於法蘭克人之中，那就太異乎尋常了。此事本應令迪波教士想到，他不是對薩利克法的文字理解有誤，就是對該法的實際應用出現了問題。事實正是如此。

翻開薩利克法，我們看到，爲國王的家臣和附庸之死[219]支付的和解金爲六百蘇，而爲國王的羅馬客卿之死支付的和解金爲三百蘇[220]；薩利克法規定[221]，爲普通法蘭克人之死支付的和解金爲二百蘇[222]；爲一個普通羅馬人之死支付的和解金僅爲一百蘇[223]，爲一個隸屬於他人的羅馬人，即農奴或被釋奴之死支付的和解金爲四十五蘇[224]。但是，我不準備談論此事，也不準備談論法蘭克農奴和被釋奴死亡的和解金問題，因爲，我在這裡所談到的不是這些屬於第三等級的人。

迪波教士做了些什麼呢？他閉口不談屬於第一等級的法蘭克人，也就是關於國王家臣的那個條文；接著，他把死亡和解金爲二百蘇的普通法蘭克人，與死亡和解金各不相同的羅馬人中的三個等級加以比較，從中得出結論說，法蘭克人只有一個等級，羅馬人有三個等級。

在他看來，既然法蘭克人只有一個等級，勃艮第人最好也只有一個等級，因爲，勃艮第是法蘭克王國的一個重要組成部分。但是在他們的法典中有三種賠償金[225]，一種適用於勃艮第或羅馬貴族，一種適用於普通勃艮第人或羅馬人，一種適用於這兩個民族中的卑微者。迪波教士並沒有引用這項法規。

看看他如何避而不談從各個角度讓他感到壓力的那些段落[226]，這就不能不令人覺得奇怪。人家與他談到了權貴、領主和貴族，他卻說，那只是一些稱號，並不是等級差異，只不過是一些禮儀上的東西，而不是法律規定的特權；他還說，這些人要不就是國王樞密院的成員，甚至可能是羅馬人；可是，法蘭克人中無論如何只有一個公民等級。另一方面，如果談到法蘭克人中地位卑微的人，那就是農奴[227]。他就是用這種方法對希爾德貝的敕令進行詮釋的。我覺得有必要對這道敕令說上幾句。迪波教士讓這道敕令名聲大振，因爲他用它來證明兩件事：其一[228]，蠻族法規定的所有賠償金，都只是附加在肉刑上面的民事利益，這就把歷來的古老文獻記錄統統澈底否定了；其二，所有自由民都直接由國王審理[229]。這與記載當時司法程序的無數文字記載和權威說法，都截然相反[230]。

這道在全國會議上頒布的敕令說，當抓住一個聲名狼藉的盜賊時，法官如果發現盜賊是個法蘭克人（Francus），就把他捆起來送交國王；如果盜賊是個地位低下的人（debilior persona），那就立即把他絞死[231]。迪波教士說，Francus 是自由民，debilior persona 是農奴。且不說 Francus 究竟是什麼人，先來看一看 debilior persona 是什麼人。我認爲，無論哪種語言，凡是用於比較的詞都必然有三級：最大、次大、小。此處所涉及的如果只是自由民和農奴，那就應該稱之爲農奴，而不應稱之爲勢力較小的人。所以，debilior persona 絕對不是農奴，而是地位高於農奴的人。這個假設如果成立，那麼，Francus 就不是自由民，而是頗有勢力的人。我們之所以在這裡把 Francus 視爲頗有勢力的人，是因爲在法蘭克人中間，始終有那麼一批人，他們在政府裡頗有勢力，法官或伯爵往往拿他們沒有辦法。這個解釋與許多敕令[232]相吻合，這些敕令規定，哪些案件中的罪犯可以送交國王，哪些案件中罪犯不能送交國王。

在泰岡撰寫的《寬厚者路易傳》[233]中，使這位皇帝蒙受羞辱的主要人物是一些主教，尤其是曾經當過農奴和蠻族出身的那些主教。寬厚者路易讓埃彭脫離奴籍，當上了蘭斯大主教，泰岡斥責這個埃彭說：「皇帝的善舉得到了什麼回報呢[234]？他讓你成了自由民，當然，你並沒有當上貴族，可是，他給了你自由以後，是不可能再幫你當上貴族的。」

這段話有力地證明公民確有兩個等級，不過，迪波教士並不因此而感到爲難。他說[235]：「這段話絲毫也不表明寬厚者路易不能讓埃彭當上貴族，作爲蘭斯大主教，埃彭應該屬於第一等，已經高於貴族了。」我請讀者自己去品評這段話的意思，對這裡的僧侶高於貴族的說法做出自己的判斷。迪波教士接著說[236]：「這段話僅僅證明，生而自由的公民被稱作貴族，按照大家的習慣，貴族和生而自由的人是同一個意思。」什麼！由於在我們的年代中，有一些市民取得了貴族身分，竟然就把《寬厚者路易傳》中的一段話用在這些人身上了！迪波教士還說[237]：「埃彭當奴隸的時候，或許不在法蘭克人中，而是在薩克森人中或是在另一個日耳曼民族中，而在這些民族中，公民是被分爲若干等級的。」這麼一來，由於迪波教士的這個「或許」，法蘭克人當中就絕對沒有貴族了。不過在他筆下，「或許」這個詞從來不曾用得如此糟糕。我們剛才看到，泰岡把曾經反對寬厚者路易的主教分爲兩類[238]，一類曾是農奴，另一類曾是蠻族。埃彭屬於前一類，而不屬於後一類。此外，我不知道怎麼會有人說，像埃彭這樣的一個農奴是薩克森人或日耳曼人。須知，農奴既無家庭，因而亦無國家。寬厚者路易讓埃彭脫離了奴籍，而被釋奴是遵守主人所遵守的法律的，埃彭並未變成薩克森人或日耳曼人，而是變成了法蘭克人。

剛才我在進攻，現在應該轉入防守了。有人或許會對我說，國王的家臣組成了國家中一個有別於自由民的群體，可是，由於采地起初是可以轉讓的，後來才具有永久性，所以未能形成一個因出身而成爲貴族的群體，因爲，特權並不附屬於世襲的采地。毫無疑問，就是這個反駁意見讓瓦魯瓦先生認爲，法蘭克人只有一個等級；迪波教士接受了瓦魯瓦先生的看法，卻以許多拙劣的證據毀掉了這個看法。無論如何，能夠提出這種反駁意見的人絕對不會是迪波教士。因爲，既然他認爲羅馬貴族有三個等級，而國王的客卿是其中的第一等級，那他就不可能再說，較之國王的家臣，國王的客卿這個頭銜更是因出身而成爲貴族的標誌。可是，我必須給予直接回答。家臣之所以是家臣，並非由於他們擁有采地，而是因爲他們是家臣，所以才有人把采地賜給他們。讀者大概還記得，我在本章頭幾節中談到，他們當時並不擁有後來的那一塊采地，不過，雖然當時不擁有那一塊采地，卻擁有另一塊采地，因爲采地是在他們出生時授予的，而且往往是在全國會議上授予的；此外還因爲，獲得采地對貴族來說固然是好事，賜予采地對國王來說同樣也是好事。這些家族以其效忠國王而名聲顯赫，以其可以申領采地的特權而與衆不同。我在下一章[239]中將要說明，某些自由民何以由於機遇而被允許享有這種巨大的特權，從而進入貴族行列。貢特朗及其侄子希爾德貝當政時期的情況並非如此，在查理曼當政時期情況倒是確實如此。但是，自由民儘管從查理曼時代開始就可以擁有采地，但從上面引述的泰岡的記述來看，被釋農奴是被絕對排除在外的。迪波先生想要以土耳其爲例告訴我們，古老的法蘭西貴族是什麼樣的[240]，他會對我們說，寬厚者路易和禿頭查理在位時，我們法蘭西人對於把榮耀和高位給予出身卑微者煩言多多，而土耳其人對此類現象卻絲毫沒有抱怨嗎？其實，查理曼時期無人抱怨，因爲這位君主始終把舊家族與新家族區分開來，而寬厚者路易與禿頭查理卻並不這樣做。

不要忘記，我們都應謝謝迪波教士，因爲他撰寫了好幾部佳作。評判迪波先生的依據應該是那幾部佳作，而不是剛才我們所討論的那部書。他在那部書中出了一些大錯，因爲他眼裡只有布蘭維利耶伯爵，卻沒有書的主題。我對他的所有評論令我想到這樣一個問題：連他這樣一位大人物都會犯錯誤，我是不是應該更加小心翼翼才是呢？

本章注釋

[1] 「從頭頂到蒼穹有多遠，從樹根到地獄就有多遠。」見維吉爾，《埃涅阿斯紀》。

[2] 《高盧戰記》，第六卷，第三十一至三十八節。

[3] 比如他從日耳曼尼亞撤退。見《高盧戰記》，第六卷，第二十九至六十三節。

[4] 《高盧戰記》，第六卷，第二十三節。

[5] 《日耳曼尼亞志》，第十三卷，第二、三章。

[6] 拉丁文寫作comites。

[7] 《日耳曼尼亞志》，第十三、十四卷。

[8] 《高盧戰記》，第六卷，第二十三節。

[9] 參見《達戈貝爾傳》。

[10] 參閱圖爾的格雷瓜爾《法蘭克史》第六卷中有關西爾佩里克的女兒婚事的記述。希爾德貝派人告訴西爾佩里克，他不可能把父親的王國中的城市讓女兒帶走，即便是財寶、農奴、馬匹、騎士、牛的軛具等也不行。

[11] 羅里孔（Roricon），據傳說，此人是《法蘭克王的戰功》一書的作者。——譯者

[12] 參見索西穆斯，《歷史》，第五卷，關於應阿拉里克所請分發小麥的記述。

[13] 西哥特人《西哥特法》，第十卷，第一篇§八、九、十六。

[14] 《勃艮第法》，第五十四篇§一、二。寬厚者路易的八二九年敕令表明，分地制度在他執政時期依然存在。這項敕令被收入在《勃艮第法》第七十九篇§一。

[15] 馬略（Marius）的《紀年史》中關於西元四五六年的記述。「勃艮第人占據了高盧，與高盧和羅馬的元老們瓜分土地。」

[16] 奧古斯圖魯斯（Augustulus），西羅馬帝國末代皇帝，西元四七五年登基，翌年即被趕下臺。——譯者

[17] 奧多亞克（Odoacre，四三四—四九三），西羅馬帝國僱傭兵首領，他於西元四七六年廢黜奧古斯圖魯斯皇帝，西羅馬帝國就此滅亡。——譯者

[18] 參閱普洛科比烏斯，《哥特戰記》。

[19] 西元三世紀定居在維斯圖拉河和奧德河沿岸地區的日耳曼人。——譯者

[20] 《汪達爾人戰記》。

[21] 《勃艮第法》，第五十四篇§一：「雖然我們民族在那時得到三分之一奴隸和三分之二土地。」

[22] 《《勃艮第法》·補編》，第二條：「此後到來的勃艮第人只能要求獲得目前所需，即一半土地。」

[23] 《日耳曼尼亞志》，第三十一章。

[24] 《西哥特法》也有相同規定。

[25] 《勃艮第法》，第五十四篇。

[26] 法典的標題「農民、繳納年貢的地主和屯墾者」可資證明。

[27] 《勃艮第法》，第二十六篇§一：「如果拔掉勃艮第貴族或羅馬貴族的一顆牙」；《勃艮第法》，第二十六篇§二：「如果給予中等階層的自由民，無論勃艮第人或羅馬人」。

[28] 《勃艮第法》，第五十七篇。

[29] 法厄同（Phéaton），希臘神話中的太陽之子。——譯者

[30] 這段引語來自奧維德的史詩《變形記》第二卷第十三—十八行。孟德斯鳩在註腳中引述了拉丁文原文，內容與正文中的引語完全相同，故從略。——譯者

[31] 在羅馬人管轄下的高盧，農奴是一個特殊群體，通常由被釋奴和他們的後代組成。

[32] 圖爾的格雷瓜爾，《法蘭克史》，第二卷，第二十七章；艾穆安（Aimoin），《法蘭克人史》，第一卷，第十二章。

[33] 參見《聖人傳》。參見本節下面另一註腳。

[34] 特德里克（Theudéric，四八六—五三八），奧斯特拉西亞和奧弗涅國王。——譯者

[35] 圖爾的格雷瓜爾，《法蘭克史》，第三卷，第十一章。

[36] 圖爾的格雷瓜爾，《法蘭克史》，第四卷，第三十一章。

[37] 在七六三年條目下寫道：「戰利品和奴隸多得難以計數，他們回到法蘭西時都發了財。」

[38] 《弗爾德年鑑》，七三九年；保爾·迪亞克爾（Paul Diacre），《倫巴第人的武功》，第三卷，第三十章；第四卷，第一章；下一個註腳所引的《聖人傳》。

[39] 參閱聖埃皮法納（Saint Epiphane）、聖埃普塔蒂烏斯（Saint Eptadius）、聖賽塞爾（Saint Césair）、聖

菲多爾（Saint Fidole）、聖波西安（Saint Porcien）、聖特雷維里烏斯（Saint Trévérius）、聖歐西齊烏斯（Saint Eusichius）、聖萊熱（Saint Léger）等聖人的傳記以及聖尤利安（Saint Julien）的聖跡。

【40】奧維德在《變形記》第一卷中寫道：「茫茫大海，無邊無際」。

【41】屯墾者也不全是農奴。參見《法典》：「農民、種植者和屯墾者」第十八、二十三條；同篇第二十條。

【42】圖爾的格雷瓜爾，《法蘭克史》，第二卷。

【43】阿龐（arpent），古代土地面積計算單位，約合二十—五十公畝。——譯者

【44】圖爾的格雷瓜爾，《法蘭克史》，第二卷。

【45】弗雷戴貢德（Frédégonde，五四五—五九七），西爾佩里克之妻，紐斯特里亞王后。——譯者

【46】這在圖爾的格雷瓜爾，《法蘭克史》全書中都可以看到。這位格雷瓜爾問一個原籍倫巴第的名叫瓦爾菲里亞庫斯（Valfiliacus）的人，他怎麼能夠成為教會人士。見該書第八卷。

【47】「這種稅在高盧的所有城市中徵收。」見《聖阿裡迪烏斯傳》。

【48】圖爾的格雷瓜爾，《法蘭克史》，第七卷。

【49】迪波，《法蘭西君主國在高盧的建立》，第三卷，第十六章，第五一五頁。

【50】《法蘭克史》，第三十六章。

【51】《法蘭西君主國在高盧的建立》，第三卷，第五一四頁。

【52】法官和行政長官把為羅馬人保留的土地，即三分之一，從占有這些土地的人手中拿回來，立即交還給羅馬人，讓羅馬人繳清賦稅，以免財政受損。見《西哥特法》，第十卷，第一篇，第十四章。

【53】汪達爾人在非洲根本不繳土地稅。見普洛科比烏斯，《汪達爾人戰記》，第一卷和第二卷；《雜史》，第十六卷第一〇六頁。請注意，非洲的征服者是汪達爾人、阿蘭人和法蘭克人。見《雜史》，第十四卷，第九十四頁。

【54】《法蘭西君主國在高盧的建立》，第三卷，第十四章，第五一〇頁。

【55】阿杜安神父（le Père Hardouin，一六四六—一七二九），法國耶穌會學者。他自稱經考證後確認，荷馬的史詩和維吉爾的史詩，其實都是中世紀僧侶的作品。孟德斯鳩在此以阿杜安神父的無稽之談譏諷迪波神父。——譯者

【56】《法律》，第十一卷，第七十四篇，第三題。

【57】《法蘭西君主國在高盧的建立》，第三卷，第五一一頁。

【58】《法蘭西君主國在高盧的建立》，第三卷，第十四章，第五一三頁；他在此處援引了皮斯特版的第二八條。參見本書本章第十八節。

【59】《法蘭西君主國在高盧的建立》，第三卷，第四章，第二九八頁。

【60】八一五年敕令第一章。此敕令與禿頭查理的八四四年敕令的一條和第二條相符。

【61】「為居住在阿基坦、納波奈茲和普洛旺斯地區的西班牙人」。見寬厚者路易的八一五年敕令。

【62】「被他們稱作瓦克達斯（wactas）的衛隊和巡邏隊」。

【63】他們沒有向伯爵提供同樣服務的義務。

【64】「家有馬匹的法蘭克應將馬匹交給伯爵與敵人作戰」伯爵不得扣留他們的馬匹。「為使他們能夠依據古老的習俗從軍並備好馬匹。」皮斯特版，載《敕令彙編》，巴魯茲，第一八六頁。

【65】查理曼八一二年敕令第一章；皮斯特版八六四年第二十七條。

【66】拉丁文為 Quatuor mansos。我認為這裡所說的 mansus 是指一定數量的土地，土地之上附有住宅，並擁有奴隸。八五三年的敕令「致希利」可資證明，見該敕令第十四條「關於不得將奴隸逐出份地」。

【67】見本書本章第二十節。

【68】杜申，《文集》，第二卷，第二八七頁。

【69】杜申，《文集》，第二卷，第八十九頁。

【70】見八五八年敕令第十四條。

【71】在有河流和路口的地方，國王也徵收一些路橋費。

【72】稅（census）這個詞用途廣泛，在有河流的地方，也可以用來指過橋或渡河費。見八〇三年敕令，巴魯茲版，第三九五頁第一條；八一九年敕令V第六一六頁。從禿頭查理八六五年敕令第八條來看，這個詞還可以用來指稱自由民向國王或國王的特使提供的車輛。

【73】迪波教士和他的追隨者。

【74】迪波教士在《法蘭西君主國在高盧的建立》第三卷第六章第十四節中提出的理由十分軟弱無力，尤其是他對圖爾的格雷瓜爾關於他的教堂和查理貝爾（Charibert）國王糾紛的記述所作的推導。

【75】例如奴隸釋放金。

[76]《日耳曼法》，第二十二章；《巴伐利亞法》，第一篇，第十四章，其中有神職人員對他們自己的身分制定的規則。

[77]《敕令彙編》，第五卷，第三百零三章。

[78]「如果有人身自由，而且沒有在納稅冊上登記。」見《敕令彙編》，第一卷，第十九條。

[79]西元七八九年諭令，載《敕令彙編》，巴魯茲版，第一卷，第二五〇頁。

[80]「此自由憲章應是持續和永久的」。見《敕令彙編》，巴魯茲版，第一卷，第二五〇頁。

[81]「賦予他們以原有的自由，解除他們向我們繳納的稅賦。」載《敕令彙編》，巴魯茲版，第一卷，第二五〇頁。

[82]西元八一二年敕令《處理西班牙人條例》，載《敕令彙編》，巴魯茲版，第一卷，第五〇〇頁。

[83]西元八四四年敕令，載《敕令彙編》，巴魯茲版，第二卷，第一、二條第二十七頁。

[84]收在安澤起士（Anzegise），《敕令集》中的八〇五年敕令III，第二〇、二十二條，見該彙編第三卷，第十五條。此敕令與禿頭查理八五四年的阿蒂尼敕令第六條相符。

[85]「以往合法徵稅的地區」，見安澤起士，《敕令集》。

[86]載《敕令彙編》，巴魯茲版，第一卷，第四九八頁：八一二年敕令第十、十一條。

[87]「以往收歸國王的所有稅賦」，見八一二年敕令第十、十一條。

[88]載《敕令彙編》，巴魯茲版，第一卷，第五〇八頁：八一二年敕令。

[89]八一三年敕令第六條：「納稅人所交納的稅賦」。

[90]《敕令集》，第四卷，第三十七條，編入《倫巴第法》。

[91]「如果有人獲得了一塊納賦土地，一塊我們習慣上要徵稅的土地。」《敕令集》第四卷第三十七條。

[92]八〇五年敕令第八條。

[93]「自古以來由國王徵稅的納稅土地。」見八〇五年敕令第八條。

[94]「稅或法蘭克人應向國王提供的馭馬。」

[95]載《敕令彙編》，巴魯茲版，第一九二頁：八六四年敕令第三十四條。

[96]載《敕令彙編》，巴魯茲版，第一九二頁：「應為自己的人頭和茅屋向國王納稅的法蘭克人。」

[97]同一道敕令第二十八條對此作了解釋。此敕令甚至對被釋奴中的羅馬人和法蘭克人作了區分，可見並非人

人都納稅。應該好好讀一讀這件文書。

[98] 參見前引查理曼八一三年的一道敕諭。

[99] 拉丁文寫作 comites。

[100] 拉丁文寫作 Qui sunt in truste regis，見於《薩利克法》第四十四卷第四條。

[101] 這個詞來自 trew，在阿拉曼語中意為忠誠，在英語中即 true，意為真實。

[102] 拉丁文寫作 Leudes, fideles。

[103] 拉丁文寫作 Vassali, seniores。

[104] 拉丁文寫作 Fiscalia。參見馬爾庫爾弗，《法規》，第一卷，第十四條。《聖摩爾傳》稱：「國王給了他一筆國庫財產。」《麥斯年鑒》所記七四七年：「國王給予他伯爵領地和一些國庫財產。」用於維持王族日常生活的費用叫作王家費用，拉丁文寫作 regalia。

[105] 《論采地》，第一卷，第一篇；屈亞斯關於該書的論述。

[106] 《法蘭克史》，第九卷，第三十八章。

[107] 「應該把采地給誰，把誰的采地收回。」見《法蘭西史》，第七卷。

[108] 「無論何人都應被承認有權擁有這種地位，作為得自他人或我們的收益的一部分。」見《法規》，第一卷，第三十條。

[109] 《倫巴第法》，第三卷，第八篇§三。

[110] 《采地概要》（Libre feudorum），在義大利編制的一部倫巴第封建法論著，作者為兩位執政官。——譯者

[111] 《采地概要》，第一卷，第一篇。

[112] 屈亞斯指出，這也是一種特惠，領主可以每年繼續給予，也可以不再給予。

[113] 參見查理曼八一二年敕令第三條和第四條；又見《敕令彙編》，巴魯茲版，第一卷，第四九一頁；《皮斯特敕令》，八六四年第二六條，第二卷，第一八六頁。

[114] 「每位伯爵有兩位督軍和百人長。」見《敕令集》，第二卷，第二十八條。

[115] 這些士兵叫作夥計（compagnons）。

[116] 《敕令彙編》，巴魯茲版，第二十頁：五九五年敕令第一條。這些法規大概是徵詢意見後制定的。

[117] 拉丁文寫作 Advocati。

【118】查理曼八一二年敕令第一條和第五條。見《敕令彙編》，巴魯茲版，第一卷，第四九〇頁。

【119】《敕令彙編》，巴魯茲版，第四〇八頁和第四一〇頁：八〇三年沃姆斯（Worms）敕令。

【120】《敕令彙編》，巴魯茲版，第四〇九頁：八〇三年沃姆斯敕令；《敕令彙編》，巴魯茲版：禿頭查理在位時八四五年韋爾農宮公會議。

【121】《敕令彙編》，巴魯茲版，第六一八頁：八一九年敕令第二十七條。

【122】「關於目前在王宮中為國王服役並享有特惠的附庸，特作規定如下：凡留在宮中陪伴皇帝者，不得讓其附庸的附庸隨與他一同留在宮中，而是應該允許他們與其管轄區的伯爵一同出發作戰。」載《敕令彙編》，巴魯茲版，八一二年敕令II，第七條。

【123】《敕令彙編》，巴魯茲版，第一卷，第四九〇頁：「隸屬於我們或隸屬於主教或教士、擁有恩賜或自己產業的人。」

【124】《法蘭西君主國在高盧的建立》，第三卷，第六章，第二九九頁。

【125】《敕令彙編》，巴魯茲版，第二卷，第十七頁：八八二年敕令第二條「在韋爾農宮」。

【126】《敕令彙編》，巴魯茲版，第二卷，第十七頁：第一條和第二條：八四五年韋爾農公會議文書第八條。

【127】法庭或審判會議。

【128】安澤起士，《敕令集》，第四卷，第五十七條，《敕令彙編》，巴魯茲版，第一卷，第六一五頁。寬厚者路易八一九年的第五道敕令，第十四條：見《敕令彙編》，巴魯茲版，第一卷，第六一五頁。

【129】見《敕令彙編》，巴魯茲版，第一卷，第四九〇頁。《敕令彙編》，巴魯茲版，第一卷，第四九〇頁：「隸屬於我們或隸屬於主教或教士、擁有恩賜或自己產業的人。」

【130】參閱威廉・朗巴爾（Guillaume Lambard），《安格爾古法》。

【131】對 satrapa 一詞的解釋。

【132】《耶路撒冷審議庭》第二百二十一章和二百二十二章對此作了很好的解釋。

【133】教會的助理教士也主持審訊和率領兵員。

【134】參見馬爾庫爾弗，《法規》，第一卷，第八條。文中有致公爵、地方長官或伯爵的信，賦予他們以司法管理和稅務管理權。

【135】弗雷德加里烏斯，《編年史》，第七十八章：關於六三六年。

[136] 參閱圖爾的格雷瓜爾，《法蘭克史》，第五卷：五八〇年之前。

[137] 即法蘭克人中的自由民的審判會議。

[138] 請關連我在本書第二十八章第二十八節以及第三十一章第八節中的論述。

[139] 參見寬厚者路易的敕令，附加在《薩利克法》第二條後面；迪康熱的審判規則中對名流的解釋。

[140] 拉丁文寫作 Per bonos homines。有時所有參審人員都是名流。參見馬爾庫爾弗《法規》第二章附件。

[141] 以及前面提到的某些渡河過橋收費權。

[142] 參見《里普埃爾法》，第八十九篇；《倫巴第法》，第二卷，第五十二篇§九。

[143] 「解決一個父親和一個親屬的仇恨和友誼都是法律要管的事，但是，並非事事都不講通融。即使是殺人罪，也可以用一定數額的格羅升和小型牲畜抵罪。受害者全家都會接受這種賠償。」見塔西佗，《日耳曼尼亞志》。

[144] 《弗里茲法》，第二篇：關於謀殺；烏勒瑪爾（Vulemar）關於盜竊的增篇。

[145] 烏勒瑪爾，《哲人增篇》，第一篇§一。

[146] 《薩利克法》，第五十八篇§一；第十八篇§三。

[147] 參見《薩利克法》，第三、四、五、六篇關於盜竊牲畜的處分。

[148] 《倫巴第法》，第一卷，第七篇§十五。

[149] 參見《安格爾法》，第一篇§一、二、四；《安格爾法》，第一篇§五、六；《巴伐利亞法》，第一篇，第八、十章；《弗里茲法》，第十五篇。

[150] 《巴伐利亞法》，第二篇，第二十章。

[151] 阿吉羅芬格人（Agilolfingues），巴伐利亞公爵的第一王朝傳人。——譯者

[152] 《巴伐利亞法》規定，這些家族包括霍吉德拉、歐札、撒伽納、哈比林瓜、阿尼耶納。

[153] 伊納法規定，一條命值多少錢多少土地。《伊納王法典》中的「國王家臣篇」；《英國古代法律詞彙》，劍橋，一六四四年。

[154] 《薩克森法》甚至為不止一個民族確定了這種價格；見該法第十八章。又見《里普埃爾法》第三十六篇§十一；《里普埃爾法》，第三十六章§十一；《巴伐利亞法》，第一篇§十、十一：「倘若他沒有黃金，就讓他拿出另一種有價值的東西來，例如農奴、土地。」

【155】參見《倫巴第法》，第一卷，第二十五篇§二十一；第一卷，第九篇§八、三十四；同前§三十八；查理曼八〇二年敕令第三十二章中有他對各省特派員的指示。

【156】參見圖爾的格雷瓜爾，《法蘭克史》，第七卷，第四十七章所記一個案件的詳情。當事一方因自行報復而失去了和解金的一半，不管他此後又受到了什麼傷害，他都不能再獲得賠償。

【157】參見《薩克森法》，第二章§四；《倫巴第法》，第一卷，第三十七篇§一、二。《日耳曼法》，第四十五篇§一、二。日耳曼法允許在第一時間立即自行復仇。見查理曼七七九年敕令第二十二章；八〇二年敕令第三十二章，八〇五年敕令第五章。

【158】《里普埃爾法》的編纂者好像對此作了修改。見《里普埃爾法》第八十五篇。

【159】參見塔里松法令：「論人民的法律」第三、四、十、十六、十九條；《安格爾法》，第七篇§四。

【160】《倫巴第法》，第一卷，第九篇§四。

【161】希爾德貝與克羅泰爾二世於五九三年簽署的和平協定；克羅泰爾二世於五九五年前後頒布的敕令第十一章。

【162】法律如對安保費的數額未作明確規定，通常應是和解金的三分之一。《里普埃爾法》，第八十九章對此有規定，八一三年第三道敕令對此作了解釋。見《法規彙編》，巴魯茲版，第一卷，第五一二頁。

【163】《倫巴第法》，第一卷，第九篇§十七，林登布洛克版。

【164】《里普埃爾法》，第七十篇。

【165】《里普埃爾法》，第四十六篇。參見《倫巴第法》，第一卷，第二十一章§三：「馬蹄如果……」林登布洛克版。

【166】《薩利克法》，第二十八篇§六。

【167】克羅泰爾二世五九五年敕令：「罰金由事發地法官保管。」

【168】《里普埃爾法》，第八十九篇。

【169】參見查理曼的維利斯敕令。他把安保費列為國王轄區重要收入之一。

【170】馬爾庫爾弗，《法規》，第一卷，第三、四、十七條。

【171】馬爾庫爾弗，《法規》，第一卷，第二、三、四條。

【172】參見各種條例集，尤其是本篤會神父們編纂的《法蘭西歷史學家》第五卷篇尾的諸多條例。

【173】馬爾庫爾弗，《法規》，第一卷，第三、四、十四條；查理曼七七一年條例；馬泰納（Martène），《逸事

集》，第十一集：「茲令所有公共法官均擁有對密爾貝克教堂和修道院所在地的各色人等的司法權，無論自由民或農奴，同時對於該地的居民也同樣一樣擁有司法權。」等等。

[174] 魯瓦索（Loyseau, Charles，一五六六—一六二七），巴黎高等法院律師，著有《鄉村的司法制度》。——譯者

[175]《鄉村的司法制度》。

[176] 迪康熱，《晚期拉丁語和希臘語詞匯》中的 homimium 詞條。

[177] 參見馬爾庫爾弗，《法規》，第三、四條。

[178]《里普埃爾法》，第五十八篇§一：「除了他們被解放的地方以外，他們不得尋求司法保護。」又見林登勃洛克版，§十九。

[179] 拉丁文寫作 Tabularii。

[180] 拉丁文寫作 Mallum。

[181]《圖盧茲主教聖日爾梅尼烏斯傳》，五月十六日，保朗杜斯出版。

[182] 參閱《聖梅拉尼烏斯傳》和《聖戴伊克爾傳》。

[183] 六一五年巴黎公會議文書第十九條和第十二條：「本區擁有土地的主教或權勢人物，不得指定非本地人擔任法官和審判人員參與和主持司法審理。」

[184]《倫巴第法》，第二卷，第四十四篇，第二章，林登勃洛克版。

[185]《倫巴第法》，第二卷，第四十四篇，第二章：「已經獲得土地的農奴，持有舊約或新近獲得土地的人。」

[186] 八五八年聖諭第七條，見《諭令集》第一〇八頁：「神職人員生活的土地以及在教會豁免權保護下並應由其附庸服務的地產。」

[187] 該敕令附於《巴伐利亞法》，第七條；參見林登勃洛克版第三條第四四四頁：「首先必須規定，教會對於居住在教會領地上的人的財產和居住權，無論在其生前或死後，均享有司法權。」

[188] 八五七年吉耶茲公會議文書第四條；《敕令彙編》，巴魯茲版，第九十六頁。

[189]《巴伐利亞法》，第三篇，第十三章，林登勃洛克版。

[190] 所謂託付，是指業主將自己的地產讓與某位領主，然後以承擔某些義務為條件將該地產作為賞賜地收回。——譯者

[191] 《日耳曼法》，第八十五篇。

[192] 五九五年敕令第十一、十二條：巴魯茲版，第十九頁：「也有可能是這樣：一個百人長在另一個百人長轄區追蹤並發現蹤跡：如果事情發生在一位家臣的地界內，而家臣並未做出努力把嫌犯驅趕出去，或是並未把他看作與盜賊有關的人。」

[193] 希爾德貝（Childebert）、克羅泰爾（Clotaire）都是克洛維斯的兒子，分別是巴黎和蘇瓦松的國王。——譯者

[194] 希爾德貝五九五年敕令第二、三條：「如果已經證實確有盜賊作案，不課罰金；如果有人經多方努力抓住了盜賊，此人可以接受全部賠償金。如果在采地內抓住盜賊，他就只能獲得采地賠償金的一半，此外還可以要求對盜賊處以重刑。」

[195] 參見迪康熱，《晚期拉丁語和希臘語詞匯》中的trustis詞條。

[196] 丕平（Pépin，七七七—八一〇），義大利國王（七八一—八一〇在位），查理曼之子。這位丕平不是前面提及的矮子丕平。——譯者

[197] 載於《倫巴第法》，第二卷，第五十二篇§十四。該法規即為七九三年敕令。見《敕令彙編》，巴魯茲版，第五四四頁，第十條。

[198] 一個擁有賜地的法蘭克人或倫巴第人如果不願審理訟案，他所隸屬的法官可以停止其對賜地的使用，在此期間，由該法官代行司法權。見《倫巴第法》，第二卷，第五十二篇，第二條，此條與查理曼七七九年敕令，第二十一條相關。

[199] 八一二年第三道敕令，第十條。

[200] 八一三年第二道敕令，第十四、二十條，第五〇九頁。

[201] 八一九年敕令，第二十三條：「特使、主教或教士以及其他享有賜地和土地的人，如果阻止他人或不願審理案件，為案件而來的人就可以住宿在他家中，直到案件審畢。」見《敕令彙編》，巴魯茲版，第六一七頁。

[202] 《敕令彙編》，巴魯茲版，第二卷，第一五二頁：「吉耶茲敕令。茲規定，派往其轄區任何一地的所有法官，協同其下屬官員，對所有被其證實對抗司法者予以懲處。」

[203] 《敕令彙編》，巴魯茲版，第二卷，第十八條，第一八一頁：「皮斯特敕令。罪犯如果遁入我的領地和其

他任何采地和任何領主的屬地……」

【204】馬爾庫爾弗，《法規》，第一卷：「我想將善意的決定交予教會屬地，或將適當的特權賦予我所願意的人，由此擴大帝國的無限權威。」

【205】我在本書本章第二十一節中已經列舉了此條例：「本區擁有……」

【206】希亞格利烏斯（Syagrius，四三〇—四八六），羅馬將軍。——譯者

【207】阿莫里克（Armorique），西元七世紀之前的布列塔尼地區。——譯者

【208】索西穆斯，《歷史》，第六卷，第五章。

【209】霍諾里烏斯（Honorius，三八四—四二三），三九五年繼羅馬皇帝位，懦弱無能，聽任蠻族侵入羅馬帝國。——譯者

【210】索西穆斯，《歷史》，第六卷，第五章：「整個阿莫里克地區和其他高盧行省。」

【211】迪波，《法蘭西君主國在高盧的建立》，第二卷，第三章，第二七〇頁。

【212】據傳，猶太人的大祭師曾在耶路撒冷莊嚴地迎接亞歷山大。——譯者

【213】朱庇特·阿蒙在神諭中承認，亞歷山大是朱庇特的兒子。——譯者

【214】據傳，亞歷山大出征波斯前，把一把寶劍用死結掛在供獻給宙斯的車轅上。神諭稱，解開死結者可贏得亞洲帝國。此處即隱喻亞歷山大在戈耳狄俄斯解開死結一事。——譯者

【215】昆圖斯—庫爾提烏斯（Quinte-Curce），西元一世紀拉丁歷史學家，著有十卷本《亞歷山大傳》。——譯者

【216】參見迪波教士在該書中所寫的前言。

【217】見《法蘭西君主國在高盧的建立》，第三卷，第六章，第三〇四頁。

【218】他為此援引《薩利克法》，第四十四篇和《里普埃爾法》，第七篇和第三十六篇。

【219】「國王的忠臣行列中的一員」，《薩利克法》，第四十四篇§四；這與馬爾庫爾弗，《法規》，第十三條「國王的家臣」相關。又見《薩利克法》，第六十六篇§三、四，第七十四篇；《里普埃爾法》，第十一篇，禿頭查理的八八七年敕令：「於吉耶茲」第二十章。

【220】《薩利克法》，第四十四篇§六。

【221】《薩利克法》，第四十四篇§四。

【222】《薩利克法》，第四十四篇§一。

【223】《薩利克法》，第四十四篇§十五。
【224】《薩利克法》，第四十四篇§七。
【225】《勃艮第法》，第二十六篇§一、二、三：「因過失損毀一個勃艮第貴族的一顆牙者，賠償二十五蘇；受害人若是勃艮第人或羅馬人中的自由民，賠償金應為十蘇，受害人若是下等人，賠償金則為五蘇。」
【226】《法蘭西君主國在高盧的建立》，第三卷，第六章，第四、五節。
【227】《法蘭西君主國在高盧的建立》，第三卷，第五章，第三一九、三二〇頁。
【228】《法蘭西君主國在高盧的建立》，第三卷，第六章，第四節第三〇七、三〇八頁。
【229】《法蘭西君主國在高盧的建立》，第三卷，第六章，第三〇九頁，第五章，第三一九、三二〇頁。
【230】參閱此書的第二十八章第二十八節，第三十一章，第八節。
【231】《敕令彙編》，巴魯茲版，第一卷，第一九頁：「於是在科隆決定由我頒布：法官獲悉盜賊犯案後，應立即趕往出事地點，將盜賊捆綁，並調查清楚，盜賊如系自由民，應送給我處置，若系下等小民，立即絞死。」
【232】參閱本書第二十八章第二十八節和第三十一章第八節。
【233】《寬厚者路易傳》：第四十三章和第四十四章。
【234】《寬厚者路易傳》：第四十三章和第四十四章。「你是怎麼報恩的！他把你變成一個自由民，當然並非貴族，可是，被釋奴是不能成為貴族的。」
【235】《法蘭西君主國在高盧的建立》，第三卷，第六章，第四節，第三一六頁。
【236】《法蘭西君主國在高盧的建立》，第三卷，第六章，第四節，第三一六頁。
【237】《法蘭西君主國在高盧的建立》，第三卷，第六章，第四節，第三一六頁。
【238】《寬厚者路易傳》：「所有主教都討厭路易，特別是被他從奴役中解救出來和來自蠻族的那些人，他給了前者以榮譽，給了後者以高位。」
【239】本書第三十一章第二十四節。
【240】《法蘭西君主國在高盧的建立》，第三卷，第六章，第三〇二頁。

第三十一章　法蘭克人的封建法理論與其君主制巨變的關係

第一節　官職和采地的變化

起初，伯爵被派往各自轄區的任期僅一年，不久之後，他們就花錢購買，以求繼續任職。早在克洛維斯的孫子在位期間就有這樣一例。一位名叫佩歐尼烏斯的人是奧克賽城的伯爵，他派兒子姆莫洛斯去給貢特朗送錢，以求繼續任職；這個兒子卻花錢爲自己買官，取其父而代之[1]。國王此時已經開始腐化他們自己的恩賜地了。

依據王國的法律，此時的采地雖然是可以轉讓的，卻並非可以隨意和專斷地授予或剝奪，此事通常是全國會議的主要議題之一。我們有理由認爲，無論在伯爵的任職或采地的授予上，當時都已經出現了腐化現象；花錢就可以繼續領有采地，花錢就可以繼續領有伯爵轄地。

我將會在本章後面[2]指出，君主的某些恩賜地僅在一定時間內有效，而另外一些恩賜地卻具有永久性。國王有一次因爲想要收回以前給予的恩賜地而激起全國的普遍不滿，不久就引發了法國歷史上第一次著名的革命，布倫豪特[3]之死便是這場革命第一階段中令人震驚的一個場景。

布倫豪特既是王后，又是這位國王的女兒，那位國王的姐妹，還是另一位國王的母親，她的建樹無愧於一個羅馬市政官員或行省總督，因而至今依然聞名遐邇；她生而極富才幹，善於處理國務，長期因才幹和品德爲人所敬重，突然之間，她卻爲一個在全國缺乏權威的國王[4]所害，長時間遭受殘忍的刑訊煎熬，受盡屈辱[5]。若非由於某種特殊的原因失去了全國人民的愛戴，她的這種遭遇乍一看實在是不可思議。克羅泰爾指責她害死了十位國王[6]，可是其中兩位卻是克羅泰爾自己害死的[7]，還有幾位國王之死應該歸咎於命運或另一位王后的罪惡；一個曾經讓弗雷戴貢德王后[8]安然地在床上死去，甚至反對懲罰這位王后的滔天罪行[9]的國家，對於布倫豪特的罪行，看來是無動於衷的。

布倫豪特被放置在一匹駱駝上到全軍去巡遊，這當然表明她已經失去了全軍的愛戴。據弗雷德加里烏斯的記述，布倫豪特的寵臣普洛泰爾[10]，奪取領主們的地產用以充實國庫，恣意羞辱貴族，致使人人因擔心失去職務而惶惶不可終日[11]。全軍起而反對普洛泰爾，把他殺死在營帳中。全國人民對布倫豪特的憎惡日益加劇，究其原因，或許是她試圖爲普洛泰爾復仇[12]，或許是她想要繼續普洛泰爾的行徑[13]。

克羅泰爾野心勃勃地想要獨攬國政，心中充滿了可怕的復仇念頭，他明白，布倫豪特的兒子們如果占了上風，他就必死無疑。於是，他違心地參與了一樁密謀。或是因爲他的笨拙，或是由於形勢所迫，他終於成了布倫豪特的控訴人，把這位王后描繪成一個令人膽戰心驚的人物。

密謀反對布倫豪特的核心人物瓦納歇爾是勃艮第的宮相，他要求克羅泰爾做出承諾，讓他終身擔任此職，絕不逼他離職[14]。這樣一來，這位宮相就與法國領主們以往的狀況不同了，宮相的權力就開始獨立於國王的權力了。

布倫豪特令人沮喪的攝政激怒了全國。當法律依然有效時，誰也不能因爲采地被收回而心懷不滿，因爲法律並未規定可以永久擁有采地；可是，當人們借助貪婪、惡劣的行徑和腐化的行爲獲得采地時，他們又抱怨他們的某些東西通過不正當途徑被剝奪了，正如當初獲得這些東西時往往也是通過這種不正當途徑。收回恩賜地的目的如果是公眾的福祉，大概誰也不會說什麼；可是，表面的秩序遮掩不住腐敗；有人要求掌管國庫的權力，爲的卻是恣意揮霍國庫的財產；恩賜地不再是對服務的酬報或是對服務的期望。布倫豪特試圖用腐敗的風氣去糾正由來已久的腐敗現象。她之所以反復無常並不是因爲她是一個意志薄弱的人；家臣和高官們感到自己已經窮途末路，於是就把她幹掉了。

對於當時發生的種種事件，我們所掌握的資料少而又少，編年史的作者們對於當時歷史的了解相當可憐，大體上僅僅相當於今天的鄉民對當今歷史的了解。不過，克羅泰爾爲我們留下了一份爲革除流弊而在巴黎公會議上頒布的律令[15]，這份律令表明，克羅泰爾把引發革命的那些民怨壓制下去了[16]。他在這份律令中一方面對於先王們的賞賜予以認可[17]，另一方面下令歸還家臣們所有被剝奪的東西[18]。

這並非這位國王在公會議上所作的唯一讓步，他還試圖修正以往反對僧侶特權的那些措施[19]；他削弱了宮廷對於主教選舉的影響[20]。他還對稅收制度進行了改革，取消了一切新設的稅種[21]，並規定，凡是在貢特朗、西格貝爾[22]、西爾佩里克死後所設立的路橋稅，一律停止徵收[23]；也就是說，弗雷戴貢德和布倫豪特攝政時代的各種規定全都被他廢除了。他下令禁止他自己的畜群進入私人森林[24]。下面我們將會看到，他所推行的改革更爲廣泛，而且涉及公民事務。

第二節　民事管理有什麼改革

我們至此已經看到，對於他們主人的選擇和行爲，國民們顯露出了急躁和輕率，他們出面調解主人之間的糾紛，迫使他們彼此保持和睦關係。可是，國民們正在做的卻是我們以前未曾見到過的，他們審視當前的形勢，冷靜地審查法律，彌補其不完善之處，制止暴力，規範權力。

弗雷戴貢德和布倫豪特的攝政具有男子的氣概，大膽而蠻橫，與其說讓國民們感到驚奇，倒不如說讓她們有所警覺。弗雷戴貢德以惡治惡，以投毒和謀殺爲投毒和謀殺開脫，她的行事作風使她所主使的謀殺行為更多的是私人行為，而不是公共權力的應用。弗雷戴貢德幹的壞事更多，而布倫豪特則更讓人害怕。在這種危機狀況下，國民們不僅僅滿足於建立封建統治秩序[25]，同時還要求保障民事管理，因為，民事管理比封建秩序更糟。況且，民事管理積弊已久，因而可以認為，與其說是法律流弊使然，莫如說是習俗流弊使然，所以，民事管理的腐敗更具危險性。

我們在圖爾的格雷瓜爾的《法蘭克史》以及另外一些著作中看到，一方面是凶狠和野蠻的民族，另一方面是同樣凶狠和野蠻的君王。這些君王個個都嗜殺成性，凶殘而不公正，因為整個民族都是這樣。如果說，基督教有時似乎讓他們變得稍稍溫和些，那只是因為基督教對於罪人毫不留情的緣故。教會用聖人的聖跡和奇事來防禦和自衛。國王們絕不褻瀆神聖，因為他們害怕因此而受到懲罰。不過，除此之外，或是出於盛怒或是出於冷靜的思考，他們犯下了各種各樣的罪惡，因為這些罪惡和不公不會立即遭到神明的懲罰。如我前面所說，法蘭克人遭受著嗜殺成性的國王們的禍害，因為他們自己同樣嗜殺成性；國王們的不公和劫掠並不讓他們震驚，因為他們自己的劫掠和不公絲毫不亞於國王。法律是有的，可是國王們卻以訓諭[26]這種文書讓法律變得毫無效力，這類文書與當年羅馬皇帝的敕覆相似，若不是國王們沿襲了這種習慣，那就是他們自己的本性所致。圖爾的格雷瓜爾的著作告訴我們，他們殺人時不動聲色，被告人被處死之前連申辯的機會也沒有。他們發布訓諭，強行撮合非法婚姻[27]，轉移遺產，剝奪親屬的權利，逼迫修女出嫁。事實上，他們不但從未制定任何法律，反而停止執行既有法律。

克羅泰爾的敕令革除所有流弊，任何人再也不會不經審訊而定罪[28]，親屬一律有權依法繼承遺產[29]，任何強迫女子、寡婦和修女結婚的訓諭均屬無效，所有得到訓諭並遵照辦理的人都要受到嚴厲的懲罰[30]。這道敕令的第十三條和以下兩條可惜因年久而缺失，否則，我們對於訓諭的內容大概會有更加準確的了解。第十三條只留下了頭幾個字，說是訓諭必須得到遵守，這裡所說的訓諭顯然不是指剛才被同一項法律廢止的那些內容。我們知道，這位君主還頒布過另一項律令[31]，內容與其敕令相關，對訓諭的弊端逐一加以修正。

這項律令沒有標明頒布日期，也沒有標明在何地頒布，所以，巴魯茲就把它歸在克羅泰爾一世名下；其實，這項律令是克羅泰爾二世頒布的，我這樣說的理由有三點：

㈠這項律令規定，國王將保留其父王和祖父[32]給予教會的豁免權[33]。克羅泰爾一世的祖父希爾代里克在世時，法蘭西國尚未建立，況且他不是基督教徒，他能給予教會什麼豁免權呢？然而，這項律令如果出自克羅泰爾二世，那麼他的祖父就是克羅泰爾一世。克羅泰爾一世把兒子克拉姆納以及兒媳和孫子一併燒死，為了替自己贖罪，他給了教會很多賞賜。

㈡這項律令試圖糾正的弊病，在克羅泰爾一世死後依然如故，在柔弱的貢特朗、凶殘的西爾佩里克、令人憎惡的弗雷戴貢德和布倫豪特相繼攝政期間，甚至達到了登峰造極的地步。國民們怎麼能夠容忍曾被莊嚴地禁絕的弊病死灰復燃，而不振臂高呼加以反對呢？西爾佩里克二世[34]再度實行往昔的暴政時，國民們曾逼迫他下令，規定應像過去那樣[35]，在審案中以法律和習慣法為依據；為什麼此時國民們就不這樣做了呢？

㈢最後，此項為修正弊病而制定的律令不可能與克羅泰爾一世有關，因為，在他治理下的王國，並無這方面的民怨，他的聲望和權威也極高，尤其是在人們所說的頒布這項律令的時期；與此相反，此項律令與克羅泰爾二世執政時期發生的種種事件倒是非常吻合，這些事件後來在王國的政治生活中引發了一場革命。應該用歷史去闡明法律，用法律去澄清歷史。

第三節　宮相的職權

前面說過，克羅泰爾二世曾經承諾，讓瓦納歇爾終身擔任宮相，絕不撤換。革命帶來了另一個後果。在此之前，宮相是國王的官員，在此之後，宮相變成了國家的官員，宮相過去由國王遴選，現在由民眾遴選。革命之前，普洛泰爾由戴奧德里克任命爲宮相[36]，朗德里克由弗雷戴貢德任命爲宮相[37]，此後，民眾掌握了宮相的遴選權[38]。

所以，我們不應像有些作者那樣，把後來的宮相與布倫豪特在世時的宮相混作一談，把國王的宮相與國家的宮相相提並論。我們知道，依據勃艮第法的規定，勃艮第宮相絕非國家最高職位之一[39]，在法蘭克最初幾位國王在位時期，宮相也不是最顯赫的官職[40]。

克羅泰爾對那些擁有職位和采地的人實行安撫；瓦納歇爾死後，克羅泰爾在特魯瓦召集領主們徵詢意見，由誰接替瓦納歇爾擔任宮相，與會者大聲呼喊，表示誰也不選，懇請克羅泰爾爲他們做主，指定一位新宮相[41]。

達戈貝爾像他的父王一樣召集全國的顯貴，國民們對他寄予全部信任，沒有爲他選定宮相。達戈貝爾感到自由在手，軍事勝利又使他無所憂慮，於是就重新拾起布倫豪特的計畫。可是，此舉很不成功，奧斯特拉西亞的家臣們拱手把勝利讓給斯拉夫人後[42]，便打道回府，致使奧斯特拉西亞的邊境省分落入蠻族之手。

他向奧斯特拉西亞人提出，將奧斯特拉西亞連同一件寶物讓給他的兒子西格貝爾，把王國政府和宮相職務交給科隆主教庫尼貝爾和阿達吉茲公爵。弗雷德加里烏斯並未在他的書中記述當時所訂協議的細節，不過，國王發布律令對所有條件都表示肯定，奧斯特拉西亞於是立即擺脫了危險[43]。

達戈貝爾臨終之時把妻子南特希爾德和兒子克洛維斯託付給艾加[44]。紐斯特利亞和勃艮第的家臣們把年輕的王子克洛維斯選爲國王[45]，艾加與南特希爾德亞執掌宮廷[46]，他們把達戈貝爾攫取的地產全部歸還原主[47]，就像奧斯特拉西亞已經聽不到民怨一樣，紐斯特利亞和勃艮第的民怨也因此而得以平息。

艾加死後，王太后南特希爾德要勃艮第的領主們選舉佛羅卡圖斯爲宮相[48]。佛羅卡圖斯致函勃艮第王國的各位主教和重要領主，向他們承諾，在他們的有生之年絕不損害他們的榮寵和官爵[49]；他還發誓絕不食言。《王室的宮相》一書的作者[50]認爲，宮相執掌國務由此肇始[51]。

弗雷德加里烏斯是勃艮第人，這位作者對於前面提及的革命時期的宮相記述比較詳細，而對於奧斯特拉西亞和紐斯特利亞的宮相的記述則較少。不過，出於同樣的原因，在勃艮第訂立的協議，也在紐斯特利亞和奧斯特拉西亞訂立了。

國民們覺得，把大權交給他們所選的宮相，比交給國王更可靠，因爲，他們可以要求宮相按照他們的意思行事，而國王的權力卻是世襲的。

第四節　國家在宮相問題上的特性

一個國家已經有了國王，卻還要遴選一個人行使國王的權力，這種政體令人覺得不可思議。不過，撇開當時的具體情況不說，我覺得，法蘭克人的這種想法可以追溯到很久之前。

法蘭克人是日耳曼人的後裔，塔西佗曾說，法蘭克人在血統高貴者中遴選國王，在品德高尚者中遴選首領[52]。墨洛溫王朝的國王和宮相便是如此，國王是世襲的，宮相是選任的。

毫無疑問，凡是在國民會議上向所有願意追隨他的人自薦爲首領，表示願意率領大家去完成某項事業的人，大多數兼具國王的威望和宮相的能力。他們高貴的血統使他們具有王氣，他們的品德令眾多擁戴者把他們當作首領追隨，使他們擁有宮相的權力。我們最初的幾位國王以國王之尊成爲法院和會議之首，徵得這些會議的同意而制定法律；他們又以公爵或首領之尊進行征戰，指揮軍隊。

想要認識最初法蘭克人在這方面的才幹，只需看看阿波加斯特[53]的作爲即可，此人是個法蘭克人，曾被瓦倫提尼安授予指揮權[54]。他把皇帝禁閉在宮中，不許任何人與皇帝談論任何民事和軍事。阿波加斯特當時所做的這些事，就是後來那幾個丕平所做的那些事。

第五節　宮相如何取得軍隊的指揮權

軍隊由國王指揮的時候，國民們根本沒有想到要遴選一個首領。克洛維斯和他的四個兒子率領著法蘭西人從勝利走向勝利。戴奧德貝的兒子蒂博[55]幼年即位，孱弱多病，開了國王留守宮廷的先河[56]。他拒不出征義大利去討伐納爾塞斯，法蘭克人於是遴選了兩位首領，率領他們前往義大利，此事深深刺痛了蒂博[57]。克羅泰爾一世的四個兒子中，貢特朗最疏於指揮軍隊[58]，其他國王也都仿效他；爲了交出指揮權而又不至於帶來危險，他們就把軍隊的指揮權交給若干位首領或公爵[59]。

這就導致弊端叢生，軍紀廢弛，抗命不從，軍隊反倒成了本國的災害，尚未接敵就已經滿載劫掠所獲。圖爾的格雷瓜爾對此有生動的描述[60]：貢特朗說：「父輩所獲我們都沒有保住，我們怎麼可能獲勝呢？國家已經今非昔比了……[61]」眞是不可思議，這個國家竟然從克洛維斯的孫子開始，就走上了衰微之路！

於是，人們自然而然地就想到讓公爵成爲獨一無二的領導人，讓這位公爵把許許多多忘掉了自己義務的領主和家臣統統管起來；讓這位公爵重整軍紀，率領只會內亂的民眾禦敵衛國。這樣一來，權力就交到了宮相手中。

宮相的首要任務是替王族理財，此外還要協同其他官員對采地實行政治管理[62]，到了後來，采地的管理事務變成由宮相獨自處理了。宮相還處理軍務和指揮軍隊，這兩項職務自然與另外兩項職務相關。那時候，召集軍隊比指揮軍隊更難，誰能比掌握著賞罰大權的那個人更有權威呢？對於這個獨立而好戰的民族來說，只能邀約而不能強制，欲使權貴們對於因主人死亡而空出的采地懷有期盼，就要不斷地給予獎勵，讓他們擔心厚此薄彼；所以，總管宮廷事務的那個人當然應該是軍隊的統帥。

第六節　墨洛溫王朝王權衰微的第二階段

布倫豪特被處死以後，宮相就在國王手下掌管國務；戰事雖然由宮相執掌，國王卻依然是軍隊的統帥，宮相和國民們在國王的統率下對敵作戰。然而，丕平在與戴奧德里克及其宮相作戰中取得的勝利[63]，使王權徹底旁落[64]，鐵錘查理擊敗西爾佩里克及其宮相蘭弗魯瓦[65]之役則進一步鞏固了這個結果。奧斯特拉西亞兩度戰勝紐斯特利亞和勃艮第，奧斯特拉西亞的宮相職位就像專屬丕平家族，丕平家的宮相高踞其他宮相之上，丕平家族高踞其他家族之上。勝利者擔心某個有聲望的人爲煽動騷亂而扣留國王，於是把國王軟禁在宮中，這與關押在監獄中無異[66]。國王每年一次在民眾面前露面，並在這個場合頒布諭令[67]，不過，這些諭令其實是宮相的意思；國王還向使者們作答，不過，其實這也是宮相對使者們的回答。這就是歷史學家所說的宮相擅權時期，那時的國王屈從於宮相[68]。

國民對於丕平的擁戴達於極致，竟然把他尚未成年的孫子[69]選爲宮相[70]，這位宮相被置於一位名叫達戈貝爾的國王之上，於是乎，一個幽靈之上又有了一個幽靈。

第七節　宮相治下的高官和采地

宮相們無意讓官職和采地重新變爲可轉讓的和可撤換的，他們只是依靠在這方面給予貴族的保護，才得以維持自己的統治。因此，不但高官依舊終身任職，而且這個習慣日益得到認可。

可是，我對於采地有一些特殊的想法。我不懷疑，大多數采地從那時開始已經變爲世襲了。

在《安德里條約》[71]中，貢特朗及其侄子希爾德貝做出承諾，維持先王們給予家臣和教會的賞賜，並允許王后、公主和國王的遺孀以遺囑方式，永久支配她們得自國庫的財物[72]。

馬爾庫爾弗編寫《法規》時適值宮相當政[73]。鑒於《法規》是當時日常活動的眞實寫照，所以它可以證明，一部分采地在墨洛溫王朝後期已經變爲世襲了。屬地不可剝奪是相當近代的觀念，那時候的人遠沒有這種觀念，理論上如此，實踐中亦然。

在這方面我將很快提出一些事實作爲證據。如果我能證明，在某段時間中，軍隊既不再享有賞賜，也沒有任何維持費用，那就應該認爲，原有的賞賜已經被剝奪。此時便是鐵錘查理執政時期，他建立了一些采地，但這些采地與早期的采地迥然有異。

當國王開始給予永久性賞賜時，這些賞賜或是因爲政府的腐敗所致，或是因爲國王不得不遵照法規不斷地給予賞賜，起初國王當然寧可給予永久性的采地，也不願意建立永久性的伯爵區，道理很清楚：拿出一些土地是椿小事，而放棄對重要職位的掌控，不啻是丟掉權力。

第八節 自由地何以變成采地

在馬爾庫爾弗的《法規》中可以看到自由地如何變爲采地[74]。土地所有者把土地給予國王，國王把土地作爲僅有使用權的贈予或賞賜返還給獻地者，獻地者把自己的繼承人呈報國王。

爲了揭示改變自由地性質的原因，必須如同探索深淵那樣去探索古老的貴族特權。自從一一世紀以來，貴族沾滿了塵埃、鮮血和汗水。

擁有采地的人好處甚多。他們因受到傷害而獲得的和解金多於自由民。馬爾庫爾弗的《法規》表明，國王的附庸享有一種特權，那就是殺死他的人需要支付賠償金六百蘇。這是薩利克法[75]和[76]所確定的一種特權。這兩種法律規定，對國王的附庸之死應付的賠償金爲六百蘇，而對於一個自由民、法蘭克人、蠻族人或受薩利克法管束的普通人的賠償金僅爲二百蘇，對於一個羅馬人的賠償金則只有一百蘇[77]。

這並非國王的附庸所享有的唯一特權。我們知道，一個被傳訊受審的人，若是不出庭或不服從法官的命令，就將被傳訊到國王面前[78]，他如果堅持不到案，就將被宣布爲不受法律保護，任何人都不能收留他，甚至連給他麵包也不被允許[79]；此人若是普通百姓，他的財產就將被沒收[80]，可是，此人若是國王的附庸，他的財產就不會被沒收[81]。普通百姓如果拒不到案，就被視爲認罪，國王的附庸若拒不到案，則不會被視爲認罪。普通百姓犯的哪怕只是小罪，也要對之採用沸水取證法[82]，對於國王的附庸則僅在有凶殺嫌疑時才採用沸水取證法[83]。此外，國王的附庸不被強迫立誓指控另一個國王附庸[84]。特權不斷增加，卡羅曼[85]的一道敕令又給予國王的附庸另一項榮寵，即不能強迫他們親自立誓，而只能由他們的附庸替他們代言立誓[86]。此外，享有這些榮寵的人如果拒不從軍，所受處罰是在拒不從軍期間不得飲酒，不得吃肉。自由民若是拒不跟隨伯爵出戰[87]，就要被罰六十蘇[88]，在支付罰金之前還要作爲奴隸服役。

由此不難想見，不是國王附庸的法蘭克人，尤其是羅馬人，都會想方設法要成爲國王的附庸；爲了不失去自己的屬地，他們就想出了這樣一種高招：把土地交給國王，然後作爲國王賞賜的采地把這份土地收回來，並向國王指定自己的繼承人。這種做法一直延續，尤其是在卡羅林王朝的混亂時期，那時人人都希望有一個保護人，都希望與其他領主攜手聯合[89]，並進入封建君主制，因爲此時已經沒有政治君主制了。一些條例表明[90]，這種做法一直持續到加佩王朝，或是先交出自由地，然後再依據同一條例收回，或是先宣布爲自由地，再承認其爲采地。此類采地被稱作收回的采地。

但這並不意味著擁有采地的人都像家長一樣兢兢業業地管理采地；儘管自由民渴望擁有采地，但他們對待這種地產的態度，就像我們今天處理僅擁有使用權的地產一樣。這就促使最謹愼和最小心的君主查理曼，制定了一系列條規[91]，用以制止有人降低采地地位以確保自己的產業。這只能證明，查理曼時代大部分賞賜地的性質依然是終生擁有，所以人們對自由地的關心甚於賞賜地；不過，成爲國王的附庸勝過當一個自由民的想法，並不因此而有所改變。儘管有種種理由處理采地中的某一部分，但是誰也不願意失去名號和地位。

我還知道，查理曼在一道敕令中抱怨說[92]，有些地方的一些人把采地作爲產業給予他人，然後又作爲產業買回。但是，我不認爲，人們喜愛產業甚於喜愛僅有使用權的土地，我只是想說，如果有機會把自由地變成可以傳之後代的采地，如同法規所規定的那樣，那是非常有利可圖的一樁事。

第九節　教會地產何以變成采地

國庫的財產除了由國王用作獎勵，吸引法蘭克人從事新的征戰，從而增加新的國庫財產之外，不應該有其他用途。如我在前面所說，這是民族精神，不過，國王的賜予卻是另一回事。克洛維斯的孫子西爾佩里克[93]在一次講話中抱怨說，他的地產幾乎全都給了教會。他說：「國庫空虛了，我的財富都轉到教會去了[94]。執掌大權的只有主教們，他們位高權重，我則無權無勢。」

這樣一來，不敢攻擊領主的宮相就把矛頭對準教會，大肆劫掠；丕平藉口進入紐斯特利亞的理由之一[95]，便是他受教會之請，前來制止國王即宮相剝奪教會所有地產的行徑。

與紐斯特利亞和勃艮第相比，奧斯特拉西亞的宮相即丕平家族，對教會的態度相當溫和。這一點在編年史中看得十分清楚[96]，僧侶們對於丕平家族成員的虔誠和慷慨贈予讚不絕口。其實，丕平家人曾經就是教會的重要領袖人物。正如西爾佩里克對主教們所說[97]：「一隻烏鴉不會啄掉另一隻烏鴉的眼睛。」

丕平拿下了紐斯特利亞和勃艮第，但是，由於他以教會受到迫害爲藉口，摧毀了宮相和國王的勢力，所以，他如果對教會進行劫掠，就必然有悖於他所標榜的目的，而且使國民們有被他戲弄之感。不過，征服了兩個王國，摧毀了敵對勢力，這就使他有足夠的手段讓他的軍官們感到滿意。

丕平通過保護神職人員成爲一國之主，他的兒子鐵錘查理卻只能靠壓迫神職人員方能自保。這位君主看到，國王和國家的部分地產已經被作爲終生地產或產業給予貴族，神職人員則從窮人和富人手中獲得了部分自由地，他於是對神職人員實行剝奪，鑒於第一次分地時形成的采地已經不復存在，他就重新建立采地[98]。他奪取教會的地產乃至教堂，據爲己有或分給軍隊將領，從而消除了一種有別於其他弊病的弊病，一種因極端嚴重反而易於治癒的弊病。

第十節　僧侶的財富

在先後三個王朝統治時期，全國的財富大概不止一次全都給了僧侶，否則他們不至於那麼富有。不過，如果說國王、貴族和民眾有辦法把所有財富全都給予僧侶，他們同樣有辦法剝奪僧侶的全部財產。宗教虔誠在墨洛溫王朝推動了教堂的建立，在尚武精神的作用下，教堂落到了軍人手中，軍人又把教堂分給了他們的子弟。有多少土地來自僧侶們的收入啊！加洛林王朝的國王們出手大方，大量分發賞賜。諾曼人到來之後，大肆劫掠，迫害神父和教士尤爲起勁，到處尋找修道院，搜索宗教場所，因爲，他們把偶像被毀以及查理曼的所有暴行，都歸咎於教會人士，迫使他們先後逃往北方的正是查理曼的暴行。縱然時隔四五十年，這種仇恨也無法忘記。在這種情況下，僧侶們損失的財產何其多啊！幾乎沒有多少僧侶要求償還他們的財產。所以，大量建築教堂和捐獻土地，只得等到加佩王朝時期依靠人們的宗教虔誠來完成了。世俗民眾如果都很誠實，當時廣爲傳播並且獲得信任的見解，早就把他們的財產全部剝奪了。但是，教會人士固然懷有野心，世俗人士也不乏野心，即將咽氣的人雖然願意捐獻給教會，繼承者卻要重新拿回來。領主與主教、士紳與教士紛爭不斷；教會人士肯定是受到了強大的壓力，否則他們就不會被迫尋求某些領主的保護，這些領主對於他們的保護只不過是一時而已，接著便施加壓迫。

在加佩王朝統治期間，政治比較賢明，神職人員的財產因而有所增長。加爾文派出現之後，把教堂裡的金銀全都拿來鑄成金幣銀幣。神職人員連命都保不住，怎麼能確保財產無虞呢。當他們熱衷於教義爭論時，檔案已經被人燒毀了。貴族已經破產，再向他們索要他們已經不再擁有或者以種種方式抵押掉的東西，還有什麼用處呢？神職人員總是先取得後返還，直到現在還在繼續取得。

第十一節　鐵錘查理時代的歐洲狀況

對神職人員橫加盤剝的鐵錘查理處境相當不錯，軍人們對他既懼怕又愛戴，他爲軍人們盡力做事，爲發動對撒拉遜人的戰爭尋找藉口[99]。儘管教會對他恨之入骨，他卻完全用不著教會。倒是教皇不能沒有他，於是向他伸出雙手。格里高利三世向他派出使團[100]一事，應該說是無人不曉。這兩位大權在握的人物攜手聯合，因爲他們誰也離不開誰。教皇需要法蘭克人的支持去對付倫巴第人和希臘人[101]，鐵錘查理也需要教皇的支援，因爲他想羞辱希臘人，爲難倫巴第人，讓自己在國內更受尊敬，使他所擁有的頭銜以及他和他的孩子們可能獲得的頭銜具有分量[102]。所以，他不能讓自己的謀劃落空。

奧爾良主教聖厄謝見到的一個神示的異象讓君主們大爲震驚。關於此事，我不得不引用在蘭斯聚會的主教們寫給日耳曼人路易[103]的一封信[104]，當時他已經進入禿頭查理的領土；這封信讓我們清楚地看到當時的形勢以及人們的精神狀態。主教們在信中寫道[105]：「聖厄謝升到天堂，見到了正在地獄底層備受煎熬的鐵錘查理，懲罰鐵錘查理的命令是由應當參加耶穌基督的最後晚餐的那幾位聖徒下達的。鐵錘查理之所以提前受此懲罰，原因在於他劫掠教堂的地產，因而必須爲所有曾爲教堂捐資的人頂罪。國王丕平爲此召開了一次基督教公會議，下令將能夠收回的所有神職人員的地產歸還給他們；可是，由於他與阿基坦公爵韋弗爾發生爭執而只能收回一部分，他於是頒發文書，以不確定占有的方式補足其餘部分[106]，並規定，世俗百姓得自教會的地產應向教會繳納什一稅，此外，每所房屋還應向教會繳納十二鍀。查理曼未曾將教會地產贈人，而且在頒發敕令時做出承諾，他和他的繼任者永遠不得將教會地產贈人，他們所說的一切都以文字記錄在案，他們當中的幾位還親耳聽到查理曼向兩位國王的父親寬厚者路易談及此事。」

主教們所說的國王丕平的規章，是在萊普迪納[107]的公會議上制定的[108]。教會從中獲得的好處是，曾經獲得教會地產的人只能以不確定的方式持有這份地產，教會還可對之收取什一稅，並可向每所曾屬於教會的房屋收費十二鍀。不過，這些辦法治標不治本，弊端依然如故。

這種做法招致反對，丕平不得不爲此另發一道敕令[109]，要求擁有這些教會地產的人除繳納什一稅和房屋費外，還得維修屬於主教區和修道院的房舍，否則就將失去他們所擁有的這些教會地產。查理曼對於丕平的這些規章再次給予肯定[110]。主教們在同一封信中說，查理曼做出許諾，他和他的繼承者們不會再把教會地產分給軍人，這個說法與查理曼於八〇三年在艾克斯拉沙佩勒頒布的敕令精神一致，這道敕令旨在安撫教會，讓他們不必爲此驚恐萬狀，不過，已經分出去的地產維持現狀[111]。主教們又說，寬厚者路易仿效查理曼的做法，不把教會地產分給士兵；這個說法不錯。

然而積弊已深，以致於在寬厚者路易的兒子們執政時，世俗百姓不經主教同意就自作主張，或是把神父請進教堂，或是把他們趕出去[112]。繼承人們把教堂分而占之[113]，而當教堂遭到褻瀆時，主教們束手無策，只能把聖物撤出教堂[114]。

貢比涅敕令[115]規定，在修道院所有者的同意和陪同下，國王的特派員可以與主教一起巡視所有修道院[116]。此項規定具有普遍性，可見弊病已經比比皆是。

原因不在於沒有關於收回教會地產的法律。教皇指斥主教們對於收回修道院漫不經心，主教們於是寫信給禿頭查理[117]說，他們對於教皇的責難毫不在意，因爲他們在這件事情上沒有過失；他們提醒教皇，莫要忘記國民會議多次做出的承諾、決定和形成的規章。他們果然列舉了九次國民會議所作的此類決定和規章。

爭論持續進行。諾曼人來了，他們讓所有人的意見歸於一致。

第十二節　什一稅的設立

丕平制定的規章與其說實實在在地減輕了教會的負擔，毋寧說僅僅給教會帶來了減輕負擔的希望。猶如鐵錘查理看到公共地產都在教會手中一樣，查理曼看到教會地產都在軍人手中。讓軍人退還他們已經得到的東西是不可能的，就其性質而言，這種做法原本就行不通，而當時的實際情況更不允許這樣做。另一方面，不應由於缺少神職人員、教堂和教會而讓基督教走向滅亡[118]。

查理曼於是決定設立什一稅[119]。這是一種新的財產，對於教會來說，它的好處在於它主要是交給教會的，所以以後如被他人強行占有就比較容易識別。

有人試圖把什一稅的設立說成是更早的事，可是，他們為此而提出的權威性依據卻似乎恰恰為他們的主張作了反證。克羅泰爾的法規[120]只是說，對教會的財產不徵收某些什一稅[121]。所以對於教會來說，那時根本談不上徵收什一稅，而是千方百計免繳什一稅。五八五年舉行的第二屆馬貢公會議[122]下令繳納什一稅，此次公會議宣稱，古代也曾有過什一稅，這個說法不錯，但它又說，此時已經不再繳納了。

在查理曼之前，有人翻開過《聖經》，有人宣揚過《聖經．利未記》所記述的捐獻和供獻，誰能對此有所懷疑呢？我想說的是，查理曼之前曾經有人主張徵收什一稅，但是實際上並未設立什一稅。

我曾說過，國王丕平在位時期制定的規章，讓那些將教會地產作為采地占有的人繳納什一稅，並負責教堂的修繕。用一項公正性無可爭辯的法律迫使權貴們以身作則，這實在不是一件易事。

查理曼的所為尚不止這些，我們從[123]看到，他還強令自己的產業繳納什一稅，這確實是了不起的典範。

可是，下層百姓不可能因為典範在前而放棄自己的利益。法蘭克福公會議[124]向民眾提出了一個更加咄咄逼人的理由，要求人們繳納什一稅。爲此而頒發的一道敕令說，在上一次大饑荒中有人拾到了一些空癟的麥穗，是魔鬼把麥粒吃掉了，有人還聽見魔鬼大聲斥責不繳什一稅的人[125]。當政者於是下令，所有占有教會地產的人都應繳納什一稅，於是乎，所有的人奉命繳納什一稅。

查理曼的這個計畫起初未獲成功，因爲負擔太重[126]。在猶太人那裡，繳納什一稅是他們建立共和國計畫的一個組成部分，但是在我們這裡，繳納什一稅是一項獨立負擔，與建立君主國無涉。在倫巴第法的附加條文[127]上可以看到，把徵收什一稅納入民法的企圖遇到了困難，從公會議的各項法規來看，把徵收什一稅納入教會法的企圖同樣困難重重。

人民終於同意繳納什一稅，但以可以贖回爲條件。寬厚者路易[128]和他的兒子羅泰爾皇帝都不允許贖回[129]。

查理曼關於設立什一稅的法律完全出於需要，宗教與此有關，迷信與此毫不相干。

查理曼把什一稅分作四份，此事廣爲人知[130]，一份用於修建教堂，一份用於接濟窮人，一份用於主教，一份用於其他神職人員。此舉說明，查理曼希望替教會找回失去的穩定而持久的狀態。

他的遺囑表明[131]，他想最終治癒祖父鐵錘查理造成的弊病。他把自己的動產分成三份，把其中二份再分成二十一份，分別給予他的帝國的二十一個首府，由每個首府與從屬於該首府的主教分享。他把餘下的那一份分成四份，一份給他的兒子和孫子，一份加到前面所說的兩份中去，其餘兩份用於慈善事業。他似乎把他給予教會的巨大恩賜視爲一種政治性的分配，而不只是一種宗教行爲。

第十三節 主教和修道院院長的選舉

教堂變窮了，國王便把主教和其他享有國王恩賜的神職人員的選任交由他們自己去辦[132]。君主們選任神職人員的麻煩減少了，爭奪職位的人也不大求助於國王的權威了。這樣一來，教會被剝奪的地產得到了某種程度的補償。

寬厚者路易把選舉教皇的權利交給羅馬人民[133]，這是時代的普遍精神使然。他對羅馬教皇的做法與他對其他人的做法並無差異。

第十四節 鐵錘查理的采地

我無法斷定，鐵錘查理把教會地產給人時，究竟是作爲終生采地抑或永久采地。我所知道的是，在查理曼時代[134]和羅泰爾一世時代[135]，曾有此類地產轉入繼承人手中，並由他們瓜分。

我發現，此類地產中第一部分作爲自由地贈人，另一部分作爲采地贈人[136]。

我說過，自由地的業主也要承擔徭役，與采地擁有者一樣。這也許正是鐵錘查理既贈人自由地，也贈人采地的原因之一。

第十五節 續前題

應當指出，鑒於采地變成了教會地產，而教會地產又變成了采地，所以采地和教會地產的性質是你中有我，我中有你。教會地產享有采地的某些特權，采地也享有教會地產的某些特權。這就是產生於那時的教會的榮譽性權利[137]。由於這種權利始終附屬於領主所擁有的高級裁判權[138]，尤其是今天人們所說的采地，所以，在確立這些權利時，在世襲采地上行使的司法權也同時確立了。

第十六節　王權與宮相的權力在加洛林王朝合而為一

爲了照顧論述對象的順序，我打亂了時間的順序，尚未講到加洛林王朝在丕平國王在位期間發生的這一重要的王朝更迭事件，就已經說到了查理曼。其實，兩個王朝的興替與普通事件不大相同，其引人矚目的程度今天甚於當時。

當時的國王徒有虛名，並無實權，王位是世襲的，而宮相則是選任的。在墨洛溫王朝末期，儘管宮相可以把他們屬意的人扶上國王寶座，但是，他們從未在王族以外物色繼位者；規定王位專屬某個家族的古老的法律，也不曾從法蘭克人的心中抹去。國王是誰，國人幾乎全然不知，可是，王權的存在卻人皆知。鐵錘查理的兒子丕平覺得，把王權和宮相的權力合而爲一大有好處，不過，二者合而爲一產生了一個後果，即新的王權是否世襲成了一個始終不確定的問題；但對於丕平來說，這已經足夠了，除了王權之外，他又獲得了原來由宮相執掌的那些權力。兩種權力在合併的過程中有所折中，過去宮相是選任的，國王是世襲的，而到了加洛林王朝初期，國王既是世襲的，也是選任的，之所以說他是選任的，是因爲國王由人民選舉產生，之所以說他是世襲的，是因爲人民始終從同一個王族中選出新國王[139]。

勒庫安特神父[140]置所有文獻[141]於不顧，一口咬定教皇未曾批准這一變化[142]，他這樣說的理由之一是，教皇如果予以批准，那就等於做了一件不公正的事。一位歷史學家竟然以應然來判斷已然，實在令人讚歎！若用這種方法進行推理，那就沒有歷史可言了。

不管怎樣，可以肯定的是，自從丕平公爵獲勝後，他的家族就取得了治國大權，墨洛溫王族則已經失去治國大權。丕平公爵的孫子加冕爲王，充其量只不過是多了一次過場，少了一個屍位而已。除了國王的飾物，他並無其他收穫，國家也並未因此而有任何變動。

我這樣說爲的是確定革命發生的時刻，免得有人弄錯，把革命的後果當作革命本身。

于格·加佩在加佩王朝肇始之初加冕爲王時，發生了一個更大的變化，國家由各自爲政轉入了某種治理狀態；而當初丕平登上王位時，前後的治理沒有任何變化。

丕平登上王位時僅僅變換了一個稱呼，于格·加佩戴上王冠時情況大不相同，大采地與國王的尊號相結合，結束了各自爲政的狀態。

丕平加冕爲王時，實現了國王的尊號與最高官職的結合，于格·加佩加冕爲王時，完成了國王的尊號與最大采地的結合。

第十七節　加洛林王朝國王選舉中的特殊情況

我們在丕平的祝聖書[143]中看到，查理和卡羅曼[144]也曾被塗抹聖油和祝聖，法蘭西的領主們永遠不得選舉另一個家族的人爲國王，否則將要受到禁止參加聖事和革出教門的處罰[145]。

從查理曼和寬厚者路易的遺囑來看，法蘭克人是從國王的兒子中遴選嗣位者的。這與上面所引規定正相符合。當帝國從查理曼家族轉入另一個家族時，以往受到限制和附有條件的選舉權，不再附有條件，也不再受到限制了；原有的制度被置之度外了。

丕平自覺行將就木之時，把領主、神職人員和世俗官員召到聖德尼[146]，把王國分給他的兩個兒子查理和卡羅曼。此次集會的有關文書如今已無處尋覓，但是，如巴魯茲先生所說[147]，當時的情形記錄在卡尼西烏斯[148]編輯的那位作者的《古代文獻集》以及《麥斯年鑒》中。我在其中發現兩個相互矛盾的說法，一說丕平在徵得權貴們的同意後把王國分給兩個兒子，另一說他是憑藉父親的權威做的這件事。這證明了我在前面所說的，也就是說，人民的權力僅限於從王族中選出繼位者，準確地說，人民擁有的權利不是選舉某人或某人，而是不選舉某人或某人。加洛林王朝的歷史文獻證明，這種選舉權的確曾經存在。查理曼將王國分給他的三個兒子的敕令就是其中之一。在這道敕令中，查理曼將王國分割後說[149]：「三兄弟中若有一人有了男嗣，人民如果願意選他繼承王位，叔伯們必須同意。」

寬厚者路易爲分割王國於八三七年在艾克斯拉沙佩勒召集會議，在此次會議的文件中也出現了同樣的規定；在這次會議上，他把王國分給他的三個兒子丕平、路易和查理；此前二十年，當羅泰爾、丕平和路易[150]瓜分帝國時，也有同樣的規定。我們還可以參考結巴路易在貢比涅加冕時的誓詞：「我，路易[151]，承上帝仁慈和人民選舉，即位爲王，我承諾……」西元八九〇年在巴倫西亞舉行的公會議[152]，選舉巴松[153]之子路易爲阿爾勒國王，此次會議的文件也證實了我的說法。選舉他的主要理由便是他具有皇族血統[154]，胖子查理[155]給予他以國王尊位，皇帝阿爾努[156]曾依據自己的王權並在使臣們的協助下將威權授予他。如同其他被瓜分或隸屬於查理曼帝國的王國一樣，阿爾勒王國的王位也是既選舉又世襲。

第十八節　查理曼

查理曼試圖將貴族的權力限制在一定範圍之內，並阻止他們擠壓教會人士和自由民。由於他成功地進行調和，使各個等級處於相互平衡狀態，而自己的主宰地位也因此而得到鞏固。他憑藉自己的才幹將所有力量合爲一股，率領貴族一次次連續征戰，使得貴族們只能全身心地執行他的計畫，沒有時間另行謀劃。領袖的偉大成就了帝國的穩定，作爲君主他是偉大的，作爲一個人則更是如此。他的兒子們是他的首要臣屬，是他行使權力的工具，爲聽命於他提供了榜樣。他不但制定了令人稱讚的法規，而且使之得到切實的執行。他的才幹影響及於全國各地。他所制定的法律體現出一種面面俱到的高瞻遠矚的精神，一種帶動一切的力量。逃避責任的藉口被消除了，疏於職守的現象被糾正了，弊端被杜絕或得到預防[157]。他懂得懲罰，更懂得寬宥。他胸懷宏圖大略，卻從一點一滴做起；他完成偉業之從容，制服困難之迅捷，堪稱遊刃有餘，無人能望其項背。他不斷地巡視幅員遼闊的帝國，伸手解決所到之處的問題；哪裡有事他就在哪裡處置。從來沒有一位君主能像他那樣直面危險，從來沒有一位君主比他更能躲避危險。他笑對一切險惡，特別是幾乎所有偉大的征服者都會遇到的那些險惡，也就是陰謀。這位神奇的君主非常寬厚，性格溫和，舉止簡樸，喜歡與他的朝臣們打成一片。也許他過於沉湎女色，可是，一位始終親自處理國務，在艱險和繁忙中度過一生的君主，應該得到更多的原諒。他花錢有嚴格的規矩，精明、細心、節儉地經營他的莊園，一家之主可以從他的法律中學到治家之道[158]。在他的《敕令集》中可以看到，他的財富來源純淨聖潔。我只想說一句，他下令出售他的莊園出產的雞蛋和菜園中用不著的蔬菜[159]；倫巴第人的所有財富、劫遍天下的匈奴人的巨額財寶，他統統分發給了他的人民。

第十九節　續前題

查理曼及其最初幾位繼承人，擔心被他們安置在遠處的人會起義造反，他們覺得，還是教會人士比較聽話，於是在日耳曼大量設置主教區[160]，並配置大型采地。從一些條令看，爲這些采地規定特權的條款，與租借契約中通常包含的條款並無區別[161]，儘管今天有人認為日耳曼的高級神職人員被賦予了至高無上的權力。且不論究竟如何，反正這是他們為對付薩克森人而採取的一些辦法。家臣們因懶散和漫不經心而不可能做的事，查理曼及其最初幾位繼承人希望，主教們能以熱忱和積極主動的關注去做，何況，主教這種附庸不但不會利用臣服的人民來反對君主，反而需要君主的支援來對付人民。

第二十節　寬厚者路易[162]

奧古斯都在埃及時，下令打開亞歷山大的墳墓。有人問他是否想要打開托勒密諸王的墳墓，他回答說，他想看的是國王，而不是死人。與此同理，在加洛林王朝的歷史上，我們想要探尋的是丕平和查理曼，我們想看的是國王，而不是死人。

有這樣一位君主，他是自己感情的玩物，為自己的品德所欺騙；他從來不知道自己的力量和弱點，不懂得如何令人畏懼，也不知道如何博取愛戴；他內心的邪惡不多，性格上的毛病卻難以盡述。繼查理曼之後執掌著帝國權柄的就是這樣一位國王。

在普天下的人為他父親的駕崩而痛哭的時候，在人們因無法找到查理而陷於驚愕的時候，在他加緊步伐去繼承查理曼的帝位的時候，他卻派遣親信前去逮捕那些為他姐妹們的出軌行為推波助瀾的人。於是發生了血腥的悲劇[163]。這是未經深思熟慮的不慎之舉。尚未進入王宮，他就開始懲治家族中的罪行，尚未坐穩王位就讓人離心離德。

他的侄子，義大利國王貝爾納前來懇求他的寬容仁慈，他竟然下令挖掉他的這個侄子的眼睛，幾天之後貝爾納就一命嗚呼，他的仇敵於是越來越多。他出於不放心，讓他的幾個兄弟削髮為僧，仇敵於是又多了一批。這兩件事使他備受譴責[164]。誰都不會不指責他違背了自己的誓言和他加冕之日向他的父親所作的莊嚴承諾[165]。

伊曼迦德皇后爲寬厚者路易生了三個孩子，他在她死後續娶茹蒂特，再得一子。不久之後，他把年邁丈夫的殷勤和老國王的種種弱點攪在一起，弄得家族一團糟，終於因此而葬送了王國。

分給兒子們的土地，他一變再變，儘管每一次分地都由他自己的誓詞、兒子們的誓詞和領主們的誓詞先後予以肯定。他這樣做無異於拿臣屬們的忠誠做賭注，讓他們對服從產生疑惑、顧慮和含混；那時堡壘還極爲少見，王權的首要屏障就是臣民對國王的忠誠，寬厚者路易的這些做法，在這種時候不啻是攪渾君主的各種權利。

皇帝的兒子們爲了維持分得的領土，求助於教會人士，爲此而給予他們前所未聞的權利。這是些似是而非的權利，有人要求教會人士做出擔保，支援他們想要做的某事。阿戈巴爾[166]告訴寬厚者路易說，他曾讓羅泰爾前往羅馬，爭取被宣布爲皇帝；羅泰爾爲徵詢天意，齋戒並祈禱三天之後，把土地分給了自己的幾個兒子。一位原本迷信的君主又受到了迷信的襲擊，他還能做什麼呢？君主先是被投入囹圄，後來又公開懺悔認罪[167]，誰都能感受到，至高無上的權威因這兩次事件而受到的打擊有多大。他的兒子們想要貶抑國王，結果卻貶抑了王權。

人們起初很難理解，一個既具有不少優秀品德，不乏智慧，又眞誠地熱愛善良的君主，況且還是查理曼的兒子，他的仇敵何以既多又凶[168]，與他勢若不共戴天，迫不及待地要對他實行攻擊，蠻橫地羞辱他，堅決把他消滅，這一切究竟爲什麼呢？若不是他的那些兒子按照一項計畫行事，在某些事情上達成一致，他的仇敵早就把他兩次置於死地了，從根子上說，與他的那些仇敵相比，他的兒子們畢竟還算是好人。

第二十一節　續前題

查理曼賦予國家的實力在寬厚者路易當政時依然相當強大，國家得以維持其威勢，為外國人所敬重。君主秉性柔弱，國民卻個個驍勇尚武；從外面看來實力並無稍減，國王的威望在國內卻日益減退。

鐵錘查理、丕平和查理曼先後執掌國政。鐵錘查理滿足了武士們的貪婪，丕平和查理曼滿足了教會的貪婪，而寬厚者路易則惹惱了武士和教會。

在法蘭西政制中，國王、貴族和僧侶共同執掌全部國家權力。鐵錘查理、丕平和查理曼時而用利益拉攏貴族鉗制教會，時而又用利益拉攏教會鉗制貴族，而通常則總是與這兩股勢力保持良好的關係。可是，寬厚者路易把這兩股勢力都撇在一邊。他的一些法規在主教們看來過於嚴格，因而深感不滿，他們覺得，國王比他們自己所想的走得更遠。有些法律本身相當不錯，可就是不合時宜。主教們當時慣於出征，與撒拉遜人和撒克遜人作戰，與修道院精神相去甚遠[169]。另一方面，他完全失去了對貴族的信任，於是提拔了一批毫無背景的人[170]。他剝奪貴族的職位，把他們逐出宮廷，招來外國人取而代之[171]。他與貴族和僧侶這兩個集團分道揚鑣，結果卻是被他們所拋棄。

第二十二節　續前題

不過，這位國王削弱王國的最甚之舉，還是他把莊園分贈殆盡[172]。在這個問題上，我們應該聽一聽尼塔爾是怎麼說的。尼塔爾是查理曼的外孫子，站在寬厚者路易一邊，奉禿頭查理之命編撰史書。

他寫道：「有一段時間，一個名叫阿德拉爾的人在精神上牢牢控制了皇帝，致使皇帝事事對他言聽計從；在這位寵臣的慫恿下，皇帝把國庫財產分給了所有想要的人[173]，共和國就此被毀[174]。」可見正如我在前面所說[175]，他在整個帝國範圍內所做的事，與他在阿基坦所做的事一模一樣。查理曼做了一些補救，但是此後就再也無人補救了。

禿頭查理就任宮相時，國力已經消耗殆盡，在這種狀況下，僅憑施展一下權威，已經不可能恢復國家的元氣了。

禿頭查理執掌國政時，國庫空空如也，於是，誰想要獲得榮寵誰就得掏錢[176]，誰想要獲得安全保障同樣也得掏錢；諾曼人本來難逃厄運，可是他們掏了錢，於是就被放跑了[177]。安克瑪律向結巴路易提出的第一項建議就是召開會議，爲解決王室的開支而搞錢。

第二十三節　續前題

教會曾經爲寬厚者路易的兒子們提供保護，現在有理由爲此而後悔。前面說到，寬厚者路易從未頒布訓諭把教會地產交給非教會人士[178]；可是不久之後，在義大利的羅泰爾和在阿基坦的不平[179]都放棄了查理曼的策略，重新拾起鐵錘查理的策略。教會爲對付皇帝的這兩個兒子而求助皇帝本人，可是，他們所求助的權威早已被他們自己削弱了。阿基坦方面顯示了某種程度的收斂，義大利方面則不予理會。

內戰困擾了寬厚者路易一生，而且引發了他死後的那些內戰。羅泰爾、路易和查理三兄弟各顯神通，拉攏權貴，讓他們成爲自己的心腹。他們頒布訓諭，把教會的地產給予那些願意追隨他們的人，爲了籠絡貴族而把教會交給貴族。

敕令表明[180]，這些君主不得不向沒完沒了的要求讓步，把本不願意給的東西也給了出去。此事表明，教會覺得貴族對他們的壓迫甚於國王。還有一點，對教會財產的攻擊似乎以禿頭查理最爲激烈[181]，或許是因爲教士們曾爲了自己的利益而把他的父親趕下王位，或許是因爲他最膽小。不管究竟如何，反正在《敕令集》中可以看到[182]，教會與貴族之間爭吵不斷，教會要求得到地產，貴族不是拒絕就是躲避，或是推託延宕，遲遲不予歸還。國王則夾在兩者之間。

當時的狀況著實是一派悽楚可悲的景象。寬厚者路易把他莊園中的大量地產捐助給教會，他的兒子們卻把教會的地產分發給非教會人士。往往是一邊在修建新修道院，另一邊卻在搜刮舊修道院。神職人員始終處於不穩定狀態；此時被剝奪，彼時重新得到。可是，王權卻日趨衰微。

禿頭查理當政末期以及此後，神職人員與非教會人士不再因返還教會的地產問題而爭吵。主教們在呈送禿頭查理的陳情書中依然唏噓歎息，這在八五六年敕令和主教們八五八年致日耳曼人路易的信函[183]中都可以看到。他們一再建言，一再要求兌現失信的承諾，這表明他們沒有任何希望獲得這些東西。

對於教會和國家遭受到的損失，當時所能做的僅限於一般性的補救[184]。國王們做出承諾，不從家臣手中爭奪自由民，不再以訓諭將教會地產給予他人[185]，神職人員和貴族因而好像在利益方面達成了一致。

前面提到，結束這項爭執的原因，很大程度上是諾曼人異乎尋常的劫掠。

國王的威望江河日下，由於前面已經說過和將要說到的原因，他們覺得除了投靠教會之外，已經無計可施。教會削弱了國王的地位，國王也損害了教會。

禿頭查理及其繼承者號召教會人士支持國家，使之免遭覆滅[186]；他們利用民眾對教會的尊重來維持他們自己應得的尊重[187]；他們千方百計借助教會法的權威，來提高他們所制定的法律的權威[188]；他們把公民法和教會法的刑罰一併使用[189]；爲了抗衡伯爵的權勢，他們給予每個主教以國王外省特派員的身分[190]；然而，所有這一切努力統統都是徒勞之舉，毫無效果。教會想要補救他們所做的壞事，根本就不可能；一樁奇怪的災難終於把王冠打翻在地，下面我就要講到此事。

第二十四節 自由民被許可擁有采地

前面說到，自由民在他們的伯爵率領下出征，附庸們則在他們的領主率領下出征。國家的各個等級因此而彼此處於平衡狀態。家臣雖然自己領有附庸，但他們依然可能受到伯爵的節制，因為伯爵是王國中所有自由民的首領。

起初[191]，這些自由民不得通過託付自己土地的途徑獲得采地，後來就可以了。我認為，這個變化發生在貢特朗執政和查理曼執政之間的一段時間中。我覺得，將一份條約和兩次分地加以對比，就可證實我的看法。其一是貢特朗、希爾德貝以及布倫豪特王太后三方簽訂的《安德里條約》[192]，其二是查理曼給他的三個兒子分地的有關文書，其三是寬厚者路易給他的幾個兒子分地[193]的有關文書。這三件文書中關於附庸的一些規定大體相同。鑒於這些文書所要解決的問題極為相似，情況也相同，所以，無論就其精神或文字而言，這三件文書幾乎沒有差別。

可是，在自由民問題上，這三件文書差異極大。《安德里條約》對於自由民可以通過託付自己土地獲得采地一事，隻字未提。在查理曼和寬厚者路易的分地文書中卻有專門條款，允許自由民通過託付自己土地的途徑獲得采地。這就說明，《安德里條約》之後出現了新的做法，自由民有了獲得這種特權的可能。

這個變化應該是在鐵錘查理當政時期發生的，他把教會的地產分給士兵，一部分作為采地，一部分作為自由地，這是封建法的一個巨大變化，在某種意義上甚至可以說是一種革命。看來事情大概是這樣的：已經擁有采地的貴族覺得，以自由地的名義獲得新的賞賜地對自己更為有利，而自由民則更樂於以采地名義接受賞賜地。

第二十五節　加洛林王朝積弱的主要原因，自由地的變化

查理曼在前一節我所說的分地[194]文書中規定，在他百年之後，各位國王的臣屬所接受的賞賜地，應該在各自國王的王國中，而不是在另一位國王的王國中[195]；反之，原來所擁有的自由地無論在哪個王國中，均可予以保留。查理曼還規定，任何自由民在他的領主死後，都可以在三個王國中任選一個王國通過託付自己土地的途徑獲得采地，從未附屬於任何領主的人也可以這樣做[196]。寬厚者路易於八一七年爲他的兒子們分地時，也有同樣的規定[197]。

可是，儘管自由民通過託付自己土地的途徑獲得采地，伯爵的民團兵力卻並未因此而削弱。自由民始終需要爲其自由地繳納賦稅，並按四個份地出一人的標準爲采地準備好服役人員，否則他就應找一個人替他爲采地服役。查理曼的法規[198]以及義大利國王丕平的法規[199]表明，在這件事情上出現了一些弊病，後來得到了糾正；這兩種法規可以彼此印證。

歷史學家說得很對，馮特奈戰役[200]導致國家覆亡。不過，我還想對黯然失色的這一天說幾句。馮特奈戰役之後不久，羅泰爾、路易和查理三兄弟締結了一項條約[201]，我發現，這項條約中包含有改變整個法國政治狀況的一些條款。

查理在向人民宣告[202]此項條約中涉及人民的部分條款時說，每個自由民都可以任意選擇自己的領主，國王或其他領主都可以[203]。在此之前，自由民可以通過託付自己土地的途徑獲得采地，但是，他的自由地始終處於國王的直接管轄之下，也就是說，始終處於伯爵的管轄之下。他之所以隸屬於他通過託付自己的土地而獲得采地的那位領主，只是因爲他從那位領主那裡得到了采地。自從有了這項條約之後，任何自由民都可以把自己的自由地交由國王或他選定的另一位領主管轄。這裡涉及的不是爲獲得采地賞賜而將自己

的土地託付出去的人，而是將自己的土地變換爲采地的人，從某種意義上說，這些人已經擺脫了公民法的管轄，處於國王或他們自己選定的領主的支配之下。

所以，㈠以往以伯爵管轄下的自由民的身分直接隸屬於國王的那些人，不知不覺間就彼此成爲附庸，因爲，每個自由民都可以依照自己的意願，選擇國王或其他領主爲自己的領主。

㈡若將擁有永久所有權的土地更換爲采地，新的采地就不再僅僅具有終生擁有的性質了。正如我們所看到，不久之後的一項具有普遍性的法律規定，采地可以由兒子繼承。這是締結條約的三方之一禿頭查理制定的法律[204]。

我在前面已經說過，自三兄弟締結條約後，王國內的所有人都可依照自己的意願任意選擇領主，可以是國王，也可以是其他領主，這種自由爲此後頒布的一些文件所確認。

在查理曼時代，附庸如果接受了領主的贈予，哪怕只值一蘇，這個附庸就再也不得捨棄這位領主[205]。不過，到了禿頭查理在位時，附庸可以不受阻礙地按照自己的利益或意願任意行事，這位君主對於這一點刻意予以強調，讓人覺得，與其說他在勸導人們享用此項自由，不如說他在強制大家享用此項自由[206]。在查理曼時代，賞賜地的屬人性質大於屬物性質，後來則變爲屬物性質大於屬人性質。

第二十六節　采地的變化

采地的變化不比自由地小。丕平在位時頒布的貢比涅敕令[207]表明，從國王手中獲得賞賜地的人，要把其中的一部分轉分給不同的附庸，但是，轉分的這部分賞賜地並不脫離整個賞賜地，國王如果下令收回賞賜地，轉分出去的那部分也一併被收回。家臣亡故後，附庸隨之失去其轉分的采地，於是就有了新的賞賜地擁有者，他同樣要發展隸屬於他的附庸的附庸。所以，轉分出去的采地完全不屬於采地，轉分出去的采地的擁有者則在人身上屬於他的領主。一方面，附庸的附庸回歸國王，因爲他並非永遠隸屬於他的領主；另一方面，從采地上轉分出去的那部分采地也要回歸國王，因爲它本身也是采地，並非采地的附屬物。

在采地可以轉讓的時代，附庸的附庸就處於這種狀態中，到采地變成終生所有時，附庸的附庸依然處於這種狀態中。到了采地可以繼承，轉分的采地也可以繼承時，情況就發生了變化。直接屬於國王的采地變成了間接屬於國王，從某種意義上可以說，國王的權力後退了一步乃至兩步，甚至更多。

我們在《采地概要》[208]中看到，國王的附庸雖然可以將采地分給他人，亦即使之成爲國王的采地的采地，不過，這些擁有采地的采地的附庸的附庸，也就是小小附庸，不能再將采地分給他人。因此，凡是被他們分出去的采地始終是可以收回的。此外，這種轉讓地不能與采地一樣傳給兒子，因爲這種轉讓被認爲不符合采地法。

若將米蘭的兩位元老院成員編寫《采地概要》時附庸的附庸的處境，與丕平在位時附庸的附庸的處境相比，那就不難發現，就保留其初始性質的時間而言，采地的采地比采地長[209]。

可是，在這兩位元老院成員編寫的這部手冊中，有許多具有普遍性的例外，可以不遵守規則，這些例外之多幾乎把規則本身抵消了。一個從小附庸手中獲得采地的人如果跟隨他出征羅馬，此人就可獲得附庸的所有權利；同樣，此人如果出錢向小附庸換取采地，那麼小附庸在歸還這筆錢之前，既不能收回這份采地，也不能阻止出錢者把采地傳給兒子[210]。最終，米蘭元老院不再遵守這項規則[211]。

第二十七節　采地的另一變化

在查理曼執政時期[212]，不論發生什麼戰爭，只要國王徵召，臣民不管有什麼理由，都不能不應召參戰，否則將受到嚴厲懲處；伯爵如果擅自允許某人免征，同樣將受到嚴厲懲罰。可是，三兄弟締結的條約[213]對此作了一項限制，從而可以說把貴族從國王手中拉了出來[214]，除了保衛戰以外，他們不再必須跟隨國王出征或為國王做別的事情。這項條約與五年以前的另一項協議[215]有關，這就是禿頭查理和日耳曼國王路易兩兄弟簽署的協定，根據這項協定，他們兩兄弟如果兵戎相見，他們的附庸無須跟隨他們出戰。兩兄弟都發誓遵守此協議，而且還讓各自的軍隊就此宣誓。

馮特奈戰役的陣亡者多達十萬人，倖存的貴族不由得想到，國王之間因分地而引發的私人戰爭，最終將把貴族推向滅絕的邊緣[216]；國王們的野心和貪婪將會讓貴族把鮮血流盡。於是制定了這項法律，規定除了抵禦外來入侵者的衛國戰爭之外，不得再強迫貴族跟隨國王出征。此項規定沿用了好幾百年[217]。

第二十八節　重要官職和采地的變化

一切都好像染上了一種奇特的病症，一時間全都腐敗了。前面已經說過，好多采地已經被永久轉讓，不過這只是個別現象，總體上看，采地始終保持著其特有的性質。國王雖然失去了一些采地，但有另一些采地予以替代。我還說過，國王從未轉讓過終生任職的重要官職[218]。

但是，禿頭查理制定了一項普遍性法規，對重要官職和采地都產生了影響。收集在《敕令集》中的這項法規規定，伯爵職位應傳給伯爵的兒子，采地也應依據這項法規的精神處理[219]。

不久之後，這項法規的適用範圍有了擴大，重要官職和采地都可傳至遠親。結果便是大多數直屬國王的領主變成了間接隸屬於國王。以往在國王的審判會議中負責審案的伯爵，以往率領自由民出征作戰的伯爵，都變成了國王與自由民之間的仲介，國王的權力又後退了一步。

不但如此，從敕令看，伯爵們有了附屬於伯爵職位的賞賜地和屬於他們的附庸[220]。伯爵職位變成世襲以後，伯爵的附庸就不再是國王的直接附庸，附屬於伯爵職位的賞賜地也不再是國王的賞賜地了。伯爵的權力增大了，因爲，他們屬下的附庸已經使他們的地位有所變化，從而可以獲得其他附庸。

加洛林王朝末期積弱的情況不難從加佩王朝初期的狀況看出，那時由於采地的采地大量增加，大領主們個個陷於絕望境地。

王國當時有一種習俗，兄長如果分地給弟弟，弟弟就要向兄長表示臣服[221]。這樣一來，稱霸一方的領主雖然仍然領有這些土地，但是這些土地的性質卻變成了采地的采地。勃艮第公爵菲利普二世、內維爾、布洛涅、聖保羅、當皮耶爾等地的伯爵以及其他領主紛紛宣布，從此以後，采地無論是否被分割，都永遠屬於同一領主，領主與附庸之間不得有中間領主[222]。這項諭令並未普遍得到遵行，因爲正如我已經說過的那樣，那時的諭令不可能在各地普遍有效，在這類事情上往往倒是習慣法能夠發揮作用。

第二十九節　禿頭查理當政後采地的性質

前面說過，禿頭查理下令，重要官職或采地的擁有者過世以後，官職和采地都可以傳給兒子。這項法令所產生的弊端如何滋生蔓延，其適用範圍如何延伸擴大，都很難梳理清楚。我在[223]中看到，康拉德二世皇帝[224]執政初期，在他所統治的那些地方，采地不能傳給孫子，只能傳給前領主的兒子[225]，也就是說，由現領主在前領主的若乾兒子中挑選一人繼承領地。

我在本章第十七節中作過解釋，在加洛林王朝，王位何以在某種程度上是世襲的，在某種程度上又是選任的。說它是世襲的，因爲嗣王始終出於這個王族，繼任的國王始終是先王的兒子；說它是選任的，因爲誰可以繼承王位，要由人民從這些兒子中挑選。各種事物總是彼此越靠越近，一項政治法總是與另一項政治法密切相關，所以，處理王位繼承的精神就被應用到采地的繼承上來[226]。於是，采地從此可以依據繼承權和選舉權傳給兒子，每個采地如同王位一樣，既是遴選的，又是世襲的。

這種選任領主的權利，在《采地概要》的作者[227]在世的年代，換句話說，在腓特烈一世皇帝在位時，是不存在的[228]。

第三十節　續前題

《采地概要》寫道[229]，康拉德皇帝前往羅馬時，侍奉皇帝的家臣們請他頒布一項法令，讓可以傳給兒子的采地同樣可以傳給孫子，兄弟死而無嗣者可以繼承死者原本屬於同一父親的采地。皇帝予以允准。不要忘記，此書的兩位作者生活在腓特烈一世皇帝在位時期[230]；該書又寫道：「古代法學家一貫主張，采地的旁系傳承以同父同母的兄弟爲限；到了現代，依據新法的規定，旁系傳承已經擴大到七等親，原本僅限於直系傳承的現在已經沒有限制[231]。」

作了這許多假設之後，只要讀一讀法國史就可明白，終生采地制度在法國的確立比德國早。康拉德二世皇帝於一〇二五年開始其統治時，德國在這方面依然相當於禿頭查理時期的法國，而禿頭查理早在八七七年就已經過世。可是，法國的變化極大，天真漢查理[232]就已經無法與非王族爭奪他對帝國無可爭辯的權力了。最後到了于格·加佩[233]，執政的王室竟然被剝奪了所有的王家莊園，以致於連王座都難以支撐了。

禿頭查理秉性懦弱，致使法蘭西國家也虛弱不堪。不過，他的兄弟日耳曼人路易以及其他幾位王位繼承人性格比較剛強，國家的實力因而得以保持較久。

我想說什麼呢？或許由於日耳曼尼亞民族秉性冷漠，甚至可以說精神凝滯，所以在抗拒事物的發展走向方面，他們強於法蘭西民族，這裡所說的事物發展走向，指的是采地因其自然趨勢而逐漸爲家族所永久占有。

我還想說，經歷了諾曼人和撒拉遜人所發動的那種戰爭的蹂躪，法蘭西王國幾乎被徹底摧毀，但是日耳曼尼亞王國並非如此。日耳曼尼亞可供劫掠的財富和城市較少，可供巡遊的海岸也較少，卻有較多的沼澤需要跋涉，較多的森林需要穿越。君主們沒有看到自己的國家隨時都會傾覆，所以不太需要附庸，換句話說，他們不怎麼依賴附庸。有跡象表明，日耳曼皇帝若不是被迫前往羅馬接受加冕，並且在義大利不斷征戰，他們采地的初始性質原本是可以保持得更久的。

第三十一節　帝國何以擺脫了查理曼王室

禿頭查理所屬的支系受到排斥，帝位此前已經傳給屬於日耳曼人路易支系的私生子[234]，而由於法蘭克尼亞公爵康拉德的當選，帝位又於九一二年傳到了一個外族人手中。統治著法國的那個支系想要爭奪鄉村已經相當吃力，更談不上爭奪整個帝國了。天眞漢查理與繼承康拉德帝位的亨利一世皇帝締結了一個協議，即《波恩條約》[235]。兩位君主登上了停泊在萊茵河中間的一條船，盟誓永結友好。他們巧妙地使用了一種兩全其美的辦法，查理自稱西法蘭西國王，亨利則自稱東法蘭西國王；這樣一來，查理與之締約的就是日耳曼尼亞國王，而不是皇帝。

第三十二節 法蘭西王冠何以傳到于格・加佩家族

釆地世襲制的確立和釆地的普遍出現，促使封建政府[236]逐漸形成。過去國王擁有不計其數的附庸，如今剩下的寥寥無幾，其他附庸則隸屬於這幾個附庸。國王的直接管轄權喪失殆盡，僅剩的些許權力在行使過程中還要經過他人權力的層層關口，其中有些人的權力相當強大，以致於國王的旨意尚未傳到執行者那裡，就已經半途中止或半途而廢。附庸的實力之大，大到不再聽命於國王，不但如此，他們還利用自己的附庸抗拒王命。國王失去自己的莊園之後，只剩下蘭斯和拉昂等城市，所以，他們不得不聽任附庸們擺布。樹枝伸得太遠，樹頂就乾枯了。沒有莊園的國王就像今天的帝國[237]，王冠於是就落入勢力最大的附庸手中。

諾曼人侵入法蘭西王國，他們划著筏子，搖著小船，從河口溯流而上，恣意蹂躪兩岸沿河地區。奧爾良和巴黎這兩座城市擋住了這些匪徒[238]，他們無法沿著塞納馬恩省河和盧瓦爾河繼續前進。控制著這兩座城市的是于格・加佩，他手中握有王國殘存領土的鑰匙；能夠捍衛王冠的唯有他一人，王冠於是就授給了他。後來把帝國交到固守邊界抵禦土耳其人入侵的那個家族手中，也是出於同一原因。

帝國脫離了查理曼家族，那時釆地世襲制雖已確立，但僅僅是王室的一種讓步而已。法蘭西人實行釆地世襲制早於日耳曼人[239]，所以，在這個被視爲大釆地的帝國中。皇帝經由選舉產生。與此相反，法蘭西擺脫查理曼家族時，釆地已經實行名實相符的世襲制，所以，王冠猶如一個大釆地，也是世襲的。

此外，如果把這次巨變前後發生的所有變化都說成發生於此時，那就是大錯特錯。其實一共只不過兩件大事：一是改朝換代，一是王冠與采地緊緊相連。

第三十三節 采地永久化的若干後果

隨著采地永久化，法蘭西人確立了長子繼承權。墨洛溫王朝不知長子繼承權爲何物[240]，王位由兄弟們共分，自由地同樣由兄弟們共分，采地或是可轉讓的，或僅爲終生享用，並非可繼承的對象，所以不能分割。

到了加洛林王朝，寬厚者路易自己擁有皇帝尊號，並把這個尊號授予他的長子羅泰爾，皇帝這個尊號使他產生了一個念頭，那就是讓長子擁有某種高於弟弟們的優越地位。兩位國王[241]每年都帶著禮物去朝見皇帝，然後帶回皇帝更多的回贈；他們必須與皇帝商討雙方共同的事務。羅泰爾因此而有了一些非分的想法，但結果很不理想。阿戈巴爾替羅泰爾寫信給皇帝[242]，皇帝決定把帝位傳給羅泰爾；阿戈巴爾在信中表示支持皇帝本人的如下安排：首先要徵詢上帝的旨意，爲此必須戒齋三天，舉行聖祭，做禱告並散發施捨；其次要讓國民立誓絕不違背誓言；最後還要讓羅泰爾前往羅馬，徵得教皇的首肯。在阿戈巴爾看來，重要的是所有這一切，而不是長子權。他說，皇帝分了一些地給長子以外的兒子們，但給予長子特殊的優惠；既然說他給了長子特殊的優惠，那就等於說，這些特殊優惠本來也是可以給予長子以外的其餘兒子的。

采地變成世襲之後，在采地繼承中也就確立了長子權，基於同一原因，王位繼承中也確立了長子權。規定兄弟均分的古法不再有效；采地既然必須承擔義務，采地的擁有者就應該有能力履行義務。長子權確立之後，在依法進行推理時，封建法就勝過政治法和公民法一籌。

采地由占有者的兒子繼承之後，領主就失去了處分采地的權力，爲彌補這一損失，領主們設立了一種被稱之爲補償稅的稅種，法蘭西習慣法對此有所提及，這種稅起初由直系繳納，久而久之，變成爲僅由旁系繳納。

不久之後，采地可以作爲一種世襲家產向非本族的人轉讓。於是就普遍出現了一種采地財產購買稅[243]，起初稅率具有隨意性，後來當該稅得到普遍認可後，每個地區都將稅率固定下來。

每當繼承人發生變動時都要繳納補償稅，起初甚至按直系繳納[244]。依照普遍習慣，稅額定爲一年的收入。對於附庸來說，這個稅額顯得過高和不合適，在一定程度上對采地也有負面影響。附庸行臣服禮時，讓領主同意只收取若干錢幣作爲補償[245]；由於貨幣變換，領主收取的這些錢幣往往變得微不足道，所以，補償稅如今幾乎等於零；與此同時，采地財產購買稅依舊普遍存在。該稅既不牽涉附庸，也與領主無關，僅僅偶爾發生而已，既無法預計也不能期待，所以，對此沒有制定任何規定，繼續以售價的一個固定比例繳納。

當采地只能擁有一生時，擁有者不能爲了永久擁有而把采地分給他人，使之變爲采地上的采地；一個人如果對某物僅僅享有使用權，卻要處分此物的所有權，豈非咄咄怪事。可是，當采地變爲永久擁有之後，這種做法就得到允許了[246]，這種做法就是通常所說的擺弄采地；當然，習慣法爲此作了若干限制性的規定[247]。

因采地的永久化而設立補償稅之後，當男嗣出缺時，女兒也可以繼承采地。因爲，領主如把采地給予女兒，他收取補償稅的機會就大大增加，因爲丈夫應該像妻子一樣繳納補償稅[248]。這種規定不適用於國王，因爲國王不是任何人的下屬，對於國王來說，補償稅根本不存在。

圖盧茲伯爵威廉五世的女兒沒有繼承伯爵領地。後來，阿里耶諾爾[249]在阿基坦繼承了領地，馬蒂爾德[250]在諾曼第繼承了領地；女兒的繼承權那時已經牢固確立，因而當小路易[251]與阿里耶諾爾解除婚約後把吉耶納地區贈予她時，沒有遇到任何阻礙。阿里耶諾爾和馬蒂爾德分別繼承領地，是發生在威廉五世的女兒未繼承領地之後不久的事，由此推測，允許女兒繼承采地的普遍性法律，大概在圖盧茲伯爵領地實施較晚，而在王國的其他省分則實施較早[252]。

歐洲各國的政制與這些國家創立時采地的實際狀況大體一致。無論在法蘭西或日耳曼帝國，婦女都不能繼承大統，因爲，這兩個國家建立時婦女不能繼承采地。但是，在那些采地永久化之後建立的國家裡，婦女就可以繼承采地，諸如征服諾曼第後創立的那些國家和戰勝摩爾人之後建立的那些國家，以及位於日耳曼尼亞的邊界以外、近代因基督教的建立而在某種意義上獲得新生的國家。

在采地可以收回的時期，采地通常被授予能爲采地繳納稅賦的人，所以，采地的擁有者不可能是未成年人。但是，在采地永久化之後，領主往往在繼承人成年之前把采地始終控制在手中，這樣做或是出於增加收益的考慮，或是爲了讓未成年繼承人能在習武氛圍中長大成人[253]。這就是我們的習慣法所稱的幼年貴族監護權，它所依據的原則不是一般監護權的原則，兩者截然不同。

當采地僅能擁有一生時，人們通過託付自己土地的途徑獲得采地，采地的交接儀式要在權杖前舉行，采地的所有權就此得到確認，就像如今行附庸臣服禮一樣。我們不曾見過伯爵和國王的特使在外省接受臣服禮，保存在敕令中的這些官員的委任狀表明，他們不負有此項使命。他們有時讓當地的所有臣民立誓效忠[254]，但是，這種誓言與後來建立的臣服禮上的誓言性質很不相同，臣服禮中的效忠誓言是與臣服相關的一個行爲，有時在臣服禮之前舉行，有時在臣服禮之後舉行，但並非適用於所有的臣服禮，也不像臣服禮那樣莊嚴，因而與臣服禮大不相同[255]。

對於忠誠可疑的附庸，伯爵和國王的特使有時還要求他們做出一種被稱爲堅定不移[256]的保證，不過，這種保證不是臣服禮，因爲，國王與國王有時也相互給予這種保證[257]。

敘熱院長[258]談到過達戈貝爾的一把交椅，據古代傳說，法蘭西國王習慣於坐在這把交椅上接受領主的臣服禮[259]，可見他在這裡使用的是他那個時代的思想和語言。

當采地可以繼承時，起初僅僅偶爾有之的對附庸的正式承認，變成了一種規範化的儀式，不但要大張旗鼓，而且還有許多程序，這是因爲，對附庸的正式承認對於領主和附庸雙方來講，意味著在以後的世世代代中牢記彼此的義務。

我認爲，臣服禮肇始於國王丕平時代，我曾說過，那時有不少賞賜地被賦予永久性質。不過，我是小心翼翼地這樣說的，而且還以一種假設爲前提，那就是古代法蘭西年鑒的作者們都不是愚昧無知的人。他們在談及巴伐利亞公爵塔西庸向丕平國王[260]效忠的儀式時，說是依據他們見到的當時的人們所遵循的習俗舉行的[261]。

第三十四節　續前題

在采地可以撤銷或僅僅給予一生的時候，采地與政治法的關係甚微，所以那時的公民法極少提及與采地有關的法律。但是，當采地變成世襲，而且可以贈予、出售、轉讓之後，采地就既適用政治法，也適用公民法。作爲應該履行軍事義務的主體，采地適用政治法；作爲一種商業財產，采地適用公民法。公民法有關采地的條款由此產生。

采地既然變成世襲，有關繼承順序的法律就應該與采地的永久化相適應。因此，儘管羅馬法和薩利克法另有規定[262]，但法國法律中的這條規則，即遺產不上傳就此確立[263]。必須有人爲采地承擔義務，可是，若是讓祖父或叔公繼承采地，他們肯定不是領主的好附庸。所以，正如布蒂利耶所說[264]，這項規定起初僅用於采地。

采地變成世襲之後，領主就得對采地是否履行其義務進行監管，於是要求未來將要繼承采地的女兒[265]，有時是兒子，未經他們同意不得結婚。這樣一來，貴族的婚約就變成了一種封建條款和民事條款。在當著領主的面寫就的這種文書中，包含有關於將來繼承的條款，以使繼承人將來承擔起采地的義務。所以，如布瓦耶[266]和奧弗里烏斯奧[267]所說[268]，最初只有貴族享有藉助婚約處分未來遺產的自由。

只有在采地永久化之後，才能在采地方面行使家族財產贖回權，這是無須贅述的。財產贖回權是建立在古代親屬權基礎上的一種權利，這是我們法國的一個奧祕，我沒有時間詳加論述。

義大利，義大利，義大利[269]……關於采地，我的論述止於大多數作者開始論述的那個時代。

本章注釋

【1】參閱圖爾的格雷瓜爾，《法蘭克史》，第四章，第四十二節。

【2】本書本章第七節。

【3】布倫豪特（Brunehault，五三四—六一三），一位西哥特人西班牙國王的女兒，五六六年成為奧斯特拉西亞王后，在其子希爾德貝年幼時期曾任攝政。後被政敵殘忍地綁在馬尾上活活拖死。——譯者

【4】這位國王便是克羅泰爾二世、西爾佩里克的兒子、達戈貝爾的父親。

【5】弗雷德加里烏斯，《編年史》，第四十二章。

【6】弗雷德加里烏斯，《編年史》，第四十二章。

【7】即奧斯特拉里亞的國王戴奧德貝和戴奧德里克。——譯者

【8】弗雷戴貢德王后，見第三十章第十二節譯注。——譯者

【9】參閱圖爾的格雷瓜爾，《法蘭克史》，第八章，第三十一節。

【10】普洛泰爾（Protaire），時任宮相。——譯者

【11】弗雷德加里烏斯，《編年史》，第三十七章關於六〇五年的記述：「他極不公正地對待權貴，為國庫過度斂財，試圖讓國庫裝滿他們自己的財產，以致於無人能夠保住好不容易得到的位置。」

【12】弗雷德加里烏斯，《編年史》，第三十七章關於六〇七年的記述。

【13】弗雷德加里烏斯，《編年史》，第四十一章關於六一三年的記述：「包括主教和家臣在內的勃艮第的大人物們都害怕布倫豪特，對她恨之入骨，於是就共同商議對策。」

【14】弗雷德加里烏斯，《編年史》，第四十二章關於六一三年的記述：「克羅泰爾發誓，只要他活著，絕不趕他下臺。」

【15】這份律令是在布倫豪特死後不久的六一五年頒布的。參見《敕令彙編》，巴魯茲版，第二十一頁。

【16】「但願神明能夠制止這些違背理性秩序的行為，我遵循基督的教導頒布本諭令，用以防止此類事情再次發生。」《敕令彙編》，巴魯茲版，前言，第十六條。

【17】《敕令彙編》，巴魯茲版，前言，第十六條。

【18】《敕令彙編》，巴魯茲版，前言，第十七條。

[19]「那時和自那時以來在這方面被忽略的事情，今後應永遠得到尊重。」

[20]「主教過世後，主教所在地徵得權貴們的同意後，由僧侶和民眾通過選舉產生繼任者，當選者如果堪當重任，則經國王首肯後任命；繼承人若由宮廷選任，應是人品和信仰均符合任命的要求。」《敕令彙編》，巴魯茲版，前言，第一條。

[21]「凡任意新增的稅賦，一律取消。」《敕令彙編》，巴魯茲版，前言，第八條。

[22] 西格貝爾（Sigebert，五三五—五七五），克羅泰爾之子，奧斯特拉里亞國王。——譯者

[23]《敕令彙編》，巴魯茲版，前言，第九條。

[24]《敕令彙編》，巴魯茲版，前言，第二十一條。

[25] 指采地的管理等等。——譯者

[26] 訓諭是國王下達給法官的命令，其內容是要求或許可法官做某些違反法律的事情。

[27] 參見圖爾的格雷瓜爾，《法蘭克史》，第四章，第二一七頁。史書和條例中充斥著這種事例。為糾正流弊，克羅泰爾二世曾於六一五年發布敕令，從中可以看到流弊的嚴重程度。見《敕令彙編》，巴魯茲版，第一卷，第二十二頁。

[28]《敕令彙編》，巴魯茲版：克羅泰爾五九五年敕令，第二十二條。

[29]《敕令彙編》，巴魯茲版：克羅泰爾五九五年敕令，第十六條。

[30]《敕令彙編》，巴魯茲版：克羅泰爾五九五年敕令，第十八條。

[31]《敕令彙編》，巴魯茲版第一卷，第七頁。

[32] 克羅泰爾一世的父親是克洛維斯，祖父是希爾代里克。——譯者

[33] 我在本書第三十章中談及，這種豁免權是司法權的轉讓，其中包括禁止國王的法官在采地內執行任何使命，其作用相當於建立或轉讓采地。

[34] 西爾佩里克二世從六七〇年開始執政。

[35] 參閱《聖萊熱傳》。

[36] 弗雷德加里烏斯，《編年史》，第二十七章關於六〇五年：「依據布倫豪特的建議和戴奧德里克的命令。」

[37] 伐魯瓦（Valois），《法蘭克諸王行跡》，第三十四章。

[38] 弗雷德加里烏斯，《編年史》，第四十五章關於六二六年，無名氏著該書續編第一百零一章關於六九五年，第一百零五章關於七一五年，艾穆安，《法蘭克人史》，第四章第十五節，愛因哈特，《查理曼傳》，第四十八章。伐魯瓦，《法蘭克諸王行跡》，第四十五章。

[39] 參見《勃艮第法》前言以及該法的第二補編中的第十三篇。

[40] 參閱圖爾的格雷瓜爾，《法蘭克史》，第九章，第三十六節。

[41] 弗雷德加里烏斯，《編年史》，第五十四章關於六二六年：「克羅泰爾於那年在特魯瓦召集勃艮第的權貴和家臣聚會，鑒於瓦納歇爾已經過世，他希望了解與會者是否願意立即遴選一位新宮相，可是，與會者異口同聲一致表示不願選舉新宮相，並懇請國王替他們做主。」

[42] 弗雷德加里烏斯，《編年史》，第五十四章關於六三〇年：「威尼特人戰勝了法蘭克人，並非因為斯克拉豐人驍勇善戰，而是因為奧斯特拉西亞人缺乏勇氣，他們覺得，達戈貝爾既恨他們，又對他們濫施搜刮。」

[43] 弗雷德加里烏斯，《編年史》，第七十五章關於六三二年：「眾所周知，後來奧斯特拉西亞人堅定並有效地擊退了威尼特人對法蘭克王國邊境的侵擾。」

[44] 艾加（Æga），六四〇年開始擔任奧斯特拉西亞的宮相。——譯者

[45] 弗雷德加里烏斯，《編年史》，第七十四章關於六三八年。

[46] 弗雷德加里烏斯，《編年史》，第七十四章關於六三八年。

[47] 弗雷德加里烏斯，《編年史》，第八十章關於六三九年。

[48] 弗雷德加里烏斯，《編年史》，第八十九章關於六四一年。

[49] 弗雷德加里烏斯，《編年史》，第八十九章關於六四一年：「佛羅卡圖斯在一封信中向勃艮第的權貴和主教們發誓，終身不會侵害他們的地位和財產。」

[50] 據傳，此書為弗雷德加里烏斯所著。——譯者

[51] 「此後在偉大的國王達戈貝爾之子、戴奧德里克之父克洛維斯掌政時期，日趨衰微的法蘭克王國開始由宮相執政國務大權。」見《王室的宮相》。

[52] 塔西佗，《日耳曼尼亞志》，第七卷，第一章：「貴族出國王，品德出首領。」

[53] 阿波加斯特（Arbogaste，三四〇—三九四），出身於法蘭克人的羅馬將軍，曾與日耳曼人作戰。——譯者

[54] 參閱圖爾的格雷瓜爾，《法蘭克史》，蘇爾皮西烏斯．亞力山德爾（Sulpicius Alexander）的記述。

[55] 戴奧德貝（Theodebert，?—五四八），奧斯特拉西亞國王，蒂博（Thibault），戴奧德貝之子，十三歲繼承其父王位，二十歲死亡，其國即被克羅泰爾一世兼併。——譯者

[56] 西元五五二年。

[57] 圖爾的格雷瓜爾，《法蘭克史》，第四章，第九節：「儘管國王很不高興，路特利斯（Leutheris）和布蒂裡努斯（Butilinus）還是與法蘭克人聯手參戰。」又見阿加西亞斯《查士丁尼執政史》第一章。

[58] 貢多瓦爾德自稱是克羅泰爾之子，要求分得王國的一部分。貢特朗竟然不予討伐。

[59] 這些指揮官的人數有時甚至多達二十人。參見圖爾的格雷瓜爾，《法蘭克史》，第五章第二十八節，第八章第十八節，第十章第三節。勃艮第的達戈貝爾沒有設置宮相，他採取了同樣的政策，派遣十位公爵和多位不隸屬公爵的伯爵去與加斯科涅人作戰。參見弗雷德加里烏斯，《編年史》，第七十八章關於六三六年的記述。

[60] 圖爾的格雷瓜爾，《法蘭克史》，第八章，第三十節，第十章第三節。

[61] 圖爾的格雷瓜爾，《法蘭克史》，第八章，第三十節，第十章第三節。

[62] 參閱《勃艮第法》，第二補編，第十三篇；圖爾的格雷瓜爾，《法蘭克史》，第九章，第三十六節。

[63] 參見《麥斯年鑒》中的六八七年和六八八年。

[64] 參見《麥斯年鑒》中的六九五年：「給國王留下名義上的權力，自己行使治理全國的權力。」

[65] 參見《麥斯年鑒》中的七一九年。

[66] 《麥斯年鑒》中的七一九年：「他讓出王座，交出王權。」

[67] 《桑里斯紀年》：「為的是讓國王鸚鵡學舌般地宣布別人為他準備好的答詞。」

[68] 《麥斯年鑒》中的六九一年：「丕平的權力在那一年已經超過戴奧德里克。」《弗爾德和勞裡善年鑒》：「法蘭克公爵丕平占據王位長達二十七年，國王都聽命於他。」

[69] 此人名叫戴奧多爾德（Théodoald），當時的國王是達戈貝爾二世。——譯者

[70] 弗雷德加里烏斯，《編年史》的無名氏《續編》關於七一四年第五十四節：「在國王達戈貝爾德推薦下，他的兒子被指定為宮相。」

[71] 見於圖爾的格雷瓜爾，《法蘭克史》，第九章。又見克羅泰爾二世六一五年敕令，第十六條。

[72] 「如果她們願意保有從國庫獲得的土地、商品或堡壘，或贈予任何人，他們對這些財產的這種處分應永遠予以維持。」

[73] 參閱《法規》，第一章，第十四條，該條也適用於直接永久給予的財物以及起初作為賞賜給予，後來變為永久給予的財物：「正式由他擁有，或者由我們的國庫擁有。」又見《法規》，第一章，第十七條。

[74] 《法規》，第一章，第十三條。

[75] 《薩利克法》，第四十四章。又見第四十六篇§三、四和第七十四篇。

[76] 《里普埃爾法》《里普埃爾法》，第十一篇。

[77] 參見《里普埃爾法》，第七篇；《薩利克法》，第四十四篇§一、四。

[78] 《薩利克法》，第五十九篇和第七十四篇。

[79] 《薩利克法》，第五十九篇和第七十四篇：「在國王的領地以外」。

[80] 《薩利克法》，第五十九篇§一。

[81] 《薩利克法》，第七十六篇§一。

[82] 《薩利克法》，第五十六篇和第五十九篇。

[83] 《薩利克法》，第七十六篇§一。

[84] 《薩利克法》，第七十六篇§二。

[85] 卡羅曼（Carloman，八七九—八八四），法國國王結巴路易之子，八八二年繼位為法國國王。——譯者

[86] 八八三年韋爾農宮敕令，第四條和第十一條。

[87] 查理曼八一二年第二道敕令，第一、三條。

[88] Heribarnnum，即未能服從法蘭克軍隊召喚而課以的沉重的罰款。

[89] 在迪康熱，《晚期拉丁語和希臘語詞匯》的「自由地」詞條下，朗貝爾·安得爾(Lambert d'Andres)說：
「財產轉移到繼承人名下並無多大風險。」

[90] 參閱迪康熱在「自由地」詞條下引述的條例，以及加朗（Galland）在《論自由地》第十四頁及以下多頁中的論述。

[91] 八〇二年第二道敕令，第十條，八〇三年第七道敕令，第三條，年分不明的第一道敕令第四十九條，八〇六年敕令第七條。

【92】八〇六年第五道敕令，第八條。

【93】圖爾的格雷瓜爾，《法蘭克史》，第六章，第四十六節。

【94】由於這個緣故，他撤銷了有利於教會的遺囑，連他父親給予教會的贈與也取消了。貢特朗把這些贈予歸還給教會，而且還給了新的贈與。見圖爾的格雷瓜爾，《法蘭克史》，第七章，第七節。

【95】《麥斯年鑑》，六八七年：「我受神父們和上帝的僕人們之請，他們的財產被不公正地剝奪，因而常來找我。」

【96】《麥斯年鑑》，六八七年。

【97】圖爾的格雷瓜爾，《法蘭克史》，第五章，第十九節。

【98】《桑里斯紀年》：「查理剝奪大多數僧侶的田產所有權，併入國庫，然後分給軍人。」

【99】參閱《麥斯年鑑》。

【100】《麥斯年鑑》中的七四一年：「名叫格里高利的教皇徵得羅馬權貴們的同意後，給他寫了一封信，信中說，羅馬人民擺脫了皇帝的權威，決定尋求他的保護和他永不枯竭的仁慈。」弗雷德加里烏斯，《編年史》：「協議一旦確定，他就退出帝黨。」

【101】這裡的希臘人是指拜占庭人。——譯者

【102】在當時的一些著作中可以看到教皇的權威留在法國人精神中的印象。儘管國王丕平已經由美茵茨大主教加冕，但是，他把教皇斯德望二世為給他敷油祝聖，視為對他一切權力的肯定。

【103】日耳曼人路易（Louis II le Germanique，八〇五—八七六），查理曼的孫子，日耳曼尼亞國王（八四三—八七六在位）。——譯者

【104】《敕令彙編》，巴魯茲版，第二卷，第七條，第一〇九頁。

【105】《敕令彙編》，巴魯茲版，第二卷，第一〇一頁，八五八年發自吉耶茲的信。

【106】屈亞斯在他的《論采地》第一章註腳中寫道「不確定占有即為給予申請人的僅有使用權的財物」。我在國王丕平頒發於他即位後第三年的一件文書中發現，他並非頒發此類文書的第一人，此文書提到了宮相埃布羅安（Ebroin）頒發的一件此類文書，而且此後有人繼續頒發。參見本篤會神父《法蘭西史學家》第五卷第六條中展示的國王丕平的文書。

【107】萊普迪納（Leptines），加洛林王朝位于埃諾地區的一座王宮。——譯者

【108】西元七四三年。參見《敕令彙編》，巴魯茲版，第五卷，第三條。
【109】七五六年麥斯敕令，第四條。
【110】參見查理曼的八〇三年的沃姆斯敕令，此敕令對於以不確定方式持有地產的契約作了規定，見《敕令彙編》，巴魯茲版，第四四一頁。又見七四九年法蘭克福敕令，第二十四條，其中對房屋的整修作了規定，見《敕令彙編》，巴魯茲版，第二六七頁。又見八〇〇年敕令，見《敕令彙編》，巴魯茲版，第三三〇頁。
【111】上注和義大利國王丕平的敕令已經表明此事。丕平在這道敕令中說，國王將把修道院作為采地授予申請采地的人。這道敕令附加在《倫巴第法》第三卷第一篇§三〇中，在《薩利克法》也可以找到這道敕令，見丕平法令集以及埃卡爾（Echard）《法蘭克人的《薩利克法》和《里普埃爾法》》第一九五頁，第二十四篇，第四條。
【112】參見羅泰爾一世的法規，載《倫巴第法》，第三卷，第一篇§四十三。
【113】《倫巴第法》，第三卷，第一§四十四。
【114】《倫巴第法》，第三卷，第一§四十四。
【115】禿頭查理在位第二十八年即西元八五六年頒布的敕令。見《敕令彙編》，巴魯茲版，第二〇三頁。
【116】「徵詢該地擁有者的意見並徵得同意。」
【117】禿頭查理在位第十六年即西元八五六年在馬恩河上的波訥耶舉行的基督教公會議上。見《敕令彙編》，巴魯茲版，八五六年，第七十八頁。
【118】在鐵錘查理在位時的內戰中，蘭斯的教會地產被交給了世俗百姓，讓神職人員自謀生路。見《聖雷米傳》，第一卷，第二七九頁關於敘里烏斯（Surius）的記述。
【119】《倫巴第法》，第三卷，第三篇§一、二。
【120】這就是我在前節一再談及的那項法規，見於《敕令彙編》，巴魯茲版，第一卷，第二條，第九頁。
【121】「土地和牧場稅以及豬的什一稅，我們讓給教會，這樣，國庫的官員和什一稅的徵收員就不會侵犯教會的財產了。」巴魯茲版《敕令彙編》第三三六頁所載八〇〇年查理曼的敕令解釋得非常清楚，什麼是克羅泰爾向教會免征的什一稅，那就是放養在森林中育肥的豬應該繳納的那一份什一稅。查理曼要求法官以身作則，與其他人一樣繳納什一稅。可見這是一種領主稅或者說經濟稅。

【122】雅克・西蒙，《舊日高盧的公會議》，第一卷，五號聖典。

【123】維利斯敕令《維利斯敕令》第六條，載《敕令彙編》，巴魯茲版，第三三三頁。

【124】在查理曼執政期間於七四九年舉行。

【125】「據我們的親身經歷，發生大饑荒那年，到處顆粒無收，都被魔鬼吃光了。有人還說聽見責罵聲。」《敕令彙編》，巴魯茲版，第二六七頁，第二十三條。

【126】參見寬厚者路易的八二九年敕令，見《敕令彙編》，巴魯茲版，第六六三頁。這道敕令是針對為逃避什一稅而放棄種地的那些人的。又見此敕令第五條：「關於九一稅和什一稅，這是父王和我本人在飭令中多次提及事……」

【127】例如羅泰爾所附加的條文，見《倫巴第法》，第三卷，第三篇§六。

【128】八二九年敕令第七條，見《敕令彙編》，巴魯茲版，第一卷，第六六三頁。

【129】《倫巴第法》，第三卷，第三篇§八。

【130】《倫巴第法》，第三卷，第三篇§四。

【131】這是愛因哈特（Eginhard）報導的一份追加遺囑，與戈爾達斯特（Goldaste）的《皇家法規》和巴魯茲版的《敕令彙編》所載遺囑不同。

【132】見查理曼八〇三年敕令第二條，《敕令彙編》，巴魯茲版，第三七九頁；又見寬厚者路易的八三四年敕令，載戈爾達斯特，《皇家法規》，第一卷。

【133】此說見於著名的聖典「朕路易」，但此件顯然是偽造的。載《敕令彙編》，巴魯茲版，第五九一頁關於八一七年。

【134】查理曼八〇一年敕令，載《敕令彙編》，巴魯茲版，第一卷，第三六〇頁。

【135】見《倫巴第法》，第三卷，第一篇§四十四所附《羅泰爾法規》。

【136】見前注提及的羅泰爾法規以及禿頭查理八四六年敕令第二十章「于埃佩爾奈」。載《敕令彙編》，巴魯茲版，第二卷，第三十一頁；禿頭查理八五三年在蘇瓦松主教會議上頒布的敕令第三章和第五章，載《敕令彙編》，巴魯茲版，第二卷，第五十四頁；禿頭查理八五四年敕令「於阿提尼」第十章，載《敕令彙編》，巴魯茲版，第二卷，第七〇頁。又見查理曼年分不明第一道敕令第四十九條和第五十六條，載《敕令彙編》，巴魯茲版，第一卷，第五一九頁。

【137】參見《敕令集》，第四章，第四十四條；八六六年皮斯特諭令第八條和第九條，其中所說的領主享有的榮譽性特權至今依然保留著。

【138】所謂高級司法權，是指領主所享有的判處極刑的權力，以及審理不涉及王權的民事和刑事案件的權力。——譯者

【139】參閱查理曼的遺囑以及有關寬厚者路易在吉耶茲召集的三級會議上將國土分給兒子的記述。見戈爾達斯特，《皇家法規》：「一個人民願意選出的人，讓他繼承其父的王位。」

【140】勒庫安特（Le Cointe，一六一一—一六八一），法國外交家和歷史學家。——譯者

【141】無名氏，《高盧和法蘭西史學家文集》，關於七五二年的記述；《桑都倫西紀年》關於七五四年的記述。

【142】丕平死後編造的故事完全違背教皇撒迦利亞的公正和聖潔。見《法國教會年鑒》，第二卷，第三一九頁。

【143】本篤會神父，《法蘭西歷史學家》，第五卷，第九頁。

【144】此處的查理即後來的查理曼，卡羅曼是他英年早逝的弟弟。——譯者

【145】本篤會神父，《法蘭西歷史學家》，第五卷，第一〇頁：「他們永遠不從另一個家族選出國王。」

【146】西元七六八年。

【147】《敕令彙編》，巴魯茲版，第一卷，第一八八頁。

【148】卡尼西烏斯，《古史選》，第二卷。

【149】八〇六年第一道敕令第五條，載《敕令彙編》，巴魯茲版，第四三九頁。

【150】《敕令彙編》，巴魯茲版，第五七四頁，第十四條：「執政王族中的某人死亡時，其合法兒子們不得分割權力，應由人民達成一致，選出先王屬意的一人繼位為王，他們的叔伯和堂兄弟應以兄弟或兒子待之。」

【151】《敕令彙編》，巴魯茲版，第七十二頁：八七七年敕令。

【152】參見迪蒙（Dumont），《外交文獻》，第一卷，第三十六條。

【153】巴松（Bason），米蘭公爵，禿頭查理的堂兄。——譯者

【154】母系。

【155】胖子查理（Louis le Gras，約八三九—八八八），日耳曼人路易之子，八八四年即法蘭西王位。——譯者

【156】阿爾努（Arnould），卡羅曼的私生子，八八八年就任日耳曼尼亞國王，八九六年加冕為皇帝。——譯者

【157】參見查理曼八一一年敕令，第四八六頁，第一、二、三、四、五、六、七、八條；又見八一二年第一道敕

令，第四九〇頁，第一條；同年敕令，第四九四頁第九、十一條；等等。

【158】參見八〇〇年維利斯敕令；又見八一三年第二道敕令，第六、十九條；《敕令集》，第五章，第三〇三條。

【159】維利斯敕令，第三十九條。這道敕令是謹慎、善於行政和管理的傑作，請閱讀其全文。

【160】見七八九年敕令，載《敕令彙編》，巴魯茲版，第二四五頁，關於不來梅主教區的設立。

【161】例如，禁止國王的法官進入采地索取安保費以及其他稅賦。我在前一章中已經多有談及。

【162】寬厚者的含義是溫和、寬容，這位君主還有一個外號叫作虔誠者。——譯者

【163】參見杜申，《文集》，第二卷，第二九五頁；無名氏著《寬厚者路易傳》。

【164】參見杜申，《文集》中關於他被貶的文書，第二卷，第三三三頁。

【165】他的父親要求他善待兄弟姐妹和侄子：「待以無限的仁慈」（泰岡語）。見杜申，《文集》，第二卷，第二七六頁。

【166】參見他的信件。

【167】寬厚者路易於八二九年被兒子羅泰爾監禁，被逼削髮為僧，被另兩個兒子丕平和路易解救出來；但是，三個兒子接著便聯手於八三三年把他攆下王位，並讓他當眾懺悔認罪。——譯者

【168】參見他的退位文書，見於杜申，《文集》，第三卷，第三三一頁。又見泰岡（Tégan），《寬厚者路易傳》：「他種下的仇恨數不勝數，致使人們甚至不願意見到他還活著。」見杜申，《文集》，第二卷，第三〇七頁。

【169】「當時的主教和教士開始捨棄金腰帶、劍帶以及掛在腰帶上鑲滿寶石的寶刀，華麗的服飾，華貴的飾物壓著腳踵的馬刺。可是，人類的敵人不能容忍這種虔誠，煽動各個修會的神職人員起而反對，並與之作戰。」見無名氏著《寬厚者路易傳》，載於杜申，《文集》，第二卷，第二九八頁。

【170】泰岡說，查理曼時期極少見到的事，在路易當政時極為常見。

【171】為了控制貴族，他任命一個名叫貝納爾（Bernard）的人當內廷總管，從而使貴族大失所望。

【172】他把他的祖父、父親和他本人所擁有的莊園，作為永久產業分送給忠於他的臣屬，這種做法持續很久。見泰岡，《寬厚者路易傳》。

【173】「他就這樣被人說服，把自由地和公共財產分給個人使用。」見尼塔爾（Nitard），《歷史》，第四章末

尾。

[174] 「他把共和國毀掉了。」見尼塔爾，《歷史》，第四章末尾。

[175] 參見本書第三十章第十三節。

[176] 安克瑪律（Hincmar）致結巴路易的信一。

[177] 參閱安戈爾斯（Angers），《聖德尼修道院紀年》片段，載杜申，《文集》，第二卷，第四〇一頁。

[178] 參閱主教們在八四五年的蒂永維爾宮主教會議的發言第四條。

[179] 丕平（Pépin，八〇三—八三八），即阿基坦國王丕平一世（八一七—八三八在位），寬厚者路易之子。請注意與前面提及的另兩位丕平區別。——譯者

[180] 參閱八四五年蒂永維爾主教會議文件第三條和第四條，此件對於當時的形勢有很清晰的描述。又見同年在韋爾農宮舉行的主教會議文件第十二條，以及同年舉行的博韋主教會議文件第三、四、六條；八四六年埃佩爾奈宮敕令第二十條，八五八年主教們在蘭斯大會上致日耳曼人路易的信第八條。

[181] 參見八四六年埃佩爾奈宮敕令。貴族慫恿國王與主教們作對，國王便把主教們逐出大會。國王和貴族找出幾種主教會議的法規後向教會宣布，這是他們應該遵守的唯一法規，把教會置於不可能反對的境地。參見此敕令的第二一、二二條。又見八五八年與會的主教們致日耳曼人路易的信第八條；八六四年皮斯特敕令第五條。

[182] 參見八六四年蒂永維爾敕令。又見八四七年美茵茲會議敕令第四條，在此次會議上，教會人士只要求重新得到寬厚者路易在位時所享有的財產。又見八五一年美茵茲敕令第六、七條，這道敕令維持貴族和教會的原有財產；八五六年博納伊敕令，此件其實是主教們呈送國王的一份陳情書，內容是關於制定許多法規之後，弊病依然不能消除的情況。最後還可參見八五八年主教們在蘭斯聚會時致日耳曼人路易的信函第八條。

[183] 第八條。

[184] 參閱八五一年敕令第六、七條。

[185] 禿頭查理在八五三年的蘇瓦松主教會議上向教會承諾，不再以訓諭將教會財產給人。見八五三年敕令第二條，《敕令彙編》，巴魯茲版，第二卷，第五十六頁。

[186] 參閱尼塔爾，《歷史》，第四章。其中談到，羅泰爾逃跑後，國王路易和查理徵詢主教們的意見，是否應

該把羅泰爾丟下的國土拿過來並分掉。實際上，主教們比家臣更加抱團，他們議定，用一項決議確保兩位國王的權力，並讓所有其他領主都照此辦理。

[187] 參閱禿頭查理八五九年埃佩爾奈宮敕令第三條：「我讓維尼隆（Venilon）當上了桑斯大主教，而他則為我加冕。所以，其他任何人都不能把我趕下王座。除非經由主教們聽證和審判；主教們曾以他們的職責為我加冕；他們被稱為上帝的寶座，上帝就落座在這個寶座上，並從寶座上發布他的判決。我準備接受他們父親般的訓斥和懲罰，而且現在已經這樣做了。」

[188] 參閱禿頭查理卡里西亞哥主教會議八五七年敕令，載《敕令彙編》，巴魯茲版，第二卷，第八十八頁，第二、三、四、七條。

[189] 參閱八六三年皮斯特主教會議文件第四條，卡羅曼和路易二世八八三年韋爾農宮敕令第四、五條。

[190] 禿頭查理當政時八七六年在蓬永主教會議上的敕令第十二條。載《敕令彙編》，巴魯茲版。

[191] 參見我在本書第三十章最後一節末尾的論述。

[192] 五八七年，見圖爾的格雷瓜爾《法蘭克史》第九章。

[193] 參閱下節以及該節中的註腳，我將該節中詳談這兩次分地。

[194] 八〇六年查理、丕平和路易的分地文書，戈爾達斯特，《皇家法規》中有記述，載，《敕令彙編》，巴魯茲版，第一卷，第四三九頁。

[195] 第九條，《敕令彙編》，巴魯茲版，第四四三頁。這項規定符合《安德里條約》的精神。參見圖爾的格雷瓜爾，《法蘭克史》，第九章。

[196] 第十條，《安德里條約》對此絲毫未曾提及。

[197] 《敕令彙編》，巴魯茲版，第一卷，第一七四頁。「沒有領主的自由民可以從三兄弟（即三位國王——譯者）中任選一人」。又見這位皇帝頒布於八三七年的分地文書第六頁，載《敕令彙編》，巴魯茲版，第六八六頁。

[198] 《敕令彙編》，巴魯茲版，第一卷，第四八六頁：八一一年敕令第七、八條；《敕令彙編》，巴魯茲版，第一卷，第四九〇頁：八一二年敕令第一條。「有四個份地的自由民或是作為他人的賞賜地擁有四個份地的自由民，應該做好準備親自前往或與其領主一道前往。」參見八〇七年敕令，載《敕令彙編》，巴魯茲版，第一卷，第四五八頁。

【199】七九三年敕令，附錄在《倫巴第法》，第三章，第九篇§九。

【200】馮特奈戰役發生在八四一年六月二十五日，日耳曼人路易和禿頭查理聯手攻擊他們的兄弟羅泰爾。隨後就有了著名的兩方斯特拉斯堡誓言和後來的三方凡爾登條約，將帝國一分為三。——譯者

【201】締結於八四七年，奧貝爾·勒密爾（Aubert le Mire）的《恩賞錄》對此有所記述。又見《敕令彙編》，巴魯茲版，第二卷，第四十二頁「美茵茲大會」。

【202】拉丁文為Adnuncaitio。

【203】「我國自由民可以接受他所選定的任何人為領主，可以是我，也可以是我的臣屬。」查理，《文告》，第二條。

【204】八七七年敕令，第五十三篇，第九、十條。「於吉耶茲。涉及我的附庸時，也應這樣處理。」這道敕令與同年同地頒布的另一道敕令第三條相關。

【205】八一三年艾克斯拉沙佩勒敕令第十六條。「接受領主的一蘇贈予後便不可離他而去。」又見丕平七八三年敕令，第五條。

【206】參閱八五六年卡里西亞哥敕令第十、十三條。載《敕令彙編》，巴魯茲版，第二卷，第八十三頁。國王、教會領主和非教會領主在這份文書中達成如下一致：「你們的附庸中如果有人不願意繼續隸屬於現在的領主，而希望另擇領主，他可以去找他所看中的領主，原領主應該平心靜氣地讓他離去，……但願他能平平安安地得到上帝願意給他的東西，從新領主那裡得到他希望得到的東西。」

【207】七五七年敕令第六條，見《敕令彙編》，巴魯茲版，第一八一頁。

【208】《采地概要》，第一章，第一節。

【209】至少在義大利和日耳曼尼亞是這樣。

【210】《采地概要》，第一章，第一節。

【211】《采地概要》，第一章，第一節。

【212】八〇二年敕令第七條，載《敕令彙編》，巴魯茲版，第三六五頁。

【213】美因茲八四七年敕令，載《敕令彙編》，巴魯茲版，第四十二頁。

【214】美因茲八四七年敕令第五條，載《敕令彙編》，巴魯茲版，第四十四頁：「茲諭令如下：無論在何王國，人人均可選擇隨其領主出征禦敵，或留下照管個人事務；除非因王國遭到入侵而處於全國動員狀態，任何

人的出缺均將導致形勢惡化，因此，全國人民必須同心協力抵禦外敵。」

[215] 《斯特拉斯堡誓言》，載《敕令彙編》，巴魯茲版，第二卷，第三十九頁。

[216] 此項條約的締結者確是貴族。參見尼塔爾，《歷史》，第四章。

[217] 參見羅馬皇帝居伊的法律，此法與另一些相關法律都被附加在《薩利克法》和《倫巴第法》中；見埃卡爾，《法蘭克人的《薩利克法》和《里普埃爾法》》，第六篇，第三十九頁。

[218] 有人說，圖盧茲伯爵這個職位被鐵錘查理送出去了，後來一代代傳到最後一位伯爵雷蒙（Ryamond）。事實雖然確實如此，但是，這是某些具體情況使然，使得人們可以從前一任伯爵職位擁有者的兒子中遴選圖盧茲伯爵。

[219] 參見禿頭查理在卡裡凱西亞哥頒布的八七七年敕令，第五十三篇第九、十條。這道敕令與同年同地頒布的另一道敕令第三條彼此相關。

[220] 八一二年敕令三第七條，八一五年敕令關於西班牙人的第六條；《敕令集》，第五章第二八八條，八六九年敕令第二條，八七七年敕令第十三條。見《敕令彙編》，巴魯茲版。

[221] 弗里辛根的奧托（Othon de Frissingue）就是這樣。見《腓特烈的戰功》，第二章，第二十九節。

[222] 參見菲利普二世一二一九年諭令，載於《法國古代法律新集》。

[223] 《采地概要》《采地概要》，第一章，第一篇。

[224] 康拉德（Conrad，九九〇—一〇三九），日耳曼皇帝（一〇二四—一〇三九）。——譯者

[225] 「因此，有關此事的規定是，采地傳給領主看中的那個兒子。」見《采地概要》，第一章，第一篇。

[226] 至少在義大利和日耳曼尼亞是這樣。

[227] 傑拉杜斯·尼日爾（Geradus Niger）、奧貝杜斯·德·奧托(Aubertus de Orto)。

[228] 「事情就這樣定下來了，大家都可繼承。」見《采地概要》，第一章，第一篇。

[229] 《采地概要》，第一章，第一篇。

[230] 屈亞斯對此作了有力的論證。

[231] 《采地概要》，第一章，第一篇。

[232] 天真漢查理（Charles le Simple，八七九—九二九），法國國王（八九三—九二三在位）。——譯者

[233] 于格·加佩（Hugues Capet），法國加佩王朝的第一位國王（九八七—九九六在位）。——譯者

[234] 阿努爾（Arnoul）和他的兒子。

[235] 九二六年。奧貝爾・勒密爾在《虔誠捐贈法典》第二十七章中提及此條約。

[236] 所謂封建政府，是指由采地行使政治和公民管理權，即在某種程度上不受國家或國王管理。——譯者

[237] 指日耳曼帝國。——譯者

[238] 參見八七七年禿頭查理的敕令「於卡里西亞哥」中關於當時巴黎、聖德尼和盧瓦爾河上堡壘的重要性的記述。

[239] 參閱本書本章第三十節。

[240] 參閱《薩利克法》和《里普埃爾法》中的有關「自由地」的章節。

[241] 參閱八一七年敕令。該敕令含有關於寬厚者路易為其兒子們首次分地的記述。

[242] 參閱有關此事的兩封信，其中一封題為「瓜分帝國」。

[243] 采地財產出售稅（Droits de lods et ventes），在收買領主所擁有的采地範圍內的財產者應向領主繳納的稅，通常為售價的五分之一。——譯者

[244] 參見菲利普二世一二〇九年關於采地的諭令。

[245] 在法規彙集中可以找到很多此類協定，例如旺多姆敕令、普瓦圖的聖西普裡安修道院敕令。加朗在他的《論自由地》中收有這些檔案的摘要。

[246] 不過，不能將采地縮小，也就是說，不得部分地取消采地。

[247] 習慣法規定了可以分出去的采地的比例。

[248] 因此之故，領主往往逼迫寡婦再嫁。

[249] 阿里耶諾爾（Aliénor，一一二二—一二〇四），阿基坦公爵之女，英國王后，一一三七年改嫁法國國王路易七世，一一五二年被休。——譯者

[250] 馬蒂爾德（Mathilde，？—一〇八三），史稱馬蒂爾德王后，諾曼第女公爵，一〇五四年與尚未登基的威廉五世結婚，後成為英國王后。——譯者

[251] 小路易（Louis le Jeune，一一二〇—一一八〇），即路易七世，法國國王（一一三七—一一八〇在位）。——譯者

[252] 大多數大家族都有各自的繼承法。參見托瑪希耶爾，《貝里古今地方性習慣法》中有關貝里家族的敘述。

[253] 從巴魯茲版《敕令彙編》所載八八七年卡里西亞哥敕令第三條看到，國王們為了替采地的幼年繼承人保管采地而派人代為管理采地，領主們也照此辦理。這就是我們所說的幼年貴族監護權。

[254] 八〇二年敕令二中存有這種規定。還可參見八五四年敕令第十三條及其他各條。

[255] 參閱迪康熱，《晚期拉丁語和希臘語詞匯》，第一一六三頁中的詞條「臣服」以及四七四頁中的詞條「效忠」。這兩個詞條援引了許多古代臣服禮的有關規定，從中可以看出兩者的區別，此外還有大量權威性的文獻可資參考。在臣服禮上，附庸立誓時將自己的手放在領主的手中，而在效忠立誓時，立誓人的手按在《福音書》上面。臣服禮上要雙膝跪地，效忠立誓時站立即可。唯有領主有資格接受臣服，而效忠立誓則可由領主的官員接受。參見李特爾頓（Litleton），《效忠與臣服》，第九十一、九十二節。

[256] 禿頭查理八六〇年敕令「從科布倫茨回鑾」第三條，見《敕令彙編》，巴魯茲版，第一四五頁。

[257] 禿頭查理八六〇年敕令「從科布倫茨回鑾」第三條，見《敕令彙編》，巴魯茲版，第一四五頁。

[258] 敘熱（Suger，一〇八一－一一五一），聖德尼修道院院長，聖德尼大教堂的創建者，曾任法國國王胖子路易的大臣。——譯者

[259] 敘熱，《修道院管理回憶錄》。

[260] 《法蘭克人史》，第十七章：七五七年。

[261] 「塔西庸以附庸身分來行效忠禮，時而高舉雙手，時而把手按在聖物上，發了許多誓言向丕平表忠心。」看起來，好像既有臣服禮，又有效忠誓言。參見本節關於臣服與效忠的註腳。

[262] 《薩利克法》中關於自由地的條款。

[263] 屈亞斯，《論采地》，第五十九篇。

[264] 布蒂利耶，《鄉村大全》，第四四七頁：第一章，第七十四篇。

[265] 聖路易於一二四六年頒布諭令規定，為遵守安茹和曼恩地區的習慣法，取得采地未來女繼承人的租賃權者，必須向領主做出保證，不經領主同意，女繼承人不得結婚。

[266] 布瓦耶（Boyer，？－一五五三），大學教授，曾任波爾多高等法院院長。——譯者

[267] 弗里烏斯（Aufrius），十五世紀圖盧茲大學教授。——譯者

[268] 判決一五五第八號，判決二〇四第三十八號。圖盧茲高等法院判例四五三號。

[269] 《埃涅阿斯紀》，第三卷，第五二三行。（「義大利，義大利！」）這是埃涅阿斯歷經磨難後遠遠望見港口時發出的感歎，孟德斯鳩借用維吉爾的詩句表達他終於完成本章時如釋重負的歡快心情。——譯者

附錄　有關《論法的精神》的資料

一、拉布萊德堡檔案中的手稿和資料摘錄[1]

(一)從《論法的精神》最終改定的手稿中被刪除的段落。[2]

1. 第一章第二節——〔動物（若要尋找自然權利，尤其應該到動物中去尋找）不與同類爭鬥，因爲，它們感到彼此是平等的，因而沒有相互攻擊的願望[3]。〕

2. 第一章第三節——〔萬民權確立在彼此相識的民族之間，這種權利應該擴大到因意外或機遇而爲我們所結識的民族中去，這條規則時常受到一些文明民族的踐踏。〕

3. 第三章第四節——如果不具備〔寬和〕這種美德，所有貴族都會首先倒下。看看義大利的那些共和國，如今一個個萎靡不振；人們似乎並不知道它們的存在。其實，它們的存在全靠它們的毀滅可能帶來的嫉妒。

4. 第三章第九節——可是，馬基維利之所以把維護尊榮的那些原則告訴君主們，那是因爲他的狂熱。其實，那些原則僅僅對專制政體是必不可少的，對君主政體來說，那些原則是無用的、危險的，甚至是根本無法實施的。原因在於馬基維利對性質和區別的理解尙嫌不足，這一點與他的超人才華不大相稱。

5. 第三章第十節——〔君主政體中的大臣們確實應該比較能幹。所以，他們更加能幹，也更加忙碌，而且更加習慣於忙碌。為了擺脫過多的事務，他們確實往往試圖推翻法律。培養出了這些人才的政體，就像那種鳥一樣，長出的羽毛最終殺死了它自己。〕

6. 第五章第十八節——〔重賞帶給我們的願望是好好享受它，而不是完成賞賜者要做的事。〕

7. 第六章第九節——〔歐洲有兩個相鄰的王國，其中一個變得更加自由，刑罰突然放寬了許多，另一個王國中的專制獨裁變本加厲，刑罰也隨之更趨嚴苛。〕

8. 第六章第十五節——〔當我找到機會揭示公民法與政治法的關係時，我很高興。我不知道是否有人先於我揭示了這種關係。〕

9. 第七章第十七節——〔我甚至要說，女人不願治國比不治國更危險，更令人擔憂。她們千方百計地把本不應該由她們擁有的權力吸引過來；她們促使君主對治國感到厭煩，讓君主萎靡不振，腐蝕君主的心，銷蝕他的精神，擊垮他的靈魂。這就是禍害之所在。〕

10. 第八章第六節——〔如果出現下列情況，君主國就不可救藥了：君主事必躬親，或者大臣們以君主的名義統攬一切；君主津津有味地關注細枝末節；在他自己無法採取行動的事情上不讓他人採取行動，不讓他人審察他自己無法審察的事情；他以為，與其按照既定程序辦事，不如更改程序更能彰顯他的權威；他剝奪各種職位應有的職能，把這些職能專斷地給予其他職位；他過於珍愛他的法院和大臣，而對御前會議卻不夠重視；總之，他鍾情於奇思怪想勝過熱愛自己的意志。〕

11. 第八章第八節——〔別把此類變化視為空想！我們的萬民法不是剛剛發生了徹頭徹尾的變化嗎？德意志不是為過去沒有見過的新型戰爭而驚詫不已嗎[4]？〕

12. 第八章第十四節——〔如今在一個大共和國裡，代行兩位斯巴達國王職能的那個官職已被取消。官員們不再需要借助美德反對國王和維持共和，他們不再需要借助美德為反對國王而取悅人民。我們於是

看到，各種弊病層出不窮，因爲他們的體制既不是爲這種變化而設置的，也沒有爲這種變化做好準備。〕

13. 第九章第六節——〔人們終於讓這個國家的軍隊習慣於接納立法機構的代表，這位代表以保障軍隊的供給或其他理由爲藉口，雖然並不指揮軍隊，卻領導軍隊。這是一種溫和的手段，軍人們看到有一個人高踞軍隊之上，可是他們也看到，此人處於從屬地位，軍隊本身也處於從屬地位。〕

14. 第十二章第五節——〔在德意志，有些卑賤的小民因踩著聖像十字架跳舞而被處以極刑。這種刑罰恰恰就是造成這種罪行的原因。在這種行爲不受懲罰的地方，誰會想到去犯這種罪？一個女孩牢牢地記得，踩著聖像十字架跳舞是一種絕望的行爲，當她自己也陷於絕望時，就躲進屋裡，踩著聖像十字架跳舞。〕

15. 第十二章第二十二節——世界上兩件對君主最沒有用處的東西削弱了君主政體下的自由，其一是君主有時派出審理個別案件的特派員；其二是下令將他認爲應該服刑的人投入監獄的信札。

君主下令囚禁犯人的信札對於君主政體也是格格不入的。不過在某些國家中，此類信札是古老的陋習之一，儘管如此，即使不願意澈底予以廢除，至少也應該設法加以規範。

爲此，應該拋棄陋習，不能僅憑某個大臣的一份報告，不經御前會議討論就發出信札。信札中應該寫明發出此信札的理由，並允許被囚禁者向御前會議呈遞要求討論這些理由的申辯書，然後由另一位大臣提出一份報告，據此做出決定，應該發出還是取消這道信札。

信札的有效期應該僅爲一年，一年之後應該提出新報告，發出新信札。儘管有必要在某些情況下採取慣常的措施，但是，這種情況出現的幾率非常低，因而，與其違背政體的精神，不制定剛才談到的相關法規，遠不如在一旦出現這種情況時違犯這些法規。君主受到冒犯時，把冒犯者放逐到君主看不到的地方乃至逐出首都，都比其他懲罰更加符合政體精神和君主的尊嚴。

羅馬皇帝們想要把審判權控制在自己手中，於是就把這種信札變成了一種習慣，令人欣慰的是，這種習慣隨著他們過世而消失了。安條克的約翰寫道[5]，格拉提安把他簽了名的空白信札[6]交給各種各樣的人，尤其是他的僕人。這些人憑著這些空白信札胡作非為，隨心所欲地侵占他們想要侵占的財產[7]；有人在世時就被繼承人剝奪了財產，有的丈夫被奪走了妻子，有的父親被搶走了子女。

16. 第十二章第二十三節——〔想方設法了解他人的家庭祕密，並為此使用密探，賢明的君主從未做過此事。〕

17. 第十三章第七節——〔在荷蘭，對一切生活用品徵收的稅率幾乎相當於物品價值的三分之一。這個非常善於權衡得失的國家，看來唯有在這件事上願意欺騙自己。〕

18. 第二十一章第六節——〔這裡我所說的只是商船。不過，對於戰船來說，後果的差異就更大。因其船型而只能順風航行的那些戰船，既不能為搶風航行而任意打橫，也不能為躲避敵船而調頭轉向。請想像一下這樣兩條戰船，一條只能單側行進，另一條則可以全方位進行攻擊。海戰要靠無數靈巧的動作方能取得勝利。〕

19. 第二十四章第一節——所羅門修建神殿時，選用最適合用於神聖建築的材料。剩餘的材料用在非宗教建築上了；這些建築呈現在我們眼前，我們注目凝視。

20. 第二十四章第九節——僧侶們發的願並非全都符合倫理道德，只有與發願者有關的那些才符合倫理道德。我喜歡謙遜地發號施令的人甚於一絲不苟地服從命令的人；我喜歡服從命令時不損害他人的人甚於盲目服從的人；我喜歡拒絕一切非法獲利的人甚於放棄自己財產的人；我喜歡對所有人信守諾言的人甚於根本不作承諾的人等等。

21. 第二十五章第十一節——〔政體即使是溫和的，困難也並不因此而較小。我希望這類國家中的臣民不那麼看重古老的宗教，我甚至設想這類國家中的權貴根本不信教。可是，這些權貴中的某些人假如具有某種自由精神而且信教，那麼，他們肯定不能容忍自己的信仰被剝奪，因爲他們肯定會這樣想：君主既然可以剝奪他們的信仰，當然更可以剝奪他們的生命和財產。〕

22. 第二十五章第十五節——（此外，宣揚宗教的人其實是自己被自己欺騙了。勸人皈依宗教的願望令這些宣揚宗教的人以爲，他們成功地勸人皈依宗教了。其實，那些人之所以看起來已經皈依宗教，是因爲他們來不及眞正皈依罷了。西藏王寫於多年之前的下面這封信非常清晰地表明了這一點：《西藏王致函羅馬教廷傳信部……》……「如果此事不能成功，請你們派遣幾位比這幾位更加聰慧的人來，以便將我的臣民變成基督教徒。因爲，我是基督教徒，我的五十個妻子也是基督教徒。如果我告訴你們，我已經不施捨，不苦行，而且已經吃肉，你們也許不相信。再見。」）

㈡《論法的精神》手稿中標明章節的文字[8]

1. **同罪不同罰**[9]。第六章第十四節。——西班牙宗教裁判所有一大弊病：兩個被控犯有同一罪行的人，拒不認罪的那一個被判死刑，認罪的那一個則免於一死。這種做法源於僧侶的一種觀念，他們認爲，拒不認罪就是拒不懺悔，所以應該嚴加懲處，認罪則表明有懺悔之心，因而可以獲救。

2. **刑罰與固有思想方法的關係**。《論法的精神》第六章第十五節。——立法者確定的某種刑罰如果與固有的思想方法相牴觸，那就說明，他想得更多的是產生普遍性的震懾效果，而不是爲執法而採取措施。人人都想方設法規避此項刑罰。如今我們對此感受頗深，有人爲了支撐一項匪夷所思的體制[10]，竟然規定了一些滑稽可笑的刑罰。

3. **監獄**。《論法的精神》第六章第十六節。——很顯然，監獄的嚴酷程度取決於司法的迅捷程度。在一些採用溫和政體的國家裡，法庭對士紳的懲罰不是將他投入監獄，而是讓他的名聲受到損害，向他派去一個看守人，用語言的鎖鏈把他捆住。

日本和另一些國家根本沒有監獄[11]，因爲那裡執行刑罰非常迅捷。

羅馬人起初也不建造監獄，這種做法產生了不少弊病，例如有人濫用私刑，債務人被羈押在債權人的家中，由此而產生了無數殘暴行徑。

4. **愛爾蘭的屈從**[12]。《論法的精神》第十章第九節。——英格蘭征服了愛爾蘭，英格蘭嫉妒愛爾蘭的地理位置、優良的港口和豐富的自然資源，把一些國與國之間的法律強加給愛爾蘭，致使愛爾蘭似乎只是某個主人的倉庫，它的繁榮也好像朝不保夕。

可是，英格蘭雖然以萬民法壓制愛爾蘭，卻給了它一個優良的政治體制和文職政府。國家是奴隸，公民卻享有自由。

5. **重振荒蕪地區的辦法**[13]。《論法的精神》第十四章第八節。——一個地區若因居民懶散而田園荒蕪，唯一使之重振的辦法就是查明所有無地家庭，把地主在一定時間內不打算開墾的荒地分給無地者。因爲，儘管保住自己財產的所有權是每個人的一件大事，可是，准許分地的法律卻是爲了讓人人有所獲，而不是讓人人有所失。

這項法律持續實施的結果，是人人心甘情願地勉強度日，不久之後這種情況就變得無法忍受了。

在那些因欺壓而導致人丁稀少、田園荒蕪的地方，這項法律或許依然能產生良好的效果。

6. **過多的私人奴隸給共和政體造成的麻煩**[14]。《論法的精神》第十五章第十五節。——漢諾曾想僅憑他的私人奴隸推翻迦太基共和國。

爲預防這種危險，奴隸主的權力應受法律限制；官員應介於奴隸主及其奴隸之間，以使奴隸稍具公民精神。否則，鑒於主人的家就仿佛是奴隸們的祖國，這個國家中就會有許多小國，從而會產生一些過於強大的公民。

7. 法律與健康的關係[15]。《論法的精神》第二十四章第二十五節。——這些宗教（伊斯蘭教和印度教）要求人們不停地沐浴，所以男女老少乃至家禽家畜整日泡在水中；他們到了缺水地區就容易生一些危險的病或是發高燒，很難治癒。印度人、波斯人和烏爾吉[16]人就是這樣。

這方面的過度迷信會帶來一些不良後果，需要通過政府的有效治理加以遏制。

馬爾地夫是由無數很小很小的島嶼組成的一個群島，其中最大的島嶼馬利的周邊長度也只有兩三法里。出於迷信的緣故，其他島嶼的居民都願意死後埋葬在馬利，只是這個島嶼的衛生狀況極差。與許多其他國家一樣，在這個國家裡，王宮的空氣之惡劣堪稱整個帝國之最。

8. 因其本身而不公正的法庭。《論法的精神》第二十五章第十二節。——爲反對宗教而制定的刑法，屢屢踐踏自然法，這讓人十分吃驚。

查理曼爲對付薩克森人建立了勒麥克法院，誰也不知道這所法院的規矩，因爲，有關人員被要求立誓嚴守祕密。這所法院先將被告處死，然後才進行審訊。

這所法院所懲罰的是一些既具有反抗精神，又有點偶像崇拜的好漢，他們堅決不願受人統治，也不願聽信他人。法院的審判程序是任何嫌犯都無法接受的，因爲嫌犯首先是人，然後才是嫌犯。

查士丁尼爲了斂財[17]，指控一些人崇敬多位神明，指控另一些人爲異端，玩弄男童，糟蹋修女，煽動叛亂，參與綠黨，犯下了大逆罪等等。他設置一種叫做宗教裁判官的職務，專門負責查找違背人類本性的罪行和具有非正統宗教情感的人。宗教裁判官將沒收來的財產供皇帝享用，宗教裁判官既不需要告發者，也不需要證人，這就是當今宗教裁判所的形象。

歐洲的宗教裁判所建立在相同的原則基礎之上。宗教裁判所既不指定證人，也不需要告發者，它把基督教的仁慈與極端的野蠻這兩種觀點，在形式上和實質上混作一團，令全世界爲之震驚。

歐洲的宗教裁判所很像日本的反基督教法庭。在日本，想要免受懲罰，就得供出另一個基督徒。在歐洲也是這樣，只有供出同謀才能免受懲處。

君主們身佩利劍絕非無謂之舉，而他們將使用利劍的權力交給教會人士，倒是讓人感到吃驚。君主們看到，那些不滿足於懲治外在行爲的法律，其實是極度暴虐的工具；君主們爲了自保，就把仇恨轉嫁給教會人士。

㈢聯邦和殖民地[18]

1. 不同的聯合方式。——聯邦越接近民主政體就越完善，當年亞該亞人、埃托里亞人、底比亞人、拉丁人、窩爾西人和赫爾尼克人的聯合體就是這樣。向貴族政體靠近的聯邦就不那麼完善。斯巴達人和雅典人掌權時希臘的聯合就是這樣。處於君主政體下的聯邦最糟糕，原本享有自由的聯邦，在勝利者——例如拉丁人、羅馬人——的逼迫下不能自主時，就會出現這種情況；由於被征服而從一開始就在被逼迫狀態下建立的聯邦也是最糟糕的，愛爾蘭聯邦和英格蘭聯邦的情況便是如此。

在民主政體下的聯合體中，每個國家都可以解除聯合，因爲每個國家都保持著自己的獨立，亞該亞人的聯合就是這樣。在貴族政體下的聯合體中，試圖解除聯合者將會以破壞聯合罪受到指控。只有破壞聯合者才會受到追究，因爲這是針對整個聯合體的罪行。雅典人和斯巴達人掌權時期的整個希臘便是如此。在君主政體下的聯合體中，破壞聯合就是犯了大逆罪，拉丁人針對羅馬人的做法便是如此。拉丁人由於沒有保持羅馬人至高無上的地位而受到懲罰；因為，羅馬人在聯合體中猶如君主，所以，鑒於他們所反對的是統治民族而不是盟友民族，因而他們犯的是大逆罪。

在民主政體下的聯合體中，每個成員都保持著自己的主權，所以，為了便於決議的執行，有必要規定所有的決議都應一致通過，恰如聯省共和國的規定那樣。不過，僅僅依據這種制度的性質來制定法律是不夠的，還應讓這種體制能夠順利運轉，能在這種體制下做出一些積極有效的決議，而這只有在聯邦成員不多的條件下才能做到。因此，在擁有許多城市作為成員的亞該亞聯合體中，始終按照大多數成員的意見行事，否則就不可能做出任何決議。

在貴族政體的聯合體中，一切以貴族領袖屬下的大多數人的意見為準；在君主政體的聯合體中，一切以統治民族的意見為準。

此類聯邦可由以下幾種方式組成：由若干政體相同的國家組成，這種聯邦最符合自然；由若干政體不同的國家組成，這種聯邦最容易產生弊病[19]，因為日耳曼聯邦就屬於此類；菲利普被近鄰同盟指定主政時期的希臘聯邦也屬於此類。

2. **這些聯邦為了生存下去應以什麼作為法律的原則。**——聯合體的成員如果地位平等，每個成員除了滿足聯合體的條件之外，沒有別的事要做，除非聯合體的條件具有破壞聯合體的性質。

聯合體的成員如果地位不平等，那就應該防止不平等狀況日益嚴重。為此就應保存其武裝力量，以使發號施令的那個國家能夠加以利用，為前者效力的那個國家得到安全保障。

必須保存自己的武裝力量，不能像希臘城市那樣不向雅典人送交船隻而支付金錢；應該像拉丁人那樣，在戰爭中始終追隨羅馬人，並最終迫使他們把自己納入他們的共和國。

為了使處於不平等地位的聯合體成員城邦得以自保，一定要防止公民因對自己的城邦產生厭惡而投奔勢力強大的城邦。至少應該頒布法律規定，倘若不留下後代，就不准離開自己的城邦前去聯合體的首府定居。此項法律十分必要，即使對於首府來說也不無好處，所以，羅馬人就與其盟友拉丁人共同制定了此項法律。

有人問，是否應該透過改變習俗和風尚促使彼此接近，妥貼的做法應該是這樣的：聯邦如果意味著自由，那就應該保持原有的習俗和風尚，藉以保護自由；不過，聯邦倘若變成了奴役，那就應該放棄原有的習俗和風尚，轉而採用統治民族的習俗和風尚，這些習俗和風尚比較接近自由或帝國。羅馬人的盟友就是這樣做的；這些盟友過去眼看著羅馬人主宰全世界，不禁羡慕羅馬人的法律，進而把自己也變成了羅馬人。

3. **宗主國與殖民地的聯邦**。——一個國家如果派遣人員在國外建立殖民地，應該為這些外派人員保留公民權，與此同時，殖民地也應該把公民權賦予宗主國。這樣，殖民地就不會成為宗主國的負擔，因為殖民地並不受宗主國的統治。反之，殖民地必定有利於宗主國，因為，在殖民地上組成的國家原則上必定會支持宗主國的利益。

4. **何種國家最宜於向外殖民？**共和政體最宜於向外殖民。這類國家人口眾多，減少一些不易為人察覺。貧窮的公民非常危險，尤其因為他們在民主政體中占有話語權，所以，向外殖民往往可以因貧窮的公民外遷而讓國家感到輕鬆。這些殖民地組成獨立國家後，都支持宗主國，宗主國通常並不擴大自己的勢力範圍和統治新的國家，因而也不會更換政體。

君主政體國家不宜向外殖民，專制政體國家尤其不宜向外殖民。在殖民地上建立的平民政體與向外殖民國家的平民政體始終非常相似，都以固有的觀念治理國家。君主國如果向外殖民，無異於在遙遠的地方為自己建立一些國家，從而削弱君主國的政體實力。

在一人統治的國家中，人口通常比其他國家少，如果向外殖民，人口就會枯竭。殖民雖然有利於維持征服戰爭，但是在這種情況下，取得征戰勝利的國家會在征戰和向外殖民的雙重打擊下一蹶不振。我們看到，英國和荷蘭在亞洲和美洲建立了一些殖民地，卻並不因此而在歐洲變得虛弱，它們所失去的僅僅是多餘的東西。我們還看到，西班牙和葡萄牙拆東牆補西牆，實力不但並未增加，反而分割得七零八落，而且把自己的實力投向並不需要的地方。

5. **征服形成的殖民地。**——除了爲卸掉人口過多的包袱而向外殖民外，有的向外殖民是爲了保住征戰的勝利果實或是開闢商埠。無論以何種方式建立此類殖民地，向外殖民的行動都應在不知不覺中進行，以免像那些小動物一樣，由於它們的降生而使母獸死亡。

亞歷山大在他的征服地建立了一些殖民地，羅馬人也做過同樣的事。不過，亞歷山大的征戰和殖民都非常迅捷，而羅馬人的征戰和殖民卻都是慢悠悠地進行。羅馬人總是在前一次殖民所造成的損失已經得到彌補之後，才向新殖民地遣送人員。

亞歷山大征服亞洲後，不得不建立大量殖民地，進而把希臘擴大到整個亞洲。這是希臘衰敗尤其是馬其頓王國衰敗的首要原因；馬其頓王國雖然在某種程度上使希臘陷於奴役狀態，自己卻突然一蹶不振，沒能擋住高盧人的攻擊。

爲防止出現這種弊病，宗主國不向殖民地派遣人員是一個好辦法。亞歷山大做得很漂亮，他在建造亞歷山大里亞城時，把一批猶太人遣送過去，並且把希臘人享有的特權賦予猶太人。

若是爲了保住征戰的勝利果實而建立殖民地，那就不能離權力中心太遠。亞歷山大建立的殖民地，就因離權力中心太遠而很快失去控制，既不能保衛宗主國，也無法受到宗主國的保護。羅馬人的做法好得多，他們把殖民地放在自己的周邊，使之成爲自己城市的壁壘，當他們把四周全都征服時，殖民地自然也都在他們的掌控之中。

這種說法似乎與我在「亞歷山大」一節中表示的贊同有些矛盾。其實並非如此。因爲，突然征服了一個大國之後，亞歷山大只能這樣做。我就羅馬人的殖民地所說的話，與我在《羅馬盛衰原因論》中的相關論述有關。我在這裡就殖民地所說的話，與我在「貿易」一章中的論述似乎漸行漸遠。可是，這裡說的是需要保存的殖民地，那裡說的是用於進行貿易的殖民地。殖民地有各種不同類型，需要仔細加以區別。

6. **處理殖民地與宗主國關係的法律原則。**——殖民地的政體應該與宗主國保持一致，這樣，在兩者之間建立的聯盟關係和自然而然形成的友誼，就會勝過在條約基礎上建立的聯盟和形成的友誼。正因爲如此，美洲的各個殖民地都沿用宗主國的政體。

殖民地應該保持宗主國的宗教、習俗和風尙。否則，彼此相愛就會變成彼此仇恨；我們之所以並不怨恨從未與我們站在一起的人，而對曾經與我們站在一起，後來將我們拋棄的那些人恨之入骨，原因就在於此。

共和政體常常受內部紛爭或其他弊端的困擾，規定宗主國派遣辦事謹愼的人員到殖民地去，或是殖民地派遣此類人員到宗主國去，這樣的法律就是明智的法律。因爲，兩個民族同時沾染同一種毛病的情況比較罕見，所以，頭腦健康的人可以被派去醫治頭腦有病的人，熟悉被派遣國法律的人可以在那裡協助重建法律的權威。

明智的法律應該讓宗主國和殖民地的人們共同使用廟宇，建立共同的祭祀儀禮，通過聯姻密切關係，制定商貿法規。暴君若想同時削弱宗主國和殖民地，他肯定會禁止兩者做以上這些事[20]。

殖民地的境況優於宗主國或是宗主國的境況優於殖民地，這種情況常常發生。明智的法律應該防止境況較優方削弱另一方。

西班牙人發現西印度時，全世界都被那裡豐富的金銀礦藏所吸引，結果產生了許多弊病，至今猶存。當年如果制定法律規定，一個西班牙家庭成員如果不把一個印第安人家庭送到西班牙，一個西班牙人如果不把一個印第安人送到西班牙，就不准到西印度去定居，那樣的話，那些弊病就不會發生。

㈣ 立法

1. **為防止不良法律的後果為何必須制定更壞的法律。**——〔當此類法律在氣候、宗教、地理位置或人民的秉性等因素的作用下，不得不遵循某些秩序並勉強遵守某些規則時，它們將會繼續保持下去。這些外來的因素對它的性質施加壓力，但並不能使之改變。這就像那些凶猛的野獸，野性有時有所收斂，但本性絕不會改變。〕

他們得以維持的最主要方法便是變本加厲，在野蠻和饑渴中發狂，為避免被吞噬而用鮮血遮蓋自己。把專制政體國家作一番比較就可發現，凡是專制政體維護得較好的，必定掌握了使自己變得更加殘酷、賦予國家以新的基礎的辦法，為此不惜精心為其殘酷行徑喬裝打扮，加劇對人性的摧殘。日本帝國和莫臥兒帝國是由同一個民族使用同樣的武器建立起來的，它們的原則相同，法律相同，習俗也相同。莫臥兒帝國因其專制主義而日益衰落，但是，各種遊記告訴我們，日本卻並未如莫臥兒那樣逐漸式微。

取得征戰勝利的君主成了新土地的主人之後，便依照自己的心願進行分配，隨意予奪。可是，印度斯坦人的脆弱精神毀掉了一切，村莊、農民和土地都由一個貪婪的主人隨心所欲地進行處置，而這個主人既沒有產業，也沒有永享歡樂的保障，卻想一夜暴富。印度斯坦於是便變成了天下最大的荒漠。

在日本，天下最殘酷、最警覺的法律制止了脆弱精神產生的後果。倘若有人毀壞君主賜予的土地，或是向農民額外收費，法律就把他連同他的家人一併處死[21]。若不這樣處置，所有土地將會在二十年之後變成不毛之地，整個民族都將被毀掉。

日本的軍事政權就靠這種辦法維持，而爲了能做到這一點，專制主義必須無所不用其極。

爲防止不良法律的惡果而必須制定更壞的法律，大致情形就是這樣。

2. **關於幼年和懂事年齡的法律**。——羅馬人把開始具有生育能力定爲懂事年齡，亦即男子十四歲，女子十二歲。羅馬人把這個年齡稱作進入青春期的年齡，而我之所以稱之爲懂事年齡，是因爲羅馬人在懲罰犯罪時，對達到懂事年齡的人處罰較重，對尚未達到懂事年齡的人處罰較輕；這種規定似乎源自十二銅表法[22]。十二銅表法規定，偷盜時當場被捉者如果已達到進入青春期的年齡，處以鞭笞並使之淪爲奴隸；如果未達到進入青春期的年齡，就依照執法官員的判決僅處以鞭笞。

有人可能會問：羅馬人既然把懂事年齡定爲進入青春期的年齡，那麼爲什麼要懲處未達進入青春期的年齡的罪犯呢？這是因爲少年比較容易改邪歸正。他們越是不懂事，就越容易得到矯正。既然牲畜的毛病都能得到糾正，少年更不在話下了。公正所要求的一切，就是對少年的懲處應該寬和一些，十二銅表法在這一點上做得相當好。

倘若法律沒有對未達到青春期年齡的罪犯做出專門規定，我覺得，應該依照公正的原則做兩件事：其一，官員對未達到青春期年齡的罪犯的懲罰，應該大體上如同他們的父親和監護人對他們的處罰一樣；其二，唯有在下列情況下可以對未達到青春期年齡的罪犯處以較重的刑罰：罪犯的犯罪方式表明，罪犯是已經會運用理性思考的人，而不是少不更事的未成年人。

在民事方面，羅馬法看來也把進入青春期的年齡定爲懂事年齡，因爲依照規定，未成年人達到這一年齡時，其監護人停止行使職權，改由法律指定的財產管理人為達到青春期年齡的年輕人管理財產。

由此可見，羅馬的立法者確定了兩個標誌性的年齡，其一是懂事年齡即進入青春期的年齡，其二是成年年齡即二十五歲。

並非所有立法者都像羅馬人那樣確定兩個標誌性的年齡，許多立法者僅僅確定一個標誌性年齡，凡到達這個年齡者，就應透過民事契約處理財產，當然也就不再處於另一個公民的監管之下。

把這個年齡定在幾歲，這要靠立法者運用自己的智慧依據實際情況做出決定。我只想說，在決定進入青春期的年齡時，一定要考慮到氣候因素，因為在一些國家中青春期來得早，而在另一些國家中青春期來得晚。不但如此，在某些國家中，由於某些習俗的緣故，把公民自由處置人身和財產的年齡提前，風險可能比在其他國家中更大。

公民達到准許自由處置財產的年齡後，此前未成年時所簽署的所有文書都理所當然地一律無效，無論以前簽署的是什麼文書，無論這些文書對他有利或不利，只要是在法律所規定的年齡之前簽署的，都不存在進行審查的問題，簽署人對所有這些文書都不負法律責任。

可是，一個公民在簽署文書時，如果已經達到了法律所規定的有行為能力的年齡，那麼，無論他簽署過什麼文書，他都應負責，這才合乎情理。

由萬民法確定其性質的契約均應一絲不苟地履行，諸如出售、交換等等。至於公民法對於這些契約可能設置的約束、擴充和限制，只有在具有重大理由時才應遵照執行。

因契約不公平而受到的損害不應成為撕毀契約的理由。簽約雙方的目標是相互獲得應得的利益，國家所關心的則是每個人都在契約中尋求最佳條件。

除非君主發出恢復原狀書加以制止，否則倘若調解協定（亦即個人之間的和平條約）不但不能息事寧人，反而除了促使爭執越演越烈外沒有其他效果，那就是一大弊病。總而言之，應該最大限度地限制這種否認已簽契約的特殊審判[23]。通過契約所表明的如果僅僅只是個人的一時意願，那就似乎應該使之成為永遠不變的意願；倘若想要毀約，唯一途徑就是設法證明這是一份假合約。法學家的任何高招都應拒絕接受，公民法的主要注意力應該放在確定萬民法文書的格式，確保其眞實可靠性上。

我認爲，法律絕對不應准許任何人否認親自簽署的文書，無論作假或是採用暴力，都是犯罪。

我還認爲，此類恢復原狀的行爲會使公民漸漸習慣於食言。一個原本守信的人，在他的訴訟人身分使他變得失信之前，即使把全世界的黃金都給他，他也不會言而無信。成爲訴訟人之後，恢復原狀書一旦握在手中，他就會否認以前的所有承諾。

某些政治法有時爲給君主提供方便而將成年年齡提前。法國國王查理五世就是這樣，爲了預防通常會在國王未成年時發生的內戰，他下令規定成年年齡爲十五歲。

3. **收養**。——無節制的收養在任何國家裡都不是好事，因爲，不能讓人養成這樣的思維習慣，以爲可以在不受累於婚姻麻煩的條件下成爲人父，也不能剝奪社會從人皆有之的血脈永續的願望中獲得的好處。

專制政體下沒有任何貴族概念，所以收養沒有任何意義。在共和政體下，收養是一件好事。沒有子嗣的人可以通過收養而擁有一個繼承人，由此人繼承分給每個公民的土地。就此而言，這就不是爲了個人而收養，而是爲了共和國而收養。在君主政體下，收養也可以成爲一件好事，因爲家族因此而不至於滅絕，姓氏因此而得以延續，國家的各個等級因此而得以保持。不過，無論在何種政體下，收養都應該受到嚴格的限制。

首先，有生育能力者不得收養。西塞羅告訴我們[24]，這是羅馬人的做法，每當涉及收養時，羅馬人都請大祭司決定。

第二，在多子女者享有特權的某些國家裡，不應因收養而擴大特權。這也是羅馬人的做法[25]。

第三，在一個以公民人數爲其政體基礎的共和國裡，不應讓一個家庭的父親收養另一個家庭的父親，因爲，這無異於爲了某種特殊需要而莫名其妙地減少了一個共和國公民[26]。正因爲如此，此類收養在羅馬唯有經人民法律准許方可實行[27]，皇帝擁有人民的全部權力後，這個權力就轉歸皇帝執掌，沒有皇帝的御函就不得收養。儘管這種做法在君主政體下沒有任何道理。

4. 所有權和占有。——既然財產分配是在社會中進行的，就應該盡可能少受懷疑，人人都應毫無困難地保存自己的財產，而且有眾所周知的明顯標誌加以維護。最明顯的標誌莫過於占有。唯有長期占有能夠表明所有權，從而使一切相反的證據啞口無言並失於無效，這就叫做時效占有。在各國的民法中，有專門條款規定獲得這種所有權所需的時間。我認爲，這一時間的長短一方面應取決於國家的大小[28]，因爲，國家大，財富就可能多，事務就可能比較複雜，公民離自己的財產也可能比較遠；另一方面也取決於機遇和當事人是否經常不在當地。很顯然，財產不多而又近在眼前的人，肯定嚴加守護，對於這種人來說，僅需較少時間就可預防他人通過占有而被剝奪所有權。

由此可見，占有問題確實存在於所有權中，而且可能通過占有剝奪所有權。所以，這是一個重大問題，必須盡可能使之清晰；鑒於表明占有的最清晰的標誌就是占有本身，所以占有應該借助占有本身來予以證明。因此之故，各國人民都依據理性做出規定，爲獲得所有權所需的時間長，爲獲得占有所需的時間短。在我們法國，占有某物三十年就獲得所有權，占有某物一年零一天則獲得占有權[29]。占有權是一種物權，由此可發展爲更爲重要的另一種權利即所有權，因而相當重要。鑒於有必要分清公民的各種權利，所以不應混淆對占有權的申請和對所有權的申請，對這兩種申請應該分別做出不同決定。

5. **口頭承諾形成的義務。**——義務有兩種，一種是依據民法的規定而形成的義務即契約，另一種是僅依據自然即口頭承諾而形成的義務。

因契約而承擔義務，意味著受民法的約束；因口頭承諾而承擔義務，意味著僅受自己約束。對下層民眾來說，以契約約束他們較之以口頭承諾約束更符合自然本性。哪怕是蠅頭小利，對他們的壓力也比任何口頭承諾所形成的壓力大。所以，應該用契約來約束他們，而不應該讓他們為自己鍛造鎖鏈。

貴族受口頭承諾的約束，因為他們會做出口頭承諾，會因他們的獨立性而做出口頭承諾，會因他們的尊榮而接受口頭承諾。

對於君主而言，必須信守諾言有一個特殊理由：他們的書面承諾由於不受任何公民權力的約束，因而與口頭承諾相差無幾。所以，食言而肥的君主可以輕描淡寫地聲言，他不想再照約定辦事了，然而，他的承諾卻是他與大家保持的唯一聯繫。我還認為，他的失信說明他是個小人，從中可以看出，他隨時機而變，並不完全屬於自己[30]。

6. **誓言。**——有幾位哲學家試圖貶低誓言，便說誓言不是一種新的約束。我卻認為，如果沒有神明，誓言就是一種新的約束，因為，如果認為誓言是一種新的約束是錯誤的，那麼，認為承諾是一種約束也是錯誤的；因為，承諾之所以能成為一種約束，就在於接受承諾的人對承諾者的信任有多大，承諾者的可信度有多高。

為自己的承諾提供抵押是理所當然的，因為，誰都需要贏得他人對自己的信任，而誓言就是這種抵押。所以，常常可以聽到這樣的話：「我若不能兌現對你的承諾，我願意失去我所交給你的抵押；我若不能兌現對你的承諾，我願意我的朋友因此而受到懲罰，讓他被迫賠償我給你造成的損失；我若不能兌現對你的承諾，就讓我大禍臨頭，受到神明的報復。」不過，我可能既不相信也不懼怕神明的報復，這完全可能。但是，只要我懼怕人就足夠了，他們可以給我以雙倍的懲罰。因爲，我對你們進行了雙重欺騙，既沒有把承諾的東西給你們，又沒有把你們認爲應該有的抵押給你們。

7. **擔保**。——雅典的法律規定，拿自己作擔保頂多只能一年[31]。這項法律很合理。我只能對我所擔保的人的現有支付能力承擔責任，這是合乎情理的。倘若爲他未來的支付能力承擔責任，那就是把自己的財產當作兒戲。我可以宣布，債權人的事務目前沒有麻煩，因爲這是我所能知道的事，可是，我不知道接下來將會發生什麼事。

8. **修正法律**。——善於糾正弊病是件大事，若說有什麼困難，那就是知道弊病在哪裡。人們通常都對弊病何在心知肚明，感觸極深，所以希望用快刀斬亂麻的手段清除緩慢形成的積弊。在修正法律的行動中，人們依仗的是理性，根本不考慮是否謹慎。國庫已經在不知不覺中被掏空，人們想要讓它趕快充實起來。時間已經做了壞事，人們不想再請時間來做好事。

9. **人證與書面證明**。——不難設想，兩個人在商談協定時肯定設法讓協定盡可能固定不變，並使之以可靠的方式爲他人所知。爲達到此目的，最可靠的方法莫過於採用書面形式，書面協議不僅可以把每一句話固定下來，而且可以隨時展示。從設法讓協議爲他人所知這一點可以推斷，協議簽訂人肯定採用了最宜於爲他人所知的方式，公共文書任何時候都可以爲人所知，私人文書可以在需要時爲人所知。由蠻人、獵人、牧人變成征服者的民族大多沒有文字，爲了讓他人知道他們的協定，他們使用某些標誌或某些可以替代標誌的事實。據說，韃靼人歃血締約；土耳其的初民締約時手沾墨水，如同印鑒一樣蓋在紙上。

有文字民族的法律規定以書面形式締約，這種規定可以理解爲：「既然締約，就應設法以最固定和最可靠的方法使之爲他人所知。」

刑事行爲不同於民事行爲。公民們盡一切可能讓有關契約的協定爲他人所知，卻盡一切可能遮蓋罪行和就罪行達成的協議。所以，想要得到犯罪的書面證據十分困難，而且應該想到，罪犯會千方百計隱匿書面證據。因此，還得求助於證人。

〔博科里斯[32]法因其非常合理而爲我們所知。此法規定，當一個舉債而不曾書寫借據的人被債權人討債時，必須發誓說當初並未拿到這筆錢。怎能不因此而提起訴訟呢……〕

(五) 人口與商貿

1. **過去人口毀滅較少。**——在亞歷山大和迦太基人以及羅馬人的征服戰爭之前，各個民族相互了解很少，所有民族可以說都是彼此分隔的，走出自己地界的民族很少，每個民族或若干小民族可以不出自己的地界而成長壯大。人不像後來那樣壞，一個民族也不是可供另一個民族掠奪的對象。但是，自從各民族可以方便地彼此往來之後，相互毀滅就屢見不鮮了。各民族互不了解時，地球上的人口比較多，因爲，大規模的人口毀滅比較少，大帝國的數量也比較少。

2. **宗教引發的民族毀滅。**——由宗教和宗教引發的內外戰爭所造成的人口毀滅，是我們近代的一個禍害，古代政治家不曾提及這種禍害。

戴克里先執政時期，埃及的八萬科普特人因基督教而慘遭殺戮。查士丁尼執政時期，二十萬人因狄奧斯科爾異端[33]而慘遭殺戮。倖免於難的人逃進荒漠出家爲僧，穆斯林到來後把他們殺絕。整個民族就這樣因一個又一個宗教的緣故而澈底毀滅。

伊比利亞民族……[34]

哥特人摧毀了魯西塔尼亞的原住民[35]。

3. **基督教狂熱和伊斯蘭教狂熱的破壞性有多大**。——唯有沾著血和淚的筆才能寫出這種狂熱造成的悲慘惡果。

4. **人口轉移**。——人口轉移可能帶來許多麻煩[36]；保護這許多人直到他們定居下來，並能夠自己保護自己，是極其困難的一件事，所以，除非有特別重大的原因，否則就不要貿然行動。

推動人口轉移的人通常出於如下考慮：將易受敵人襲擊的邊境變成無人區，向國內某個無人居住的地區移民。無人居住區的空氣往往不大好，需要了解清楚，這個地區之所以是無人區，究竟是因爲根本無法居住還是僅僅因爲無人居住。

爲了制止土耳其人經常攻擊亞美尼亞[37]，阿巴斯把亞美尼亞的居民遷往他處。他把兩萬個家庭遷到吉蘭，結果因空氣惡劣而幾乎全部死亡。他又把整個焦勒法城的居民遷到伊斯法罕城郊，指望這個移民區能從事絲綢貿易。第一次移民收效甚微，第二次移民大獲成功。第二次移民之所以在新的居住地獲得了良好的發展，原因在於他們簡樸的習俗、良好的信念、節儉的作風和健壯的體魄以及他們的宗教。阿巴斯這位君主爲這些移民提供了預付資金。

各個時代遷居君士坦丁堡的移民持續不斷[38]，我們看到，由於各種疾病、頻繁爆發的黑死病以及政府的苛政，這個城市的居民接連不斷地死於非命[39]。千萬別向此類地區移民，這一點十分重要。

5. **國家糧倉**。——一個人口眾多、領土狹窄的共和國，往往是一座可能受到圍攻的城市，此類共和國無疑應該擁有國家糧倉，這是應該受到關注的一件大事。共和國在這方面處於被迫狀態，因而對國家糧倉更應倍加關注。可是，大國完全不需要國家糧倉。倘若以與生俱來的漫不經心去設立和管理經營這種公共設施，那就比什麼都更危險。小麥是一種極易黴爛的物品，縱然小心翼翼也不一定能保管好。設立國家糧倉的人當然要爲糧食的安全負責。可是，倘若管理者的態度比漫不經心還糟糕，會是什麼後果呢？倘若出事之後，人民開始懷疑他們本應愛戴的那些人，後果又會是什麼呢？有人讚揚中國的國家糧倉，然而，當我們了解底細之後就明白了，原來那只是一種漂亮的理論，實際卻糟得無以復加，饑荒就在那些糧倉周圍肆虐。

在君主政體下，人民的生計應該由人民自己解決，絕對不應讓他們覺得自己的性命朝不保夕，這是一條法則。這並不妨礙執政者把使農民和工匠的生計與地主的生計緊密相連作爲自己的主要目標。我曾說過，謹慎的施政者很少能經由大家都看得到或想得到的途徑達到目的。大自然和政治的大部分良好效應都產生於悄無聲息之中，就連那些感受到這些效應的人，也未必就能爲這些效應作證。不要對耕種土地潑冷水，應該知道你匱乏的是什麼，過剩的是什麼。當你一旦需要什麼就擁有什麼時，你還會關心在何處能得到滿足嗎？夜間關注民眾之所需，日間擺出一副優哉游哉的樣子。若能讓民眾有所積貯，你就無須爲他們進行貯備。但願所有的糧倉都是國家糧倉。

續前題。——假如發生饑荒，而你的人民又很窮，那就是大禍臨頭了。因爲，對於家無隔夜之糧的老百姓來說，吃不上飯之日，就是饑荒開始之時。對於小康之家來說，縱然缺糧，也不意味著饑荒已經到來，你還有數月時間對百姓施救。

發生饑荒時，救命就是最高法令。你的所有承諾都應擱在一邊，因爲此時唯有不讓你的百姓餓死，你才有可能兌現其他承諾。千萬不要吝惜，要放手賑濟。別以爲你會與百姓一同毀滅，除非你以爲，朱庇特從奧林匹斯山上爲我們降雨後，會爲失去雨水而後悔莫及。

6. 船商（第一節）。——戰爭或以聯合的武裝力量進行，或以分散的武裝力量進行[40]。陸戰宜以聯合武裝力量進行，海戰宜以分散武裝力量進行。因爲，與陸戰相比，在海戰中避開強敵和給強敵製造麻煩都比較容易。所以，海上強國使得海上弱國產生一種幻覺，以爲有一種戰爭既能給強國製造麻煩，又能讓弱國以戰養戰，因爲，強國經營著大規模的海上貿易，在國外擁有大量財富，因而極易受到分散之敵的算計。

有些小國有時因無法在陸上立足而逃到海上。塞克斯圖斯·龐培爲對付海上之敵和西班牙人而與奧古斯都結盟……

依據萬民法，商品因船隻條件而異，商品因船隻自由而自由，敵方船隻上絕無自由的商品。原因在於船東之間的戰爭始終是國家之間的戰爭，永遠是一國的海軍攻擊或防禦另一國的海軍。

羅馬人沒有中立國概念，只知道事實上的中立國。對他們來說，外邦就意味著敵對。法學家龐波尼烏斯說：「那些未與我們締結任何聯盟條約的人並非我們的敵人，可是，他們一旦落入我們手中，就將成爲奴隸；屬於他們的東西一旦落到我們手中，就將屬於我們。」

在我們這裡就不是這樣。凡是與我們沒有締結任何聯盟條約的人所擁有的東西，一概不會落到我們手中。只要他們的船隻不向我們的敵方運送走私貨物，即用於對付我們的物資，他們的船隻就是自由的。

我們的萬民法沒有明確規定什麼是走私貨物，所以，走私貨物的清單隨條約而增減，原因在於各種作戰方式都會發生變化。

倘若船隻的性質由商品決定，那就會帶來一些難以名狀的困難，因爲，不讓他人知道船隻屬於哪國極爲困難，而不讓他人知道商品屬於誰則非常容易。

7. **船商（第二節）**。——一段時間以來，歐洲把海盜行徑置於一些法律的保護之下。我不想在此討論這是不是戰爭法的一個分支，一個武裝起來的國家在反對另一個國家時，是否可以通過武裝一國公民襲擊另一國公民，從而對私人財富實行攻擊。我只想說，一個具有商業精神的國家絕不會把船商拖進戰爭，在全球貿易中處於領頭羊地位的歐洲，應該在萬民法中確立一項法規，制止這種做法。我的理由是，這是一種無謂的有害做法，採用這種做法的人會因此而摧毀自己的商業。商品運到一個港口，可是，那裡並不需要這種商品。於是，商品價格在此地一落千丈，而在另一地卻過於昂貴，雖然那裡並不缺少消費需求。這種做法弊太多，利太少，貨物變質、丟失、損毀乃至滯銷。總之，船運業成了不公正和欺騙的受害者。

看來，允許所謂的船商存在的國家都不得不制訂約束自己的法律。其中有一個國家宣稱，君主的臣民所擁有的船隻落入敵手二十四小時後，誰將其奪回就歸誰所有。這是什麼法律！竟然剝奪臣民應該享有的國家保護其不受船商侵害的權利。

一七四二年俄國與瑞典開戰，但澤議會宣布，該港不接受來自交戰雙方的任何貨物，更不允許在該港出售這些貨物。這一決定非常符合萬民法的精神。因爲，既然中立國不得幫助交戰的任何一方，當然也不能幫助其船商。

8. **良好的貿易法**。——法國與荷蘭最近簽訂的貿易條約[41]中，有不少非常合理的條款。依照這些規定，商品除應依據估價繳納稅金外，還應另外支付所報貨值的六分之一，包稅代理人如果對商品的估價不滿，允許他們扣留商品。

三級會議的商品經檢查、鉛封並發送至法國口岸後，不再接受其他檢查，直至運送到目的地。

最後，應該爲包稅人規定發送貨物的期限。本國臣民和外國人均應受到人道待遇，這樣才合乎情理。

9. 羅馬人的高利貸。——我實在爲可憐的阿里奧巴贊[42]傷心。堂堂一位國王竟然被羅馬的債主在王冠上面扣一頂綠帽，這是一幅多麼匪夷所思的景象！

布魯圖要求西塞羅逼迫這位國王還債，西塞羅回答說[43]：「我該做的已經做了，多少有些結果。可是，龐培的商人們已經開始對他施加壓力，有消息說，龐培將要到這裡來向帕提亞人開戰。這位國王的所有貢金還抵不上每月應向龐培支付的利息。龐培一向寬容大度，對此並不在意，他不索還本金，以拿到利息爲滿足。這位國王不償還，也無法償還其他債務，因爲他既沒有海關，也沒有國庫……他有兩三個相當富有的朋友，可是，他們與你我一樣守著錢財不撒手。我曾寫信給他，要他滿足布魯圖的要求，我慫恿他，控告他。德若拉圖斯[44]就同一話題也給他寫了信。他回答說他兩手空空，我相信他說的是實話。沒有哪個國家像他的王國那般殘破，沒有哪個國王像他那般窮困。不過，我把一些行政長官的職務交給了布魯圖的人。」

(六) 法律的制定

1. 本章主旨。——〔本章內容極其廣泛，我只能陳述若干實例……〕

我們不應將此視爲法學論著，其實這只不過是一種學習法學的方法。我所探尋的不是法律的肉體，而是法律的靈魂。

2. 從屬於另一種民法的民法。——依據雅典的法律，除非父親神經錯亂，否則兒子不能反抗父親的任何行爲[45]。這是一項法律造成的後果，那項法律賦予父親處死兒子或放棄父子關係的權利[46]。子女們爲保護自己而可以對神經錯亂的父親採取反抗行爲，這是合乎自然的法律。可是，在我們法國，父親只有管理子女的權力，子女們不需要對神經錯亂者採取特殊行動，因爲，父親倘若神經錯亂，官員就會如同管理其他神經錯亂的公民一樣，前來進行干預。

3. **違背立法者精神的法律。**——人們認爲，爲保護國家的森林，應該設立專門的法院處理有關森林的案件。這些專門法院不應妨礙普通司法機構；它們儘管可以進行巡視，並有自己的組織機構，但是，如果出現特殊過失而非一般性違法的特殊情況時，它們不應妨礙普通司法機構的工作。可是，一些無知的司法人員和貪婪的法官遇到這類情況時，往往把普通司法機構撇在一邊。但是，由於它們收取的司法訴訟費用遠遠高於普通法院，所以，一些當事人寧可吃虧，也不願向當地森林法院提起訴訟。這樣一來，爲保護森林而採取的措施，反而成了破壞森林的一個主要原因。

道路也有這個問題。路況良好與否至關重要，所以，人們認爲應該設立一個專門管理路況的法院。有關法令賦予專門法院的管理權僅僅涉及主要道路，而主要道路的管理則是當地法官無法干預的。一些無知的司法人員和貪婪的法官卻曲解法令的精神，致使對某段道路進行養護時，必須取得該段道路所在的司法管轄區法官的同意。由此而產生的結果是，王國境內的所有道路因以下兩個原因而損毀。第一，道路法官雖然看到路況已經不好，卻洩氣地認爲無法修補。其實他們可以不花錢就把毀損的道路修好，因爲起初只是一點點坍方，由於沒有及時採取措施才變得不可收拾。況且，要花大錢才請得動這些特殊法官，人們覺得，花一塊錢就能辦好的事，卻要花一千塊錢去請這些法官干預，這太不值得了。何況眼前只有一點小毛病，出大事還早著呢。所以，所有聯結大路的道路都得不到很好的養護。道路不僅沒有得到良好的管理，而且根本就不可能得到管理，後果著實令人痛心。在有些司法管理區裡，成百上千條道路都變得坑坑窪窪，緊鄰大道的教區也無法經由小路走上大道。議會見事不妙，便設法補救，可是，由於需要修補的道路比比皆是，所以不得不讓百姓出傜役。這樣一來，立法者以賢明和有序的精神策劃的一件事，其後果卻因濫權而與無序狀態產生的後果一樣。

應該始終注意事務的性質。每當涉及管理的細節和需要特別關注的事情時，一定要倍加小心，不讓道路法官從中作梗。

4. **必須透澈了解人的本性。**——〔立法者固然應該了解自己的國家，他們更應該了解人的本性。〕我依然借助實例來進行闡述。

法律允許在一個法庭受到不公正審理的公民求助於更高一級的法庭。不過，理性告訴我們，只應允許在最開始時，至多是在最初幾天進行此事，因爲，在這段時間內，一個人對於法官的不公正體會最深。

第一個法官審結後，案件向第二位法官提起上訴，第二位法官宣判後，不應再向第三位法官上訴，否則就會產生重大弊病。因爲，人的本性不喜歡順從別人的想法，面對那些被視爲智力不如自己的人時，自然而然地就會傾向於改變他們的決定。法庭的層次越多，法官就越發專注於彼此改變判決，而不是替公民討回公道。

〔此外，對那些無理上訴的人，也就是並未受到不公正審理卻大叫冤屈的人，應該處以重罰。

國家制度假如規定設立三個等級的司法機構，公民就不可能越過當地法官這一級，在這種情況下，應該在下面三種做法中選擇一種：允許訴訟雙方越過中間一級法官；規定後果較小的案件可以提起上訴，由第二級法官結案；在那些領主擁有裁判權的國家裡，准許領主付費越過中間一級法官，就像法國貴族所做的那樣。〕

5. **法律的率直。**——〔一些國家的法律宣稱，全體臣民都信奉主流宗教，這種做法有些過分。宣稱所有臣民信奉同一宗教，等於宣布不在這一宗教儀規中死去的人再度淪入異端。可是，由他人宣布某人再度淪入異端，顯然並不能證實此人確實再度淪入異端。他根本就沒有進來過，怎麼能說他後來離去呢？」

法律不應無端濫施無效的殘暴，這是不言自明的道理。我們在米龍·德·普里耶納（Miron de Priène）著作的片段[47]中讀到，法律規定，在斯巴達人施加於奴隸的種種可鄙行徑中，沒能讓肥胖的奴隸變瘦的主人要處以罰金。可是，胖的奴隸並不比瘦的奴隸更可怕啊。

一項法律如果顯得怪異，看不出它對立法者有什麼好處（既不是稅收法，也不是暴戾的法律），此時就應想到，立法者這樣做必定有他的道理。狄奧凡特（Diophante）法禁止來自雅典的人在比雷埃夫斯（Pirée）港過夜；成吉思汗的法律禁止莫臥兒人在雷擊時靠近河流。前者旨在防止雅典人成爲雅典的暴君[48]，後者旨在防止莫臥兒人溺斃，因爲當地經常發生雷擊[49]。

6. **神聖法**。——准許任何人殺死罪犯的法律令人不寒而慄，這種法律非常危險。羅馬的神聖法就是這樣，此法把罪犯交由神明處置[50]，人人都可以是神的裁決的執行者。

只有事關救國時才可以接受神聖法，因爲，國家的存亡是諸神的首要關注。不過，神明親自干預時應該有所選擇，蘇拉、凱撒、安托尼烏斯、奧古斯都和萊比杜斯等人把確立自己的權力叫作救國，此時神明不應親自干預；西塞羅在卡蒂里納逃跑，他的同夥受到懲罰時號召救國，此時神明應該親自干預。

當國家實行法治，法律普遍有效時，爲了救國就應遵守法律。可是，當國家即將分崩離析時，就可以用神聖法來救國，因爲，神聖法能夠使即將死亡的法律重新獲得力量。

十二銅表法准許殺死欺詐顧客的店主[51]，羅馬的制度准許殺死暴君，對此不必驚奇，暴君就跟欺詐顧客的店主一樣[52]。

我不懷疑羅馬人的法律准許在類似的情況下殺人，例如，丈夫當場捉住與人通姦的妻子，父親吃驚地發現有人勾引自己的女兒，一個公民猛然撲向暴君，等等。難道不是正因爲如此，布魯圖舉刀砍向凱撒時才會大聲叫喊：「西塞羅[53]」嗎？企圖殺死康茂德的那個人才會大聲叫嚷：「看明白了，這就是元老院給你派來的」嗎？

7. 法律的發展。──〔讀者在本書中看到，法律與無數的事物有著無數的關係。研究法學就是發現這些關係。法律遵循這些關係，這些關係不斷變化，法律也要不斷地進行修改。我覺得，提供一個實例是結束本書的最好方式。

我選擇了羅馬法，並從中選擇與繼承有關的條款。我們將會看到，依靠不懈的堅持和機遇才使這些法律得以通過。對於想要研究法學的人來說，我就此所作的論述可以用來當作一種學習方法。〕

8. 立法者的重大目標。──法律有時會對檢舉違法者的人給予獎勵。這種做法只應在必需的重要場合採用。鼓勵公民牟取不義之財是一大弊病，社會必將爲此招致巨大損失。比方說，看守海關的應該是海關官員，用得著讓社會過問此事嗎？海關非得讓社會腐敗才能心安理得嗎？法律非得動用它的所有功能才能發揮作用嗎？法律在……情況下該做些什麼呢？

(七) 法律史

1. 羅馬人的法學思想。──起初生活於平民政體之下的羅馬人，有理由把法律條文制定得無懈可擊，以防官員鑽空子。因此而採用的一些辦法，不是爲了讓法律遷就案件，而是讓案件遷就法律。羅馬人改變政體之後，法學思想也隨之改變。本應嚴格依法審理的案件，裁判官卻依據衡平原則進行審理。依法不能直接訴訟的案件，裁判官卻以有效訴訟[54]的名義提起訴訟。

常有這樣的情況：依據法律不能上訴，官員卻允許上訴，這就容易使直接訴訟和有效訴訟混淆不清，依法律訴訟和依公正訴訟混淆不清。法律捆住你的手腳時，裁判官卻讓你隨意行動。這就使得法官們更能展示其才能，看他如何始終兼顧以公正爲由和以法律爲由。

由於司法人員分屬若干流派，因而常常出現彼此相悖的判決。注釋家於是出來打圓場，爲雙方進行調和。拿注釋家與研究煩瑣哲學的人相比，不知道究竟孰優孰劣；研究煩瑣哲學的人至多只是調節人們其實並沒有的想法，而那些注釋家卻把人們確實有的思想澈底顛覆。

〔法律的普遍性缺陷恰如法官的個別不公正裁決一樣，同樣會對社會造成損害。〕

制約民法的東西太多，所以，民法中有一些缺陷不一定是壞事，某些不完善之處甚至還是必要的。

2. **羅馬人如何判罪。**——羅馬人莫名其妙地把各種罪的概念攪混，部分原因源自皇帝的暴戾。不過，我覺得應該從更遠的源頭來進行探究。我們說過，在羅馬[55]，每當發生一件罪行時，人民就專門任命一位檢察官，授權對罪行進行追查。從羅馬六〇五年開始，設立了一種所謂的長久案件，也就是說，針對某些罪行制定了一些法律，規定了相關的刑罰和審案方式，給予人民選出的監察官以一般授權，負責追查爲法律所指明並且發生在當年的罪行。第一個案件是犯有貪瀆行爲的行省總督和官員[56]。蘇拉提出了一個針對殺人犯的案件。最終通過各項法律一共確定了八個案件，任命八位裁判官負責追查。

爲人民制定相關法律的那些人，在提議一項懲治某種罪行的法律，並推薦負責追查的官員時，把與此項法律的懲治對象可能有關的所有罪行，全部適用同一項法律。蘇拉就是這樣，他在制定懲治大逆罪的法律時，把不行使自己的職責，不捍衛其職務特權的官員，都算作大逆罪罪犯。罪與罰的這種混亂現象使司法亂成一團，不公正現象隨之加劇。因爲，由於針對大逆罪的懲罰更加嚴厲，偵查更加嚴密，因而不但涉及主罪，也涉及次罪。這種司法行爲實在可悲，它不斷地鼓勵暴政，爲自由設置最大的障礙。

自從羅馬確立法院的權力後，就有了大逆罪。法律規定，凡以行動或語言冒犯護民官者，均處以死刑。這樣做的用意在於使護民官這個職務，越是不受尊重，越要讓人尊重。後來護民官依仗自身的力量贏得了尊敬，有關因言論獲罪的法律就不再有效，可是，奧古斯都再次肯定此項法律。塔西佗說[57]：「在奧古斯都之前，只懲罰行動，不懲罰言論。」提比略在大逆罪之外另設褻瀆罪。由於奧古斯都被授予神的尊榮，人們於是想到，針對皇帝的罪行應該稱作褻瀆罪。提比略從懲罰詆毀奧古斯都的人開始，因為，只有對現行政體不滿的人才斥責此前的政體，這樣一來，提比略就擺脫了他的政敵。不久之後就出現了這種後果，因為，在反對他的言論中也可以找到褻瀆言論，在針對他的某些看似不當的行為中也有褻瀆成分。由於不當行為全憑當權者認定，所以，暴君就可以隨心所欲地選定迫害對象。我們看到，一些元老院成員躲在他們想要控告的那個人的屋簷下，聽他發表演說。我們看到，提比略把德魯蘇斯一生的……年頭中所說的話，一股腦兒提交給元老院。羅馬沉浸在鬱悶和緘默之中，世界首都的一切都蒙上了一片黑色。

3. 蠻族法律的質樸。——蠻族的法律雖有某些蠻氣，卻也不乏質樸。里普埃爾法規定，一個女孩如果不經父母同意而想嫁給一個奴隸為妻[58]，國王或伯爵就給她一個紡錘和一把利劍，她若拿起利劍並殺死奴隸，她就將獲得自由；如果她拿起紡錘，她就將與丈夫一樣成為奴隸。

4. 法律程序。——這些蠻族的法律有許多形式。不認字的民族以外部標識替代文書。凡是與被表示的事物關係最明顯，最能引起聯想，讓人一看就知道表示什麼的標識，就是最佳標識。里普埃爾法規定，在款項交付過程中[59]，收款人前去交接現場時要有證人和若干小孩陪同，並且打他們幾個耳光，或是揪他們的耳朵，以使他們對於交接款項一事牢記不忘。薩利克法對轉讓財產[60]和脫離親屬關係的手續作了規定，從中我們高興地看到了先輩們令人開心的簡樸。效忠儀式所遵循的也是同一精神。

大多數民族的法律把坦白承認視爲被告人對社會欠下的債務，因而對於表示懺悔和悔恨的人，不給予任何從輕處置的待遇。不過，薩利克法對坦白和認罪的被告人有不同的處置，對坦白者的處置往往比對拒不認罪者輕一些[61]。薩利克法認爲，對於不在城市裡居住的人群來說，零零散散的幾所房屋算不得是一個村莊，要找證人提供證據相當困難。許多日耳曼法的淵源即在於此。

殺人後將屍體丟入水井或河流，或是用樹枝和其他東西遮蓋，蠻族法對此類行徑的處置格外嚴厲[62]。巴伐利亞的法律對此做出如下解釋：「因爲這種行徑剝奪了死者接受殯葬儀禮的權利[63]。」塔西佗基於這種想法指責日耳曼人將膽小鬼溺斃，他說，日耳曼人把怯懦視爲最嚴重的罪行，給予最嚴厲的懲罰。日耳曼人關於喪葬的法律是與其他法律有關係的。唯有奴隸的主人和自由民的父母才有權掩埋死者[64]，因爲，應該爲死者復仇的是他們，所以他們應該知道死者遺體的狀況，若由外人來掩埋，就可能對他們隱瞞實情，從而成爲犯罪嫌疑人。一些宗教法後來改變了這些政治法。

5. **法蘭克貴族**。**迪波教士的想法**。——貴族不就是長久享有的尊貴嗎？在一個窮兵黷武的國家裡，尊貴始終與榮耀相連，所以貴族容易代代相傳；在一個已經建立稅務機構的商業國家裡，尊貴與不停地變動的財富相連，所以貴族不容易代代相傳。在此類國家裡，縱然把永久性采地依附在大家族身上也是徒勞，采地很快就轉到別人手中，從而失去其尊貴。

我若有時間與迪波教士周旋，我就會讓大家看到，他所說的一切都可歸結爲名稱和等級這樣一個詞的詮釋問題，大家還將看到，迪波教士僅僅證明，在每個源自日耳曼的民族中，都有貴族和普通自由民的區別，這種區別在每個民族中並非完全相同，法蘭克以及其他民族中貴族與平民的區別，以往與今天也並不完全相同。除非人的本性變了，否則，在漫長的九百年中，世界上總會有某個民族的公民法有了或多或少的變化。

據《聖派特洛克羅斯傳》記述，聖派特洛克羅斯兄弟二人並不是與眾不同的貴族，他們是自由民[65]。迪波教士說：「這沒有關係，派特洛克羅斯是羅馬人，他的姓氏就是證明。」[66]他習慣於對尚無結論的問題進行推測，這次他故伎重演，再次重申他的說法：羅馬人有三個等級，而法蘭克只有一個等級。可是，此事相當奇怪。如果派特洛克羅斯確是法蘭克人，歷史學家們就不會說他並非因貴族身分，而僅僅由於自由民的身分而享有尊貴。他們既然能夠這樣說，被提及的那個人肯定屬於被征服民族。圖爾的格雷瓜爾試圖澄清派特洛克羅斯的先輩所屬的等級；倘若羅馬人不曾生活在法蘭克人的統治之下，格雷瓜爾就不會有這種念頭。

迪波教士自己提出證明說，其他蠻族中也有貴族。可是，如果薩利安法蘭克人和里普埃爾法蘭克人沒有貴族，那就太奇怪了，為什麼會有這種區別，有必要把原因講清楚。

我沒有時間談論可以用來駁斥迪波教士的那些頗有分量的文字。墨洛溫王朝的文獻雖然提到了某位高貴、傑出、百裡挑一的法蘭克人，但這一點也難為不了他，他只需要搬出御前會議成員這個頭銜就可以對付過去了：「那些人是他的御前會議的成員！」

6. **貴族法院。**——**領地法官審案。**說一說博馬努瓦生活的年代是什麼樣的[67]。在一些地方，案件由領地法官審理，在另一些地方則由采地的家臣審理。在領地法官負責審案的地區，領地法官邀請地方賢達共同參與，由這些人共同裁決；借助這種做法，即使有人提起上訴，領地法官也可免受斥責。在由采地的家臣負責審案的地區，領地法官無須參與審案，除非本人也是采地領主的家臣，在這種情況下，他與其他采地領主的家臣具有同樣的身分。

領地法官審案似乎是一種新習慣，因為，據博馬努瓦說，在克萊蒙伯爵區裡，沒有一個領地是由領地法官審案的，所有案件都由領主的家臣負責審理。

兩者審案是有區別的。如果是領地法官負責審案，遇有因對他的判決不滿而上訴時，領地法官不以決鬥支持自己的判決，而是交由上一級領主的法庭處理；如果是采地的家臣負責審案，也就是說由貴族[68]……

從博馬努瓦的《博維西斯習慣法》第十三頁（我的摘要第五頁）來看，即使在那些由采地派員負責審案的地方，也始終有一位領地法官。領地法官絕不能將案件送交貴族處理，否則他們的負擔太重，例如，知道如何審理的案件就不應送交貴族。

領地法官審案這種做法很快就得到推廣。領地法官需要做的只是不再召集貴族，遇到棘手案件時，就像過去遇到一般案件時加以處理就可以了。

請參閱我對博馬努瓦《博維西斯習慣法》所做的摘要第五頁和第六頁。領主本人不審理案件，但國王例外，他審理自己，也審理他人。當克萊蒙伯爵提起訴訟時，他不是法官，而是當事人，如果他想要就審判不公提起上訴，他必須向他的領主上訴（參見此事）。作爲國王的兒子，他完全不必爲動產案件進行決鬥，只有涉及謀殺或背叛案件時，他才不得不進行決鬥。國王審理自己，也審理他人……

正因爲領主不得被迫進行決鬥，所以才不參與審案。

同上，第六頁。領地法官對案件的領導：他如何培訓人員。

同上（摘要第六頁和第七頁），看看在受到牽連時如何做：向領主及領主會議起訴，如果判決不公，則向領主的上級起訴。

領主如果與其家臣發生爭執，領地法官絕不能讓領主的家臣仲裁[69]，因爲，他們的職責是相互審理和審理民眾，而不是審理事關領主的利益與榮耀的案件。不過還是應該有所區分。如果是一般性案件，領地法官就不應讓領主的家臣審理（也就是說可能觸犯這些人的利益），而應讓領主及領主會議審理。

判決如果對原告構成傷害，原告可以向伯爵及伯爵會議上訴，要求改判。然而，案件如果雖然牽扯到領主，但僅與個人相關（例如領主想要取得某項遺產的所有權，或是對某項犯罪行爲索取罰金），領地法官可以把案件送交家臣處理，因爲，讓領主按照慣例接受處理是理所當然的。

二、《隨想錄》中用於《論法的精神》的材料

- 一八四（一四三三）[70]。一篇序言的片段。——當我可以全面把握我要論述的主題時，我所追尋的一切便一股腦兒向我湧來，我眼看著自己的這部著作萌生、成長和完成。
- （一八五—四三四）。——未能用在《論法的精神》中的材料。
- 一八五（一八七四）。——法是偉大的朱庇特的理性[71]。
- 一八六（一八六〇）。——獻詞[72]。——您的父王治理著若干王權受到限制的王國和若干聽命於他的國家，當我們看到他以同樣的寬和對待這些國家時，我們覺得，在後一類國家中，他所追求的也就是法律所追求的，而在前一類國家中，法律已經事先把他所追求的確立好了。
- 一八七（一八六一）。——序言。——我們想得很少的是：我們關注對事物的正確觀念，可是，這種關注卻比不上另一種關注，那就是擁有一定程度的閒適和高高興興地忘掉自己。
- 一八八（一七二三）。——倘若要我對我的著作將會如何作一番預測，我想贊同它的人大概多於閱讀它的人。因爲，閱讀這種書可能帶來愉悅，但絕不可能是一種消遣。
- 一八九（一八六二）。——應該大量閱讀，應該極少利用讀過的書。
- 一九〇（一七〇七）。——倘若炫耀我大概讀了多少書，讀者的精神受傷害的程度，就會超過他們的

心智受我的研究啓示的程度。

• 一九一（一八六三）。——我向格老秀斯先生和普芬道夫先生[73]致敬。感謝他們撰寫了本應由我在這部著作中撰寫的一大部分，況且，他們在寫作中所表現出的才華，是我永遠無法企及的。如果有人並未感覺到我所說的這一點，那就是我的過錯。

新的不一定就是大膽的。

我相信，好的東西是大多數，最好的東西是極少數。

• 一九二（一八六六）。——我的精神態勢是絕不回頭重彈人所共知的老調。不過，最大膽的話一再重複並不至於傷人，但最無惡意的話卻可能傷及小心眼的人，因爲從來沒人說過這些話。

• 一九三（一八六五）。——這部書不是爲任何一個國家寫的，任何國家都不應怨恨它。它是爲所有的人寫的。從未聽說過有人因一部倫理論著而受到傷害。我們知道，中國的幾位皇帝焚毀了鄭重其事地被禁的哲學和禮儀著作，可是這些著作後來更加鄭重其事地重新確立了其地位，因爲國家需要它們甚於任何個人。

• 一九四（一八七三）。——當我們看到，某個國家雖然擁有繁榮因素，卻並不繁榮，自然條件雖然富饒，饑荒卻到處肆虐，氣候條件本應造就勇氣，人的氣質卻是既怯懦又傲慢，當地的宗教本應帶來福祉，展現在眼前的卻是邪惡；此時我們就不難察覺，人們遠離了立法者的目標。困難在於弄清楚，何時、如何以及從何處著手才能回歸立法者的目標。

國務活動家們在心智開啓的世紀中，獲得了恰如其分地把事情辦好的才能。每個人都可以爲開啓心智而添磚加瓦，卻無須因此而自詡爲改革家。

我的眼前只有我的那些原則，它們引導著我，而我並不支使它們。

所有統治者用心良好，我是全世界這樣想的第一人。我知道，某個國家治理得不好，而且想要把它治理得好些相當困難。總之，我所看到的多於我所評判的；我對一切進行評述，但什麼也不批評。

• 一九五（一八七○）。——我對大臣們給予高度評價，不是因人，而是因事，人始終是渺小的，事始終是重大的。

• 一九六（一八五五）。——普魯塔克發現，古代哲學不是別的，就是治國的學問。他說，如果從七位賢哲中除去一位，餘下的六位所全力以赴的，無非就是政治和道德。希臘人雖然後來專注於思辨學，但是可以清楚地看到，最爲他們看重的是實用哲學和信仰，是城市的立法者和管理者。

• 一九七（一九二六）。——希臘政治。——研究百藝固然有益於生活在社會裡的人，其實，這種研究從屬於組成和調節社會這門大學問。

• 一九八（一九四○）。——希臘人和羅馬人對於政治知識和道德知識的歆羡，堪稱是一種崇拜。如今，我們只重視物理科學，只投身於物理科學，而政治上的善與惡對於我們而言，與其說是認識的對象，莫如說是一種情感。

所以，既然沒有出生在一個我所需要的世紀裡，我就拿定主意成爲聖皮爾教士那派的一員，這位好人寫了許多有關當今政治的著作。我還讓自己心裡明白，七八百年之後，我的思想將會對某個民族非常有用；在我所剩不多的餘生中，我要好好利用我的謙遜，讓它爲我所用。

• 一九九（一八七一）。——當今人們十分看重物理科學，以致於對倫理道德十分冷漠。自希臘人和羅馬人以來，道德上的善與惡，與其說是認識對象，莫如說是一種情感。古人重視科學，保護百藝。可是，他們對於在治國之道方面有建樹的人也極爲敬重，幾乎達到了崇拜的程度。

・二〇〇（一八六四）。——這部著作對於年輕王子的教育不會沒有好處，它肯定勝過那些空泛的說教，諸如好好治國，做一個好君主，爲臣民造福，等等。這就像慫恿一個對歐幾里得原理毫無概念的人去破解幾何難題一樣。

・二〇一（一八六八）。——這部著作是我一生思考的結晶，儘管付出了巨大的心血，抱著最善良的願望，一心一意有益於公衆，但是，我將回收的也許只有傷心，將給予我回報的也許是無知和妒忌之手。

在我所見到過的所有政體中，我對任何一種都沒有偏好，其中包括我有幸生活於其中，因而最爲我所喜愛的那一種。

我剛剛讀完一部法學著作，立即就把它視爲在沒有哲學的條件下，理性試圖永駐之鄉。

・二〇二（一九二〇）。——我把一生中的二十年用來撰寫這部著作，然而，我爲此事所花費的時間是遠遠不夠的。

・二〇三（一八七二）。——我以二十年時間一刻不停地撰寫這部書著作，我不知道自己是否大膽，是否冒失，是否因主題的偉大而承受重壓，是否因主題的崇高而得到支援。

・二〇四（一七〇六）。——假如我忽略了人生是短暫的這個首要問題，那麼，苦苦思索了二十年又有何用呢？我甚至沒有時間對已經完成的著作做一些刪節。

・二〇五（一七〇五）。——序言。——我不斷地……讓風吹走，徒勞地對永遠不會出版的文稿進行潤色。

・二〇六（一八〇五）。——我曾有意把這部著作的某些部分寫得更寬泛更深入，可是我變得無能爲力了。閱讀損毀了我的雙眼，僅剩的視力就像我的雙眼將要永遠閉上那天的晨曦。

我幾乎觸到了我應該開始和結束的那個時刻，這是揭開一切和遮擋一切的時刻，這是苦澀與歡樂交集的時刻，這是連我的軟弱也將失去的時刻。我為什麼還要埋頭於一些毫無用處的著作？我在追求不朽，而不朽就在我自己身上。我的靈魂啊，變得博大一些吧！快步走向不朽吧！回歸偉大的存在吧！……在我所處的那種可悲的狀態下，我不可能對這部著作進行最後的加工，倘若不曾想到一個人應該有益於他人，直到最後一口氣……，我早就把這部著作付之一炬了。不朽的上帝啊！人類是最無愧於您的作品，愛人類就是愛您；在我行將就木之時，我把此愛奉獻給您。

・二〇七（一七八六）。——

關於宗教那一章：

令人敬畏的國王們統治著自己的民眾，

朱庇特則統治著國王們。

關於維護自由的手段那一章：

仿佛他人的自由便是自己被奴役。

關於政治自由那一章：

統治與自由這兩件互不相容的事情。

關於氣候法則那一章，關於民事奴役：

不應把普羅格奈變成鳥，把卡德摩斯變成蛇。

關於家庭奴役那一章：

火……變成一頭野豬。

……你用鎖鏈把它拴起來吧。

• 二〇八（一八五九）。——法律的對象。——柏拉圖有一個非常了不起的想法[74]；他認爲，制定法律是爲了把理性的命令告訴給那些無法直接從理性接受命令的人。

• 二〇九（一七六三）。——光榮、榮寵、激勵。——依照慣例，僅僅把王冠戴在征服者的遺體頭上是不夠的，還要把它戴在他的父親的遺體頭上。正因爲如此，征戰獲勝的希臘人不但爲自己獲得了光榮，也爲他的父親和祖國獲得了光榮[75]。中國也是這樣。

• 二一〇（一七七三）。——來古格士終於成功地讓斯巴達人接受其嚴酷的法律。貴族受到民眾的擠壓，而來古格士則爭取到了貴族[76]。

• 二一一（一七五五）。——我在摘錄克拉吉烏斯[77]時寫道：「看來，克拉吉烏斯對深化斯巴達民事治理的貢獻，超過他對政治所作的貢獻，或許是他缺少紀念碑式的建樹，或許是共和國的根基首先是體制，其次是民事治理，然後才是政治。」

• 二一二（一九一九）。——亞里斯多德說：「塔林頓人與窮人共用畜力和財產。」因爲這是斯巴達的一個殖民地。

• 二一三（一六九八）。——普魯塔克《阿拉圖斯傳》（篇首）：「——貴族政體是適宜於多裡安人的各個城市的政體，自從西西安城邦偏離了純正的貴族政體後……」

• 二一四（一七六二）。——元老院成員的數量。——羅慕洛斯把元老院成員定爲一百。普里斯庫斯增加了一百，布魯圖再增加了一百。——元老院成員眾多符合民主原則。

・二一五（一七七六）——《政治學》第二卷第八一頁。——猶太人代表：七十人的元老院，終身；兩萬四千名代表向元老院建議，元老院作決定。這與希臘和義大利的做法截然相反，在那裡是由元老院建議，人民作決定。另外還有一個特點：任期有限的代表提出建議，任期爲終身的代表做出決議。請參見希伯來人共和國。參見與埃及法律相符之處。

・二一六（一九一四）。——博丹不主張楚格、阿彭策爾[78]等社區的做法，在這兩個社區中，在議會討論重要問題時，每個元老都負有通知兩三名擁有表決權的議員的任務，這樣一來，知情的議員總數有時就多達四五百名，根本不可能確保討論祕密進行。威尼斯和羅馬的元老院的人數也很多，但做法卻不一樣。這種做法是人民習俗良好的最佳證明。

・二一七（一七五八）。——任何貴族議會都分成平民和權貴兩部分。

・二一八（一九二三）。——君主。——當他覺得自己受到愛戴時，他就會愛護人民，所以應該設法讓他確信人民是愛戴他的。

・二一九（一八五六）。——法律即使在擁有力量之時，它所擁有的力量也始終比不上它所擁有的榮耀。義務是一種被動和冷漠的東西，榮耀則是一種充滿活力的激情，時刻能自行激發，而且始終與其他激情相連。你若告訴臣民，一定要聽命於君主，因爲宗教和法律命令他們這樣做，你就會發現，臣民們毫無熱情；你若告訴他們應該忠於君主，因爲他們曾向君主作過這樣的許諾，你就會發現，他們生氣勃勃。

・二二〇（一八四五）。——君主政體下的習俗永遠不會純淨。貴族的奢華以及他們在美德方面的缺失，是一切腐化的根源。

• 二二一（一七二八）。——法國貴族。——哦，你們將在未來的朝代中承擔責任；國王的大臣們，千萬不要以嫉妒的眼光注視貴族的榮寵，不要把手伸向他們的財富。國王的大臣們，在勇氣和慷慨方面，貴族只願意比國王略遜一籌，國王的大臣們，等等。

• 二二二（一七〇二）。——爲支援君主政體，貴族邁出的每一步都以鮮血爲標誌……神聖的權利！因爲，被上帝用作自己形象的那一位承認這些權利是神聖的……取悅他一次或永遠伺候他，在這兩種幸福中，有人選擇了後一種……有人以爲，由於不了解君主政體而失去了它……我將把這些人從蒙昧中拉出來……

• 二二三（一八八九）。——專制主義。——不應讓歐洲的國王們面臨亞洲專制主義的危險，具有堅忍不拔的意志是一種小小的福分，在歐洲獲得這福分相當不容易，所以，明白事理的人不可能對此心懷嫉妒。

歐洲的國王作爲俗人治理他們的國家，他們享有與諸神一樣的地位，永遠不會變壞。亞洲的國王作爲神明治理他們的國家，他們與俗人一樣，不斷地面臨著不堪一擊的危險。

• 二二四（一九一五）。——特里博尼安[79]居心不良，他在論法這一節（第六十條第四一頁）中讓皇帝不受朱利亞法[80]的約束，但是，他並未讓皇帝免受所有法律的約束，此事是有證據的。狄奧說：「因爲他向元老院請求免受沃科尼烏斯法的約束。」因此，爲了證明君主不受法律約束，他便制定了一項證明君主也受約束的法律，否則他就不會要求對君主不適用此項法律[81]。

• 二二五（一七二〇）。——東方的君主所追求的是他獨自一人的幸福！他想獨自一人掌權，獨自一人享福，可是，他卻常常既無權也無福，他的歡樂只有片刻，他的煩惱卻終日相伴。他是一個不幸的人，由於他要整個宇宙陪他一起度過一生，因此只有他的影子陪他度過一生，他悄無聲息地生活在周圍萬物的包圍之中，他掌控一切，卻無法說話，他尋求盲目服從，得到的卻是可怕的孤寂。

・二二六（一八三三）。——蘇丹習慣於坐在一塊巨大的掛毯後面參加國務會議。這樣，他就可以在世界上最需要自由思考的場合，即在國務會議的討論中，制止臣屬們進行思考的自由，對他來說，讓他們擁有思考的自由其實是最重要的。

・二二七（一八五三）。——沙皇治國是爲了人類，而不是爲了他的帝國。所以，這個帝國如果治理得很好，有人居住，有人耕種，它就不可能存活下去。

・二二八（一八九八）。——專制主義。——據說，反叛者米利韋伊斯[82]在波斯進展神速，人民從四面八方趕來投奔。

迄今爲止，君主們在行使權力時幾乎絲毫不加節制，他們恣意戲弄人的本性，所以，上帝准許忍無可忍的人民砸碎過於沉重的枷鎖，對此我並不感到吃驚。臣民們的處境實在可悲，他們幾乎沒有任何正當途徑抵禦欺壓，實質上是他們有理，表面上卻總是他們理虧。

且讓我們隨意挑幾個國家在歷史上發生騷亂的例子，完全可以打賭，在一千次騷亂中，九百九十九次的原因是君主及其大臣。人民不但天生膽小，而且確實有理由膽小，他們不但想不到冒犯那些手握生殺大權的王公大臣，甚至連抱怨都不敢。

波斯人的一句格言非常讓人信服，所以我們常常引用：「每當外省發生騷亂時，宮廷永遠應該站在人民一邊，對付手中握有君主權力的官吏。」

專制權力絕對不應上下授受，專橫的命令絕對不應專橫地執行，臣屬縱然在執行暴君的那些最暴戾的旨意時，也要遵守符合公正的規則，這樣做才符合君主的利益。

在專制主義國家中，人們站在人民一邊反對省長和總督。在君主政體國家中則恰恰相反。

• 二二九（一七〇一）。——在關於埃及的一節中，我曾這樣寫道：

「埃及國王的生活受制於某種禮儀，他們要依照法律的規定，在白天和夜晚的某個時間做某件事。國王們如果從中感悟到，他們本應主宰一切的旨意，也應受到約束，那就是從中獲得了教益；倘若果眞如此，那就說明這種制度既對君主有好處，也對人民有好處[83]。」

• 二三〇（一八九六）。——丹麥的國王法。——流亡在丹麥的法國人拉博梅爾[84]先生曾對我說，將最高權力賦予丹麥王族的法律頒布後，又頒布了一項被稱作國王法的法律。這項法律准許國王修改、解釋和廢除該國的法律，並任意制定新法律。這項法律荒唐之極，如今令丹麥人爲之臉紅，因而想方設法把它廢除。

我覺得，這項法律與令人生畏的貴族有關，而貴族當時在立法機構中占有大部分席位。現在一切都已安排妥貼，這項法律因而就顯得十分可笑。

• 二三一（一九二五）。——在專制主義國家中，所有人都一律平等，因爲他們毫無例外地生活在政治奴役中。人與人之間的區別僅僅在於民事奴役中，可是這種區別微不足道。

• 二三二（一七六〇）。——共和國的繁榮勝過一人統治的國家的原因：

㈠ 人們的收益比較有安全保障。

㈡ 人們更加熱愛公共利益和祖國，因爲它們屬於我們大家而不屬於別人。

㈢ 地位比較平等，因而財富也比較平等。

㈣ 憑藉個人才幹出人頭地的途徑較多，憑藉卑鄙伎倆飛黃騰達的途徑較少。

爲建立一個君主政體的國家，需要一個既對貧苦人民有權同時又有特權的富有貴族，也就是要讓貴族講究奢華，喜歡揮霍；要讓人民處境悲慘。在共和政體下，人人地位相同，人人參與或能夠參與公共財產的分配，人人過著體面的生活，享受國家的財富，並想方設法使之與日俱增。

・二三三（一八九一）。——與優良的君主政體相比，良好的習俗更適合於優良的共和政體，請看證明：在優良的共和政體下，人們說的是「我們」，而在君主政體下，人們說的是「我」。

・二三四（一八五四）。——在君主政體下，公共事物被視為他人的事物，在共和政體下，公共事物被視為每個人自己的事物。

・二三五（一八九三）。——君主政體通常蛻化為一人治國的專制主義；貴族政體通常蛻化為多人治國的專制主義；民主政體通常蛻化為人民專制主義。

・二三六（一九一七）。——世界上的幾乎所有民族都在同一個圈子裡打轉：最初是野蠻民族，後來征戰取得勝利，於是變成文明民族，文明使之變得強大，強大之後便講究禮儀，禮儀削弱國力，於是被征服，進而重新變成野蠻民族。希臘和羅馬就是明證。

・二三七（一九〇八）。——君主與臣民的約定。——格老秀斯曾說[85]，反叛時，不能以賠償為由剝奪臣民享有以往的協議所賦予他們的利益，因為，只要反叛者重新聽命於君主，對君主的損害就不復存在。我補充一點：只有在義務不對等的協議中，比如君主給予一切卻毫無所獲，才可採取這種做法，否則，簽約雙方中的一方就成了雙方承諾的唯一裁決人，這將損害事物的性質。況且，雙方做出承諾是為了永遠有效，所以，對違約一方的處罰不應造成毀約的結果。

・二三八（一七四四）。——對若干政體的正確概念。——英國的政制究竟是什麼？這是一個混合君主政體，如同斯巴達在設置監察官之前是混合貴族政體[86]一樣，如同羅馬在驅逐國王不久之後是混合民主政體[87]一樣。

正如我們所見到的，英國比較接近君主政體。由人民決定和討論的羅馬比較接近民主政體。人民僅有決定權的斯巴達則比較接近貴族政體。羅馬有了獨裁官，設置了監察官；羅馬還爲了將民主政體轉向貴族政體而開戰。斯巴達則爲了將貴族政體轉向民主政體而設置監察官。

・二三九（一八九九）。——軍事政府。軍事政府的建立方式有兩種：其一，由希望永遠保持軍團狀態的軍隊通過征服戰爭建立，例如當今的阿爾及爾政府；其二，專制主義政體的政府因弊病加劇，即因腐敗而蛻變爲軍事政府。

在文人政府被推翻而另一個政府尚未建立之際，政府的性質始終具有軍事政府性質，蘇拉篡奪政權之後直到下臺之前，即自三巨頭執政直到奧古斯都上臺這段時間中，羅馬的政府就具有這種性質。這個政府被推翻後，羅馬變成一個帝國，帝國破壞本國的城市，爲支付軍餉而洗劫並摧毀城市。接下來如何籌集軍餉呢？就這樣……在韋斯巴薌和維特里烏斯[88]的內戰中就是這樣做的，縱容士兵洗劫韋羅納。在三巨頭執政期間，對三座城市的洗劫不是得到了默認嗎？

・二四〇（一七六八）。——《政治》[89]第二冊：與不同民團有關的不同政體[90]。

・二四一（一七七一）。——軍事政府。君主應該擔任軍事政府的將軍，如同莫臥兒人那樣。

・二四二（一七七二）。——專制主義軍事政府：莫臥兒和韃靼。貴族軍事政府：阿爾及爾。民主軍事政府：有嗎？

・二四三（一七〇九）。——我說過，爲掌控采地擁有者，奧斯曼帝國的專制君主擁有自己的軍隊；羅馬也是這樣，爲了掌控與之結盟的各個城市的軍隊，羅馬也有自己內部的軍隊，那就是他的人民。

・二四四（一八五七）。——技巧確立了自己的地位，並取代了本應引導公民的良知和審愼。法學家們高興地發現，人們在打官司時，每一步都不得不向他們求助，法官向法學家送來的訟案當事人展示自己的權威時，也並不嫌煩。

・二四五（一八三六）。——我希望在我們打官司時，沿著訴訟程序一個法庭一個法庭地走下去。向前、邁步、向上、回頭、再向更高一級走去，且不說離國王的御前會議有多遠，要走多久。整整三十年過去了，案件尚未終結。

・二四六（一七四一）。——格拉古兄弟執政之前，法官一直是從元老院中挑選的。我始終沒有找到將這種特權賦予元老院的法律。有跡象表明，法官一經設置[91]，訴訟技巧就開始形成。選用元老院的成員爲法官，也是因爲他們擁有別人所不擁有的知識。弗拉維烏斯向人民揭示了訴訟的程序，人民由此獲知，有人把訴訟技巧當作奧祕，不讓人民掌握。應該選用對雙方都合適的法官負責審案，雙方都願意選擇知識最豐富、對案情最熟悉的人擔任法官，其實也就是元老院的成員。這種選用法官的做法一直延續，漸漸變成了一項法律。

・二四七（一八二三）。——強制訴訟雙方延聘律師進行辯護是一種蠢舉，因爲，倘若律師擁有不辯護的自由，雙方當事人豈不更有替自己辯護的自由。

・二四八（一八二四）。——准予延期還款書。只有在共和政體下找不到債務人時，方可發出這種文書。如果把這種文書發給可以找到的債務人，那就應該對其人身實行限制，但不應對財產實行追查。

・二四九（一九三五）。——只有兩種人具有一定的力量，一種是千夫所指的惡棍，一種是萬人敬仰的善人。恰如惡棍的力量總是擴張得太大，善人的力量總是難以適可而止。

・二五〇（一九〇五）。——刑罰。刑罰的性質。法律的制定。我發現，裁判官的分配有問題，尤其是在蘇拉主政時，由於他增加了四種審訊，致使一些與主罪無關的罪行都被歸到同一罪名之下，結果便是一些本應獲判較輕刑罰的罪行，被判與主罪相同的刑罰。是否應該被判同一刑罰，不是看它是否因某種關係而可以與另一種罪行歸爲同一類，而是看犯有這些罪行的罪犯是否同樣惡劣。所以，定刑的依據往往是司法機構和裁判官的判斷，而不是可以加重或減輕刑罰的理由[92]。

• 二五一（一八九七）。——刑罰的殘忍程度。刑罰如果太殘忍，使它變得寬和一些的最佳方法就是讓它在不知不覺中變，與其採取特殊手段，不如通過普通途徑，也就是說，法令前面應該冠有關於可以減刑的說明，此外還應附有可減刑到什麼程度的說明，以便讓法官酌情量刑，並使人們在思想上對免除刑罰有所準備。這一切都取決於以下各種具體情況：國家的精神、犯罪的頻率、犯罪的難易程度、各種變化、與政體的關係等。立法者應該在這些問題上展示自己的聰明才智[93]。

• 二五二（一七九七）。——狄奧多羅斯在《世界文庫》第一卷第二節第一二九頁中寫道：「阿馬西斯[94]登基爲王之後……衣索比亞人……好君主。爲了不處死竊賊，他下令割掉竊賊的鼻子，把他們送到一座名叫林諾克盧拉的城市去居住。」

同書第一三九頁：——「博科里斯[95]死後數百年，薩巴卡[96]統治衣索比亞。他廢除最重的刑罰即死刑，讓罪犯從事城市公共工程。他希望改變沒有實效的嚴厲懲罰，使埃及能從中得到巨大好處，於是退居衣索比亞。」

• 二五三（一七九八）。——衣索比亞寬鬆的刑罰。寬鬆的刑罰。絞刑或斬首。有時沒收財產，並禁止給他們飲料和食物，罪犯於是到處流浪，如同野獸一般。皇帝經常發布赦免令。他很正直。他認爲，在他的國家中，刑法恰當和治理得體培育了良好的習俗[97]。

朝鮮。刑罰寬鬆[98]。

請注意，衣索比亞人的習俗一貫良好。

・二五四（一九一三）。——請看格拉維納《民法的起源與演進》第五十八條第二十四頁：「希臘人對僞誓的處罰僅僅是罰款和羞辱。十人團把罪犯推下塔佩亞懸崖。後來減爲放逐和流放。」

我認爲，鮑爾希安法減輕了十二銅表法規定的刑罰，並且明確禁止判處羅馬公民死刑。

・二五五（一九一二）。——十二銅表法確有關於死刑的規定。這肯定是國王法的殘留部分，共和國後來減輕了這種刑罰。放火燒毀一堆小麥者以往要被判處火刑。甚至還有一些迷信的刑罰，例如，人們相信可以讓一塊土地著魔：「凡是念惡咒或製造毒藥，便是殺人犯[99]。」

・二五六（一七六一）。——通姦。羅馬人的古老習俗對通姦嚴加懲處。「的確，由於私人受到侵害，公共事務受到了極大的干擾：對他人床榻的玷汙使心靈變得如此粗野，致使城邦陷於不和與分裂。」這就是說，他們認爲嚴守貞操對於維持安定關係極大。依據他們的習俗，當場捉姦的丈夫可以殺死妻子，卡圖對奧盧斯・格利烏斯的訓詞第十章第二十二節對此說得很清楚。不過，柯里尼法規定，殺死妻子的丈夫將受到懲罰[100]。

君主國裡的人有辦法監護婦女的貞操，違規的丈夫將受到懲罰。

・二五七（一八五八）。——羞辱。斯巴達在琉克特拉戰役之後提出了一個問題，是否應該依照法律規定，讓逃跑的人戴上羞辱的標記，因爲依照法律規定，這些人不能擔任任何公職。受羞辱的人不能娶妻，也不能嫁女。路上遇見他們時，想打就打，他若被打，不得還手，還應低頭認錯。他們應身著碎成一片一片的袍子，鬍子只能刮一半。後來阿偈西勞終止了這項法律[101]。

這種羞辱標記威懾力很大，非常有利於確立價值觀和勇氣。

・二五八（一八九〇）。——決鬥。自殺。柏拉圖的法律（《法篇》第十章）主張，對於自殺而死的人，應草草掩埋，不給予任何體面。教會法拒不爲這些人提供墓地，同樣也不爲在決鬥中死去的人提供墓地[102]。這種罪行大多是因驕傲而犯下的，法律以羞辱進行懲罰，是件好事。

• 二五九（一八一八）。——羅馬人。利劍可以殺人，法律也可以殺人。羅馬的皇帝們在一百五十年中滅絕了所有古老的羅馬家族。他們最厲害的暴戾手段之一就是法律。

• 二六〇（一六九三）。——滅絕家族的法律。東方的不少地方都作興對罪犯實行滿門抄斬。在那些國家裡，妻子兒女都被視爲家族的工具和附屬品。把他們沒收，就像我們這裡沒收財產一樣；他們只不過是父親或丈夫的財產而已。

• 二六一（一八五〇）。——制定民事法律的君主也可以頒布赦免詔書，因爲他們可以向臣民示範，殺一儆百是示範，頒布赦免書也是示範。

• 二六二（一八七三）。——亞里斯多德譴責斯巴達在財產問題上對婦女的不公平待遇，他還指責來古格士，因爲，來古格士既禁止公民出售自己的地產，也不准公民購買他人的地產，只准許通過遺囑轉移地產。

事實如果眞是這樣[103]，苦心孤詣地致力於確立平等的來古格士就粗暴地違背了自己的法律，不但如此，在這樣一種腐敗原則指導下的共和國，居然有這麼長的壽命而不腐敗；實行這樣一種不平等原則，而財產居然能長期保持平等，實在難以想像。

普魯塔克所說看來更可信，確立不平等原則的是一位監察官。

• 二六三（一七三五）。——讓我們考察一下一些大君主國的命運，人們起初震驚於它們的強大，隨後則震驚於它們的虛弱。究其原因，在專橫或專制政權的高速蛻變過程中，由於原則的殘餘還在起作用，所以國家尚能有所發展。可是，當自由徹底消失之後，當初越是強大，現在就越是弱小。因爲，對善良和偉大的熱愛不復存在，在每個行業中，有人規定，我說什麼來著？有時甚至是命令，誰也不許再從事這個行業；人們普遍喪失勇氣，幾乎每個人都感到洩氣；貴族沒有感情，武夫沒有興趣，也沒有熱情；市民沒有信心；人民沒有希望。眞是咄咄怪事！一切都在無所事事中空轉，每個公民都有一種身分，誰都沒有職業；有人只要公民的身體，卻不要人民的精神和心靈。一個君主政體到了這種地步，他的虛弱就已經暴露無遺，以致於連他自己都感到吃驚。

• 二六四（一七四〇）。——羅馬人。西庇阿在結束第二次布匿戰爭，把和平帶給迦太基人時，向他們提出要求，不得僱傭高盧僱傭軍，也不得僱傭利古里亞僱傭軍[104]。

• 二六五（一七五六）。——「自從發現了各種容忍、痛苦和攻城機械之後，爲自衛而修築堡壘的需求比任何時候更加強烈。」——這就是說，在來古格士時期並無這種需求[105]。

• 二六六（一八一七）。——法與政治管理中治安部分的關係。——在我們這些平庸的國家中，人們在壓榨下艱難度日，從一個國家遷往另一個國家；在那些大國中，民眾缺吃少穿，一個個悲慘地死去，因爲他們生活在苛政之下。

不但如此，君主們確信自己並未失去任何東西。例子很多，我只舉奧古斯都爲例。他把十八座或二十座義大利城市的財產分發給他的士兵，因爲他無法抱怨義大利。羅馬人自以爲是整個世界，不相信摧毀城市會對他們造成任何損失，他們想的只有一件事：爲給予臣民而剝奪臣民，既不失去這些臣民，也不失去那些臣民。我們今天看得很清楚，當我們摧毀一座我們自己的城市時，無異於爲敵人建立一座城市。

• 二六七（一八七九）。——中國。國土性質使中國不宜分成多個國家，除非作爲一個采地分成若干部分，但共屬於一個整體。如前所說，生存之缺乏保障，生活之艱難，中國爲世界之最。所以，無論哪個省分都休想在兩年之內不需其他省分的支持。生計所需猶如一根鏈條，把所有省分拴在一起，共同生活在同一個帝國之中。

我們看到，皇帝的法律禁止國王們截斷流向毗鄰王國的江河，因爲斷流會使鄰國無法存活。這個帝國三面被大海、沙漠和高山阻隔，來犯的敵人只能從北方入侵。所以，帝國的重心一直在北方。南方諸省人民在英勇善戰方面遠遜於北方諸省人民，所以南方很難脫離北方。

・二六八（一八八九）。——第六節。中國儘管幅員遼闊，它的專制主義有時卻不得不有所收斂，原因何在？帝國的疆域起初並不十分遼闊，奢華和財富對君王們的腐蝕因而也不很大，他們所擁有的只是北方那些貧瘠的省分，那裡的人不那麼嬌氣，比較能夠吃苦耐勞，習俗因而比較淳樸。

整個南方尚處於野蠻狀態之中。促使野蠻民族尋求在中國人統治之下生活的原因，是中國的繁榮和幸福（中國歷史上鮮見征服戰爭）。

我們將要說到，中國的氣候條件使人天生具有順從的奴性，所以，儘管中國的條件本應使之建立共和政體，事實上卻連共和政體的影子也看不到。

中國的政體是一個混合政體，因其君主的廣泛權力而具有許多專制主義因素，因其監察制度和建立在父愛和敬老基礎之上的美德而具有一些共和政體因素，因其固定不變的法律和規範有序的法庭，視堅忍不拔和不顧風險說眞話的精神爲榮耀，而具有一些君主政體因素。這三種因素都不占強勢地位，源自氣候條件的某些具體原因使中國得以長期存在。如果說，因疆域之大而使中國是一個專制政體國家，那麼，它或許就是所有專制政體國家中之最佳。

第二朝代的第八位皇帝鎭壓了劫掠皇帝屬下諸省的南方民族，由此可見，南方此時並未臣服於皇帝[106]。第三朝代的第十一位皇帝在位時，被揚子江阻隔在南方的一些民族因蹂躪帝國而被鎭壓。由此可見，南方此時尚未對帝國表示臣服[107]。

第三朝代的皇帝們治國比較賢明。當時日子難過，皇帝的權威有限，諸侯們要求寬鬆，帝國的幅員也比較狹小[108]。疆域擴大肯定削弱了帝國的實力，因爲，韃靼人兩次入主中原都是在帝國的疆域擴大以後；韃靼人建立了中國的第二十朝代和第二十二朝代。在此之前，韃靼人在可怕的內亂紛爭中曾多次進行滲透和入侵，但從未在中原站穩腳跟。

- 二六九（一七五七）。——中國皇帝自損壽命[109]。
- 二七〇（一八四九）。——加洛林王族所建立的這種附屬關係，過去也曾在中國建立過，這種政體並未造成什麼惡果。這是一種君主政體，而不是專制政體。德意志也是這樣。
- 二七一（一七七四）。——《孟子》第四章第三節（見杜赫德神父主編的《中華帝國全志》第二卷）記述了過去如何懲罰封建諸侯。對於初犯者給予降等處分，再犯者被取消年俸或收回封地，對於第三次觸犯者，則派遣軍隊前去逼他下臺。爲此常常授權鄰國國王去執行此項命令[110]。德意志如今依然採用後面這種做法[111]。
- 二七二（一七五三）。——爲什麼焚毀中國書籍？因爲中國文人捍衛舊政制[112]。
- 二七三（一七二五）。——君主們在政治中玩的是菲莉娜[113]遊戲。菲莉娜與一群濃妝豔抹的婦人圍著桌子做遊戲，參加者輪流主持，輪到誰時誰就有權下令，讓別人按照她的要求去做事。輪到菲莉娜時，她讓大家取水洗臉。洗完臉後，菲莉娜依然光彩照人，其他婦人卻都變成了醜陋的黃臉婆。
- 二七四（一七四六）。——用於攻擊力量：

「上面已經說到，由於幅員遼闊，這個國家只能實行專制主義。戰爭擴大了疆土，從而經由這個途徑走向專制主義政體。

我們在這裡不能忘記專制主義的種種暴行，它一刻不停地把災難傾倒在君主和臣民頭上，像巨龍一般吞噬自己；它首先對君主，然後對國家，最後對所有奴隸施虐；它在所有人的廢墟上建立一個人的廢墟，又在一個人的廢墟上建立所有人的廢墟。王座上一片慘白，人人心驚膽顫，專制君主時刻準備著殺人和被殺，他把人嚇成傻子之後，自己則因淫逸無度也變成傻子。這種狀況如果非常嚇人，爲什麼有人偏偏要閉著眼睛去爭取這種狀態，爲什麼要費盡心機擺脫最幸福的處境，讓自己變得可憐而悲慘呢？」

• 二七五（一七三四）。——征戰如果不甚激烈，國家尚可變成君主政體，因爲征服者需要設法用堡壘來維護征服的成果。

正如前面所說，堡壘屬於君主政體，因爲堡壘與軍事政府背道而馳。此外，堡壘還意味著對權貴們的信任，因爲，堡壘爲權貴們提供了儲存實力的巨大空間。堡壘還意味著對人民的信任，因爲，君主的擔心減少了。

我所說的堡壘，不是會使控制著一座城市的小暴君變得更加殘忍的堡壘。他本人就是他屬下的總督。小城市的君主和龐大帝國的君主一樣，兼專制總督和軍事總督於一身。

哥特人的國王維蒂札拆毀了西班牙的所有堡壘。汪達爾人的國王吉裡邁爾摧毀了非洲的所有堡壘。這兩個國家於是一夜之間就被征服。他們沒有削弱被征服民族的力量，卻削弱了帝國的力量。

我認爲，哥特人和汪達爾人之所以會出此下策，那是因爲他們來自一個不知道堡壘爲何物的地方，他們把在征戰中見到的堡壘視爲抵抗他們征服的設施，而不是他們可以用來抗擊外敵的手段。

• 二七六（一九〇二）。——征服。征服必然消耗征服者的能量。在我看來，征服者就像是後宮裡的一個精力旺盛的年輕人，每天都拋棄舊歡，征服新歡，直到有一天，所有女子對他都毫無用處。

• 二七七（一七三一）。——有人稱頌亞歷山大在征服印度時所體現的過人才華，我倒更願意稱頌他的作爲。他把印度與波斯和希臘拴在一起；他追蹤謀殺大流士的凶手直到大夏乃至印度；他從征服印度北面的國家入手，後來又返回印度；他沿著江河順流而下，不在途中停留；他想到了把他征服的此地與彼地連成一片。

盡人皆知，依據先後幾位托勒密的計畫，亞歷山大促使巴比倫和波斯腹地發展貿易的計畫是在紅海上執行的。

・二七八（一七〇八）。——羅馬人。考察一下頭戴草編王冠時的羅馬人和頭戴黃金王冠時的羅馬人，我們就會發現，最有激勵作用的獎賞，恰恰是那些最不值錢的東西[114]，這就是全部歷史所積累的經驗。

・二七九（一七四〇）。——羅馬人的佳作。倘若有人對於大規模的征戰是否會帶來巨大的災難抱有懷疑，讀一讀羅馬人的歷史就明白了。

羅馬人把世界從最興盛的狀態中拖出來，他們摧毀了種種最偉大的成就之後，組建了一個無法支撐自己的國家；他們撲滅了普世的自由，接著又荼毒他們自己的自由；他們既是篡奪者，又是被掠奪者，既是暴君，又是奴隸，總之，他們削弱了全世界。

・二八〇（一七九〇）。——斯特拉波說，克里特人的體制大部分已經不復存在。絕大部分事務則如同其他行省一樣，按照羅馬法管理[115]。

羅馬人爲了確立他們自己的體制，幾乎摧毀了全球所有民族的體制。我對此非常不以爲然。

・二八一（一七二九）。——軍隊。被征服民族被軍隊鎮壓下去後，恐怖不再來自征服民族，而是來自軍隊。下面是爲保持軍隊的忠誠而可以採用的幾種手段：

將軍隊化整爲零，分成若干部分，借用塔西佗的話說，分散後的軍隊既不能相互提供實力支援，也不會彼此傳染流弊[116]。

經驗表明，無所事事的士兵容易鬧事。塔西佗說：「布列塔尼軍團因頻繁出征而對他們的敵人恨得咬牙切齒，但並不恨他們的長官[117]。」軍隊如果在征戰中發了財，就會形同一盤散沙，或者不再服從命令。當兵是一種吃苦的職業，與奢華和財富水火不容。亞歷山大遠征印度前夕，下令焚毀士兵的所有行李。納迪爾沙[118]也是印度的征服者，他卻命令下屬帶著所有黃金去征服印度。這種做法相當大膽。

羅馬皇帝爲維持士兵的忠誠，扣留他們的部分軍餉作爲押金[119]，士兵被遣散時方才將這筆押金返還給他們。我不覺得這種做法有多大效果。他們心裡明白，只要鬧事反叛，他們就能成爲這筆錢的主人。不給軍隊發餉非常危險。士兵們先是舉行兵變，然後找理由爲兵變開脫，這就更糟，誰也不敢懲罰他們。

如果各不相同的法律、習俗和風尚並不妨礙心懷不滿的士兵跳槽，從一支部隊轉往另一支部隊，那樣的話，兵變就會少得多。士兵如果不能自行離隊，心懷不滿的人就只得留在隊伍中，不是把仇恨埋在心底，就是讓仇恨爆發出來[120]。

- 二八二（一七三七）。——我在《居魯士的教育》[121]中讀到，居魯士將來自特洛伊的戰車棄而不用，因爲，一個駕車的戰士需要配備……個人和……匹馬。我讀到這裡時就思緒聯翩，如果當初沒有使用這種戰車，就不會有荷馬的史詩。荷馬史詩記述的全都是這些英雄在戰車上的壯舉和言談。他們的英雄行爲使他們有別於軍隊中的芸芸眾生。對於一部優秀的史詩來說，重要的是主要人物是否優秀，盔甲是否優良其實是無關緊要的。

與此同理，對騎士制度也應作如是論。

- 二八三（一八〇九）。——韋伊[122]戰役的戰利品全都交給了財務官，這就引起了士兵的普遍不滿，對於福里烏斯[123]的品德，他們既欽佩得五體投地，卻也怨恨得咬牙切齒[124]。

這是因爲，在韋伊被圍期間開始向士兵發放一種軍餉。

爲了激勵多生育子女的願望，分給每個自由民七阿龐[125]的韋伊土地[126]。

• 二八四（一七〇三）。——羅馬人。羅馬帝國時期發生了變化，官員被分成文官和武將兩類，此事引起了我的思考。對於共和政體來說，將官職分成文武兩類是危險的；應該讓武將附屬於文官，應該讓人感到自己是公民而不是士兵，是官員而不是軍官，是執政官和元老院議員而不是將軍。不過，這些身分在君主政體下應該分開，讓軍隊成爲一個單獨的機構，這對於君主和臣民都是必需的，因爲臣民需要文官，而君主則需要把防務交給武將負責。

• 二八五（一九〇六）。——政治自由。迪波教士在《法蘭西君主國在高盧的建立》第一卷第四章（第一版第五十九頁）中寫道，他不知道在君士坦丁之前，任何一個皇帝都不曾把官職區分爲文職和武職兩類，他甚至懷疑，是否曾有一個國王這樣做過。

很顯然，他不曾讀過色諾芬著作中蘇格拉底關於波斯王國的論述。蘇格拉底談到了波斯的各個省分由兩類官員治理的情況，並指出了不這樣做所帶來的麻煩。

他肯定也不曾讀過狄奧多羅斯關於埃及王國的論述，埃及的祭司擔任文職官員，民團則是一個單獨的機構。

迪波教士接著寫道，義大利東哥特人王國的國王希歐多爾里克，也採用這種兩類官職分離制；在此之前，卡希歐多爾魯斯在他的著作《雜纂》第八題第三號中，已經談及此事。迪波教士還說，從普洛科比烏斯的著作的某些段落中獲知，東哥特人的王國依然實行這種制度。不過他說，克洛維斯及其繼承者們在高盧廢除了這種做法。

他還說，他在自己的那部著作的續篇中將會談到，在克洛維斯等君主在位時間，公爵和其他軍事官員們參與純屬民事的各種事務，其中主要是財政；墨洛溫王朝的諸王根本不知道這種把同一地區的最高權力分成兩類的做法，所以，他們因循本民族的固有做法是很自然的事。

這就是說，他不知道塔西佗在《日耳曼尼亞志》中關於不同職能的說法。塔西佗指出，日耳曼國王擁有民事權，公爵擁有軍事權。這也正是法蘭西王國初期的關鍵之所在。在墨洛溫王朝和加洛林王朝，法官和財政官員由貴族和僧侶擔任，第三等級什麼也不是；公爵、伯爵等掌管司法。不過應當看到，當時的歐洲實行貴族政治。

迪波教士認爲，兩種權力的分離始於路易十二在位期間。但是，把兩種權力開始分離的時間說成是貴族由於無知而將大部分民事權力交給第三等級的時候，豈不更好嗎？他說，權力分離始於路易十二及其繼承者，他們頒布了多道敕令，禁止在某個地區握有軍權的人插手司法事務。迪波教士所說的這一切毫無根據，其實自從君士坦丁實行改制之後，羅馬帝國只有兩個等級，一個是長袍等級，另一個是佩劍等級，兩者相互排斥，穿袍者不得佩劍，佩劍者不得穿袍。阿維圖斯[127]皇帝起初只是個禁軍頭領，後來掌控了整個民團，接著就如西多尼烏斯所說，把法庭搬進了兵營。從前的區分存在於官職，如今的區分存在於等級。

- 二八六（一八五二）。——元老院法令。元老院變成一種法院之後，就幾乎擁有制定民事法律的權力，所以，元老院法令數量極多。
- 二八七（一七四九）。——我之所以這樣說，是因爲我非常明白，一旦涉及管人的事務，誰都會感到十分棘手。

我與官吏對話，就像兩個有教養的人對話一樣。倘若不得不置法律於不顧，那就至少應該設法儘早回歸法律。倘若不得不做那些因其性質而不可能好的事情，那就至少應該盡可能做得好些。

• 二八八（一七一二）。——獨裁官。在他面前，法律噤聲，君主低頭。幸好他只是短時間被選用，他的權力僅限於他被選用的那個專案，否則他就成了暴君。

獨裁官。——重症需用猛藥治。獨裁官是天上下凡前來紓解困境的神仙。

• 二八九（一八〇九）。——殺死暴君者有權要求獲得他想要的獎賞，但奧林匹克大獎除外[128]。整個希臘民族頒發的這種獎賞非常好，由整個民族負責向城市的復仇者頒獎非常好。

• 二九〇（一八一九）。——大逆罪。司法官保盧斯說，「任何人拒收鐫有元首肖像且非僞造的錢幣，均應受到柯里尼法的懲處」。正如阿米亞努斯－馬西利納斯[129]所說，這是因爲，新當選的君主即位後，立即就要以他的名義鑄造貨幣。

君士坦丁法規定，拒絕使用他的貨幣者處以火刑，或許因爲在他看來，此罪與大逆罪有某種相似之處。

• 二九一（一八四二）。——一個被俘的法國軍官說，總有一天他要用威尼斯人的血來洗他的手。就因爲這句話，威尼斯人不但把他絞死，還用刀割他的腳，血洗刑場。絞刑固然殘忍，這種做法卻更加殘忍。

這種狂妄而不謹愼的話可以被指控爲針對君主的大逆罪，但不能被視爲針對一個民族的大逆罪，因爲，一個人不可能滅絕一個民族。何況，這句話所表達的意思無非是：既然已經與威尼斯人開戰，那就應該把仗打到底，對於法國人來說，這是天經地義的事。

• 二九二（一八〇六）。——魔法不再被人相信之後就變成了巫術，而在我們這裡，巫術是人民的一種神奇之術。是因爲有人指控，巫術以及其他所有類似的行爲才成爲罪行。人民因此而獲罪則全是官員的行爲所致。他們說：「魔法肯定還存在，否則，立法者不會以我所信任的智慧制定懲罰魔法的法律。魔法行爲肯定已經發生了，否則法官不會在判決中做出這種決定，而他們對判決的關注，恰恰是人的本性所能給予的最大關注。」

• 二九三（一八〇六）。——上訴有利於自由。初審刑事法官和初審民事法官擔心自己的判決被改判，這是好事。

• 二九四（一八五一）。——異議。在羅馬元老院裡，肆無忌憚地進行干預或表示異議，並非不受懲罰：「當它實際上並非針對公共事務時，他們就強制回避該項事務，或是在某日接受處罰。」凱撒在《內戰記》中寫道：「對保民官做出了最嚴厲的裁決。」波蘭法律的弊端之一就是不懲罰肆無忌憚的異議者。

• 二九五（一九一〇）。——貢品。貢品越豐盛，正直的人越要逃避徵收貢品的責任；貢品越豐盛，正直的人在貢品上做手腳的顧慮越少。

你說，那些得了好處的臣民將會更加起勁地工作。是這樣。你這是捨近求遠[130]。以爲增加貢品就能增強實力，這無異於一位中國人所說的（參見杜赫德《中華帝國全志》第二卷第五〇三頁關於告密者的記述），以爲把一張獸皮使勁撐就能撐大，結果卻是把它撐破。

• 二九六（一九〇一）。——捐官者。一些實際上成了冗員的捐官者聲稱，法國儘管新近兼併了多個省分，如今的稅收與弗朗索瓦一世在位時相比卻並無增加[131]。此說如果當眞，那就表明存在著大量奴隸。但是，他們這樣說並非爲了證實此事，而是爲了製造這種說法。可憐的作家啊，國王因老天爺發怒而能做的事，最可悲的也無非就是這樣。

• 二九七（一七九三）。——德意志人民是好人民。馬基維利告訴我們，在他生活的年代，每當各個城市徵稅時，每人都把自己的收入中應納稅的部分投進一個口袋。官員信任人民，人民從未辜負這種信任，上述那種做法繼續存在就是一個明證。我還聽說，這種做法如今還能在但澤見到[132]。

• 二九八（一八四六）。——筆記《地理》第二冊。有人說，省督更換爲總督後，一些省分變窮了。這些省督與我們的省督一樣，只想著發財，根本不把人民的疾苦放在心上。他們把自己掌管的省分當作自己的產業來經營，結果是人口銳減。總督無所畏懼。他們的官位是靠送禮和加緊搜刮得來的，他們要兌現先前的承諾，要供養他們的老闆[133]。這些總督與我們的總督非常相像。

• 二九九（一八四八）。——筆記《地理》第一冊。有人把西印度西班牙政府的種種弊病歸咎於總督更換太勤，通常每隔三年、五年或七年更換一次[134]。不過，總督的任期若是再長些，那就非常危險。因此，有必要制定一些巧妙的法律，防止因更換總督而帶來的弊病。

• 三〇〇（一八七八）。——用於第十三章第十八節：「包稅人能給予國家的支援。」在君主政體下，普通人因其財富、行爲以及地位帶來的偏見等多種原因享有信用，君主如同普通人一樣也享有信用。君主如果沒有不配享有公共信用的行爲，那他就享有公共信用，只要他意識到這一點，並且不指望包稅人會給予他信用就行。

與一個或幾個普通人相比，國家擁有的財富巨大無比，所以，當普通人和君主的信用彼此相關時，普通人的信用就顯得微不足道。君主如果享有信用，他應該讓普通人分享，他如果不享有信用，就會使享有信用的普通人失去信用。

包稅人不可能爲君主獲取信用，除非讓君主從事不正當的交易。唯有包稅人取自君主金庫的金錢才有享有信用，普通人如果保存這些金錢，這些金錢也同樣享有信用。

我見到過一些大領主，他們往往需要一個僕役的信用，其實他只不過儲存了五十埃居而已。君主若是把包稅人視爲自己的財源，那麼，他就會像那些大領主一樣。

•三〇一（一八七七）。——用於第十三章第二十一節：「危險的做法。」君主若是從包稅人那裡撈得好處，並允許他們從臣民身上把好處撈回來，那就等於在每個包稅人的門口安放了一個敵人，這個敵人以眼淚爲自己打氣，似乎越窮膽子越大。

阿米亞努斯・馬西利納斯在《羅馬史》第三十一卷第三章中寫道，禁軍頭領答應補足高盧的人頭稅後，尤利安就說，他寧可丟掉性命也不能容忍這種做法。因爲他明白，這種供應給外省造成的困難是無法補救的（伊利里亞就因這些困難而毀於一旦）；當供應清單遞到他面前時，他拿過來就扔在地上。記述此事的阿米亞努斯・馬西利納斯在《羅馬史》第十六卷第五章中寫道，這位君主進入高盧時，每人繳納二五埃居人頭稅，當他撤出高盧後，各種稅賦加在一起只需繳納七埃居。凡是熟悉當時羅馬財政狀況的人都清楚，錢是萬萬丟不得的。其實減少的不是稅金，而是徵稅的費用；這兩個規定中的前一個爲後一個的良好效果作了鋪墊。

•三〇二（一八八二）。——關於氣候的各章。看一看亞歷山大抵達印度時，印度的各個共和國處於什麼狀況。讀一下狄奧多羅斯在《世界文庫》第二卷第二九六頁中記述的印度法律，這些法律與今天我們所知道的印度狀況有許多聯繫，諸如種姓的區別、社會地位的不同、奴隸制度的溫和、君主的土地所有權等等。還可以讀一下該書第二卷第三十九章第二四六頁。作者說那裡從來沒有饑饉，其實情況已經發生變化。因此，書中並未提及大米。這就讓我們看得很清楚，我發表了認爲印度政體並非相當溫和的見解後，《教會新聞》對我進行的反駁是一種十分不明智的書刊檢查。

•三〇三（一七九六）。——某些氣候條件下的法律特點。在不同時期中統治埃及的兩位衣索比亞國王廢除了死刑。他們大概也在自己的國家裡作了同樣的規定。這兩位君主以各種人道和正義的措施治國。在如今能夠讀到的有關衣索比亞的記述中可以看到，與當時其他任何一個非洲國家相比，衣索比亞的政體更溫和，治理更得當。

• 三〇四（一七三〇）。——氣候。中國人和莫臥兒人的征戰活動[135]。所有區別就在於，韃靼人建立莫臥兒帝國是在接受了伊斯蘭教之後，而日本被征服則是在此之前。

對此需要做一些解釋。

這兩個帝國是在韃靼人入侵之後建立的[136]。征服者成為土地的主人，君主或將軍把土地作為一種采地進行賞賜。這些土地的不可繼承性似乎合情合理，因為土地是分給軍隊的，而官兵都由君主選定，所以，職位既然不是世襲的，對於職位的獎賞當然更不應該是世襲的。這是所有征服軍的想法，也是我們法蘭克人以及征服了羅馬的所有哥特人的想法。但是過了不久就有人覺得，非世襲的土地所有權不牢靠，不久之後就會被荒廢。自由精神催生了財產精神，我們的采地於是就變成世襲的財產。這種做法在亞洲行不通，因為亞洲缺少自由精神。采地只能具有終身性質，甚至依然可以由朝令夕改的君主隨時賜予或剝奪。這種朝不保夕的精神摧毀了印度斯坦的村莊、農民和土地，把印度斯坦變成了世界最大的荒漠。

倘若不是氣候與宗教不同，同樣的事情也早已發生在日本[137]。

• 三〇五（一九一六）。——在關於埃及的一節中，我放進了下面這幾句話：

「奴隸為保命而擁有法律。他們的法律規定，殺死奴隸的人，哪怕是奴隸的主人，也要被處死。他們不是公民，但他們是人[138]。」

• 三〇六（一八三三）。——針對奴隸的羅馬元老院蘇拉法令。羅馬大多數奴隸的忠誠、品德和勇敢的行爲，來自極端嚴厲的法律。我們看到，奴隸應主人的要求殺死主人，然後自殺。即使他們不自殺，法律也會把他們處死[139]。

・三〇七（一七八二）。——被釋奴。大批過去並不窮的人如今成了窮人。這是基督教造成的巨大變革。

・三〇八（一九〇九）。——婦女與宦官。我們注意到，在中國，君主沉湎於婦人的害處較小，離不開宦官的害處較大[140]。皇帝一旦把自己交給宦官，宦官立即以皇帝的主子自居。政體的弊病和苛政逼得人民揭竿而起。皇帝縱然想要補救也爲時已晚，因爲聖旨已經無法傳出皇宮。於是內戰爆發，反對宦官的一方如果取得勝利，混在宦官之中的皇帝隨著宦官一起完蛋。

可是，皇帝如果被婦人控制，後果就不那麼嚴重。婦人們的利益各不相同，宦官挑唆她們互不信任，使她們無法團結一心，反而會互相殘殺。婦人的打算不周密，她們的謀劃不那麼深遠，但比宦官更加膽大。總之，君主因品德缺失而造成的禍害大於君主因謀略缺失而造成的禍害，這種情況相當少見[141]。

在杜赫德的《中華帝國全志》中，明朝文人唐敬川（音，Tang King Tchuen）的一篇文章對此有很好的見解：

「君主若是依仗宦官，就會把宮廷中品德高尚、才華出眾和積極肯幹的人視爲外人，這些人於是便抽身而退。君主會睜開眼睛尋找宮廷外面的官員給予支持嗎？這些官員也不知道怎麼辦，因爲君主已經成了人質。宮外官員的舉動如果不成功，就會有一個野心家設法把皇帝與宦官攬成一團，煽動人民把這些傢伙一網打盡。」

沉湎於女色的害處較小，因爲，只要君主認識到自己的這個毛病，便不難改正。可是，如果因過分信任而把自己託付給宦官，他就無法回頭，只有死路一條了。

從桓帝、靈帝[142]到獻帝，宦官爲所欲爲地主宰著中華帝國，攪得天怒人怨。

• 三〇九（一七八九）。——第一個羅馬休妻者的理由是妻子不能生育，第二個休妻者的理由是妻子沒帶遮臉的頭巾或是帶了遮臉的頭巾（我不清楚究竟是帶還是沒帶），第三位休妻者的理由是妻子參加了葬禮活動。

你們瞧，從這三起休妻事件中看到的習俗何等純眞[143]。

• 三一〇（一七八八）。——氣候。在君士坦丁．波菲洛戈尼圖斯搜集整理的大馬士格的尼古拉著作片段中讀到，很久以前東方就有這種習慣，僅憑小小一點懷疑，就把外省總督送上斷頭臺。他們的政體要求這種嚴厲的做法，氣候則毀滅了這種政體。

• 三一一（一八一六）。——首都的規模。一個大而無當的城市在共和政體下是有害的，那裡的風氣始終是腐敗的。倘若讓一百萬人聚集到一處，那就只能設法讓他們有飯吃，不被謀殺，除此以外，再也沒有精力進行其他管理了。應該讓人到有工作可做的地方去，別讓他們到驕奢成風的地方去。

專制國家的首都必然日益龐大。專制主義對外省不斷施壓，加重它們的負擔，迫使人群湧向首都，從某種意義上說，首都是逃避總督苛政的唯一避難所。君主是一顆很特別的星，它爲身邊帶來溫暖，卻把遠處燒成一堆灰。不幸的是，大量人群集中到首都來，結果卻統統死於戰亂、疾病和饑荒。

在這種狀況下，所有原則及其所有後果無一不是毀滅性的。

外省的人群被吸引到首都來，首都卻垮掉了，這種情景最爲可悲。君士坦丁堡就是這樣[144]。傳染病得不到防治，許多人染病而死。大量移民過來也無濟於事，這個城市大不起來。

在君主政體下，首都的人口增長有兩種方式：其一是外省的財富把居民吸引到首都來（某些靠海的國家就是如此），其二是外省因貧窮而將居民驅趕到首都來（在這種情況下，如果不盯緊外省，一切同樣都將毀掉[145]）。

君主政體國家擁有種種法規，因而不會爲首都所累。恰恰相反，首都還能爲國家增光添彩。爲恢復平衡而讓居民返回外省，君主可以採取許多措施，其中無須深思熟慮就能想到的措施就有這些：一邊減輕外省的商品稅，一邊加重首都的商品稅；讓訟案在外省法庭結案，不讓這些訟案沒完沒了地上訴到首都的法庭或國王的御前會議來；讓在外省有職業和有頭銜的人統統返回自己的崗位，不管他們屬於哪一類人。君主還應想到，隨著離開外省的人數增多，會有更多的人想要離開，因爲留在外省的人會越來越不開心。

那不勒斯城裡有五萬人什麼也不做。這些窮漢把外省搞窮了，因爲他們不在外省；這些窮漢把首都搞窮了，因爲他們在首都。

一些表面上相當繁榮的國家其實很虛弱，原因就是人口分布不適當。一方面，城市裡擠滿了毫無用處的人，另一方面，農村卻找不到不可或缺的人。這就是繁榮本身所造成的惡果！

• 三一二（一七四二）。——未能用於「土地性質」一節的文字：

「在歐洲和亞洲，有一些爲大自然所迫而成爲野蠻的民族，例如拉普蘭人和西伯利亞人。他們居住的地區實在太寒冷，連樹木也難以生長。這些野蠻民族並不居住在森林裡，而是分散在地球上最貧瘠的土地上，沒有遮攔也沒有防禦。這是一些很小的部族，他們本來應該是自由的，可是現在他們受制於毗鄰的民族，這些毗鄰民族的君主不是用軍隊，而是通過強迫他們納貢把他們制服了。」

• 三一三（一七四三）。——阿米亞努斯．馬西利納斯認爲，食人族居住在離莫斯科公國不遠的地方，他說，附近地區的居民出於對食人族的恐懼和厭惡，紛紛避而遠之，因此，荒漠從這個地區一直延伸到塞里斯[146]。這很可能就是大韃靼地區人口稀少的原因，那裡的人口至今依然稀少。我覺得，以狩獵爲生的民族似乎更容易成爲食人族[147]。

・三一四（一七一六）。——土地的性質。有三種地區：小麥地區，窮；葡萄地區：人多且窮；畜牧地區：人不多且富。

注：氣候溫和地區的優勢來自那裡比較發達的畜牧業，那裡的大牲畜較多，而大牲畜就是財源，比小牲畜值錢。

・三一五（一八三九）。——土地所有權，萬物之母。中國之所以治理良好，而且不像其他亞洲國家那樣日漸消亡，那是因爲中國確立了土地所有權。土耳其、波斯、莫臥兒和日本都沒有做到這一點，至少沒有完全做到。中國之所以能夠做到這一點，原因在於若不確立土地所有權，百姓就會造反；而在其他那些國家，充其量只是難以察覺的緩慢消亡而已。

・三一六（一八四七）。——德意志農民的奴隸制表明，這是一場不種地民族的征服戰爭。

・三一七（一七二二）。——把這個想法加在二〇七頁。在下德意志、波西米亞……農民都是農奴，他們操另一種語言。

・三一八（一九〇三）。——普遍精神。養成普遍精神主要靠一個國家的首都，法國人的普遍精神就是巴黎養成的。倘若沒有巴黎，諾曼第、皮卡第、阿圖瓦就像德意志一樣，都具有德意志的普遍精神；倘若沒有巴黎，勃艮第、弗朗什孔泰就像瑞士一樣，具有瑞士的普遍精神；倘若沒有巴黎，吉耶納、貝阿恩、朗格多克就像西班牙一樣，具有西班牙的普遍精神。

・三一九（一九一一）。——立法者。來古格士做了他能做的一切，爲的是使他的公民更加尚武；柏拉圖和湯瑪斯・莫爾做了他們能做的一切，爲的是使他們的公民更加誠實；梭倫做了他所能做的一切，爲的是使他的公民更加平等；猶太立法者做了他們能做的一切，爲的是使他們的公民對宗教更加虔誠；迦太基立法者做了他們能做的一切，爲的是使他們的公民更加富有；羅馬立法者做了他們能做的一切，爲的是使他們的公民更加偉大崇高。

- 三二〇（一八二七）。——這些法律可能還有一個淵源，應該知道它在何處。如果不知道一項法律是爲哪個國家制定的，是在什麼情況下制定的，那如何去實施這項法律呢？大多數學習法律的人就像是沿著尼羅河往前走的人，隨著尼羅河一起溢出河床，卻不知道它的源頭在何處。
- 三二一（一七七五）。——中國人和日本人。——在習俗方面沒有多少相似之處；都很機智；風尙則大異其趣。中國人平和、謙遜、通情達理、虛情假意、慳吝貪婪；日本人是武夫，好惹是非、放蕩、疑心重、野心大、胸懷大志。日本人和中國人都信奉佛教，佛經很晚才經由朝鮮傳入日本。——肯普弗[148]。

日本人很可能是從韃靼過來的。

- 三二二（一七一七）。——習俗和風尙。君士坦丁・波菲洛戈尼圖斯下令把美女藏匿起來，不讓蠻族人見到。此舉足以改變一個民族的習俗和風尙。
- 三二三（一七二四）。——就像希臘人那樣，中國立法者也把音樂納入風化之中；不過，他們並沒有相互模仿。
- 三二四（一七八五）。——韃靼人在絲毫不改變中國原有政制的同時，強迫中國人改變服飾[149]。這樣做的目的是掩蓋人數的差異。
- 三二五（一七八七）。——在莫臥兒，每個人，父親的職業；女子不結婚，因爲，在另一個被她們視爲不高貴的職業群裡，她們找不到對象。不但如此，人們由於貧困而無法請老師，只能在家裡接受父親的教育[150]。

・三二六（一九〇七）。——習俗。聽說西班牙的法律規定，在加的斯走私的白銀要被沒收，這項法律對此是這樣解釋的：「沒收物品的三分之一將獎給爲人不齒的告發者。」法律中的這句話是對公眾的正直善良最有力的證明。看來，法律對自己感到難堪，爲不得不懲罰敗壞習俗的行爲而感到憤怒。放逐法推翻了瓦雷烈法、森普洛尼烏斯法和鮑爾希安法的規定，突然之間剝奪了羅馬人民的安全權利，羅馬人民爲了捍衛這種權利，曾經向官吏進行了持續不斷的鬥爭，所以說，放逐法對於習俗是致命的摧殘。放逐法放手讓殘暴之徒恣意施虐，懸賞獎勵把被放逐者的頭顱送來或是前來告發被放逐者藏身之處的人。

・三二七（一九二一）。——習俗敗壞。習俗敗壞之時，善良的人們便在驚愕中過活。不妨這樣說，他們在世界上從此便成了舉目無親的孤獨者，一切人際關係都讓他們惱火，因爲他們既找不到一個可以保護他們的人，也找不到一個他們願意保護的人，沒有可以與之交遊的朋友，沒有可以成爲妻子的婦人，也沒有可以視若子女的兒童。

・三二八（一七三二）。——最費腦筋的時刻便是用於讀書的時刻，因爲在讀書時，腦筋不是追隨自己的思路，而是往往不自覺地被他人的思想牽著鼻子走。可是，我們一生都在讀那些爲孩子而想像出來的書。即使在那些理應以其自然效果防止我們脆弱的事物中，我們也很脆弱，所以說，我們怎能不脆弱呢？

・三二九（一七三六）。——我上述的說法有一個證明，那就是：某些民族因建立了一種專門法庭而變得無知，這些民族在政治方面犯了最大的錯誤，而且不可能不犯。當被統治者淪於無知時，統治者應該時時刻刻汲取特殊啓示，以免同樣淪於無知。統治者是國家的主體，而不是卡裡古拉所自詡的擁有智慧的牧人，驅趕著沒有智慧的羊群。

在觀察本民族的大多數人時，我們看到，他們雖然知識不足，卻機智有餘；目光雖然短淺，但卻竭盡全力試圖超越，這就讓人由衷地充滿敬佩之情。

- 三三〇（一八六七）。——有這樣一些民族，大自然似乎為他們做了一切，而他們卻拒不接受。大自然把他們置於其他民族之上，而他們卻把自己置於其他民族之下。從來沒有見到過這許多有意志的人和這麼少有智慧的人。可是，心靈引領意志，意志反過來引領心靈，所以首先應該強化意志。
- 三三一（一九三六）。——古代的優越性何以被其他優越性抵消；尚武精神何以在軍隊中得以留存，而在政府中卻全然消失；尚武精神何以絲毫不曾窒息商業精神；聰明的大臣何以保住了君主政體的精神，並且避而不去觸犯它，甚至不讓它日趨衰微；這些大臣何以把君主政體的精神視為國家的神聖寶物、國家的力量之所在、國家的靈魂，有了它，一切都能擁有生命，沒了它，一切都可能歸於沉淪；在國家的治理方面，何以最多幾乎始終是最少，最少幾乎始終是最多；君主政體下的聰明人何以總是在看到能夠做的事之前就看到了應該做的事；君主政體下的繁榮日盛一日的原因是什麼，繁榮得以永久延續的原因是什麼……但我是……
- 三三二（一九二四）。——在外邦和遠方事務中，執行機構的大臣們可能只把自己想做的事公之於眾，而且帶有自己偏好的色彩。雅典不是這樣，雅典人民在一定程度上保有執行權，演說家們始終了解事情的原委；可是，情況並不因此而較好。此處的演說家是被騙的傻子，彼處的演說家是騙人的騙子。

這樣的人民不會因當前的弊病已經治癒而平靜下來，他們需要各種各樣的藥物，需要小心謹慎地去對付他們可能懼怕的人[151]。

- 三三三（一八九二）。——人在生氣時感到難以支持自己的身體，就像不得不把別人的身體抱起來那樣困難。

・三三四（一九〇四）。——禮規。不知道爲什麼我不曾談論禮規。禮規是用以摒棄蔑視自己的身分、義務和品德的行爲規範。無論是習俗不良的民族抑或是習俗優良的民族，他們的禮規同樣都是非常嚴格的。對於前者來說，嚴格的禮規用來制止邪惡，是無罪，對於後者來說，禮規用來防止有人對禮規產生懷疑，是無罪的證明。

禮規是唯一獲得許可的虛僞，是邪惡對美德的一種輕微的敬意。人不想讓別人對自己的好評高於實際，只希望別人對自己的惡評低於實際。禮規不會欺騙任何人，禮規所證實的與其說是每個人的良心，莫如說是普遍的良心。

拉羅什富柯[152]先生是一位近乎崇高的人物，他曾這樣感慨道：「某先生想要把他的帽子放在我太太的床上時，對我不吝諛詞，而當他想與我太太睡覺時，卻對我少有奉承。我不明白這是爲什麼。」大家對此確實頗爲不解。不過，一個民族不管如何放蕩不羈，禮規總還是有的，禮規的嚴厲有時甚至超出了遏制放蕩所要求的程度。

・三三五（一七七八）。——我想揚帆大洋，可是我不得不貼著海岸而行。

・三三六（一六九四）。——歸根結底一切都是交換（論商業的那一章）。想要對此有所感受，必須設想一個國家與另一個國家做生意。甲國輸出葡萄酒，輸入小麥。貨幣有什麼用？在各種各樣的不同交易中，貨幣是小麥和葡萄酒的公度。倘若這個國家輸出的葡萄酒少，而輸入的小麥多，那是因爲貨幣在其中起作用，使該國輸入的小麥與輸出葡萄酒等值，也就是說，使交易雙方準確地達到互不吃虧的節點，即甲國輸入的小麥已經相當於它所輸出的葡萄酒。甲國如果繼續輸入小麥，貨幣就不再具有這種功能。白銀此時不再是價值標誌物，而是貨物。總之，在始終以白銀作爲計算單位的交易中，白銀不應再被視爲價値標誌物，而是一種商品。結果便是：造成他國破產潦倒的那個國家，自己同樣也以潦倒告終；它損害了共同繁榮，同時也就損害了本國的繁榮。道理很清楚。一個潦倒的國家不能與其他國家進行交換，其他國家也不能與這個國家進行交易。之所以沒有很好地感受到這一點，原因在於沒有感受到直接貿易損失所帶來的弊病。所有國家都處於一根鏈條之中，同損共榮。我在這裡不是誇誇其談，我說的是這樣一條眞理：有天下的繁榮，就有我們國家的繁榮。正如馬爾庫斯・安東尼所說：「對蜂群無益的東西，對單只蜜蜂也肯定無益。」

- 三三七（一八〇〇）。——商業。對於一個從事手工藝的國家而言，其他國家也從事手工藝是件好事。原本沒有製造業的國家開始建立製造業，對於擁有製造業的國家並不構成嚴重的警告。沒有製造業的國家很少購進製造業產品，可是如果它們開始建立製造業，很快就會購進它們無力仿製的那些產品，那些產品很快就會成爲它們的需求。

  匈牙利人很窮，他們根本沒有製造業，一個匈牙利人一輩子隻買三四件衣服，這些衣服價格非常低廉，好像是專爲省錢而製作的。匈牙利人如果找到致富之道，或是有人把致富之道告訴他們，要不了多久，在匈牙利就能看到全世界的商品。

- 三三八（一七九九）。——商業。征戰能在各地建立相同的習俗，卻難以把優良的習俗帶到各地。大量被羅馬人征服的民族丟失了源於他們各自普遍精神的特徵，轉而採用羅馬人的習俗。這是羅馬人征服全世界所帶來的弊病之一。西班牙人征服美洲後，把這個地區的各民族都變成了西班牙人。由商業傳播到各地的習俗，不同於大規模征戰強制人們接受的習俗，兩者的區別很大。

- 三三九（一八八三）。——第二十章。關於商業。禁止某些商品。當一個國家基於某種特殊原因，需要禁止某些商品時，徵收重稅通常要比禁止好些，這樣做不至於引起敵意，招致報復的可能性也較小些，而國家基本上能照樣達到目的。國家依據具體情況提高或降低稅率，還可以方便地回到原點。何況，國家可以從稅收中得到收益。

如果認爲禁止出口某種商品比較合適，那就不一樣了。這種做法與一般人的看法相去甚遠，而且違背商業的自然目標，在總體上與國家的繁榮背道而馳。所以，除非在其中起決定作用的理由極端重要，而且完全禁止比徵收商品稅更有效，否則就不應採取這種做法。此事容不得模棱兩可，沒有折中餘地。

英國的法律就是這樣，羊毛、馬匹和未經閹割的公羊等等，都不許出口[153]……

• 三四〇（一八八四）。——商業。與其在別處經商，不如在荷蘭，這對法國來說是合情合理的。荷蘭與法國之間的一般性聯繫就是商業，它與英國的聯繫則具有特殊性，例如省督聯盟[154]、英國所擁有的國庫資金等。況且，能在某些情況下組建一支海軍，符合法國的利益。法國爲此所需的一切很快就能得到，因爲荷蘭是法國的總倉庫。荷蘭擁有足夠的白銀，運到荷蘭的任何商品很快就有買主。法國不用費力就能在荷蘭買到所需的一切，不必遠到挪威等地去尋找。此外，法國總是能在荷蘭宣戰前兩年開戰。

• 三四一（一八八五）。——在商業方面沒有人比巴黎人更傻。這些一夜之間暴富的生意人，覺得繼續發財毫無困難。他們甚至把他們致富的原因歸結爲自己的機靈。他們蠢蠢欲動，想借助沿海城市的商人做生意。這些商人向巴黎人提出龐大的計畫，自己投入極少，卻能賺取豐厚的傭金。他們的投入即使全部賠光，也依然能拿到六倍或七倍於此的傭金，且不說他們手中還握有大量資金。巴黎的那家保險公司（一七五〇年）連常識都不具備，依我看，這家公司肯定要失敗。

㈠ 一些海港的許多商人聯手經營保險業，他們都是內行，而且相互提攜。他們什麼都知道，投保的船隻是好是壞，船員能力如何，船長是否經驗豐富，是不是外行，是不是冒失鬼，裝卸工是否可疑，名聲是好是壞，會不會走私，航程是長還是短，季節是否合適；他們對所有這一切都瞭若指掌，因爲人人都四處打聽。巴黎人卻一無所知，爲獲取以上各種資訊，公司只得大量支付用於通信和其他聯絡的費用，但這樣一來，公司收取的保險費就分文不剩了。

㈡ 另外，準備三百萬資金是個蠢舉，根本不需要資金，金庫裡肯定有錢，因爲收取保險費在先，支付虧損和海損在後。

㈢ 有可能出現這種情況：有利可圖的保險業務在港口做，有風險的保險業務在巴黎做。商人通過自己的資訊系統得知，某樁生意有風險，於是找到消息不靈通的公司做這筆生意。保險公司雖然不在港口投放資金，但是，承保人協會可以以信用擔保，因爲它相信，所有的承保人不可能同時全都失信，它於是很放心，就像金庫裡有許多錢一樣。金庫裡的錢其實並不能讓人放心，因爲，誰能知道這個金庫究竟怎樣？

• 三四二（一八九四）。——商業。我聽說，英國人以低廉的價格經莫斯科公國從波斯腹地和戈姆盧姆[155]購得波斯絲綢。這些絲綢經由天使之路，從冰上用雪橇運送過來，比繞道好望角便宜得多，何況產絲的省分距波斯腹地較遠，絲綢的價格因而較高，而吉蘭省和馬贊達蘭省靠近裡海。所以，到波斯的路程大體上相當於到莫斯科公國的路程。

在最近英國與西班牙的戰爭中，絲綢禁止從西班牙輸出，有人於是想到從波斯購進絲綢也許更方便，英國人聲稱，如果對絲綢取消徵稅，絲綢加工商或許能以不高於本國生絲的價格買到絲綢；之所以如此，是因爲本國的生絲貨源不足，所以，生絲價格大體穩定在外國絲綢的價位上[156]。

• 三四三（一八八六）。——我聽說，在我們的一些美洲島嶼上，如今用馬和驢耕地多於從前。至少在海地是這樣，那裡的一些土地經得起深耕。驢比馬吃得少，做得多。黑人天生懶惰，黑人中的自由民什麼也不幹，大多數靠農奴養活，或是靠施捨過日子，否則就貧困潦倒。馬匹用來把食糖運送到港口去。

人們都希望戰爭結束之後日子能好一些。可是，和平的日子剛過了一年，商品價格就開始下跌，因爲人們既然可以自由經商，所以誰也不著急購物。

・三四四（一八〇一）。——商業。亞里斯多德曾說，哪裡有農夫，哪裡就有船夫[157]，此話如今不再正確。有了發達的商業，也就是發達的製造業，才能有航海業。像斯巴達人那樣從陸戰突然轉向海戰，如今已經不再可能了。

還有，古人說，凡是溺斃在海裡的人，他們的靈魂也死了，因爲水能把火淹滅。這種說法加重了人們對航海的厭惡。有人遇到海難時拔劍自刎[158]。

・三四五（一八〇三）。——商業。荷蘭的港口和波羅的海的大多數港口都是淺水港，船隻不得不駛入河流和淺灘，所以這些船隻都是平底……寬底；英國和法國都有良港，所以那裡建造的都是尖底船，吃水較深，與荷蘭船和俄國船相比，大約是七〇比三〇。

・三四六（一八〇四）。——商業。與古代的商業相比，如今商業的一大優勢是快速的海上航行。我們改進了航海術，就像古人當年改進他們的航海術一樣。經過大量考察，我們對海上航路有了更多的了解。古人無法經由海路運輸容易腐敗和難以保存的商品。

・三四七（一七一三）。——沙皇彼得一世開鑿了一條運河，溝通了頓河和伏爾加河，從而把黑海和裡海聯結起來。不過，最好還是把各個民族聯結起來，而不是把荒漠與荒漠連成一片。

・三四八（一八八七）。——商業史。據我們所知，航海業當時僅限於地中海和黑海，大洋上無法航行，羅盤尚未把全世界連成一片。

君士坦丁堡或士麥那的商人歷時兩個月的海上航行，贏得全世界的一片讚歎，詩人們紛紛作詩讚頌。

所以，古代史有許多缺失，許多霸主和國王都已被人遺忘，這不值得驚奇。

那時的情況與現在不同，如今所有的民族都彼此相連，因而，從一個民族的歷史就能了解其他民族的歷史。

每個大民族幾乎總是把自己看作唯一的民族。中國人認爲，他們的帝國就是世界；羅馬人認爲自己是世界的君主；在征服者眼裡，人跡罕至的非洲大陸、美洲大陸就是整個地球。

哲學家總是給試圖有所發現的人潑冷水，他們說，五大洲中只有兩個洲可以居住，居住在其中一洲的人不可能到達另一洲。

然而，在旅行家面前，所有的障礙都紛紛退縮了。

走近酷熱地區時，往往會想到躲避火一樣的太陽；離極地越來越近時，就會想到躲避嚴寒。常常有這樣一種高山，一側是炎熱地區，另一側是嚴寒地區。

在人們以爲只有陸路的地區，大海提供了許多通道；在人們以爲只有大海的地區，卻發現了廣闊的大陸。

隕星是認識的源泉之一，有人以爲，有些星星只是爲了嚇人才出現在天空，其實這些星星的出現是爲了指引方向。

• 三四九（一七一四）。——幸虧有了亞歷山大的征戰，西方才得以了解東方；幸虧有了迦太基人和羅馬人的戰爭，才讓西方人對自己有所了解。漢尼拔翻過比利牛斯山和阿爾卑斯山並穿越高盧一事令人震驚，標誌著此次征戰是前無古人的壯舉。其實，高盧人早在漢尼拔之前就曾經翻越過阿爾卑斯山，可是，我們從此事中所看到的卻依然是當時交通的艱難，因爲，高盧人翻過阿爾卑斯山之後，就不再與山那邊的人往來。

荷馬在他的史詩中講述了奧德賽在航海中所經歷的種種艱險：瑟西、萊斯特魯貢、庫克羅普、希倫、赫里波狄斯、斯庫拉[159]等傳播到世界各地的神話人物，都是航海家編造的故事，他們經營著節儉性貿易，企圖用這些故事嚇唬其他民族，不讓他們追隨其榜樣也從事此類貿易。

• 三五〇（一七四五）。——有一件事很奇怪。從前有人曾繞非洲航行，可是，此次航行被人忘得一乾二淨，以致於在生活在埃及的地理學家托勒密[160]時代，人們對於大洋的了解極少，僅限於從紅海附近到普拉蘇姆海角這部分。到了亞里安時期，人們對於大洋的了解又退了一步[161]，以爲拉普圖姆就是大洋的邊緣[162]。希羅多德筆下的非洲僅僅由一個地峽與大陸相連[163]，即今天我們所說的蘇伊士地峽[164]。他知道，從埃及出發進入紅海，經過大洋和地中海可以回到埃及。希羅多德知道（我說），而生活在亞歷山大里亞的地理學家托勒密卻不知道。可以肯定的一點是：在希臘諸王時期，大家都認爲在某個時期之後，非洲大海就不再可以航行了。在眾多的作者中，優巴[165]是唯一提出懷疑的人，他認爲，可以從非洲東海岸航行到西海岸[166]。此外，我們還看到，埃及的希臘人只在印度航行，只經由陸路經營非洲貿易。

每當有人說古人知道某事時，應該弄清楚他指的是哪個古代民族。波斯人知道的，希臘人並不知道。希臘人某時曾經知道的事，後來卻一無所知。文字把一個民族的發現帶給大家，印刷術則把知識固定下來。古人以巨人的步伐前進，同樣以巨人的步伐後退。古人寫在沙上，我們寫在鉛上。

于埃先生[167]在他的《商業史》中提到的一些事，我覺得很難證實。他說，以土買人規定，任何人在紅海上航行時不得多於一條船[168]。他還說，從亞歷山大里亞出發的一支艦隊曾抵達紅海。此事恐怕不實。這條船確實從亞歷山大里亞出發，不過抵達的不是紅海，而是科普托斯[169]。他把亞里安作爲可信賴的作家加以引述，這位亞里安在《厄立特里亞海航行記》中說到了紅海，也說到了印度貿易，還說曾有一位航行家是大膽地離開海岸航行的第一人。

- 三五一（一七五九）。——澤蘭省[170]何以讓自己的船隻遍布大海，西班牙人在歐洲的欺詐何以讓荷蘭人背井離鄉去遠方尋找活路。結果是荷蘭人摧毀了西班牙人的商業。
- 三五二（一八八八）。——我見到過歐洲商人每年運往士麥那的商品貨單，我高興地看到，這些商人用四百包紙包食糖，只用三十包紙寫字。
- 三五三（一六九〇）。——公營銀行和商業公司。我能否如《那不勒斯世俗史》的作者賈諾納那樣，撰寫一部阿爾及爾王國世俗史？這部歷史將會很短，讀者不會感到厭煩。這部歷史將是平鋪直敘的，在這個朝代的統治時期，棒擊事件比另一個朝代多出了數萬，不同朝代的區別僅在於此。必須讓後代牢記的只有一件事實。

奧斯曼帝國派駐阿爾及爾的統治者穆罕默德．蓋里是個年輕人，他有一個基督徒奴隸，常常與他談論財產和某些歐洲國家的商業。此事讓他頗爲震驚，作爲一個大國的絕對主人，他居然身無分文，這令他十分惱怒。他的首席大臣曾聳聳肩膀對他說，與他的前任相比，他不算窮，也不可能更富，他一氣之下絞死了這位大臣。他又選任了一位首席大臣，這位新的首席大臣在國務會議上對他說：

「我的前任既不懂他自己的事務，也不懂您的事務；您讓我接替他的位置。我整整考慮了兩夜，想要制定一項能讓您的政績永載史冊的計畫。我覺得應該在阿爾及爾開設一家銀行，把全國所有的錢財都攬入國庫。最大的困難在於讓商人們把錢存入銀行。這些商人都是無賴，總怕別人欺侮他們；這些人都是不良臣民，爲了不讓您得到他們所擁有的東西而無所不用其極，在沒有見到您在大街上流浪之前，他們絕不會給您二十杜卡托[171]。什麼事情都有辦法對付。我會讓人在某個夜裡綁架他們，用鐵鍊將他們捆起來，每天打他們一百棍，直到他們說出錢藏在何處。我們交給他們一張有六位民團資格最老的官員簽字的紙條。我相信，我們給予歐洲銀行的是一個令人惱火的失敗，會讓它吃不消，因爲，組成歐洲銀行的商人們始終蔑視政府，而且就像土耳其的近衛軍士兵一樣既沒有勇氣，又蠻不講理。我們的人卻一個個十分機靈。這個計畫如果成功，我還有另一個計畫，肯定能讓阿爾及利亞民族更有光彩。那就是開設一家印度公司。您的夫人們將會滿身珠光寶氣，您家中將會黃金遍地。穆罕默德，萬能眞主的僕人，願他成爲您的助手。」

他坐下來，一位老臣站起來，把雙手放在胸前，彎下腰，低下頭，用低沉的聲音說道：

「老爺，您的大臣爲您制訂的計畫，我絕不贊同。民團若是知道您有錢，明天就會把您掐死。」

說完之後，老臣便坐下。穆罕默德・蓋里宣布散會。

・三五四（一七三九）。——人民政體下的公共信貸。掌權的人通常愛惜公款，因爲他們更愛惜自己的錢。他們較少激情，較少奇思怪想，所以需求較少。

在一人掌權的政體下，一次不慎重的行動，一個瞬間即逝的好處或者一個不當建議，就可能把公共信貸毀掉。

在人民政體下，有人因眼看共和國就要垮臺而絕望，於是就像船沉之前那樣，紛紛登上救生艇逃命；此時公共信貸就澈底毀掉了。

・三五五（一七三八）。——羅馬人最初把羊當作貨幣[172]。可是，穆斯林帝國創建後，法律破壞了當地的商業，宗教和國家體制使商業無法繼續存在。

穆罕默德的法律把借貸和高利貸混爲一談，在阿拉伯國家中，這是一項好法律，就像在這些國家中實施的猶太法一樣。阿拉伯人不大使用貨幣，他們的支付手段是牲畜，就像韃靼人一樣。

- 三五六（一七一九）。——從獎牌的鑄造可知，銀幣的衰落始於尤利安時期。銅幣的衰落則始於卡拉卡拉時期[173]。然而，狄奧在他的《美德與邪惡摘錄》第七十七章第三〇九頁中寫道，卡拉卡拉鑄造的貨幣是包了一層銀的鉛，鍍了一層金的銅。獎牌表明，包銀錢幣確有其事，鍍金銅幣是誤傳。
- 三五七（一七五〇）。——法國的法律規定，利息不得超過本金[174]。這是埃及立法者博科里斯針對契約制定的一項法律[175]，富有人情味。
- 三五八（一八〇八）。——大民族中的婦女不能共有。波斯國王卡瓦德制定婦女共有的法律[176]，引起全國人民的憤怒，結果他被趕下王座[177]。
- 三五九（一七六六）。——兄弟姐妹和父親兒子爲何對亂倫如此恐懼，不就因爲神話中的堤厄斯忒斯、伊底帕斯和馬卡雷烏斯[178]糟蹋了他們的姐妹，致使大家都感到噁心嗎[179]？柏拉圖排斥共和國的詩人顯然就是打自己的耳光。
- 三六〇（一七九一）。——普魯塔克在《狄翁傳》中寫道，迪奥尼修[180]同時娶了兩個妻子，一位是洛克里斯人，一位是敘拉古人。洛克里斯夫人爲他生了三個孩子，敘拉古夫人爲他生了二男二女四個孩子。敘拉古夫人的兒子娶自己的姐妹爲妻。由此可見，娶兩個妻子和兄弟姐妹通婚的不只是雅典人。
- 三六一（一八九五）。——十人團。佐納拉斯說：「十人團憑藉其權威將一些內容添加到這些記錄法律的表上，這些內容沒有獲得一致同意，卻引起很大爭議。」所以，平民與貴族禁止通婚，在作者看來，佐納拉斯在這方面相當無知，於是引用了塔西佗的一句話：「這是十二銅表法對於公平立法的終結。」

注：佐納拉斯也許握有證據，只是現已不存而已，何況，塔西佗的這段話與佐納拉斯所說的並不矛盾。

・三六二（一八四〇）。——塔西佗在《日耳曼尼亞志》第二十章中寫道：「姐妹的兒子受其舅舅的寵愛，與受其父親的寵愛是一樣的。」

這說明這個民族沒有腐化。早期羅馬人把堂表兄弟視為親兄弟，這是因為孩子們居住在同一屋簷下，而且可以結婚。由於腐化，利益日漸具有個人性質，致使家庭成員之間的情感日益淡化。

塔西佗接著寫道：「有人把這種關係看得更加神聖。但是，每個人都把自己的兒子立為繼承人或後繼者，而且不立遺囑。」

貧困而無奢華的地方親情更濃，親眷之間的關係更密切，君主政體下則不然，那裡的人只顧自己，只求自己生活安逸。

・三六三（一七九二）。——中國的基本原則是敬愛父親，法律鼓勵多生子女。所以，杜赫德神父在《中華帝國全志》第二卷第一一九頁中寫道：「父親若不能嫁女娶兒媳，就會臉面掃地。沒有子女的人有負其身為人子的責任。」可是，法律卻允許出賣或丟棄孩子，由於道德和法律管得過寬，所以不得不用這此類做法來加以修正。

・三六四（一九四二）。——上帝之所以賜予特殊恩惠，讓族長越來越多，是遊牧生活所引起的想法所致，我這樣說是不是太大膽了？地球向所有的人開放，孩子數量增多時，就給他們一部分牲畜，於是家庭人口隨之增多，但不至於讓家庭負擔過重。一個家庭就像一個小國家，人口增多使全家更加安全。出於對以色列人的愛護，上帝把他的賞賜放在一樣東西上面，而以色列人相信或是覺得，那個東西就是他們的幸福；我們能這樣說嗎？上帝肯定向我們展示了更爲宏大的意願和更加宏偉的安排。可是，即使在我們以人間的思維方式觀察事物的地方，是否也可以領悟到上帝的智慧呢？當年在以色列人看來，多子多孫是上帝特殊恩寵的標誌，如今則僅僅被視爲一般性的恩賜。在以色列人看來，上帝賜予特殊恩寵的對象，與他們的安全觀念息息相關。如今上帝不再將特殊恩寵賜予常常與我們的傲慢觀念息息相關的事物。

我覺得，這種特殊恩惠也應該賜予被選定與其他民族分隔的民族。這個民族一旦被選定，就應依靠自己的力量存續下去，有朝一日如果被分散到各地，就應該永遠提供重要的證據。

- 三六五（一八一七）。——物種繁衍。埃利亞諾斯[181]援引底比斯人的一項法律，「遺棄嬰兒或將之拋棄在荒野的公民，處以死刑。」一個人如果窮得養不活自己的孩子，他應該在孩子呱呱落地時就送交官府，官員則應找人撫養，撫養人將來就是孩子的主人。

蘇格蘭曾制定過這樣的法律。

- 三六六（一七四七）。——居民數量。法蘭西王國可以不費力氣地容納五千萬人[182]。

我們需要多少，土地就提供多少，永遠是這樣。我們應該依據靠近城市的那些地方的富庶程度做出判斷，對其他地區可以寄予多大希望。牲畜的數量隨著人對牲畜的照料程度而增加。

非洲的小麥不屬於非洲人，北歐人民的小麥也不屬於北歐人，他們的小麥屬於願意以手工業產品與他們換取小麥的人。

法國的工人越多，蠻人般的農夫也隨之越多。一個農夫將要養活十個工人。

大海中有取之不竭的魚，缺少的只是漁民、船隊和商人。

有朝一日森林被伐光，那就打開地球，那裡有大量燃料。

學者和旅行家的許多發現都毫無用處，因爲在目前條件下，一般工業已經可以滿足人們所需！學者們所發現的東西對我們無用，只有當地球上出現了偉大的民族時，這些東西才會變得有用。你們爲什麼派人到新大陸去爲取皮而殺牛？你們爲什麼讓大量可以用於灌溉的水白流入大海？你們爲什麼讓可以注入大海的水留在土地上？

牲畜各有自己的不同利害，若在一起就會相互傷害。人是唯一生來就應結群生活的物種，他們在共用中毫無損失。

生活在一個巨大的社會中，而不是生活在一個大國中，對我有說不盡的好處。

人口稀少的國家不見得比其他國家少挨餓，有時候饑餓給它們造成的惡果更大，因爲，一則它們不能借助商業迅捷地獲得外部支持，二則貧困妨礙他們享用這種支持。

• 三六七（一七四八）。——居民數量。羅慕洛斯和來古格士把一定數量的土地給予每個家長，據我的推測，大概是五阿龐[183]。

一古里如果相當於三千幾何步，一平方古里就等於九百萬平方幾何步。若以一幾何步爲五百尺，一拉特的長和寬各爲七尺，則共有六百四十二萬八千五百七十二平方拉特，若除以五百一十二，則每平方古里等於一萬兩千五百五十六阿龐，每戶分得五阿龐，則每平方古里土地可養活兩千五百一十一戶。若將加泰羅尼亞變成正方形，每邊長二十四古里（一古里等於三千幾何步），則共有五百七十六平方古里。依據羅馬人和希臘人的計畫，每戶擁有土地五阿龐，就可容納兩千五百一十一戶的九百七十六倍，即一百四十四萬六千三百三十六戶，也就是說，多於當時整個西班牙的戶數。

在這個數字之上，還可以加上以手工業爲生的人口；在一個治理良好的國家裡，這些人計入第三等級，或算作奴隸，或算作自由民。

荒廢的土地都屬於教會，教會因擁有土地所有權而使土地荒廢。由於教會擁有土地所有權，因而不准他人耕種，也只有不准他人耕種，才能表明教會擁有土地的所有權。

可是在這種情況下，有必要應用柏拉圖的規則，即任何人不得繼承另一家族的財產，一個農民倘若從另一家族獲得遺產，就應轉讓給最近的親屬。五阿龐土地足以養活主人一家，更多的土地將會讓主人忙不過來，使土地得不到必要的良好耕作。

羅馬法不如柏拉圖的法律聰明，羅馬法准許（或容忍）公民借用他人姓名獲得公民的遺產，以此逃避法律。可是。此項法律如果得到嚴格執行，不曾被人鑽空子，羅馬也就不至於淪於腐化[184]。

• 三六八（一八一二）。——居民數量。土地越是遭到蹂躪，帝國疆域就越大，正如我在別處說過的那樣，帝國越大，疆土越是荒蕪。

• 三六九（一七五二）。——被瓦林斯接納進入羅馬帝國的哥特人，蹂躪了沙拉斯、馬其頓和塞薩利等地，這是一個廣大的地區，眾多的犁曾在這裡翻耕土地，收穫之豐裕難以盡述。如今這個地區被糟蹋得不成樣子，只剩下幾個孤零零的堡壘，再也無法供人居住。

恰如作者所記，土耳其也是這樣。

• 三七〇（一八四二）。——終身士兵蹂躪了北歐、德意志和西班牙，致使那裡人口大量減少。

印度以其特殊的商貿使西班牙人口減少，荷蘭、英國和法國的人口增加。

• 三七一（一八一三）。——各民族之間的大規模交往傳播了而且每天正在傳播著毀滅性的疾病。

• 三七二（一七〇〇）。——我聽說過菲莉娜遊戲。在菲莉娜參加的一個盛宴上，賓客們玩這種遊戲。每個參加者輪流主持，讓大家按照他的要求做。菲莉娜發現在場的婦人們都濃妝豔抹，於是叫人端來一盤水，拿起一塊面巾洗臉。這些婦人一個個醜相畢露，滿臉皺紋。菲莉娜依然花容月貌，光彩照人。這就是宗教和迷信。

・三七三（一七二五）。——我們已經說過，政體原則腐敗之時，宗教原則也會隨之腐敗。宗教原則倘若是虔誠，那就是蒼天所做的最大好事，宗教原則若是迷信，那就是大地所做的最大壞事。

・三七四（一八四四）。——宗教。屬於農夫種姓的人扎耳朵或結婚時，如果不打算向神明供獻兩節黃金手指，就應該砍下自己的兩節手指敬獻給偶像[185]。很奇怪，偏偏讓最需要手指的人砍掉手指，或許因爲源於這麼一種想法：把最珍貴的東西獻給神明才顯得虔誠。

・三七五（一七七九）。——無論何種宗教的法律都因其性質而不容改變，所以，聰明的立法者不應推翻宗教法律，而是設法避開宗教法律。

・三七六（一八三四）。——巴貝拉克[186]先生在他所輯錄的《古人論述》第三五條（關於耶穌誕生前八四八年前後[187]）中寫道：

「來自希臘的洛克里斯人和來自義大利的西西里人的條約。洛克里斯人來到了西西里人占有的位於義大利一角的奇里乞亞海岬。他們與西西里人盟誓，只要他們在這塊土地上，只要他們的腦袋依然長在肩膀上，他們就共同享用這塊土地。洛克里斯人把一抔黃土放進鞋子裡，把蒜頭放進衣服底下的肩頭上。」

我們從中看到，那時候採用這種方法逃避立誓的事件不計其數，無知產生迷信，迷信在令人過度敬畏神明的同時，卻也讓人戲耍神明。

迷信是表面文章之母、宗教心靈之敵。

在一個類似的無知時代，克洛維斯的兒子們（我相信）想要背棄在聖人遺骸盒前立下的誓言，便偷偷地把聖人的遺骸從盒子中取走[188]。

・三七七（一八四三）。在一些沒有祭壇的神廟裡，就連小偷也不敢抓。抱頭鼠竄的敵人如果逃進一座神廟，或是抱住一座神像，他們就保住了性命。可是，那些迷信的人，……對於戰敗者免遭殺戮而言，設置此類避難所相當合理。

・三七八（一六九九）。——我們可以把上帝看成一位統治著許多民族的君主，所有民族都向他進貢，每個民族都有自己的語言。

・三七九（一七七七）。——我承認，當我這樣談論君士坦丁時，我確實有些擔心，怕被人列為奧羅西烏斯[189]所反對的那些人之一，那些人指控基督教丟失了羅馬帝國；我還怕有人指責我僅僅以我們的死敵索西穆斯為例。可是我覺得，君士坦丁的行動並未引起爭議，索西穆斯和君士坦丁的頌揚者雖然從不同的角度觀察事物，但看法卻相當一致。神父們說，君士坦丁非常熱愛基督教，這正是索西穆斯指控君士坦丁放棄異教時所說的話。神父們說君士坦丁非常尊重主教，這與索西穆斯說他的身邊始終圍著一群主教異曲同工。真相被讚頌和譏諷掩蓋了，應該還它以本來面目。

如同奧古斯都曾經有過一個計畫那樣，君士坦丁也制訂了一個新計畫。

・三八〇（一七一二）。——下面這些文字未能寫入「宗教」：

「尤利安費力不討好。縷縷光明已經在世界顯現。哲學已經確立，當初他若推翻了基督教，就能建立第三宗教，而不是重新確立異教。」

・三八一（一七八三）。——希臘的教會分立。教皇們已經投向西羅馬帝國的君主一邊，教皇和君主由此各得其所。這就造成了希臘的教會分立，希臘人則因教皇不是自己人而把教皇視為危險勢力。這樣一來，分屬兩個教會的國家就彼此仇恨。

查理曼把教皇當作抵禦希臘的屏障。

• 三八二（一七八四）。——福凱斯[190]與僧侶們相處不好，於是確立了教皇至高無上的地位。教皇以其權威對抗主教的專橫跋扈，讓人鬆了一口氣。由於據稱的侵入和眞實的侵入，教會的分立不斷發生。

• 三八三（一七五一）。——教會得到的財富導致不時顯現的光明終於熄滅，這一點無須懷疑。一個團體如果擁有過多的財富，必然會變得無知，因爲它會想方設法掩蓋自己徒有虛名的事實。

• 三八四（一八一二）。——宗教。——僧侶和神職人員被許可[191]以某種方式與女人姘居[192]。氣候的力量。大自然消除桎梏……

• 三八五（一七六五）。——查士丁尼。猶太人的逾越節如果與基督教的復活節落在同一天，猶太人就不許在法律規定的日子裡過節[193]。認爲自己的宗教比別人的宗教高出一頭的思想，源自人間的觀念，徒然引起他人的極度反感。

• 三八六（一八七五）。——法蘭西應該支持天主教，天主教對於其他所有天主教國家都不合適，對法蘭西卻沒有任何壞處。它因此而對其他天主教國家擁有一種優越感。它如果變成新教國家，一切就將隨之變成新教。

• 三八七（一八一一）。——你們其實是在憑藉新的遁詞並利用不幸來博得敬意[194]。

• 三八八（一七六四）。——上帝爲自己保留了直接管理權，摩西只得將他的法律和宗教都包容在同一部法典中。穆罕默德也只能照此辦理。

・三八九（一八二五）。——應該看到，公民法不同於宗教法。從信奉一種宗教到改宗另一種宗教相當困難，因爲僅僅以方便爲理由，遠遠不足以痛下決心這樣做並克服巨大的障礙。然而，事關公民法時就不一樣了，誰都可以方便地選擇生活在另一種公民法的約束之下，因爲，方便就是充足的理由。所以，義大利人、倫巴第人，接著便是德意志人和法蘭西人，都先後採用羅馬的公民法。

・三九〇（一八一四）。——由萬民法調節的各種事物的性質。凡由萬民法調節的事物，就其性質而言，都只能由暴力或終止暴力即簽訂條約調節。

極端的胡作非爲也可以調節這些事物。但是，全世界和各個國家，都需要保存自己，每個國家如同每個公民，都不應被置於死地，所以，治理良好的國家必不能以胡作非爲來進行調節。因此，往水井和泉水中投毒、當廷謀殺君主，總之，所有既非依仗暴力又非依據協議的行爲，都違背萬民法的性質。

有戰爭就必然有防衛。所以，萬民法規定，開戰之前必須先行宣戰。唯其如此，使者的安全才有保障，而使者正是萬民法在戰時的執行人。

有了協約，戰爭方能結束，簽訂協約需要使者。使者便是雙方的使節。

往昔的使節是臨時派往某些國家的人員。郵驛和貨幣兌換發明之後，各國人民交往增多，彼此的認識日益加深，從而激發了進一步相互了解的願望。由此出現了常駐各國的使節。

這些使節都是間諜，不過是朋友之間的間諜。在相距遙遠的朋友之間，透過使節來實現交友之道的種種要求（相互抱怨、彼此提醒、互相安慰，互起疑心、分手）。

爲要求停戰而扣留人質的君主如今已經極爲少見。在羅馬時代，這是一種常用手段，原因是羅馬人認爲，獲勝方有權約束戰敗方，今人已經沒有這種觀念。

依據萬民法，戰爭以簽訂條約告終。大國君主如果無端違背萬民法的此項規定，那就不啻是告訴大家，他們並不十分強大，需要加強和擔心的事還很多。他們如果嚴格遵守此項規定，大家就覺得他們十分強大，別人無法爲難他們。

• 三九一（一九〇〇）。——從第二十六章第二十四節「從秩序看法律」中刪去的文字，等等。「倘若有一個國家對自己毫不關心，不制定政治法來保護自己的獨立，以免被人瓜分，並因此而殃及他國的安全，那麼毫無疑問，此事不應通過政治法，而是通過萬民法加以解決。萬民法規定，每個國家都應盡其所能保護自己，不允許一國因疏於防務而殃及他國。」

• 三九二（一七七〇）。——我將要論述政治法與公民法的關係，據我所知，此前尚無一人做過此事。

• 三九三（一七五四）。——我並不是說變化隨之而來，也沒有說，在破壞民事管理之前，要首先破壞政治管理。我只是說，出現這種情況是很自然的，在擁有優秀的立法者的國家中，情況就是如此。

• 三九四（一九一八）。——科林吉烏斯摘錄第五三頁：馬丁與布加魯斯的爭執：皇帝擁有財產還是擁有帝國。

• 三九五（一八三五）。——總督。他們如何把大路修好？他們可以快速下達命令，而過去他們的命令傳遞速度極慢。過去在執行中混淆了快速與……

公共工程如果確實應該高速完成，計畫就不可能考慮得非常周全。

• 三九六（一八二一）。——一七三五年諭令第七六條取消了抵觸條款，這樣做非常正確。這些條款所給予的是一種非常寶貴的自由，立文書人去世之前隨時可以改變意願，尤其在遺囑中，遺囑與饋贈不同，饋贈文書可以說是贈與人和受贈人簽署的協定。

諭令對於新法令第三七條的規定非常好。此項法令規定，不得再使用相互遺囑。過去一方沒有向另一方宣布廢除遺囑時，儘管有第二遺囑，相互遺囑依然繼續有效。現在的規定很正確。

• 三九七（一八二二）。——諾曼第習慣法的規定不錯。如果遺囑立好後不到三個月立遺囑人就去世，此遺囑應屬無效。不過，這個期限還應縮短，立遺囑人如果並非臥床不起，那就更應縮短。此舉有時會引起誤解。

• 三九八（一七九五）。——法律有主次之分，每個國家的法律都有等級。如同每個人一樣，人民的觀念和總體思想方法也有一種序列，有起始，有中間，有結尾。

這類話題無邊無際，除非我爲它設置一個範圍。我以羅馬繼承法的淵源和產生爲例，此例在這裡可用作方法。

我寫書不是爲了教授法律，而是爲了傳授法律的教學法。所以，我只評述法律的精神，而不評述法律。

如果我已經闡明了羅馬繼承法理論，就可以運用同一方法探明大多數國家的法律是如何產生的。

以下想法是合情合理的：法學家們在確定財產的所有權時，立足於當時該國政制中的具體狀況，羅馬人制定繼承法的依據是政治法，此前羅馬人曾依據政治法均分土地。

• 三九九（一七九五）。——了解往事有何用處。應該了解往事，不是爲了改變新的事物，而是爲了利用好新的事物。

每個世紀的普遍輿論都有些偏激，這是不變的規律。這是因爲，輿論之所以變成普遍，就是因爲它們曾經產生過強大的影響。爲了讓這些輿論回歸理性，就得對各個世紀中的每個世紀的主導輿論作一番審視，一方面應充分利用這些輿論所激發的火星，所引發的有利於福祉的行動，一方面應阻止這些輿論散布有利於邪惡的偏見，這樣做就能使這些輿論大有用處。

我沿著前幾章的思路寫到了眼前這一章。在這一章中，我敘述了法國的法律史，就像我在前面講述羅馬法的歷史那樣。我希望有人為每個國家撰寫出優秀的法律史著作。要想深刻了解現在，必須深刻了解過去，必須在每個時代的精神中理解每一項法律。沒有人播種巨龍的牙齒，讓人從地底下鑽出來，然後把法律交給他們。

・四〇〇（一九三七）。——我通過閱讀蠻族的法典，探尋法律的搖籃時期。

・四〇一（一九三八）。——米開朗琪羅第一次看到萬神廟時說，他要把它放在空中。我想用自己的方式仿效這位巨人。這些沉睡在地下的法律，我要把它們展示在眾人眼前。

・四〇二（一八八一）。——阿莫里克人[195]。我相信，阿杜安[196]神父在賀拉斯的史詩中發現了雅各賓僧人[197]時，肯定很高興。迪波神父首次看到阿莫里克人的共和國將要在世界上發揮的作用時，高興的程度絕對不亞於阿杜安神父。

・四〇三（一九三九）。——那些只會打仗卻不會書寫的民族，遇有需要民事文書時，只能用一些圖形替代。我們正是在這些圖形中看到了初始法律和後續法律的區別。這就是墨洛溫王朝各項法律的起源！從加洛林諸王的敕令能得到一些啓示，不過這是個枯竭的源頭，我們能夠從中看到的只是一些有關聖職和帝國的規定，而且令人生厭地一再重複，這些規定充其量只能讓我們對當時政府的經濟狀況有所了解，對於當時的公民法卻提供不了多少資訊，更何況，國王們把這些規定束之高閣，並沒有付諸實施。終於到了盡頭，整個司法機構似乎全都垮掉，統統倒下了。洶湧的大河流入地下，消失得無影無蹤。且讓我們等待片刻，大河將會重新出現，尋找它的人將會再次見到河水。它把人們曾經尋找的水波再度奉獻給人們，可是人們如今卻已經不再尋找水波[198]。

・四〇四（一八二六）。——我把各國法律的不同特點記述如下：

「薩利克法圓滿地達到了目標，把各種案情作了精確的區分。小偷如果偷了第一胎或第二胎生的豬，罰款三蘇，如果偷了第三胎生的豬，則罰款十五蘇[199]。」

依照薩利克法的規定，罰款不一定以被偷物品的價格爲準。例如，偷了三隻或三隻以上綿羊，罰款一千四百銲，偷了四十隻或四十隻以上綿羊，則罰款兩千五百銲。由於薩利克法規定，被偷的物品一定要歸還給失主，所以罰金僅僅是對過失的懲罰。薩利克法認爲，過失大小不取決於被偷物品的大小和數量，也就是說，不取決於被偷者的財富多寡。

薩利克法十分重視具體情節。偷竊樹上的一隻雀鷹，罰款三蘇，偷竊關在籠子裡並加鎖的雀鷹，罰款四十五蘇[200]。薩利克法一方面考慮到房舍的安全，另一方面認爲，棲息在樹上的雀鷹似乎已經重新獲得其天生的自由。

里普埃爾法的特點是與羅馬法比較接近，而與薩利克法則稍微遠些[201]。里普埃爾法的罰金通常輕於薩利克法。

縱火者除賠償損失並支付訴訟費用外，還需支付罰金六百蘇。被告如果否認犯罪，不但需要立誓，還得提供七十二位證人。罪犯如果是奴隸，除賠償損失並支付訴訟費用外，他只需支付罰金三十六蘇。他若否認犯罪，他的主人需要與六位證人一起立誓。

此法的特點之一是奴隸支付的罰金少於自由民。不過，這樣做的理由是：確定罰金數額的依據不是支付能力，而是事物的性質。因爲，奴隸的主人需要爲他的奴隸支付的罰金，如果超過他的支付能力，他就會因此而破產，而這是人們不願意見到的。

不過，有一點差距很大，那就是證人的數量。自由民與奴隸爲否認偷竊行爲而立誓時，所需證人數量不同。如果依據罰金金額來確定證人人數，那就很可笑，因爲無論奴隸或自由民，他們在需要得到證明這一點上並無差別。不過，之所以證人人數有別，原因在於奴隸被認爲少有親朋。
里普埃爾法第十九章完全符合馬爾庫爾弗的法規。這就令人想到，此項法律至少也像薩利克法那樣被普遍接受，甚至超過薩利克法。關於決鬥的規定就是明證。

勃艮第法以其公正和不偏不倚令人稱道。現在我來說說他們有關待人接物的規定。

我們知道，殷勤待客在日耳曼人中蔚然成風。塔西佗說：「原來的主人又把客人引見給另一個主人接待。」勃艮第人創建王國後，必須解決因履行這個義務而帶來的弊病。法律規定，村中某人接待公幹人員的花銷，一律由全體村民分攤；法律甚至規定，對於因私路過的客人也同樣應該給予熱情接待，拒不接待者處罰金三蘇；勃艮第人若不但不接待客人，而且把羅馬人的房舍指給客人看，除了處以三蘇罰金之外，還要賠償給相關的羅馬人三蘇。法律規定，若是糟蹋主人房舍的客人，應按被損物品價値的九倍給予賠償。勃艮第人的法典從頭到尾充滿人情[202]。

我要指出的是，前面所引的法律與塔西佗就日耳曼人所說的話相互吻合。「原來的主人又把客人引見給另一個主人接待。」這說明塔西佗非常熟悉這些習俗。

勃艮第法中規定遺囑和饋贈書的格式的第四十三章，全都來自羅馬法。日耳曼人過去既無遺囑也沒有饋贈書，所以在設置遺囑和饋贈書時就借用了羅馬法的相關規定。勃艮第人選用此項法律更是出於自願，因爲這樣有助於與被征服人民的精神達成妥協。

勃艮第法的附加條款對偷竊一條狗或一隻雀鷹做出了規定（第十章和第十一章），此項與衆不同的規定凸顯了這些人民的淳樸（摘錄第一二二頁和第一二三頁）。

西哥特人的法律挺不錯，它規定把妓女送給窮人做奴隸。下賤的職業只能以卑劣的地位加以懲罰[203]。丈夫去世之後，遺孀把修女的服裝穿在外面，裡面繫著幾條布帶，以此表示她並未脫掉世俗服裝。法律規定，這個婦人因此而不得脫掉修女服裝，也不得違反修道院有關節欲的規矩。因爲君主說，看人就看他的外衣[204]。此項法律的理由與法律本身一樣合乎道理，裁決的依據應該是本人的意願。

阿拉曼人的法律對於重罪和輕罪的處罰，無論是罰金或是付給公眾的賠償金，都與薩利克法相同。他們不使用體罰，一切依照早期日耳曼精神辦理。

此項阿拉曼法非常合乎人情[205]，它規定，一個阿拉曼自由民姑娘嫁給一個教會的奴隸後，如果覺得奴隸生活難以忍受，她就可以自行離去。但是，如果她在三年之內沒有提出這種要求，她和她的子女就成爲奴隸。這些民族認爲，自由與婚姻都是與生俱來的權利。自然的束縛大於意志的束縛，意志的束縛只有通過意志才能變成自然的束縛。這項應在三年之內提出的要求，與我們規定的應在五年之內提出放棄修道意願的要求有些相似。不過，我們的要求是以遭受暴力爲假設前提，並且要求提供遭受暴力的證據。阿拉曼法不同，它確立在脆弱性的基礎之上，不要求提供證據。一位自由民婦人在三年之中飽受奴役之苦，心甘情願看著自己的精神日漸萎靡，找不到能讓自己的感情變得慷慨大度的時機，所以她不配繼續當一個自由民。

阿拉曼人的法律處處都很溫和，比西哥特法溫和得多。這些北歐民族倘若移居到南歐，說不定就需要比較嚴厲的法律。

總之，所有這些法律都透出一股溫和的氣息。比如，因疏忽而沒有執行公爵或百人長命令的人，得到的處罰只不過十二蘇、六蘇或三蘇[206]。

阿拉曼法與里普埃爾法相同，接受反證[207]。

對於在能夠騎馬之年反叛其父的公爵之子，阿拉曼法的處置也很溫和。對於這些民族來說，騎馬是從政所需的最重要能力。

阿拉曼法允許進行決鬥。一個自由民向公爵或國王指控另一個自由民有罪，但只說此人確實有罪，卻提不出證據，在這種情況下，被指控者可以要求以決鬥證明自己的清白。我覺得，有關決鬥的規定在這部法律中已經變得比較寬和了。無論如何，阿拉曼法如同里普埃爾法一樣允許進行決鬥，不過，它禁止濫用有關決鬥的規定。因此，涉及後果不嚴重的罪行時，不能進行決鬥。

阿拉曼法的第五十二章中的有關規定讓人覺得，該法把娶他人的未婚妻視爲非常惡劣的行徑。在這一點上，該法與西哥特法完全一致。

阿拉曼法對休妻的規定很寬鬆，丈夫支付賠償金四十蘇就可以了事。

阿拉曼法對於導致家庭數量減少的過失比較重視。一個自由民如果被殺，但留下了孩子，賠償金是一百六十蘇，如果沒有留下孩子……作這種規定的理由是減少了一個家庭。所以，該法還鄭重地禁止將奴隸轉移到外邦。由於大批日耳曼人離國出走，立法者希望通過這種規定防止有人繼續出走。

我在摘錄的第一九七頁上談到了巴伐利亞法的性質，請注意我對該法第七章第十五條所標記的星號。巴伐利亞法中有兩項非常奇特的規定，這說明該法曾經過修正，在第十四章第八節竟然援引了《聖經·舊約全書》。

薩克森法也接受反證。

這些蠻族法律不利於訂婚人，把已經訂婚的少女強行許給他人[208]。

薩克森法也許可決鬥取證[209]。

在這裡，對一個被出賣的婦人的賠償不比一個被出賣的男子高[210]，無論是貴族男子還是貴族女子，都是六百蘇。

盎格魯法大概也曾經修改，因爲該法有關於遺囑和饋贈書的規定。自由民可以將其遺產給予他所願意給予的人[211]。這與日耳曼法恰好相反，恰如我們在塔西佗的著作中所讀到的：「沒有遺囑……等等。」我們看到，弗里茲法已經開始以鋰作爲罰金的計算單位[212]。弗里茲人居住在河流沿岸，與大國往來方便，如同當今居住在這個地區的民族[213]一樣，商業相當發達。我覺得，與其他民族的法律規定以蘇爲單位相比，以鋰爲單位不見得就能帶來更多的金錢。所以，我的提醒並無實際效用。

此項法律讓我們看到，由國王屬下的公爵統治的弗里茲人是什麼樣的。

薩克森法多麼有助於我們對薩克森人的了解！

販賣自由民到國外者[214]，……

- 四〇五（一九二七）。——先後三個王朝的王位都傳給男性繼承，沒有任何限制、條件和對條件的解釋。第三個王朝的王位始終由長子繼承。
- 四〇六（一七一八）。——我已經寫到第二十九章了。若非再次向神明祭獻，並修建了一個神廟，把它奉獻給厭煩和耐心，我是不會動筆的。
- 四〇七（一七一八）。——聖皮爾教士說：「應該選一些好人」；這就如同徵兵時所說的：「要身高五尺六寸的漢子」一樣。
- 四〇八（一八七六）。——用於「法律的制定」[215]。聖皮爾教士是一位亙古未見的大好人，每逢遇到麻煩時，他總是說，需要召集十個大好人才行，此外他就不知道再說什麼。這就像一個參謀在挑選士兵時說：「得有五尺八寸高才行。」法律應該首先考慮如何培育出好人，然後才考慮挑選好人。不應該一開始就想挑選這種人，這種人少得很，用不著白費勁。
- 四〇九（一九三一）。——我們在西班牙的宗教裁判所裡看到的所有法律，主教們都已經拿來了。不過，他們對這些法律的利用不如當初預想的多。僧侶們到來了，並且緊緊抓住民眾的虔誠，虔誠的民眾向他們湧去，認爲他們比主教們更是天主教徒。他們漸漸變成了宗教裁判所的法官，甚至連主教也得聽他們擺布。

濫用權力的人最終被濫用權力的人所害，這是他們的必然結局。不公正會由一個人傳給另一個人，所以，聰明人永遠寬以待人、公正處事。

• 四一〇（一九三四）。——一項法律如果看起來有些奇怪，但又看不出立法者用意何在（只要此項法律既不是稅法也不是暴戾的法律，就不難想見立法者的意圖），那就應該相信，其實它肯定有充分的理由，不像我們所看到的那樣荒謬。成吉思汗的法律禁止莫臥兒人在打雷時靠近有水的地方，這是因爲莫臥兒人的居住地是個多雷地區，這條法律的目的就是防止他們溺死在水中[216]。

• 四一一（一九二二）。——新法。新法表明統治者的關心之所在。可是，實施舊法卻更能證明這一點。不過，我並不想指責羅馬人在司法方面實現的巨大變革，他們改變了政制，所以，他們的公民法就得因政治法的改變而改變。

• 四一二（一八六〇）。——應該知道一種弊病在什麼條件下會變成法律，一種修正措施在什麼條件下會變成弊病。

• 四一三（一七六七）。——政府就像是一串數位，去掉一個數位或是添加一個數位，都會改變全值。不過，由於我們知道每個數字的值，所以不會受騙上當。政治則不同，誰也不知道變化之後是什麼結果筆記[217]。

• 四一四（一七六九）。——公民法的一個細微變動往往導致政制變化。變動看起來很小，後果卻巨大無比。比如，由於人口普查結果出現變化，國家的權力從一部分人手中轉移到另一部分人手中。一輛四輪車可以用三個輪子乃至兩個輪子前進，但必須調整輪子的位置。中國人也是這樣，當他們允許外國人進入該國時，他們的民法也要做出相應的調整。

- 四一五（一七八〇）。——取消某項與生俱來的自由時，應該讓人獲得足以抵消此項損失的明顯利益。

某種好東西若有瑕疵，比較審慎的做法通常是去其瑕疵而不是捨棄此物。

- 四一六（一七二七）。——塔西佗給我們留下了一部佳作《日耳曼尼亞志》，從中可以看到他對我們的習俗的描繪，他對我們的法律的講述……眞希望有人給我們留下一部《哥特志》，因爲，哥特人是原始民族，我們所能見到的對他們的描述，都是他們各族相混或是與被征服民族相混之後的狀況。

- 四一七（一六九一）。——有一點很値得注意，哥特人在義大利敗於羅馬人，是因爲武器不如人，他們在高盧被法蘭西殲滅，同樣由於武器不如人。法蘭西人有一種特殊武器，那就是斧子，他們靈巧地把斧子擲向敵方，摧毀敵人的所有防衛武器。他們還有一種能得心應手地使用的短投槍，叫做「昂科納」[218]。

- 四一八（一七三三）。——法蘭西人之所以對其他民族擁有優勢，主要原因在於，羅馬垮臺之後歐洲沒有一個國家能保持堅實的狀態，並得到包括宗教在內的各方面的幫助。高盧人不能生活在亞里安暴政之下，義大利不能忍受羅馬教廷的壓迫。除此之外，他們的武器和他們的靈巧使他們對付哥特騎兵時擁有優勢，在前一部著作中已經多次談到這一點。

- 四一九（一九四一）。——有人說，查理曼的妻子雖多，但並非同時擁有。我們也應該找出一種方法，藉以證明達戈貝爾的三位王后和其餘女人也是有先有後，達戈貝爾對宗教的虔誠絕不亞於查理曼[219]。我絕不攻擊查理曼，因爲我不知道對那些因遵守本國法律而觸犯宗教法的人，教會會給予什麼樣的寬恕。

我在這裡作一個推測。弗雷德加里烏斯說[220]，宮相瓦納歇爾死後，其子戈丹娶後母為妻，國王大怒，斥責他違犯教會法。可是我覺得，這位國王對教會法不至於熱愛到要為此而派軍隊去討伐戈丹的程度。國王下令讓他立誓，以表忠心。戈丹的行為顯然是政治謀殺，他的亂倫婚姻傷害了國王的某種特權。我在《論法的精神》有關「土地性質」（據我的記憶）或者是有關「采地」的章節中，談論法蘭克國王有多位妻子時曾提及此事。

・四二〇（一六九七）。——查理曼。我禁不住要對一塊銀牌表示遺憾，這塊銀牌比他宮中的其他銀牌更重（查理曼在遺囑中這樣說），做工更精，上面刻有以三個圓球表示的世界。感謝上帝，查理曼讓人把許多東西刻在青銅器上，此後由於捨不得再做此事，這些東西就變成了祕密。許多民族遷移之後，各個民族所處的位置，各個城市的地理位置，一一顯示在這些青銅器上面。原來的一些猜想，將會得到證實或否定。

・四二一（一七二一）。——查理曼於西元七七七年摧毀倫巴第人。他確認其父對羅馬教會的捐贈。倫巴第王國存續二百年。查理曼於西元七八八至七八九年擊敗匈奴人。

・四二二（一八二九）。——當我們想到這三位君主：丕平、鐵錘查理和查理曼！在他們執政時代，我們戰無不勝的民族不再有敵人。可是，在他們之後，羅馬帝國曾經發生過的事在我國重演：當年的羅馬在馬略、蘇拉、龐培、凱撒先後執政之後，也不再有征服的對象。不但如此，當年亞歷山大之後發生在希臘的事也在我國重演：法蘭克人在內戰中自相殘殺。

・四二三（一八三二）。——諾曼人蹂躪了整個王國之後，因民眾的災難而形成的無序狀態，使民眾的不幸無以復加。于格・加佩於是被選為王。

・四二四（一六九五）。——于格・加佩。他的名字湮沒在同樣被人遺忘的歲月裡，湮沒在黑夜、沉默、黑暗和遺忘中。

・四二五（一六九六）。——于格・加佩。把我們所知的傳說納入從未中斷的家譜之中，這是不知道如何恭維自己。于格・加佩不是加洛林家族的人，他是他自己家族的人。這種榮耀剛剛顯現出來，他，他的父親和他的祖父就立即顯現在榮耀之中。采地永久化剛剛有助於凸顯家族的榮耀，家族榮耀就立即隨著采地出現。家族的榮耀有一大好處，那就是它在發展過程中始終強大，而且它只有一個淵源，那就是黑夜、黑暗和遺忘所主宰的那個時代的深淵。

・四二六（一八二八）。——倫巴第法禁止攜帶施過魔法的武器。做出這項規定的時間大體上是在法蘭克人的盔甲重量增加之後。有些武器可能削鐵如泥，致使有人覺得這種鋒利源於魔法。這種想法孕育了難以計數的故事，阿里奧斯托[221]和其他詩人留給後代的作品就是以此類故事爲題材的，如今到了熱兵器時代，讀起來尤爲可笑，因爲當年的游俠騎士都已經渺無蹤影了。

・四二七（一八三〇）。——阿戈巴爾在一封致寬厚者路易的信函中大發牢騷，對於由聖潔的主教們所編撰的法蘭西公會議宗教法，由於教皇並未參與編撰，因而被視爲多餘和無用一事，深感不滿。羅馬宗教法專家們對於這部宗教法甚至不置一詞。

・四二八（一九二八）。——迪圖萊先生[222]說得對，貴族法院確是小路易創立的，爲的是審理他的領地上的各種事務，與貴族們的尊號有關的事務以及其他重大事務。

設立這個法院的宗旨不是改變領主司法機構的判決，而是糾正瀆職和不公正現象。

正因爲如此，領主本人往往被傳訊受審，他們因此而又可能被國王處以罰款。不過，聖路易廢除民事案件中的決鬥取證法之後，開始出現因民事判決而提起的上訴。此時若再有領主本人被傳訊，那就是罕見的例外。

- 四二九（一九二九）。——我覺得，在刑事訴訟中，處置情況不明的案件時使用的是立誓，處置難以判斷的案件時使用的是決鬥，處置案情清晰的案件時使用的是戰爭。在民事訴訟中，處置不會產生任何後果的案件時使用的是立誓，處置其他案件時使用的是取證，處置證據不被承認的案件和上訴案件時使用的是決鬥。
- 四三〇（一九三〇）。——在空的聖人遺骸盒前立誓。弗雷德加里烏斯續篇摘錄第九二頁。那時的人已經不再擔心立假誓，但依然擔心災難。
- 四三一（一九三一）。——借助《舊約・詩篇》中的一段話、《舊約・先知》中的一段話、《舊約・福音》[223]中的一段話做出的上帝或神明的判決。可是，出現在《舊約・先知》和《舊約・詩篇》中的災難和威脅，比在任何別的書中更多，不幸的人在那裡得不到什麼安慰。克拉姆納[224]和西爾佩里克的兒子墨洛維[225]就是這樣商量的[226]。
- 四三二（一九三二）。——你說，在我結束職業生涯之前，應該頌揚克洛維斯的征戰和查理曼的治理。可是，在馮特奈因戰敗而求和的那位是誰？
- 四三三（一八三一）。——我還有許多事要說，可是我擔心這樣做會變成純粹做學問。我的談話對象不是讀者的記憶，而是讀者的良知；與良知的對話短，與記憶的對話長。我願意告訴人們如何在法律的淵源中觀察法律，甚於撰寫一部關於法律淵源的著作。
- 四三四（二〇五二）。——我在閱讀蠻族法時[227]十分震驚地發現，蠻族不大關注弑親罪，對弑親罪的懲處也不大嚴厲，以致於這種罪行與其他暴力犯罪幾乎沒有什麼區別。我在卡希歐多爾魯斯的著作[228]中讀到，希歐多爾里克在這種情況下要求依據羅馬法懲罰弑親者。隨著蠻族日益羅馬化，他們對弑親行爲的憎惡也逐漸加大。

我在一定程度上發現了蠻族人民的這種想法的原因，他們保持著自己的所有習俗；我在普洛科比烏斯的著作（《哥特戰記》第二卷）中找到了原因（我這樣想）。他在此書中談及赫魯爾人[229]時寫道，對於身體羸弱或年老體衰者，人們首先應該向其親屬提出把他弄死的請求，然後由一個非親屬把他殺死。事畢之後，他的親屬應把他放在火堆上焚毀。

請看，所有這些與日耳曼人的其他習俗有著多大的關係。人們向親屬提出請求，因爲他們有權關注親屬的安全。事關一個人的生死，似乎不應不徵得親屬的同意。動手殺人的不是本家人，但得到了本家親屬的同意。否則就會有復仇問題。

本章注釋

[1] 拉布萊德堡（Château de la Brède）位於波爾多遠郊，是孟德斯鳩在故鄉的住所。《論法的精神》的大部分書稿是在這裡完成的。從十八世紀下半葉開始，孟德斯鳩的家人和研究者在拉布萊德堡中發現了孟德斯鳩的許多遺稿，其中包括比較完整的筆記性著作《隨想錄》（*Pensées*）、《隨筆》（*Spicilège*），以及讀書筆記《地理》（*Geographica*）等，其中有不少與《論法的精神》有關的資料。著名學者、波爾多大學法律系教授亨利・巴克豪森（Henri Barckhausen）受託對這些手稿進行整理和編輯，於一八九九年至一九〇一年間出版了《〈隨想錄〉和孟德斯鳩的未版著作斷篇》（*Pensées et fragments inédits de Montesquieu*）。一九〇四年，巴克豪森出版了他本人的研究成果《〈論法的精神〉與拉布萊德堡檔案》（*L'esprit des lois et les archives de La Brède*）一書。此書對有關《論法的精神》的遺稿作了兩種處理，一部分被引用在此書的正文中，一部分被置於此書的附錄中。——譯者

[2] 這一部分是從巴克豪森所著《〈論法的精神〉與拉布萊德堡檔案》的正文中摘錄的有關資料。摘錄者為法國伽里瑪出版社一九五一年版的《孟德斯鳩全集》第二卷的注釋者羅傑・凱魯瓦（Roger Caillois）——譯者

[3] 方括號內均為孟德斯鳩本人在原稿上劃掉的文字，下同。——譯者

[4] 一七四一—一七四二年間的西里西亞戰爭。

[5] 見於他所撰寫的《亞當以來的歷史》片段，轉引自君士坦丁・波菲洛格尼圖斯，《美德與邪惡》。

[6] 參見我在《論法的精神》第六章第五節中所述。

[7] 既然他們連皇帝的敕令也敢抱怨。

[8] 這些見於《論法的精神》初稿但不見於定稿的段落，被巴克豪森列為他的《〈論法的精神〉與拉布萊德堡檔案》一書的附錄。由於最終沒有進入定稿，所以，這些段落中出現的某章某節字樣不一定就是出版後的《論法的精神》的某章某節。——譯者

[9] 請對照《論法的精神》，第二十六章，第十二節。——譯者

[10] 此處指約翰・羅的金融體制。

[11] 見《創建東印度公司歷次航行記》，第二卷，第一部分，第八十八頁。

【12】請對照《論法的精神》，第十九章，第二十七節。——譯者

【13】請對照《論法的精神》，第二十三章，第二十八節。——譯者

【14】請對照《論法的精神》，第十五章，第一節。——譯者

【15】請對照《論法的精神》，第二十四章，第二十六節。——譯者

【16】烏爾吉（Urgel），加泰羅尼亞的一個小城。——譯者

【17】普洛科比烏斯，《祕史》。

【18】一九五一年伽里馬版《孟德斯鳩全集》第二卷第一五四二頁對本節以及以下各節作了如下說明：在《論法的精神》初稿中，孟德斯鳩已經把某些章節刪掉。巴克豪森把這些章節也置於他的《〈論法的精神〉與拉布萊德堡檔案》附錄中。本節（C）收錄的材料裝在一個夾子中，夾子上寫有如下文字：「或許可以撰寫一部有關聯邦和殖民地體制的書。」「這些材料可供撰寫另一部書之用，或者以摘錄形式放入『思考』」。——譯者

【19】既有君主政體精神，又有共和政體精神。

【20】羅馬人對於被他們分而治之的馬其頓王國的某些地區就是這樣做的。

【21】見《創建東印度公司歷次航行記》，第五卷，第二部分，第四二八頁。

【22】執法官員後來取消了此項法律的規定，只對在光天化日下實行偷盜的罪犯在量刑時加重四倍。法沃里努斯在奧盧斯．格利烏斯的《阿提卡之夜》中對羅馬人民的寬和精神大加讚揚。見奧盧斯．格利烏斯，《阿提卡之夜》，第一卷，第一章。

【23】不能讓爭執沒完沒了。

【24】《論家宅》。

【25】就此頒布了一項元老院發令，塔西佗在《編年史》第一卷第十五章中談及此事。

【26】參見格拉維納，《民法的起源和演進》，第八十五條，第二段。

【27】胞族大會。參閱《論家宅》。

【28】對於羅馬人來說，在外省所需時間就比在義大利長。

【29】我覺得，我們的一年零一天的時限可能源自古代對不動產的禁令：無論哪一方，其正式表述為：該財產在一年的大部分時間中，無論握在雙方的哪一方手中，均不得採用暴力。參閱《學說匯纂》，第四卷。表述

方式變為：無論該財產握在雙方的哪一方手中。

[30] 我認為，越是無法受外部標誌約束的人（例如那些不識字的人），越是信守諾言，這是因為他們更需要誠信的緣故。我們注意到，對於霍屯督人來說，與一個商業公司為鄰是一件好事。

[31] 擔保期為一年。載德摩斯提尼，《反阿帕圖里奧斯》。——這與抵押無關。參見莫西烏斯（Meursius）的著作第二章第三十二節。

[32] 博科里斯（Bocchoris），埃及第二十四王朝的法老。——譯者

[33] 馬克里德（Macride），《教長史》。——參見我的摘錄。

[34] 見阿姆洛・德・拉・烏賽。——參見我的摘錄。

[35] 德・拉・克萊德（de la Clède），《葡萄牙史》。

[36] 最大的障礙是一個地區無人居住的唯一原因在於該地區根本無法居住。

[37] 參見杜納弗，《利凡得遊記》，第二七八頁。

[38] 參見杜納弗，《利凡得遊記》，第二五二頁。

[39] 我在《論法的精神》第七章「首都」一節中談及此事。

[40] 參見一七一三年烏特勒支商約，載《不列顛商報》。

[41] 見於一七三九年十二月二十一日條約第七條。

[42] 阿里奧巴贊（Ariobarzane），此處指卡巴多奇亞（今屬土耳其）國王阿里奧巴贊三世（前五二—前四二在位）。——譯者

[43] 致阿蒂庫斯的一封函，第六卷。

[44] 德若拉圖斯（Dejoratus，卒於前四二），羅馬的一位地方長官。——譯者

[45] 佛爾圖那提亞努斯・庫里優斯，《修辭術》，第一卷。

[46] 這是梭倫制定的一項法律。——參見塞克斯圖斯・恩皮里庫斯（Sextus Empiricus），《皮羅的描述》，第三卷第二十四章：Hermog., De Ivenn，第一卷，第一章。

[47] 阿特納奧斯，《哲人宴享》，第十四卷。

[48] 參見蘇伊達斯，In Diophyto。

[49] 參見佩蒂・德・拉克魯瓦，《成吉思汗傳》。

【50】參見《十二銅表法》以及努瑪所制定的法律。
【51】原文為 Eum infero Jove mactare。
【52】努瑪的神聖法如果沒有與要求公民以血還血的法律一併被鮑爾希安法擊垮，就必定會在民事狀態中產生許多危險的後果，幸好民事管理把它們全部廢除了。
【53】見《反菲利普》，第二篇。
【54】依據民法不能起訴而依據公正原則確應提起的訴訟，裁判官可以提起有效訴訟。
【55】參見《論法的精神》，第二章，第十二節。
【56】有人稱之為必須追回的貪汙贓款。
【57】塔西佗，《編年史》，第一卷：「行為受罰，言論不受罰。」
【58】《里普埃爾法》，第五十八章，第十八條。
【59】《里普埃爾法》，第六十條。
【60】此人邀請若干人立誓，證明此人在天下地上除了他所轉讓的東西外，再也不擁有任何財產。接著，他走進屋內，用手拾起四個角落的灰塵。然後，他站在門檻上，目光對著屋內，用左手把灰塵從背後扔向他最親近的親屬。最後，他手持一根木樁從柵欄上跳過去。
【61】《薩利克法》，第十篇§一—四，第四十三篇§一，第六十八篇；《里普埃爾法》，第五十一篇§一。
【62】《薩利克法》，第四十四篇§二、五。《里普埃爾法》，第十五篇。《巴伐利亞法》，第十八卷，第二篇§一。
【63】《巴伐利亞法》，第十八卷，第二篇§一。
【64】《巴伐利亞法》，第十八卷，第六篇§二。
【65】他們的確沒有高貴的貴族身分，但是他們是自由民出身。
【66】《法蘭西君主國在高盧的建立》，第三卷，第三十四章，第三二六頁。
【67】博馬努瓦，《博維西斯習慣法》，第一章，第十一頁，一六九〇年版。
【68】正如你們所看到，由采地指派的人負責審案時，往往會與決鬥發生聯繫。由領地法官負責審案時，極少甚至根本不會與決鬥發生關係，除非證人受到指責。
【69】博馬努瓦，《博維西斯習慣法》，第一章，第一二頁，一六九〇年版。

[70]《隨想錄》是孟德斯鳩的一部筆記，寫作時間長達數十年。筆記分條，每條均有編號。巴克豪森於一八九九年整理出版《隨想錄》時，為了方便讀者和研究者，將手稿中的原有順序打亂，改為按內容歸類，並重新編號。《隨想錄》中的每一條因此就有了兩個編號。此處括弧外的數字是手稿中的原有編號，括弧內的數字則是巴克豪森版本的編號。以下各條均同此，不再另作說明。——譯者

[71] 西塞羅，《法律》。

[72] 我曾打算把此文獻給威爾士王子。

[73] 此處指格老秀斯的名著《戰爭與和平法》和普芬道夫的名著《自然法和萬民法》。——譯者

[74] 柏拉圖，《理想國》，第九卷，第十三節。

[75] 格拉維納：《民法的起源與演進》，第八篇，第二章。

[76] 請仔細閱讀普魯塔克為來古格士撰寫的傳記。

[77] 克拉吉烏斯（Cragius，一五四九—一六〇二），拉丁文《斯巴達共和國》一書的作者。——譯者

[78] 楚格（Zug）、阿彭策爾（Appenzel），瑞士的兩個州。——譯者

[79] 特里博尼安（Tribonien，卒於五四六），拜占庭法學家，曾參與《查士丁尼法典》的編纂工作。——譯者

[80] 羅馬皇帝奧古斯都制定的以其女兒的名字命名的法律。——譯者

[81] 見前文提到的第六十條第二九頁。——譯者

[82] 米利維伊斯（Mervis，在《論法的精神》第三章第九節中寫作Mirivéis），坎達哈總督，一七一三年起兵反抗波斯，創建阿富汗國家。——譯者

[83] 看看此話是我說的還是狄奧多羅斯說的。

[84] 拉博梅爾（La Beaumelle），一位僑居哥本哈根的法國文學教授。——譯者

[85] 見巴斯納日（Basnage）編，《學者文集》，第一六八八號，第七條。

[86] 設置監察官的目的是為了剝奪國王和元老院的大部分審判權，普魯塔克轉述的幼裡庇德斯（Euripide）的名言表明了這一點。監察官選自下層平民。審判和共和國的大部分官員從而發生轉移。採用來古格士的政制，國王和人民就在元老院的掌控之中，採用狄奧波普斯（Théopompe）的政制，元老院和國王就在監察官的掌控之中。克利奧墨涅斯（Cléomène）廢除元老院和監察官，暴政於是應運而生。

[87] 羅馬在各個時期不一樣。當初驅逐國王之後，羅馬是混合貴族政體。接著是混合民主政體，官職和榮譽由

平民分享。起初，平民的決定要經元老院認可。後來卻正好相反，元老院的決定經平民同意後方才有效。

[88] 維特里烏斯（Vittelius），羅馬皇帝（一五—六九在位。）——譯者

[89] 孟德斯鳩讀書時有做筆記的習慣，不同的內容記入不同的筆記，並分別以《地理》、《政治》冠名。此處指他的讀書筆記《政治》。——譯者

[90] 參閱有關內容。

[91] 設立法官職務是很早的事情。哈里卡納索斯的狄奧尼修斯說過，十人團干預法官審案，引起人民的不滿。

[92] 參見《柯里尼法》和其他准許刑訊的法律。讀了希戈尼烏斯（Sigonius）的《論審訊》第一卷和《法學階梯》後自然就明白了。

[93] 我把以上這層意思添加在《論法的精神》第六章第十三節中了。

[94] 阿馬西斯（Amasis），埃及國王（前五七〇—前五二六在位）。——譯者

[95] 博科里斯（Bocchoris），埃及國王（前七二〇—前七一五在位）。——譯者

[96] 薩巴卡（Sabaccon），埃及國王（前七一六—前七〇一在位）。——譯者

[97] 孟德斯鳩的筆記《地理》，第一卷，第三〇五頁，摘自《耶穌會士書簡集》。

[98] 孟德斯鳩的筆記《地理》，第一卷，第二五六頁。

[99] 格拉維納，《民法的起源與演進》，第三十八篇，第二十四頁，參見我的摘錄。

[100] 格拉維納，《民法的起源與演進》，第八十六篇，第三章，第四十六頁。

[101] 普魯塔克，《阿偈西勞傳》，第三十章。

[102] 參見《教會法》第二章。

[103] 我寧可相信普魯塔克在《阿吉斯和克利奧墨涅斯傳》中所說，促使通過這項法律的是一個名叫埃皮塔狄烏斯（Epitadius）的人。亞里斯多德這樣寫是出於攻擊來古格士法律體系的需要，所以不能認為他不抱偏見。他需要證明來古格士的法律確實不好。

[104] 阿庇安，《利比亞》，第三〇頁。

[105] 我不知道這段文字來自何處。

[106] 《政治》，第二冊。又見杜赫德第一一六頁（此處疑指《中華帝國全志》，但孟德斯鳩未標明何卷。——譯者）。

[107] 筆記《政治》，第二冊，第一三二頁。

[108] 筆記《政治》，第二冊，第一三三頁。

[109] 參看我的筆記《地理》，第二冊，第一七四頁。

[110] 參見《孟子・告子章句下》，「一不朝，則貶其爵；再不朝，則削其地，三不朝，則六師移之。」——譯者

[111] 筆記《地理》，第二冊，第二一二頁。

[112] 參見《耶穌會士書簡集》；又見筆記《地理》，第二冊，第三三二頁。

[113] 菲莉娜（Phryné），古代雅典最富有、最漂亮的高級妓女。——譯者

[114] 這是未能用在「征服」一節中的文字。

[115] 斯特拉波，《地理志》，第十卷，第四章，第七四一頁。

[116] 塔西佗，《編年史》，第一卷，第九章。

[117] 塔西佗，《編年史》，第一卷，第九章。

[118] 納迪爾沙（Nadir-Chah，一六八八—一七四七），又名塔馬斯—庫里汗（Thamas-Kouli-Kan），一七二九年攻下伊斯法罕後成為波斯國王，進而策劃征服印度。——譯者

[119] 普芬道夫，《通史》。

[120] 這段文字從「攻擊力量」一章中刪去。

[121] 《居魯士的教育》（Cyropédie），色諾芬的著作。——譯者

[122] 韋伊（Veies），羅馬北邊的城市，被圍十年後失守。——譯者

[123] 福里烏斯・卡米魯斯（Furius Camillus）羅馬將軍，獨裁者；西元前三九六年攻克韋伊。——譯者

[124] 《狄特—李維摘錄》，第四十八頁，第五章，第二十二至二十三節（第二冊，第四十三頁）

[125] 阿龐（arpent），古代土地計量單位，約合二十至五十公畝。——譯者

[126] 《狄特—李維摘錄》，第六十六頁，第五章，第三十節（第二冊，第四十五頁）。

[127] 阿維圖斯（Avitus），東羅馬皇帝（四五五—四五六在位）。——譯者

[128] 西塞羅，《修辭學》，第二卷，第四十九章。二九三（一八〇六）。

[129] 阿米亞努斯—馬西利納斯（Ammien-Marcellin），羅馬晚期歷史學家。——譯者

【130】準備置於凱撒的《內戰記》篇首。

【131】參閱此事。

【132】好好看看此事，注意此事如今可在何處見到。

【133】參閱沙爾丹，《波斯遊記》，第一五〇頁。

【134】第三七一頁。弗雷齊埃（Frézier）。

〔弗雷齊埃（Frézier），《智利南部沿岸海上旅行記》（Relation d’un voyage de la Mer du Sud aux côtes du Chili）的作者。——譯者〕

【135】我在論文夾子中放進了為證明此事所必需的所有權威性材料。

【136】關於韃靼人一詞的注釋在文後。

【137】日本被韃靼人征服一事不應懷疑。日本的政體和機構與莫臥兒相同，都是韃靼人建立的。日本人與莫臥兒人一樣，都來自韃靼。大郎完全聽命於韃靼人的大喇嘛。驅鬼或驅病巫者在日本很普遍，與韃靼的情況相似。成吉思汗把人扔進沸水鍋裡，這種刑罰在日本也很普遍。韃靼人和日本人的戒律相同，他們都不大信教，對於戒律也都不大在意。韃靼人從來不爭論宗教教義，日本人也是如此。基督教傳入之前，日本人享有絕對的宗教信仰自由。韃靼人也是如此，他們基於良心原則保護所有宗教。不管中國的史書如何記述，我們今天所見到的一切證明，中國人絕對不可能征服日本。何況，中國人與日本人之間沒有任何從屬關係。

【138】看看這究竟是我的想法還是狄奧多羅斯的想法。

【139】參見這些法律。

【140】參見杜赫德神父的《中華帝國全志》所載明朝一位文人唐敬川（Tang King Tchuen）的文章。

【141】不應將此節說成普遍規律，應該僅僅局限於中國。

【142】原文是 I’Emp eur Hoen-Ling，大概孟德斯鳩誤將桓靈二帝當作一個皇帝所致。——譯者

【143】普魯塔克，《摘要》，第二五一頁。

【144】馬德里也是這樣。在那裡，分娩也不是一件令人高興的事。參見我的「感想」。

【145】參見我的「隨想錄」第一冊的第二二三頁中關於亞洲城市何以人口密集的論述。

【146】塞里斯（Sères），歐洲古人對中國的稱呼，意為絲綢之國。——譯者

【147】這段文字未能寫進「土地的性質」一節。

【148】肯普弗（Kaempfer），《日本帝國史》，第一卷，第九十一頁。

【149】杜赫德，《中華帝國全志》，第二卷，第八十九頁。

【150】筆記《地理》，第二冊，第二九六頁。

【151】注：我沒有把這些文字放進《論法的精神》有關英國的章節中。

【152】拉羅什富科（La Rochefoucault，一六一三—一六八〇），法國倫理作家。——譯者

【153】需要複查一下，這些商品是否確實不許出口，有人對我說，公羊和馬匹並未列入被禁清單。

【154】指十七世紀下半葉英國與荷蘭的聯盟關係。威廉三世既是荷蘭省督，也是英國國王。——譯者

【155】戈姆盧姆（Gomroum），波斯灣港口。——譯者

【156】一七五〇年十二月八日寫於巴黎。

【157】亞里斯多德，《政治學》，第六卷，第六章。

【158】我覺得此事應該發生在佩特羅尼烏斯（Pétrone，羅馬作家。——譯者）身上。

【159】瑟西（Circés）、萊斯特魯貢（Lestrigones）、庫克羅普（Clyclopes）、塞壬（Sirènes）、查裡波狄斯（Charybde），荷馬史詩提及的希臘神話人物，斯庫拉（Scylla），荷馬史詩提及的一個海妖。——譯者

【160】《論法的精神》第四章第七節和第八章第四節：非洲。

【161】《厄立特里亞海航行記》。作者生活在羅馬皇帝哈德良時期。

【162】普拉蘇姆（Prassum）和拉普圖姆（Laptum）都是東非沿岸的海角，分別位於南緯七度和六度。——譯者

【163】希羅多德，《波斯戰爭》，第四章，第四十二節。

【164】參見托勒密生活的年代和地方。參見亞里安，《厄立特里亞航海記》。

【165】優巴（Juba），此處指優巴二世，西元前二十五年當過一年茅利塔尼亞國王，撰寫過若干歷史著作。——譯者

【166】即到塞奈。

（塞奈（Cerné），西撒哈拉沿岸的一個海角。——譯者）

【167】于埃（Huet），十六世紀法國的一位主教，撰有《古人商業和航海史》。——譯者

【168】參見此事。

【169】科普托斯（Coptos），埃及古城，今稱吉夫特。——譯者

【170】澤蘭省（Zéland），荷蘭的一個省分。——譯者

【171】杜卡托（ducat），威尼斯金幣名。——譯者

【172】拉丁文peculium（小錢）和peculatus（貪汙公款）就是從羊（pecus）這個字派生出來的。

【173】參見薩沃。〔薩沃（Louis Savot）法國學者，他的《古代徽章》一書出版於一六二七年。——譯者〕

【174】請看在何種情況下不得超過。

【175】狄奧多羅斯，《世界文庫》，第一卷，第二部分，第三章。

【176】我覺得，可能受到摩尼教的影響。——參見此事。

【177】普洛科比烏斯，《祕史》，第二四三頁。

【178】堤厄斯忒斯（Thyeste）、伊底帕斯（Oedipe）、馬卡雷烏斯（Maccharée），希臘神話人物。——譯者

【179】柏拉圖，《法篇》，第四〇頁，作者的第八四一頁，摘錄第一七七頁。

【180】狄奧尼修（Denys），此處指敘拉古僭主狄奧尼修二世。——譯者

【181】埃利亞諾斯（Elien），西元二、三世紀以希臘文寫作的義大利作家，著有《動物本性史》、《豐富多彩的歷史》等。——譯者

【182】實際只有一千四百萬。

【183】我將核對這個數字。

【184】文中的阿龐指我們法國的計量單位茹納爾。〔茹納爾（journal），法國古代土地計量單位，相當於一人一天能耕作的面積。——譯者〕

【185】《耶穌會士書簡集》，第六輯，第一三三頁。

【186】巴貝拉克（Barbeyrac，一六七四—一七四四），法國法學家。——譯者

【187】見我的摘錄筆記第一九二頁。

【188】見我的筆記《政治—歷史》，第一九二頁和第一九三頁。

【189】奧羅西烏斯（Orose），西元五世紀的基督教史學家。——譯者

【190】參見《拜占庭史》。〔福凱斯（Phocas），拜占庭皇帝（六〇二—六一〇在位）。——譯者〕

【191】在西屬西印度。

【192】弗雷齊埃，見我的筆記《地理》，第三七六頁。

【193】普洛科比烏斯，《祕史》，第一四八頁。

【194】坎蒂利安。

【195】阿莫里克人（Amoriques），七世紀前居住在今布列塔尼地區的部族。——譯者

【196】阿杜安（Hardouin，一六四六－一七二九），聲稱古代傑作都是僧侶的偽作。——譯者

【197】雅各賓僧人即多明我會修士，並非法國大革命時的雅各賓黨人。——譯者

【198】此處指皇帝尼祿。

【199】《薩利克法》，第二篇§一、二。

【200】《薩利克法》，第二篇§一、三。

【201】比如，《薩利克法》規定。一蘇等於四十鍀，按《里普埃爾法》規定，一蘇等於十二鍀。第三十六章規定：依照古代的習俗，也就是說，根據羅馬人的習慣，一阿司等於十二盎司。如果有人對國王表現出不忠，《里普埃爾法》在沒收財產方面（第六十九章第八十頁），看來與《羅馬法》是一致的。第七十八章規定，立假誓的小偷被處絞刑，不處任何沒收。這種規定符合《羅馬法》。《羅馬法》規定，只有大逆罪才可處以沒收財產。（見同一摘錄中的第八十頁和第八十一頁）

【202】此事表明，迪波教士的體系是錯誤的。薩利安人並不像他所說的那樣友好對待羅馬人和里普埃爾人。「《勃艮第法》律非常明智，它旨在為國家把被征戰破壞的團結重新找回來。即使在父母不同意或不知情的情況下，羅馬姑娘也可以與勃艮第人結婚，父母不得更改其決定。允許勃艮第人與羅馬人通婚，但是，勃艮第人不得迎娶未經其父同意的羅馬女子。」（《勃艮第法》，第十二篇§五）

【203】第三卷，第四篇§十七。

【204】《西哥特法》，第三卷，第五篇§四。

【205】《阿拉曼法》，第十八條。

【206】《阿拉曼法》，第二十八條。

【207】《阿拉曼法》，第二十四條，第三十條。

【208】《薩克森法》，第九條。

[209] 《薩克森法》，第十五條和我的摘要第二一八頁。

[210] 《盎格魯法》，第一章，第一節，第十章，第三節。不錯，這些只是針對尚未生育以及已經有過生育而放棄再次生育的婦女而言。

[211] 《弗里茲法》，第十三章。

[212] 《弗里茲法》，第十五章。

[213] 不過，還應關注一下這種以鋰為單位的賠償金與其他民族以蘇為單位的賠償金之間的比例關係。

[214] 《弗里茲法》，第二十一條。

[215] 未能用在《論法的精神》中的資料續篇。

[216] 參見佩蒂・德・拉克魯瓦，《成吉思汗傳》。

[217] 《政治》，第二卷，第十九頁。

[218] 阿加西亞斯，《查士丁尼執政史》，第一卷。

[219] 弗雷德加里烏斯，《編年史》關於六二八年的記述。

[220] 關於西元六二六年。

[221] 阿里奧斯托（Arioste，一四七四—一五三三），義大利詩人。——譯者

[222] 迪圖萊（Du Tullet，卒於一五七〇年），《法國望族譜》的作者。——譯者

[223] 原文中的「福音」一詞為複數，估計是指《新約全書》中的「馬太福音」、「馬可福音」登四篇福音。——譯者

[224] 克拉姆納（Chramne，約卒於五六〇年），克羅泰爾一世之子。——譯者

[225] 墨洛維（Mérovée，約卒於四五八年），薩利安法蘭克人的國王，希爾代里克一世的父親，法國墨洛溫王朝即以其名為名。——譯者

[226] 《圖爾的格雷瓜爾著作摘錄》第三十三、三十四頁。

[227] 我做此摘錄是為了用來撰寫《論法的精神》的第十八章的末尾一節。

[228] 《東哥特史》，第二章，第十四封信。

[229] 赫魯爾人（Hérules），最早居住在北歐的日耳曼人，後來分為東西兩支，西厄魯爾人遷居遷徙到萊茵河畔。——譯者

爲《論法的精神》辯護[1]

一、第一部分

我把這篇《辯護》分作三部分。在第一部分中，我就批評者對《論法的精神》的作者所作的一般性指責做出回答。在第二部分中，我就批評者的專題指責做出回答。在第三部分中，我對批評者使用的方法表明我的看法。公眾將能因此而明瞭事情的原委，進而做出判斷。

㈠

儘管《論法的精神》是一部純政治學和純法學著作，作者還是經常有機會在書中談及基督教。他在談論基督教時總是設法讓人體會基督教的偉大；雖然他不以勸人信奉基督教爲目的，卻始終努力讓人熱愛基督教。

可是，在先後出版的兩本期刊上[2]，有人惡狠狠地責難作者。其實，問題僅僅在於弄清楚，作者究竟是不是斯賓諾莎主義者和自然神論者，這兩種罪名相互矛盾，但批評者卻時而把他說成是前者，時而把他說成是後者。這兩種罪名既然互不相容，他所犯的罪再大也大不過其中之一；不過，兩種罪名加在一起，的確能使他更加令人憎惡。

作者在他那部著作的開篇處，就把物質世界和智慧靈性區分開來，所以他當然是斯賓諾莎主義者。

他當然是斯賓諾莎主義者，因爲他接著在第二段就攻擊無神論：「有人說，我們在世界上所看到的一切，都是盲目的必然性造成的，這種說法十分荒謬，試想，還有比聲稱具有智慧的存在物也產生於盲目的必然性更加荒謬的言論嗎[3]？」

他當然是斯賓諾莎主義者，因爲他接著又說：「作爲宇宙的創造者和保護者，上帝與宇宙有關係，上帝創造宇宙時所依據的法，便是他保護宇宙時所依據的法。他依照這些規則行事，因爲他了解這些規則。他之所以了解這些規則，是因爲這些規則與他的智慧和能力有關[4]。」

他當然是斯賓諾莎主義者，因爲他還說：「正如我們所見，由物質運動組成而且沒有智慧的世界始終存在著[5]。」

他當然是斯賓諾莎主義者，因爲他在反駁霍布斯和斯賓諾莎時寫道：「先有公正與正義關係，後有一切人爲法[6]。」

他當然是斯賓諾莎主義者，因爲他在第一章第二節中寫道：「如果不是依照順序而是依照重要性排列，自然法的第一條便是把造物主的觀念灌輸給我們，並讓我們心嚮往之[7]。」

他當然是斯賓諾莎主義者，因爲他不遺餘力地批駁培爾的如下悖論：與其做一個偶像崇拜者，不如做一個無神論者，這是一個悖論，無神論者將從中得出非常危險的結論。

列舉了這許多言之鑿鑿的說法後，他該作何回應呢？證據的充分程度應該與指控的嚴重程度成正比，這是大自然對於公正的要求。

第一條異議

「《論法的精神》的作者剛邁出第一步就跌倒了。他說，從最廣泛的意義上來說，法是源於事物本性的必然關係。法律是關係！這叫人如何理解？……不過，作者之所以改變人們通常對法所下的定義，並非沒有意圖。那麼，他的目的是什麼？請聽我說。依據新的體系，在組成蒲柏所說的大整體的所有存在物之間，存在著一種絕對必然的連鎖關係，哪怕極其輕微的騷擾，也會給這種連鎖關係帶來混亂，就連最高存在物也不能倖免。正因爲如此，蒲柏才說，事物只能是這個樣，而不能是另一個樣，現存狀態就是良好狀態。如此說來，法是源於事物本性的必然關係這種新說法的含義就很清楚了。作者接著又說：就此而言，一切存在物都各有其法。上帝有其法，物質世界有其法，超人智靈有其法，獸類有其法，人類有其法。」

答辯

黑暗之甚莫過於此。這位批評者曾聽說，斯賓諾莎認爲，一種盲目而必然的原則主宰著宇宙。對於這位批評家來說，無須更多的證據了，只要見到必然這個詞，立即就可斷定這是斯賓諾莎主義。作者說過，法是一種必然的關係，毋庸置疑，這當然是斯賓諾莎主義，否則怎麼會說是必然呢。令人感到奇怪的是，這位批評者之所以認爲作者是斯賓諾莎主義者，依據就是他在這一節中的論述。可是，這一節事實上恰恰是在著力批駁那種危險的體系。作者把批駁霍布斯的體系作爲自己的目標之一，因爲霍布斯的體系是一種可怕的體系。霍布斯把一切美德和邪惡都歸咎於人所制定的法律，他試圖證明，人一來到世界上就處於戰爭狀態，第一條自然法就是眾人與眾人的戰爭，這種體系與斯賓諾莎一樣，徹底顛覆了一切宗教和一切道德。有鑑於此，作者首先指出，在人爲法出現之前，就存在著公正和正義的法則；作者證明，所有存在物都有法，甚至在他們被創造之前就已經有了可能有的法，上帝自身也有法，這就是他自己制定的法。作者就此指出，人生而處於戰爭狀態的說法是錯誤的[8]，戰爭狀態只是在人類社會建立之後才開始出現。作者就此闡明了一些明晰的原則。可是，儘管作者一再批駁霍布斯的謬誤和斯賓諾莎的結論，可是，很少有人認眞傾聽他的論述，卻把他對斯賓諾莎的批駁說成是斯賓諾莎主義。既然要展開爭論，就得首先弄清問題之所在，至少應該知道你所攻擊的人究竟是朋友還是敵人。

第二條異議

批評者接著說：「普魯塔克說，法是一切人和神的主宰。《論法的精神》的作者引用這句話的用意何在，他是以不信教者的身分引用這句話嗎？」

答辯

不錯，作者確實引用了普魯塔克的這句話：「法是一切人和神的主宰。」

第三條異議

《論法的精神》的作者說：「創世看似一種隨心所欲的行爲，其實它意味著一些不變的法則，就像無神論者所主張的不變的宿命論那樣[9]。」批評者據此斷定，作者接受無神論者的宿命論。

答辯

作者提及無神論者的宿命論之前，就已經把它摧毀了，他是這樣說的：「有人說，我們在世界上所看到的一切，都是盲目的必然性造成的，這種說法十分荒謬，試想，還有比聲稱具有智慧的存在物也產生於盲目的必然性更加荒謬的言論嗎[10]？」此外，在受到責難的那個段落中，作者所論述的不止是批評者提到的那些。他沒有談及原因，也沒有對各種原因進行比較；不過，他談到了結果，對各種結果作了對比。從這一節以及此前一節和此後一節不難看出，作者所討論的是運動的規律，他認爲這些規律是由上帝確立的，都是固定不變的。整個物理世界都證明，作者所說無誤。這些規律之所以是固定不變的，是因爲上帝讓它們固定不變，是因爲上帝想要保護世界。他就說了這些，既沒有多說，也沒有少說。

我還想說的是，批評者始終沒有懂得事物的眞正意義，只是一味糾纏於言辭。作者說，創世看似一種隨心所欲的行爲，其實它意味著一些不變的法則，就像無神論者所主張的不變的宿命論那樣。可是，批評者並沒有正確理解這句話，他覺得，作者的意思似乎是說，創世是一種必然的行爲，就像無神論者所主張的不變的宿命論那樣，其實作者已經駁斥了宿命論。此外，被用來進行比較的兩件事應該彼此相關，所以，對作者上面所說的那句話絕對應該作這樣的理解：創世似乎首先應該產生一些可變的運動規律，事實上卻也產生了一些不可變的規律，就像無神論者所主張的不變的宿命論那樣。批評家又一次僅僅看到言辭，並沒有懂得意思。

(二)

由此可見，《論法的精神》中根本就沒有斯賓諾莎主義。接下來談談另一項指控，看看作者是否眞的不了解神啓宗教。作者在第一章第一節末尾提到，人作爲一種精巧的智慧物，既會陷於無知，也會犯錯誤；作者就此寫道：「這樣一種存在物隨時隨地都可能忘掉其創造者，上帝則借助宗教法規喚起他們對上帝的記憶。」

作者在第二十四章第一節中寫道：「所以，我對世界上各種宗教的審視，僅僅著眼於它們能爲生活在塵世中的人帶來什麼福祉，無論它們源自天上還是來自人間。

至於眞正的宗教，只需稍有一點公正心就可以發現，我從未試圖讓宗教利益屈從於政治利益，而是試圖讓兩者彼此結合；然而，要想做到這一點，首先必須認識和了解它們。毫無疑問，要人們相親相愛的基督教，希望每個民族都有最佳政治法和最佳公民法，因爲除了宗教以外，這些法律就是人們能夠給予和獲得的最大福祉。」

作者在第二十四章第二節中寫道：「一個既熱愛又畏懼宗教的君主猶如一頭獅子，對於撫摸它的手和安撫它的吆喝，馴服而又聽話。畏懼而又憎恨宗教的人猶如困獸，拚命撕咬防止它傷害路人的鐵鍊。完全不信教的人猶如可怕的動物，只有當它撕咬和吞噬獵物時才感到自由。」

作者在第二十四章第三節中寫道：「伊斯蘭教的君主們不斷殺人，也不斷被殺，基督教則使君主們比較大膽，因而也就不那麼殘忍。君主依賴臣民，臣民仰仗君主。眞是妙極了！彼岸世界的福祉似乎是基督教的唯一追求，可是它卻也爲今生帶來了幸福。」

作者在第二十四章第四節末尾寫道：「鑒於基督教和伊斯蘭教的特徵，我們無須詳加審視，就應該皈依前者而唾棄後者。」下面我再接著說。

作者在第二十四章第六節中寫道：「培爾先生咒罵了所有宗教之後，又對基督教大加斥伐，他竟然聲稱，眞正的基督教徒倘若組成一個國家，這個國家就不可能生存下去。爲什麼不可能？那將是一批對於自己的義務了然於胸的公民，他們具有極大的熱情去履行自己的義務；他們對於天賦的自衛權利有強烈的感受，越是覺得自己受惠於宗教，就越是覺得自己沐澤於祖國。深深地銘刻在他們心中的基督教教義，具有無比強大的力量，遠遠勝過君主政體下虛僞的榮寵、共和政體下人類的美德以及專制國家中卑劣的畏懼。

這位大名鼎鼎的人物由於不了解自己所信奉的那個宗教的精神，不懂得區分建立基督教所需的神品和基督教本身，不懂得區分《福音書》中的戒律和勸導，因而受到指責，這讓人頗感震驚。立法者之所以不制定法律而進行勸導，那是因爲他們發現，如果把這些勸導作爲法律頒布的話，就會違背法的精神。」

作者在第二十四章第十節中寫道：「假若我能在一瞬間忘掉自己是基督教徒，我就會把芝諾學派的毀滅列爲人類的一大災難。暫且把神啓眞理擱置一邊，去到萬物中尋找，你絕找不到比兩位安托尼烏斯更偉大的人物。」

作者在第二十四章第十三節中寫道：「異教僅僅禁止若干重大罪行，它只管手而不管心，所以，異教徒可能犯下不可補贖的罪行。可是，有一種宗教不可能有不可補贖的罪行。這種宗教抑制一切情欲，對行動與對欲望和思想同樣小心翼翼；它不是用幾條鏈子而是用無數細繩把我們拴住；它把人類的公理置於一邊，而另立一種公理；它的使命是不斷地把我們從悔引導到愛，又從愛引導到悔；它在審判者和罪人之間設置一個中間人，在遵守教規的人和中間人之間設置一個偉大的審判者。然而，儘管它把恐懼和希望給予所有的人，它依然讓人充分地意識到，雖然沒有一種罪行因其性質是不可補贖的，但整個生命卻可能是不可補贖的，不斷地以新的罪行和新的補贖去折磨天主的仁慈，那是極端危險的；既然我們欠著上帝的債，而且因從未還清而憂心忡忡，那麼，我們就應該擔心舊債未還又添新債，千萬別把事情做絕，不要一直走到慈父不再寬恕的終點。」

在第二十四章第十九節的末尾，作者列舉了各種異教對彼岸世界中的靈魂所產生的種種弊病後寫道：「對於一個宗教來說，僅僅確立一種教義還不夠，還要加以指導。基督教在我們所說的教義方面就做得非常出色。基督教讓我們寄以希望的，是我們所相信的未來狀態，而不是我們所感受到的或所了解的當前狀態。包括死而復活在內的一切，都將我們引向神靈觀念。」

作者在第二十六節末尾又寫道：「由此可見，一種宗教如果既有獨特的教義又有普遍的信仰，那就幾乎永遠是合適的。有關宗教信仰的法律不宜過細，比如說，不要只規定某一種苦修方式，而應該提出多種苦修方式。基督教充滿良知，節制欲念是神的權力，可是，究竟節制哪一種特定的欲念，則應由政府規定，而且應該是可以更改的。」

作者在第二十五章最後一節寫道：「但是，一種從遙遠國家傳入的宗教，一種與當地的氣候、法律、習俗和風尚全然不能適應的宗教，並不會因其神聖而大獲成功。」

作者在第二十四章第三節寫道：「儘管衣索比亞國土遼闊，氣候惡劣，基督教依然成功地阻止了專制主義在那裡落地生根。基督教還爲非洲腹地送去了歐洲的習俗和法律。就在不遠處，伊斯蘭教徒把塞納爾國王的幾位王子監禁起來；國王死後，樞密院爲扶植繼位者登基，派人掐死了被監禁的那幾位王子。

這一邊，希臘和羅馬的首領們不斷大肆屠殺，那一邊，帖木兒和成吉思汗恣意蹂躪亞洲，毀滅民族和城池。我們只要睜眼看一看那些首領的所作所爲，就能知道我們是如何受益於基督教，在治國方面我們享有一定的政治權，在戰爭中我們享有某種萬民法規定的權利，人類的本性對這些權利無論怎樣表示感謝都不爲過。」我懇請批評者從頭到尾閱讀這一節。

作者在第二十四章第八節中寫道：「一個國家所信奉的宗教，倘若不幸不是上帝賜予的那種宗教，那就始終需要設法讓宗教與道德保持一致。因爲，宗教——哪怕是僞宗教——是爲人正直誠實的最佳保證。」

上述這些段落都言之鑿鑿，大家從中可以看到，作者不僅信仰基督教，而且熱愛基督教。你能對此提供什麼反證嗎？我再次重申，證據應該與指控相對應，指控倘若並非空穴來風，證據當然也就不應無中生有。可是，批評者在提供證據時，卻採用了一種相當怪異的形式，從頭到尾半是證據，半是辱罵，而且還以一連串空泛的言辭作爲外衣；所以，我還得仔細尋找才行。

第一條異議

作者頌揚斯多葛主義，而斯多葛主義是承認盲目的命運和必然的連結關係的[1]。這就是自然宗教的基本點。

答辯

我姑且把這種不良的推理方式假定爲良好的推理方式。作者頌揚了斯多葛派的物理學和形而上學嗎？沒有，他頌揚了斯多葛派的倫理學。他說，各國人民從斯多葛派的倫理學中得到了好處；他就說了這些，再也沒有說別的。不對，我錯了，就在那一章的第一頁，他還說了些別的，他攻擊了斯多葛派的宿命論，可見，他在頌揚斯多葛派時並沒有頌揚斯多葛派的宿命論。

第二條異議

作者頌揚培爾，稱他爲偉人[12]。

答辯

我依然暫且假設，這種推理方式一般地說是一種良好的推理方式，不過，至少在我們眼下所討論的這個問題上，這種推理方式並不好。不錯，作者確實稱培爾爲偉人，但是也對培爾的看法進行了駁斥。既然進行了駁斥，當然就是不同意他的看法。既然駁斥了他的見解，那就意味著稱他爲偉人並不是因爲他的見解。眾所周知，培爾是個了不起的才子，可惜他把自己的才能用錯了地方，但這並不妨礙他依然是個才子。作者駁斥了他的詭辯，擔心他誤入歧途。我不喜歡那些顛覆自己國家法律的人，可是，我很難相信凱撒和克倫威爾都是鼠輩小人。我不喜歡征服者，可是，誰也無法讓我相信，亞歷山大和成吉思汗都是平庸之輩。作者無須多少才智就可知道，培爾不是什麼好東西，不過，他好像不願意惡語相加；這種秉性若非與生俱來，那就是後天教育的結果。我有理由相信，作者如果提筆撰文，即使對那些無所不用其極，試圖加害於他的人，也不會出言不遜；那些人竭盡全力醜化他，讓不了解他的人覺得他面目可憎，讓了解他的人對他產生懷疑。

此外我還發現，那些氣急敗壞的人的嚴厲指責，只能對那些同樣怒不可遏的人產生效果。大多數讀者都是秉性溫和的人，他們只有在心情平和之時才讀書；講道理的人熱愛理性。作者倘若破口大罵培爾，無論培爾說得對或不對，留給讀者的印象都只能是這位作者眞能罵人。

第三條異議

作者在第一章第一節中對原罪隻字未提[13]。這就是第三條批駁的由來。

答辯

我請問每一個知書達理的人，這一章的論述對象是不是神學？作者如果談論了原罪，有人就會責怪他爲什麼不談救贖，如此環環相扣，就會沒完沒了。

第四條異議

多馬先生開篇就談神的啓示，作者卻沒有這樣做。這就是第四條異議的由來。

答辯

不錯，多馬先生開篇就談神的啓示，作者卻沒有這樣做。

第五條異議

作者採用了蒲柏在那首詩中所表述的體系。

答辯

在我的書中，從頭到尾找不到一句屬於蒲柏體系的話。

第六條異議

「作者說，規定人對上帝應盡義務的法是最重要的法，可是，他否認這是第一條法，他聲稱，第一條自然法是和平，他還說，人與人起初彼此害怕，等等。但願孩子們知道，第一條法是愛上帝，第二條法是愛親人。」

答辯

作者的原話是這樣的：「如果不是依照順序而是依照重要性排列，自然法的第一條便是把造物主的觀念灌輸給我們，並讓我們心嚮往之。自然狀態下的人具有認知能力，但知識相當貧乏。人的最初思想顯然絕非思辨意識。人首先想到的是保存自己，然後才會去思索自己來自何處。因此，人起初感到的是自己的弱小，因而十分怯懦。如果需要對此提供實證，那麼，叢林中的未開化人便是。任何東西都會使他們顫慄，任何響動都會把他們嚇跑[14]。」

可見作者說的是，把造物主的觀念灌輸給我們，並讓我們心嚮往之的那個法，就是諸多自然法中的第一條。沒有任何規定禁止他從各個角度對人進行審視，更沒有任何規定禁止哲學家和研究自然法的作者這樣做。所以，他完全可以假設在社會出現之前，某人從雲端墜落到地上，只得自己照顧自己，也無法受到任何教育。於是乎，作者就說，對於此人和所有人來說，最重要的第一條自然法，因而也就是最主要的那條自然法，就是把自己託付給造物主。作者同樣完全可以進行觀察，看看此人獲得的第一感受是什麼，作用於他的頭腦的各種感受的順序是什麼；作者相信，此人在做出反應之前先有某些感覺，而第一個感覺便是恐懼，然後是養活自己之需。作者還說，把造物主的觀念灌輸給我們，讓我們心嚮往之的那個法，就是諸多自然法中的第一條。批評者說，第一條自然法是愛上帝。作者與批評者原本並無分歧，是辱罵把他們分割開來了。

第七條異議

這條異議源自第一章第一節。作者在該節中說了「這樣的人有局限性」之後，接著又說：「這樣一種存在物隨時隨地都可能忘掉其創造者，上帝則借助宗教法規喚起他們對上帝的記憶。」有人於是就問，作者說的是哪一種宗教？他說的無疑是自然宗教，可見他只信奉自然宗教。

答辯

我姑且再次假設：這種推理方式是良好的推理方式，作者所談論的僅只是自然宗教，因而可以肯定，他排斥神啓宗教，只信奉自然宗教。我卻要說，作者談論的是神啓宗教，而不是自然宗教；因爲，倘若他所談論的竟然是自然宗教，那他就是一個白癡。如果是那樣，他就應該這樣說：「這樣的人輕易地就忘掉了創造者，即忘掉了自然宗教；上帝借助自然宗教的法規喚醒他對上帝的記憶，結果是上帝賦予他以自然宗教，藉以完善他身上的自然宗教。」批評者爲了替自己咒罵作者製造理由，就從抽掉作者原話的眞實含義著手，把最明晰的含義說成是最荒謬的含義，而且爲了花最少力氣達到最佳效果，批評者還不惜曲解作者原話的通常含義。

第八條異議

作者談到人時說[15]：「這樣一種存在物隨時隨地都可能忘掉其創造者，上帝借助宗教法規喚起他們對上帝的記憶。這樣一種存在物隨時都可能忘掉自己是誰，哲學家們借助道德規範提醒他們。他們來到世上就要生活在社會中，他們有可能忘掉他人，立法者借助政治法和公民法讓他們恪盡自己的義務。」批評者說[16]，依照作者的這種說法，世界的管理權就是由上帝、哲學家和立法者分掌的了。哲學家在哪裡學到了道德之法？立法者在何處發現了爲公正地管理社會而必須加以規定的東西？

答辯

對這條異議很容易答辯。如果他們運氣很好，就可以從神的啓示中學到，也可以從把造物主的觀念灌輸給我們並讓我們心嚮往之的那個法中學到。維吉爾曾說：「凱撒與朱庇特瓜分了帝國」，《論法的精神》的作者也說過這種話嗎？主宰宇宙的上帝不是給了一些人以更多的智慧，而給予另一些人以更多的力量嗎？你也許會說，作者說過，上帝願意讓一些人管理另一些人，所以他就不再要求人們服從他，進而放棄對他們的控制，等等。大家看，那些不會講道理，卻善於興師問罪的人已經淪落到了何等地步。

第九條異議

批評者接著說：「我們注意到，作者認爲，上帝既不能治理自由人，也不能治理其他人，因爲，既然是自由人，他們當然就要自主活動（我提請讀者注意，作者從未使用過『上帝不能』這種表述）；作者認爲，只有法律可以整治混亂，因爲法律能告訴人們應該做什麼，但並不命令人們去做。所以，在作者的體系中，上帝創造了人，但既不能制止人間的混亂，也無法整治人間的混亂……眞是瞎子一個，不但看不到上帝在做他自己願意做的事，而且還像那些人一樣，不做上帝讓他做的事！」

答辯

批評者已經指責作者對原罪不置一詞，現在又提及另一件事，那就是作者居然隻字不提上帝的恩澤。這位批評者雖然對全書的每章每節都品頭論足，說來說去卻只有一個意思。與這樣的人打交道實在眞是可悲，他就像是村子裡的那個本堂神父，天文學家在望遠鏡裡把月亮指給他看，他卻只看見教堂的鐘樓。

《論法的精神》的作者認爲，他首先應該對一般的法和自然法以及萬民法作一些論述。這個話題涉及範圍極廣，可是他只用了兩節的篇幅，所以不得不對許多屬於這個話題的內容略而不談，至於那些與這個題目無關的事，略而不談的就更多了。

第十條異議

作者說，自殺在英國是一種疾病引起的後果，因而不能對自殺行爲進行懲罰，猶如對因癡呆而引起的後果不能進行懲罰一樣。自然宗教信徒當然不會忘記，英國是自然宗教的搖籃，所以，他要掩飾在英國看到的所有罪惡。

答辯

作者不知道英國是不是自然宗教的搖籃，不過他知道，英國不是他的搖籃。他談的是發生在英國的一種物理後果，所以他對宗教的想法與英國人不同，這情形猶如一個英國人談論發生在法國的一種物理後果，他對法國宗教的看法也與法國人不同。《論法的精神》的作者根本不是自然宗教信徒，不過，他倒是很希望批評他的人是自然邏輯信徒。

我相信，批評者手中令人害怕的武器已經被我打落在地，現在我要就他的篇首說上幾句，說實話，這部分實在令人不敢恭維，我擔心讀者會誤以爲我的評論是對他的挖苦。

他首先寫道：「教皇的聖諭『唯一聖子』[17]發布後，出版了許多亂七八糟的作品……《論法的精神》就是其中之一。」可是，把《論法的精神》的出版說成是聖諭「唯一聖子」引起的後果，豈不讓人笑掉大牙？聖諭「唯一聖子」絕對沒有爲《論法的精神》出版提供契機，聖諭「唯一聖子」的發布和《論法的精神》的出版，倒是爲批評者做出如此危險的推理提供了機遇。批評者接著寫：「這部著作，他多次提筆，又多次擱筆……可是，在他把最初的書稿付之一炬的那一刻，他離眞理之遠，絲毫不亞於他對自己的著作開始感到滿意之時。」他知道些什麼？他接著寫道：「作者當初倘若願意沿著既有的路徑走，他本來可以少費許多力氣。」他還知道什麼？他接著又寫道：「無需深究就可看出，《論法的精神》是一部以自然宗教體系作爲立論基礎的著作……我們在信函中駁斥蒲柏那部題爲《人論》的詩作時指出，自然宗教屬於斯賓諾莎的理論體系。這就足以讓基督教徒極度憎惡我們所說的這部新作。」我想回答的是，不但已經足夠，甚至太多了。不過，我還是要說，作者的體系不是自然宗教體系，儘管有人告訴他，自然宗教屬於斯賓諾莎的體系，但是，作者的體系並非斯賓諾莎體系，因爲他的體系不是自然宗教體系。

由此可見，有人在尚未證明有足夠的理由感到憎惡之前，就試圖讓人表示憎惡。

在對我進行批駁的兩篇文章中，可以看到如下這兩種推理方式。其一，作者是自然宗教信徒，所以，必須用自然宗教的原則來解釋他在這裡所說的話；換句話說，他在這裡所說的話如果是以自然宗教爲立論基礎的，那他當然是自然宗教信徒。

第二個推理方式是這樣的：《論法的精神》的作者既然是自然宗教信徒，他在書中就神啓宗教所說的那些好話，目的在於掩飾他是自然宗教信徒這一事實；換句話說，如果他確實試圖掩飾自己的眞實面目，他當然就是一個自然宗教信徒。

在結束第一部分之前，我想對多次批駁我的人提出一項批駁。批評者不遺餘力地用自然宗教信徒這個稱呼嚇人，致使我這個爲作者辯護的人，簡直就不敢再使用這個稱呼了，不過，我還是要鼓起勇氣說幾句。他的兩篇文章所需的解釋難道不比我爲之辯護的那部著作更多嗎？他在議論自然宗教和神啓宗教時，總是偏執於一方而置另一方於不顧，這樣做對嗎？他對只承認自然宗教和既承認自然宗教也承認神啓宗教的人從來不作區別，這樣做對嗎？一看到作者在自然宗教狀態中對人進行觀察，並對自然宗教的某些原則進行闡釋，他就大爲惱火，這樣做對嗎？他把自然宗教與無神論混爲一談，這樣做對嗎？我難道不曾聽說，我們每個人都有一種自然宗教嗎？我難道不曾聽說，基督教就是臻於至善的自然宗教嗎？我難道不曾聽說，自然宗教被用來證明神啓宗教並反對自然神論嗎？我難道不曾聽說，自然宗教被用來證明上帝的存在並反對無神論嗎？批評者說，斯多葛派是自然宗教信徒，因爲他們相信盲目的命運主宰著宇宙，我就告訴批評者，斯多葛派是無神論者[18]，人們就是用自然宗教來駁斥斯多葛派的。他還說，自然宗教體系屬於斯賓諾莎體系[19]。我對他說，這兩種體系是彼此矛盾的，用以摧毀斯賓諾莎體系的就是自然宗教。我對他說，把自然宗教與無神論混爲一談，就是把證據與想要證明的事實混爲一談，把對謬誤的批駁與謬誤本身混爲一談，因而也就等於奪走了用於攻擊謬誤的強大武器。但願上帝明鑒，我絲毫不想指責批評者有任何不良企圖，也不想利用從他的原則中可以得出的結論；儘管他很不寬容，可是我卻願意以寬容對待他。我想說的僅僅是，他頭腦中的形而上學概念是一團亂麻，他根本沒有能力把這團亂麻理清；他無法做出正確的判斷，因爲在所有應該看到的各種事物中，他所看到的始終僅僅只有一種。我說這些話，目的不是責難他，而只是爲了駁斥他對我的指責。

二、第二部分

總體思想

《論法的精神》受到了兩項一般性指責，我已經作了有效的辯解。此外還有一些專題性的責難，我也應該進行答辯。不過，爲了進一步闡明我已經說過和將要說的話，我想先就被批評者用作指斥我的口實的那些事，作一個說明。

歐洲各國最明事理的人，最有見識和最賢明的人，都認爲《論法的精神》是一部有用的著作。他們覺得，這部著作的道德是純眞的，原則是正確的，它所鼓勵的是優秀的思想，因而可以用來培養誠實的君子，抵制有害的言論。

另一方面，卻有人把它說成是一部危險的著作，把它當成放肆辱罵的對象。我有必要對此作一些解釋。

批評者非但沒有讀懂他所批評的書中的那些段落，甚至連這些段落討論什麼都不明白。他的攻擊無的放矢，憑空指責，所以，他的勝利也是空中樓閣。他所批評的是他自己頭腦中的那部著作，而不是作者筆下的那部著作。這部著作就擺在他眼前，他怎麼會弄不清它的主題和對象呢？有點頭腦的人一眼就能看出，這部著作的論述對象是世界各國人民的法、習慣法和各種習俗。書中談論了人間所能見到的所有制度和機構，作者對這些制度和機構作了區分，審視了其中最適合於所有社會和每一個具體社會的各種制度和機構，探尋了它們的起源，發現了它們的物質和精神原因，對其中具有某種優點和不具有絲毫優點者進行了觀察，對於兩種有害的做法，他力求分清哪一種害處更大，哪一種害處較小，他研究了哪些做法在某些情況下能產生良好的效果，而在另外一些情況下則會產生不良後果。他認爲他的研究是有益的，因爲，良知往往就在於善於辨別事物的微小差異。所以說，這部著作論述的範圍非常廣泛。範圍既然如此廣泛，當然就必然要對宗教進行論述。人間既然有一種眞宗教和不計其數的僞宗教，有一種來自天上的宗教和無數產生於人間的宗教，那就只能把所有僞宗教視爲人的創制物，因而，他必須如同審視所有其他人的創制物一樣來審視這些僞宗教。至於基督教，他唯一應該做的便是崇敬，因爲基督教是神的創制物。他應該論述的絕對不是基督教，因爲，基督教的本質決定了它不應是任何審查的對象。因此，當他談及基督教時，他從未把這種議論納入這部著作的提綱，他之所以談論基督教，是爲了對基督教表示所有基督教徒都應表示的崇敬和熱愛，爲了讓基督教在對比中戰勝其他所有宗教。

我所說的這些在這部著作中從頭到尾都可看到。不過，作者特地在第二十四章的篇首對此做了闡述，全書論述宗教的共有兩章，這是其中的頭一章。這一章是這樣開篇的：「茫茫黑暗之中，我們能夠辨認哪裡比較明亮，眾多的深淵之中，我們能夠辨認哪個深淵比較淺。同樣，我們也可以在眾多的錯誤宗教中，尋找那些最符合社會福祉的宗教，那些雖然不能把人引向極樂的來世，卻最能幫助人獲得今生幸福的宗教。

所以，我對世界上各種宗教的審視，僅僅著眼於它們能爲生活在塵世中的人帶來什麼福祉，無論它們源自天上還是來自人間。」

作者既然把人間的宗教視爲人的創制物，就不能不對這些宗教進行論述；因爲這些宗教必然會被列入這部著作的提綱。作者並沒有去尋找這些宗教，而是這些宗教上門找到了他。至於基督教，書中僅僅偶爾談及而已，因爲，鑒於基督教的本質，這是一種不能改變、折中或修正的宗教，所以作者沒有把它納入全書提綱之中。

爲了給責難提供充分的空間，並爲辱罵敞開大門，批評者作了些什麼呢？他把作者說成是阿巴迪先生[20]那樣的人，想要寫一部論述基督教的專著。他起勁攻擊作者，似乎《論法的精神》中論述宗教的那兩章是一部基督教神學論著；批評者對作者的指責令人產生錯覺，誤以爲作者在談論那些非基督教的宗教時，是以基督教的原則和教義作爲衡量標準的；依照批評者的判斷，作者在那兩章中，仿佛以向穆斯林和偶像崇拜者宣揚基督教的教義爲己任。每當作者泛泛地提及宗教，每當作者使用宗教這個詞時，批評者立即就說：「他說的就是基督教。」每當作者將某些國家的宗教習俗加以比較，並說這些宗教習俗比其他習俗更適合這些國家的政治制度時，批評者就說：「由此可見，你贊同這些習俗，你放棄基督教。」每當作者談及某個不信奉基督教的民族，或是提及某個民族的歷史開始於耶穌基督降生之前，批評者立即就說：「由此可見，你不承認基督教的倫理道德觀。」每當作者從政治學的角度觀察某種行爲時，批評者立即就說：「在這裡你應該寫的是基督教神學的信條。你說你是法學家，我卻要讓你當神學家，不管你自己是否願意。你對我們說了不少有關基督教的好話，可是，這是爲了掩飾你的眞面目而說的，因爲我了解你的內心，知道你想些什麼。不錯，我並未讀懂你的書，可是，這並不妨礙我好歹認清你撰寫此書的目的，因爲我對你的思想瞭若指掌。你在書中寫了些什麼，我一點也不知道，可是，對於你在書中沒有寫的那些東西，我卻一清二楚。」

且讓我們進入正題。

關於宗教勸導

作者在論述宗教的章節中批駁了培爾的謬誤，他是這樣說的[21]：「培爾先生咒罵了所有宗教之後，又對基督教大加斥伐，他竟然聲稱，眞正的基督教徒倘若組成一個國家，這個國家就不可能生存下去。爲什麼不可能？那將是一批對於自己的義務了然於胸的公民，他們具有極大的熱情去履行自己的義務；他們對於天賦的自衛權利有強烈的感受，越是覺得自己受惠於宗教，就越是覺得自己沐澤於祖國。深深地銘刻在他們心中的基督教教義，具有無比強大的力量，遠遠勝過君主政體下虛僞的榮寵、共和政體下人類的美德、專制國家中卑劣的畏懼。

這位大名鼎鼎的人物由於不了解自己所信奉的那個宗教的精神，不懂得區分建立基督教所需的神品和基督教本身，不懂得區分《福音書》中的戒律和勸導，因而受到指責，這讓人頗感震驚。立法者之所以不制定法律而進行勸導，那是因爲他們發現，如果把這些勸導作爲法律頒布的話，就會違背法的精神。」

作者就這樣批駁了培爾先生的謬誤。爲了剝奪作者的這一光榮，批評者是怎麼做的呢？他拿與培爾先生毫無相干的下一節做文章：「人類的法律是用來指導精神的，所以，法律應該給予人們以戒律而不是勸導。宗教是用來指導心靈的，所以宗教給予人們的勸導應該很多，而戒律則應該很少。」批評者由此斷言，作者把《福音書》中的所有戒律都當作勸導。其實，作者也可以說，提出這項批評的人自己也把所有戒律都當作勸導。但是，這不是作者的行事方式。還是回過頭來看看事實吧，不過，爲此需要把被作者壓縮了的那段話說得略微詳細些。培爾先生認爲，基督教社會是無法生存的，爲了證明他的說法有理，他列舉了《福音書》對人們的下列要求：被人打耳光時應該奉上另一邊臉，應該遠離世界，應該隱居荒漠等等。作者指出，培爾所說的戒律，其實僅僅是勸導，他所說的普遍規定，其實僅僅是特殊規定；作者以此捍衛了基督教。結果如何呢？批評者說，作者爲他的信仰的第一條，他認爲《福音書》只有勸導，沒有戒律。

關於多偶制

作者的另一些說法也成了指責的合適對象，有關多偶制的論述就再合適不過了。作者就多偶制專門寫了一節，表明了他對多偶制的厭惡。請看，作者是這樣說的：

多偶制本身（第十六章第四節）[22]

「如果把多偶制得以容忍的那些具體情況撇在一邊，僅從總體層面上考察多偶制，那麼我們可以說，多偶制對人類毫無用處，也不利於兩性，既不利於被蹂躪者一方，也不利於蹂躪者一方。對兒童同樣不利，嚴重的弊端之一是父母對子女的疼愛不同，一個父親不可能像一個母親疼愛兩個孩子那樣去疼愛二十個孩子。一個女子若有多個丈夫，情況就會更加糟糕。因為，只有當父親相信並願意認某個或某幾個孩子是自己所生，而且其他父親也不予置疑時，這個或這幾個孩子才有可能享受父愛。

多妻將人引向大自然所不許可的那種情愛，因為淫逸的惡行有了一樁就會有第二樁。

不但如此，擁有多個妻子並不能始終遏制再擁有一個妻子的欲念，淫欲與奢華和貪婪一樣，獲得的財寶越多，擁有財富的欲念越強烈。

在查士丁尼時代，多位哲學家因受礙於基督教而退到波斯，投靠霍斯羅沙。據阿加西亞斯說，最令他們感到吃驚的是，那些執意不改通姦惡習的人，居然也被允許擁有多個妻子。」

由此可見，作者明確指出，無論就其性質還是就其本身來說，多偶制都是一樁壞事。按理說，批評應該以這一節為依據，然而，批評者對這一節竟然隻字未提。作者還從哲理上做了考察後指出，在哪些國家中，在什麼氣候條件下，在哪些情況下，多偶制的惡果較輕。他把一些國家與另一些國家作了比較，把某些氣候條件與另一些氣候條件作了比較，他從中發現，多偶制的惡果在一些國家較重，而在另一些國家中則較輕。究其原因，據某些遊記所述，各國的男女人數比例不同，所以，倘若有的國家女多男少，多偶制儘管不是好事，但在這些國家裡的危險性顯然低於其他國家。作者在這十六章第四節中對此進行了討論。

可是，由於這一節的標題帶有「多偶制的法律是個統計問題」字樣[23]，批評者就抓住不放。然而，這一節的標題僅僅與這一節的內容相關，既不能多說，也不能少說。且讓我們來看一看。

「在歐洲各地進行的統計表明，男孩的出生率高於女孩。與此相反，關於亞洲和非洲的記述告訴我們，那裡的女孩多於男孩。歐洲的一夫一妻制與亞洲和非洲的一夫多妻制，顯然都與氣候有關。

在亞洲的寒冷氣候下，男孩的出生率也像歐洲一樣，大大高於女孩。喇嘛們說，這就是他們允許一妻多夫的原因。

不過我相信，由於性別失衡嚴重而制定法律，實行一妻多夫制或一夫多妻制，這樣的國家不會很多。這種現象只能表明，一夫多妻或一妻多夫違背自然的程度，在某些國家裡較小，而在另外一些國家裡較大。

《遊記》告訴我們，在萬丹，一個男子有十個妻子。我覺得，此事如果屬實，那也只是一夫多妻制的一個特例。

對於上述這些習俗，我只介紹其由來，並不爲之辯解。」

回過頭來再看看此節的標題「多偶制的法律是個統計問題」。如果我們想要知道在某些氣候條件下，在某些國家中，在某些情況下，多偶制的危害是否比在另外一些氣候條件下，另外一些國家中，另外一些情況下要輕一些或是重一些，這個標題就沒有錯；如果我們想要就多偶制到底是好還是壞做出判斷，那就完全不是一個統計問題。

就其性質進行探討時，多偶制不可能是一個統計問題；就其後果進行考慮時，多偶制可以是一個統計問題；當我們審視婚姻的目的時，多偶制絕不可能是一個統計問題，尤其當我們把婚姻當作耶穌基督規定的事項來審視時，多偶制更加不可能是一個統計問題。

我還想說的是，巧合幫了作者一個大忙。他肯定不曾想到，有人竟然把明明白白的一整節忘得乾乾淨淨，卻把一些模棱兩可的意思塞給另一節。他很幸運，因爲他用這樣的話結束了這一節：「對於上述這些習俗，我只介紹其由來，並不爲之辯解。」

作者剛才說過，他不認爲在某些國家中可能有這樣的氣候條件，致使女性大大多於男性，或者男性大大多於女性，因而不得不實行多偶制。他接著說道：「這種現象只能表明，一夫多妻或一妻多夫違背自然的程度，在某些國家裡較小，而在另外一些國家裡較大[24]。」批評者抓住「在另外一些國家裡較大」這幾個字作爲依據，硬說作者贊成多偶制。然而，如果我說，寧可發高燒也不願意患上敗血症，那麼，這句話的意思究竟是我喜歡發高燒，還是我覺得，患上敗血症比發高燒更加糟糕呢？

現在我把一項離奇的批駁逐字錄在下面：

「一個女子擁有多個丈夫是一種令人咋舌的怪事，任何情況下都不能允許；可是，作者卻不把這種多偶現象與一個男子擁有多個妻子的多偶現象加以區別[25]。出自一個自然宗教信徒之口的這種說法，無須任何評論。」

我懇請讀者注意批評者的推理方式。在他看來，由於作者是一個自然宗教信徒，所以對該講的事緘口不提；同樣是在他看來，由於作者對應該講的事緘口不提，所以他是一個自然宗教信徒。兩種推理過程完全屬於同一類型，結論已經存在於前提之中了。通常的做法是針對人們所寫的文字進行批評，而我們的批評者在這裡所做的，卻是就人們所沒有寫的文字信口雌黃地濫加批評。

上面這些話，都以批評者與我的下列假設爲前提：作者對於多偶制中的一妻多夫和一夫多妻不作區別。可是，倘若作者對於這兩種不同的情況作了區別，那又該怎麼說呢？倘若作者指出，一妻多夫的弊害比一夫多妻更大，那又該怎麼說呢？我懇請讀者再讀一遍第十六章第六節，我已經把它轉抄在上面了。批評者對作者大加斥伐，因爲作者沒有就這一節說什麼話；所以對於批評家來說，剩下要做的事便是針對作者不曾保持沉默的那些部分發動攻擊。

可是，這裡有一件我弄不懂的事情。批評者在他的第二篇文章中寫道：「作者在前面對我們說，熱帶國家的宗教應該允許多偶制，寒冷國家的宗教則不應允許多偶制。」可是，作者從未在任何地方說過這種話。這就是說，作者與批評者之間，並非推理方式的好與壞問題，而是事實究竟如何的問題。鑒於作者從未在任何地方說過，熱帶國家的宗教應該允許多偶制，寒冷國家的宗教則不應允許多偶制，所以，批評者的批評是否無的放矢，是否嚴重的無的放矢，請批評者自行判斷。作者應該爭辯的不止這一處。批評者在第一篇文章的結尾處寫道：「第四節以『多偶制是一個統計問題』爲標題，這就等於說，在歐洲這種小夥子多於姑娘的地方，男子只能娶一個妻子；而在姑娘多於小夥子的地方，則應該多實行多妻制。」這樣一來，每當作者談及某些習俗，或探討某些做法的原因時，批評者便說，作者把這些習俗和做法視爲準則；更爲可悲的是，批評者硬說，作者把這些習俗和做法視爲宗教準則。鑒於作者在書中談到了世界各國的許多習俗和做法，若用批評者那種方法來評論，作者就不止是滿紙謊言，簡直就是對整個宇宙犯下了十惡不赦的大罪。批評者在第二篇文章的結尾處寫道，上帝曾給他打氣。那好吧，我的回答是：上帝並沒有給他打氣。

氣候

作者就氣候所作的論述，也是値得討論的一個修辭學問題。可是，任何結果都各有其原因。氣候和其他物理原因產生了無數後果。作者如果說了與此相反的話，他就會被人看作是一個傻瓜。整個問題就在於弄清楚，在彼此相距遙遠的國家裡，在各不相同的氣候條件下，是不是存在著各具特徵的民族精神。迄今所見到的幾乎所有著作，都認爲這種區別是存在的。鑒於精神特徵對秉性具有很大影響，所以，某些秉性在一個國家中比較常見，而在另一個國家中比較少見，這一點是無須懷疑的，證據之一便是各個地方和各個時代都有許許多多撰文寫書的人。這些事情都存在於人間，所以作者在談論時所使用的是人間的方式。他原本可以再談談在學校裡爭論不休的人間美德和基督教美德等問題，可是，這些都不是論述物理、政治和法學的著作應該討論的問題。總而言之，氣候的物理現象會使人的精神處於不同狀態，不同的精神狀態則會影響人的行動。難道這就侵害了創造者的絕對控制，損害了救贖者的豐功偉績嗎？

作者致力於探索，為了以最適當和最符合本民族性格的方法領導自己的國家，各國的官吏能做些什麼，倘若果眞如此，作者做了什麼壞事呢？

批評者對宗教的各種地方性做法也使用了同樣的推理方法。作者沒有說這些做法是好還是壞，他只是說，在某些氣候條件下，一些宗教習俗比較容易為人所接受，換句話說，這些宗教習俗比較容易為某些氣候條件下的人民所接受，其他氣候條件下的人民接受這些宗教習俗則比較困難。完全不必為此提供實例，因為這樣的實例實在太多了。

我十分明白，宗教本身獨立於任何物理因素，在此國是好宗教，在彼國肯定也是好宗教，一個宗教如果僅僅在一個國家裡不好，而不是在所有國家裡都不好，那就不能說它不好。不過，我想說的是，由於宗教是由人信奉的，是為了人而信奉的，所以，某種宗教在某些地方比較容易為人全部或部分接受，在某些國家裡被接受的程度好些，在另一些國家裡被接受的程度差些，在某些場合被接受的程度好些，在另外一些場合被接受的程度差些。凡是與此唱反調的人，肯定是有意違背常識。

作者指出，印度的氣候使得印度人的習俗比較溫和。可是，批評者反脣相譏說，印度婦女為了替丈夫殉葬而把自己活活燒死。這種批駁簡直就不符合哲理。批評者難道不知道，人的精神充滿著矛盾嗎？他怎麼會把彼此相關的東西拆開來，卻把彼此毫不相關的東西硬扯在一起呢？請閱讀《論法的精神》第十四章

第三節中作者關於此事的思索。

寬容

作者對於寬容的全部論述都在第二十五章第九節中：

「我們在這裡是政治學家，而不是神學家，即使對於神學家而言，容忍一種宗教與贊成一種宗教，兩者也有很大區別。

國家的法律如果允許多種宗教同時並存，就應該強制這幾種宗教彼此寬容。」我懇請讀者把本節的餘下部分讀一遍。

對於作者在第二十五章第十節中的下面這幾句話，批評者頗不以爲然：「有關宗教的政治性法律的基本原則應該是：如果有權自行決定國家是否接受新的宗教，那就應該拒絕接受；如果新的宗教已經在國內站穩腳跟，那就應該對它採取容忍態度。」

批評者的批駁指出，作者在嚇唬崇拜偶像的君主們，讓他們趕緊關緊國門，莫讓基督教傳入。確實如此，這是作者悄悄告訴交趾國王的一個祕密。鑒於這個說法招來了許多非議，我打算做出兩點回答。第一點，作者在他的書中明白無誤地把基督教排除在應予防備的宗教之外。他在第二十四章第一節末尾寫道：「毫無疑問，要人們相親相愛的基督教，希望每個民族都有最佳政治法和最佳公民法，因爲除了宗教以外，這些法律就是人們能夠給予和獲得的最大福祉。」既然基督教在福祉中名列榜首，政治法和公民法緊隨其後，一個國家的政治法和公民法就不可能也不應該阻止基督教的傳入。

來自天上的宗教和源自人間的宗教，它們得以確立的途徑不同，這就是我的第二點回答。讀一讀教會史，你就會知道基督教的奇跡。它一旦決定進入某個國家，就知道如何爲自己打開所有門戶，爲此可以使用一切工具；上帝有時借助傳教士，有時抓住寶座上的皇帝，迫使他在《福音書》面前低頭。基督教偷偷摸摸地溜進某些地方去過嗎？請稍等，你馬上就可看到它以權威的身分爲自己申辯了。只要它願意，它就可以越洋過海，渡江跨湖，翻山越嶺，人間的任何障礙都不可能阻擋它去往它想要去的地方。不管你對它如何厭惡，它都能戰而勝之；不管你有什麼樣的風俗和習慣，不管你頒布什麼敕令，制定什麼法律，它必定能夠戰勝氣候和因氣候而制定的法律以及制定這些法律的立法者。上帝遵循我們所不了解的法規延伸或收縮基督教的邊界。

批評者說：「你這樣做，豈不是告訴東方的君主們，應該把基督教拒之門外嗎？」說這種話的人實在是沒有脫掉凡俗之氣。希律王難道應該是彌賽亞[26]？看來，批評者是把耶穌基督當成一個企圖征服鄰國的國王，不讓別人識破他的做法和意圖。讓我們有一點自知之明吧，我們用以處理人間事務的方式難道眞的那樣純淨，可以考慮用來勸說各國人民皈依基督教嗎？

獨身制

現在該談談獨身這一條了。作者關於獨身制的全部論述都在第二十五章第四節中，他是這樣說的：

「我不想在這裡議論獨身戒律的後果，有人覺得，如果神職人員的隊伍太大，而世俗信徒的人數不夠多，獨身戒律就會產生有害的後果。」

很明顯，作者在這所談及的，只是獨身制應該推廣到什麼程度的問題，恪守獨身的人數應該是多少的問題。作者在另一處還說過，這個至善的戒律不可能是爲所有人制定的；況且我們都知道，我們所見到的獨身戒律僅僅只是一種清規。在《論法的精神》一書中，從來沒有談論過獨身制的性質及其優劣程度；無論從哪個角度看，獨身制都不應是一部政治法和公民法著作的論述對象。批評者絕不願意看到他的題目由作者來論述，他始終希望作者只論述作者自己的題目；由於批評者始終是一位神學家，所以即使是在一部法學著作中，他也不願意作者以法學家的身分進行論述。不過，我們馬上就要看到，在獨身問題上，作者與神學家的見解一致，也就是說，他承認獨身有某些好處。

應該指出，在論述法律與居民人數關係的第二十三章中，作者介紹了各國的政治法和公民法在這方面提出的一個理論。他在考察世界各國的歷史後指出，在不同的情況下，這些法律的需要程度不盡相同，不同國家對這些法律的需要程度也不盡相同，相同的國家在不同時期對這些法律的需要程度也不盡相同。在他看來，羅馬人是世界上最有智慧的人民，爲了彌補人口損失，羅馬人對這些法律的需要程度最高；作者準確地收集了羅馬人在這方面的相關法律，並且精確地指出，這些法律是在什麼情況下制定的，又是在什麼情況下廢除的。這裡絲毫不涉及神學，也根本不需要神學。不過，他覺得應該在這裡談一點神學，於是他寫道：「我在這裡反對基督教採用的獨身制，但願上帝不要因此而責怪我。可是，另外還有一種因放蕩不羈而形成的獨身生活，在這種獨身生活中，男女以天然情感彼此腐蝕，逃避能讓他們活得更好的兩性結合，而去追求那種使他們越變越壞的兩性結合；對於這種獨身，誰能保持緘默而不加以反對呢？

有這樣一條自然規律：可以結婚而不結婚的人越多，已經結婚的人就越容易受到腐蝕；結婚的人越少，對婚姻的忠誠也就越少，就像小偷越多偷竊事件也就越多一樣[27]。」

由此可見，對於出於宗教原因的獨身制，作者並未反對。批評者不應指責作者，因爲他所反對的是因放蕩而產生的獨身現象，他所譴責的是許多驕奢淫逸的富人，他們爲了便於尋花問柳而逃避婚姻的枷鎖，自己淫逸無度，卻把痛苦留給可憐的窮人。所以我再說一遍，批評者不應因此而指責作者。可是，批評者在引用了作者的這些話之後，卻這樣寫道：「在這裡可以看到作者的狡詐，他想把基督教所憎惡的這些亂象歸咎於基督教。」批評者似乎並非不願傾聽作者說些什麼，我只能說他一點也沒有聽懂，他把作者譴責放蕩行爲的那些言論說成是反對基督教了。他當然因此而怒不可遏。

批評者的特殊錯誤

我們似乎覺得，批評者下定決心不去弄清問題之所在，不去弄懂他所攻擊的任何一段文字。在第二十五章第二節中，從頭到尾說的都是人們之所以要保護自己的宗教的種種原因，批評者憑藉想像把這一節讀成了並不存在的另外一節，在他看來，這一節所議論的是迫使人們改宗的原因。第二十五節事實上討論的是一種被動的狀態，批評者想像中的那一節討論的卻是一種主動的行動。他把作者討論被動狀態時說的話，搬去討論他想像中的主動行動，以這種張冠李戴的手法隨心所欲地自說自話。

作者在第二十五章第二節第二段中寫道：「我們傾心於偶像崇拜，卻不喜歡崇拜偶像的宗教。我們並不十分喜歡神的觀念，卻醉心於讓我們崇拜神明的宗教。這是一種幸福感，它部分地來自我們對自己的滿意，因爲，我們所選擇的是把神從其他宗教的屈辱下解救出來的那種宗教，這說明我們相當具有辨識能力。」作者寫下這一段的目的在於對如下現象做出解釋：穆斯林和猶太教徒並未如我們一樣受到上帝的恩寵，可是爲什麼他們的信仰也如同從切身體驗獲知的那樣不可戰勝呢？批評者卻不是這樣理解的。他說：「我們認爲，是驕傲促使人們從偶像崇拜轉變爲信仰上帝[28]。」可是，這一段乃至整個這一節都不涉及改宗問題；一個基督教徒如果在想到榮耀和見到上帝的偉大時感到心滿意足，而有人把這種感覺稱之爲驕傲，那麼這倒是一種非常好的驕傲。

婚姻

這裡還有一項不同一般的批駁。作者在第二十三章中寫了這樣兩節，一節的題目是「人類和動物的物種繁衍」，另一節的題目是「婚姻」。他在頭一節中寫道：「雌性動物的生殖能力大體上是恆定的。可是，人類的繁衍卻受到了無數障礙的干擾，諸如思想方法、性格、感情、奇思異想、任性多變、姿色永駐的欲望、懷孕和家庭人口過多所帶來的尷尬等等。」他在另一節中寫道：「撫養子女是父親與生俱來的義務，因此而確立的婚姻宣告誰應該負擔這項義務。」

批評者就此寫道：「基督教徒把婚姻歸因爲上帝的創制，上帝給了亞當一位妻子，上帝用不可摧毀的紐帶把第一個男人與第一個女人配成一對，以後他們才有孩子需要撫養。可是，凡涉及神的啓示，作者一概避而不談。」作者要回答說，他是基督教徒，但不是笨蛋；他崇敬這些眞理，但他不願意把他所信奉的這些眞理搞得亂七八糟。查士丁尼皇帝是基督教徒，爲他編輯法律彙編的那個人[29]也是基督教徒。好極了，他們編輯的那些法律文集是學校裡教育年輕人的教材，可是，他們爲婚姻所作的定義卻是：藉以構成個人生活社會的男女結合[30]。至今沒有一個人想到過，應該指責他們不曾提到神的啓示。

高利貸

現在該說高利貸問題了。我總說批評者弄不清問題之所在，而且沒有讀懂他所批評的文字，這讓我有些擔心，讀者也許已經聽煩了。關於海上貿易中的高利貸問題，批評者寫道：「依作者看來，海上貿易中的高利貸沒有一點正當的理由。他就是這麼說的。」《論法的精神》這部著作確實有一位令人害怕的詮釋者。作者在第二十二章第二十節中對海上貿易中的高利貸進行了論述，他在這一節中說，海上貿易中的高利貸有其正當的理由。請讀這段文字：

海上貿易中的高利貸

「海上貿易中的高利貸產生於兩個原因。其一是海上風險大，正因爲如此，只有高額利潤才能誘人冒險放貸；其二，海上貿易可以讓借貸人便捷地在短時間裡做大生意。對於陸地上的高利貸來說，這兩種原因不但都不存在，而且還遭到法律的禁止，較爲合理的做法是將利率限制在合理的水準。」

我懇請所有明白事理的讀者說一句公道話，作者究竟是認爲海上貿易中的高利貸是不公正的，還是僅僅認爲，與陸地上的高利貸相比，海上高利貸對天然公正的損害略小些。批評者只知道絕對的好與壞，不知道還有較好與較壞。倘若有人對他說，黑白混血兒不像黑人那麼黑，對於他來說，這就意味著混血兒像雪一樣白；倘若有人對他說，混血兒比歐洲人黑，他就以爲，此人的意思是混血兒跟煤一樣黑。且讓我們接著說。

《論法的精神》第二十二章中有四節論述高利貸。在頭兩節亦即第十九節和剛才提及的第二十節中，作者審視了各國的商貿以及世界上的各種政體與高利貸的關係，這兩節的內容僅此而已。接下來的那兩節則只是對羅馬人的高利貸的種種變化做出解釋。可是，批評者突然把作者說成是神學解疑家、教規學家和神學家，究其原因，就是因爲批評者本人是神學解疑家、教規學家和神學家，或者是這三者之二，或者是這三者之一，或者也許根本就哪個也不是。作者知道，從有息貸款與基督教的關係的角度來看，有息貸款有許多區別和限制。他知道，在這個問題上，法學家和不少法院與神學解疑家和教規學家的意見並不一致，後者主張對不索取利息的普遍原則設置某種限制，而前者則主張這種限制應該更大些。倘若這些問題都包括在作者的話題之內，儘管實際上並非如此，作者又該如何進行論述呢？有人對此進行了深入的研究，有人甚至一生都致力於這方面的研究，作者想要了解這些，困難確實相當大。可是，批評者用來攻擊作者的那四節文字卻已經充分證明，作者只是一個歷史學家和法學家而已。請讀一下第十九節：

「貨幣是價值的符號。很顯然，有人如果需要這種符號，那就應該像租用其他任何物品一樣，租用這種符號。可是，這裡有一個重大的差異，那就是，其他物品都是既可租用也可購買的，唯獨貨幣不同，它本身就是物品的價格，所以只能租不能買[31]。

借錢給人而不索取利息當然是善舉。不過，大家覺得，這只能是宗教訓誡，而不能成爲民事法規。

要想讓貿易順利開展，就得爲借貸規定一個價格，但是這個價格不能很高。否則，商人如果發現他在貿易中的贏利尚不夠支付利息，他就什麼生意都不做了。另一方面，如果放貸而不能賺取利息，那就誰也不肯放貸，商人也就什麼生意都做不成了。

我說誰也不肯放貸，此話不對。因爲，社會的各種事物在發展，高利貸必然要出現，只不過，以往發生過的種種亂象同樣也難以避免。

伊斯蘭法律混淆了高利貸與有息貸款的區別。在伊斯蘭國家裡，對借貸的禁止越嚴，高利貸現象越厲害，這是因爲，放貸人要爲違法行爲所冒的風險取得補償。

在這些東方國家裡，大部分人沒有任何保障可言，手裡握有一筆錢是實實在在的，一旦借出去就難以保證能收回來，所以，收回貸款的風險越大，高利盤剝現象也就越厲害。」

接下去的是上面已經引用的題爲「海上貿易中的高利貸」的那一節，然後是第二十一節「羅馬人的契約借貸和高利貸」。作者在第二十一節中寫道：

「除了商業借貸之外，還有一種簽訂民事契約的借貸，由此產生了利息和高利貸。

羅馬平民的權力日益增大，官吏們想方設法阿諛奉承，制定讓平民最開心的法律。他們削減本金，降低利率，甚至禁止收取利息，取消人身強制措施；每當一位護民官想要撈取民望時，就把廢除債務的問題提出來。

此類因法律或公民表決而形成的持續不斷的變化，使高利貸在羅馬日益盛行。這是因爲債權人發現，平民既是債務人，同時也是立法者和法官，所以，他們不再相信契約。作爲債務人的平民已然喪失信譽，因而只有支付高額利息才能獲得貸款，何況法律並非始終如一，平民的抱怨卻持續不斷地威脅著債權人。這就使得一切以誠信爲本的借貸在羅馬幾近絕跡，可怕的高利貸雖然時常受到毀滅性的衝擊，卻總是死而復生，在羅馬落地生根。」

「西塞羅告訴我們，在他生活的年代，羅馬的利息爲百分之三十四，外省的利息高達百分之四十。這種弊病就像是一種打擊，原因在於法律過於嚴苛。爲維護善良而制定的法律如果過於嚴苛，就會引發邪惡；因爲，不僅要爲借貸付出代價，還得爲可能受到法律懲處而付出代價[32]。」

由此可見，作者對有息貸款的論述僅限於兩方面：一是有息貸款與各國商貿的關係，一是有息貸款與羅馬公民法的關係。正因爲如此，作者在第十九節的第二段中對宗教立法者的規定與政治立法者的規定作了區分。他如果在那節中指名道姓地議論基督教，那麼，鑒於還有其他對象需要論述，他就得使用另外一些術語，讓基督教規定它所規定的，勸導它所勸導的，這樣，他就得與神學家一起區分各種不同情況，把基督教的原則爲「任何情況下都不能收受利息」這條普通法規所設置的所有限制統統提出來，羅馬人只是有時認同這條法規，而穆斯林則始終如一地認同這條法規。作者想要論述的不是這個話題，而是另一個話題，那就是：倘若以普遍且不確定範圍、無區別和無限制的方式禁止有息貸款，穆斯林的商業就會完蛋，羅馬人的共和國大概也會因此而垮臺。由於基督教徒並不生活在這種嚴苛的限制之中，所以他們的商業未被摧毀，在基督教國家中見不到令人害怕的高利貸，而這種高利貸不但在伊斯蘭國家中是非實行不可的，而且過去在羅馬人當中也曾實行。

在第二十一節和第二十二節[33]中，作者對羅馬共和國不同時期中有關契約借貸的法律，進行了考察，他的批評者離開神學家的座位，臨時當了一次博覽群書的學者。不過，我們馬上就會看到，這個學者他又當錯了，連他要評論的問題究竟是什麼也沒有搞清楚。請讀第二十二節[34]。

「塔西佗說，十二銅表法把年利率定爲百分之一。塔西佗顯然搞錯了，他把另一項法律當成十二銅表法了，我在下面將要談到那項法律。十二銅表法如果眞的對此作了規定，在債務人和債權人的爭議中，怎麼沒有人引用該法作爲解決爭議的權威呢？在有息貸款中找不到一絲一毫該法的蹤跡。對羅馬的歷史哪怕略有所知，也不會不明白，在十人團執政時代，絕不可能制定類似的法律。」作者在相隔不遠處又寫道：「羅馬三九八年，在護民官杜伊留斯和梅涅尼烏斯推動下通過了一項法令，將年息降低爲百分之一。被塔西佗錯誤地說成十二銅表法的就是此項法令。這是羅馬人首次爲規定利率而制定的法規。」現在讓我們來議論一番。

作者說，塔西佗說十二銅表法爲羅馬人規定了利率，這是塔西佗弄錯了。作者指出，塔西佗誤把大約在十二銅表法頒布八十五年後，由護民官杜伊留斯和梅涅尼烏斯制定的一項法令，當作十二銅表法，並說此法正是羅馬人爲確定利率而制定的第一項法規。批評者怎麼說呢？他說塔西佗沒有錯，他說的利率百分之一是月息，而不是年息。可是，我們現在討論的不是利率問題，而是要弄清楚，十二銅表法是否就利息作了某些規定。作者說塔西佗錯了，指的是他說在十二銅表法中，十人團對如何確定利率作了規定。在這個問題上，批評者說塔西佗沒有錯，因爲他說的是月息百分之一，而不是年息百分之一。由此可見，我說批評者沒有弄清楚問題究竟在哪裡，的確是有道理的。

不過，還有一個問題，那就是塔西佗提到的那項法規所確定的百分之一利率，到底是如作者所說是年息，還是如批評者所說是月息。批評者既然不懂羅馬法，倘若比較審愼的話，就不要與作者討論有關羅馬法的問題，不要否定他自己不但不清楚，甚至不知道如何弄清楚的一個事實。問題在於弄懂塔西佗筆下的這幾個字究竟是什麼意思：利率十二分之一[35]。其實他只要翻翻書，就可以在卡爾維努斯或者卡爾所編的字典[36]中查到，所謂利率十二分之一就是年息百分之一，而不是月息百分之一。他若是願意請教一下學者，本來也可以從索邁茲[37]的著作中獲得這些知識[38]。

讓百手的居阿司做我思想的證人。

——賀拉斯《詩集》III．四．六十九—七十

他查找原始資料了嗎？他若查找了，完全可以在法律著作中查到講得很明白的文字[39]，那樣的話，他就不至於把所有的概念都攪混。他就會分清楚，在什麼時候和什麼情況下，利率十二分之一表示月息百分之一，什麼時候和什麼情況下，利率十二分之一表示年息百分之一，它就不至於把百分之一中的十二分之一當成百分之一。

羅馬人在尚未制定利率的法規時，最常用的辦法是債權人從借出去的一百盎司黃銅中取十二盎司作爲利息，即年息百分之十二，可是，由於每阿司[40]等於十二盎司黃銅，而債權人每年對每一百盎司收取一阿司；又由於利息經常按月計算，六個月的利息叫做半息（semis）或半阿司，四個月的利息叫做四分之一息（triens）或三分之一阿司，三個月的利息叫做三分之一息（quadrans）或四分之一阿司，一個月的利息叫作月息（unciaria）或十二分之一阿司。由於對每一百盎司債款每月收取一盎司，所以，這種百分之一的月息或者說百分之十二的年息，被稱作百分之一利率。批評者雖然懂得百分之一利率的含義，但在實際應用中卻弄得一團糟。

由此可見，這只不過是債權人和債務人之間計算利息的一種方法、公式或規矩，即以年息百分之十二爲計算標準，這是當時最常見的利率。假如有人以年息百分之十八的利率放貸，計算方法依然相同，只需將每月的利息增加三分之一即可，這樣一來，一百盎司債款的月息就是一盎司半。

羅馬人曾經使用的利率計算方法，是爲債權人和債務人劃分時間，並爲支付利息提供方便而確定的，羅馬人爲利率制定法律時，這種方法依然在使用，但並未被立法者採用。立法者需要制定的是一種公共法規，它不採用月息制，而是規定按年計息。阿司、半阿司以及三分之一和四分之一阿司等計算單位繼

續使用，但它們不再具有原來的含義。也就是說，十二分之一利率的意思是年息百分之一，三分之一利率的意思是年息百分之三，四分之一利率的意思是年息百分之四，六分之一利率的意思是年息百分之六。假如十二分之一利率的意思是月息百分之一，那麼，法律所確定三分之一利率、四分之一利率和六分之一利率，也應該分別是月息百分之三、月息百分之四和月息百分之六。倘若果眞如此，那就太荒謬了，因爲，制定法律的目的本來是壓低利率，如果上述年息竟然是月息，法律豈不是遠比高利貸者心狠得多。

所以說，批評者把幾種事情全都攪混了。不過，我覺得有必要把他的原話錄在下面，藉此讓大家都看到，他講那些話時雖然底氣十足，可是誰也不會因此而相信他的話。他寫道[41]：「塔西佗沒有搞錯，他說的是月息百分之一，作者卻憑藉想像聲稱塔西佗說的是年息。每月按百分之幾向債權人支付利息，這是無人不知，無人不曉的事實，一位撰寫了兩部四開本法律著作的作者竟然會不知道？」

此人知道也好，不知道也罷，都無關緊要。事實是他並非不知道，因爲他曾在三處談到這個問題。可是，他是怎麼說的，在什麼地方說的[42]？或許我可以就此向批評者提出挑戰，請他猜一猜，因爲在我論述這些問題的地方，他大概找不到他所知道的那些術語和說法。

批評者並不是想要知道《論法的精神》的作者究竟是學識淵博還是不學無術，而是想要捍衛他自己的祭壇[43]。可是，有必要讓公眾明白，批評者談到他並不知曉的事時，一副了然於胸的神氣，對自己的堅信不疑竟然達到了懶得查一下詞典的地步，明明是他自己不懂，卻指責別人看不到自己的謬誤，所以，對於他在其他問題上的指責，不值得再去相信。難道我們相信，他那傲氣十足的腔調絲毫不會妨礙他錯話連篇嗎？他的氣急敗壞不正說明他毫無道理嗎？當他用褻瀆神明和自然宗教的信徒等罪名罵人時，我們難道不能認爲他又錯了？我們是否應該多加小心，不要因他活躍的思想和激烈的文風而受他的影響？我們是否應該將他那兩篇文章中的辱罵和歪理分開來呢？把歪理剔除之後，那兩篇文章是不是什麼都剩不下了呢？

在關於羅馬人的有息貸款和利息那節中，作者談到了羅馬人歷史上最重要的那個問題，那個問題與政治體制有著極其緊密的聯繫，不知道有多少次，政治體制險些因那個問題而被推翻；作者談到了羅馬人在極度失望狀態下制定的法律，談到了羅馬人出於審愼而制定的法律，談到了作爲權宜之計的那些法規，也談到了那些打算永遠實施的法規；在第二十二節結尾處，作者寫道：

「羅馬三九八年，在護民官杜伊留斯和梅涅尼烏斯推動下通過了一項法令，將年息降低爲百分之一……十年後，利率降了一半，後來乾脆完全取消……

如同立法者所制定的其他一切過於極端的法律一樣，這項法規也產生了同樣的效果，那就是可以找到逃避這項法規的辦法。於是不得不另外制定許多法規來加強、修正和緩和它。時而把法規置於一邊而順從習慣，時而遵循法規而不顧習慣，不過在這種情況下，習慣往往壓過法規。一個人在向人借錢時，常常遇到法律的阻礙，而這項法律其實是爲了幫助債務人而制定的。這樣一來，譴責這項法律的人和這項法律想要援助的人，都反對這項法律。裁判官森普洛尼烏斯．阿賽盧斯想要繼續嚴格執法，允許債務人依法行事，結果被債權人殺害，因爲人們此時已經不能接受如此嚴厲的法規了。」

「蘇拉當權時，呂西烏斯．瓦萊里烏斯．弗拉庫斯[44]制定一項法律，准許收取百分之三的年息。羅馬人所制定的所有相關法律中，這項法律是最公正和最溫和的一項，但遭到派特庫魯斯[45]的反對。然而，既然這項法律爲共和國所需，有利於每一個人，而且成爲債權人和債務人之間的一個方便的溝通機制，那就不能說它不公正[46]。」

「烏爾比安說[47]，還債越晚，利率越低。這一點爲利息是否正當這一問題給出了答案，也就是說，債權人是否可以出賣時間，債務人是否可以購買時間[48]。」

最後這一段僅僅與弗拉庫斯制定的法律以及羅馬人的政治措施相關，而我們的批評者對此是這樣評述的：「作者在歸納了他有關高利貸的所有論述後說，債權人出賣時間是許可的。」聽了批評者這番話，有人會以爲作者首先就神學或教會法作了一番論述，然後加以歸納。事實卻清清楚楚，作者所議論的僅僅是羅馬人的政治措施、弗拉庫斯制定的法律以及派特庫魯斯的意見；所以說，羅馬人的政治措施、弗拉庫斯制定的法律以及派特庫魯斯的意見彼此相關，是不能分開的。

我還有許多話要說，不過我更願意把下面這段話獻給那兩篇文章：「請你們相信我，親愛的皮松[49]們，有的書就像是一幅畫，展示給人的是一些空幻的幽靈，就像病人夢中所見到的那樣[50]。」

三、第三部分

我們在前面兩部分中已經看到，這許多尖刻的批評可以歸結爲：作者沒有遵照批評者們的提綱和看法撰寫《論法的精神》；如果由批評者們來撰寫一部同一題材的著作，肯定會把他們所知道的許多事情寫進去。從這許多尖刻的批評中還可看出，他們都是神學家，而作者是法學家；他們覺得自己完全可以當法學家，而作者卻覺得不能勝任他們的職業。此外，與其辛辣地攻擊作者，莫如掂量一下他們爲維護基督教所說的那些話的代價，其實作者也是崇敬和捍衛基督教的。現在我還需要做的事，就是談談我的感想。

這種評論方法不好，用這種方法去評論任何一部好書，都會把它糟蹋成與任何一部壞書一樣；用這種方法去評論任何一部壞書，都會把它說成與任何一部好書一樣。

這種評論方法不好，它不但把毫無關係的事扯進來，還把各個學科和每個學科中的各種概念攪得模糊不清。

評論一部屬於特定學科的著作時，不應該使用某些可以攻擊整個這門學科的理由。

批評一部著作，尤其是一部篇幅較大的著作時，應該設法獲得這部著作所涉及的學科的專門知識，好好讀幾本獲得公認的作者的相關著作，否則就無法知道，作者是否偏離了論述這門學科的已被普遍接受的常用方法。

語言和文字就是作者的形象，當一個作者用自己的語言和文字闡述自己的思想時，如果試圖離開他用以表述自己思想的外部符號，到別處去尋找他的思想，那是不合情理的，因爲，唯有他自己最了解自己的思想。假如他的思想是好的，有人卻非要說他的思想是壞的，那就更不應該了。

當你批評一個作者時，當你對他發火時，一定要用事實來證明你給他扣的帽子，而不能用你給他扣的帽子來證明事實。

如果你覺得作者的總體用意很好，那麼，當你發現某些段落模棱兩可時，與其指責他存心不良，莫如依據他的總體用意做出判斷，否則就很容易搞錯。

在那些供讀者消遣的著作中，讀完三四頁就可以領略到此書的風格和令人愉悅之處，可是，對於一部論證性的著作來說，你如果沒有把握它的整體思想，那就等於什麼都沒有讀懂。

寫一部好書很難，評論一部著作卻很容易，因爲，作者要守住的是所有隘口，批評者卻只要突破一個隘口就行了。所以，批評者千萬不能出錯，他若一再出錯，那就不可原諒。

此外，批評可以被認爲是批評者在炫耀自己高人一等，批評的後果通常能爲人所固有的自傲心態帶來一段美妙的時刻。樂此不疲的人永遠可以爲公正做出貢獻，卻很難在寬容這一點上有所建樹。

在各種類型的文字中，評論文章最難展示天生的善良本性，所以一定要留心，不要以尖刻辛辣的言辭使事情變得更加令人傷心。

當你評論某些重大題目時，單有熱情還不夠，還要擁有知識。老天爺如果沒有把良好的天資賜給我們，那就要用自疑、準確、努力和思考來加以彌補。

在一件自然而然地合乎情理的東西中，找出不講道理的人所能妄加的所有謬誤，這種本領對人類無益。這種人就像四處覓食的烏鴉，見了活物就離得遠遠的，找到了死屍就一擁而上。

這種批評方式有兩大弊病。第一，眞假混淆，善惡不分，讀者的精神會因此而受到毒害，他們會漸漸習慣於在非常合情合理的東西中尋找謬誤，並且由此而非常輕鬆地過渡到另一個方向，即從必然包含著謬誤的東西中尋找合乎情理的東西。讀者失去了正確的辨識能力，陷入是非錯亂的泥潭。第二，把好書說成有問題的這種批評方式，使讀者沒有其他辦法去對付不良著作，公眾因此而無法辨識哪些是好書，哪些是壞書。假如把既不是斯賓諾莎主義者也不是自然神論者的那些人，都說成是，那麼，又該把眞的是斯賓諾莎主義者或自然神論者的那些人，說成什麼呢？

雖然我們應該很容易地想到，那些在大家都感興趣的問題上撰文攻擊我們的人，是出於基督教與人爲善的本意；可是，與人爲善這種品德的本質不是遮遮掩掩，而是不管我們願意不願意，一定要充分展示自己，讓大家都看得清清楚楚，到哪裡都光芒四射。倘若在那兩篇前後相隨批駁同一作者的文章中，找不到任何與人爲善的蹤跡；在所有的段落、語句、單詞和術語中，找不到一絲一毫與人爲善的影子，那麼，那兩篇文章的作者是否有充分理由擔心，撰寫那兩篇文章並非出於與人爲善之心呢？

我們身上純潔的人類美德是我們所說的天生的善良本性的體現，如果在那兩篇文章中完全找不到這種天生的善良本性的任何跡象，公眾就可以據此得出結論，說這兩篇文章不是人類美德的體現。

在所有的人看來，行動始終要比動機純眞。相信惡毒咒罵這種行動是一種劣跡，要比說服自己把惡毒咒罵的動機看作善舉容易得多。

當一個人處於這樣一種狀態：他敦促大家敬重宗教，宗教也讓大家敬重他，當他在全世界面前攻擊一個生活在這世界上的人時，很重要的一點是通過他的行動方式維護他的超群性格。世界很腐敗，某些感情在這個腐敗的世界上處於被脅迫狀態，同時也有一些爲某些人所寵愛的感情，不讓其他感情表露出來。觀察一下世界上的各色人等，最羞於見人的就是自命不凡，這種傲氣不敢說出自己的奧祕，而在對待他人的態度上，傲氣先是藏而不露，接著便故態復萌。基督教讓我們養成了抑制傲氣的習慣，人群則讓我們養成了掩飾傲氣的習慣。我們身上的美德並不多，如果我們放縱自己，不注意自己點點滴滴的言行和舉止，我們會變成什麼樣呢？一些人原本具有受人尊敬的性格，有時也會因激憤而失態，而大家都不敢挑明，這些人於是就以爲自己比別人強，儘管其實並非如此。這就是一種大毛病。

我們這些凡夫俗子都很弱小，所以很需要得到別人的照顧。因此，當有人把各種激烈的情緒暴露無遺時，他們希望我們內心作何想法？希望我們因不敢做出判斷而不作判斷嗎？

我們可能已經在爭論和交談中注意到那些聽不進別人話的人，由於他們參與爭論的目的不是相互說明，而是把對方打翻在地，所以他們距離眞理的遠近，不取決於他們的氣度大小，而取決於他們性格中怪異和固執的程度。那些天生脾氣好或因教育而性格溫和的人恰好相反，對他們來說，參與討論是爲了互相幫助，互爭高下是爲了同一個目標，看法不同爲的是最終達成共識；他們的知識越豐富就越能找到眞理，這是天生的善良本性對他們的獎賞。

當一個人撰寫宗教著作時，對於此類著作的讀者的虔誠不能寄予過高的期望，不能說不符合常識的話。因爲，爲了獲得那些虔誠多於知識的讀者的信任，他可能失去那些知識多於虔誠的讀者的信任。

由於宗教具有很強的自衛的功能，所以，對於宗教來說，捍衛得不好比根本不捍衛帶來的損失更大。

倘若有這麼一個人，當他失去讀者之後，就對享有威望的某人發起攻擊，以此作爲吸引讀者的手段。我們或許會懷疑，他是以把這個犧牲品奉獻給宗教爲藉口，讓此人爲他的自尊心做出犧牲。

我們談到的批評方式，是世界上最有可能使民族才能——請允許我斗膽使用這個詞——的廣延程度受到限制，使民族才能的總量被削減的東西。神學有其邊界和表達方式，由於它所傳授的是眾所周知的眞理，所以，必須讓大家堅定地忠實於這些眞理，防止有人背棄這些眞理；這就意味著，才能不應充分擴展，而應讓它囿於圍牆之中。可是，若是試圖把論述人文科學的人放在這個圍牆之中，那就是對世界的嘲弄。幾何學的原理非常眞實，可是，倘若想把這些原理用於與審美情趣有關的東西，那就無異於否認理性本身。令學問窒息最甚的，莫過於企圖讓所有的病人都喝同一劑藥。好爲人師必然嚴重妨礙進取；無論多大的才能，一旦無端地受到無數顧慮的束縛，必然日益萎縮。你不是具有世界上最佳的意願嗎？有人立即會讓你對自己產生懷疑。你如果總是提心吊膽，唯恐說錯話，那你肯定就再也說不好了，你將不再按照你的思路說話，而是把心思放在用字遣詞上面，縱然如此，依然難免因說漏了嘴而被批評者逮個正著。有人把一頂修女帽放在你頭頂上，每當你說一句話，他就好像在提醒你說：「小心掉下來，你想照你想的說，我們想讓你照我們想的說。」你不是想有所發展嗎？他就拽住你的袖子。你不是精力旺盛活力無窮嗎？他就讓你一點一點耗盡。你不是長高了一些嗎？有人就會拿起尺子，抬起腦袋對你高喊，讓你趕緊下來量一量身高。你不是在事業的大道上奔跑嗎？他們就讓你時時盯著地面，別讓螞蟻搬來的石子絆倒。無論哪種科學或文學都無法抵擋這種學究氣。本世紀出現了許多學院，可是，有人卻想讓我們回到黑暗時代的學校中去。對於那些才能遠遠遜於笛卡兒，志向卻絲毫不比他小的人來說，笛卡兒確實能爲他們帶來寬慰。這位偉人一再被指斥爲無神論者，可是如今用來攻擊無神論的論據，卻比不上笛卡兒對無神論的批駁。

此外，只有當批評者願意把批評說成純屬個人的行爲時，我們才可以作如是觀。批評供公眾閱讀的著作是完全可以的，因爲，那些想要幫助他人消除蒙昧的人，倘若不願意消除自己的蒙昧，那豈不讓人譏笑。那些提醒我們的人都是我們這些著作的夥伴。作者和批評者如果都在探索眞理，他們就有共同的利益，眞理既然是所有人的財富，他們就是同一聯合體的成員，而不是敵人。

我高高興興地放下手中的筆。我本來完全可以繼續保持沉默，如果不是因爲有好幾個人從我的沉默中得出結論，說我已經被他們批駁得啞口無言。

本章注釋

[1]《論法的精神》出版後遭到論敵的各種攻擊，孟德斯鳩遂撰寫此文作為回答。此文於一七五〇年二月在日內瓦以小冊子形式出版。——譯者

[2] 一本出版於一七四九年十月九日，另一本出版於一七四九年十月十六日。（此處指法國天主教冉森派的刊物《教會新聞》（*Nouvelles ecclésiastiques*）。——譯者）

[3] 見《論法的精神》，第一章，第一節。

[4] 見《論法的精神》，第一章，第一節。

[5] 見《論法的精神》，第一章，第一節。

[6] 見《論法的精神》，第一章，第一節。

[7] 見《論法的精神》，第一章，第二節。

[8] 見《論法的精神》，第一章，第二節。

[9]《論法的精神》，第一章，第一節。

[10]《論法的精神》，第一章，第一節。

[11] 一七四九年十月十六日出版的第二本小冊子，第一六五頁。

[12] 第二種期刊，第一六五頁。

[13] 一七四九年十月九日出版的那份期刊，第一六二頁。

[14] 第一章，第二節。

[15] 第一章，第一節。

[16] 一七四九年十月九日出版的期刊，第一六二頁。

[17]「唯一聖子」是羅馬教皇克萊門特十一世頒布於一七一三年七月八日的一道聖諭，主要內容是譴責法國天主教冉森派。由於對聖諭的態度截然相反，法國天主教徒分裂為支持派和反對派。法國國王路易十五支持這道聖諭，並於一七三〇年使之成為法國法律。——譯者

[18] 參閱一七四九年十月九日的期刊，第一六五頁：「斯多葛派只承認一位上帝，可是，這位上帝只不過是世界的靈魂。他們主張，所有存在物都必然連接在一起，而一切事物都被命中注定的必然性所帶動。他們否

認靈魂不死，把生活的最高幸福說成是順應自然。這就是自然宗教體系的根基。」

【19】參閱一七四九年十月九日的期刊，第一六一頁中的第一欄末尾。

【20】阿巴迪（Abbadie, Jacques，一六五八—一七二七），新教神職人員，南特敕令撤銷後流亡他國，他的《基督教真理論》一書一六八四年出版後長期享有盛譽。——譯者

【21】第二十四章，第六節。

【22】應是第六節。——譯者

【23】此節的標題實際上是「多偶制的各種情況」。——譯者

【24】第十六章，第四節。

【25】一七四九年十月九日出版的期刊，第一六四頁。

【26】希律王（Hérode，前七三—前四），猶太王（前四〇—前四），《聖經·新約全書》多次提及此人；彌賽亞（Messsie）就是基督教的救世主耶穌。——譯者

【27】第二十三章，第二十一節結尾處。

【28】第二份期刊，第一六六頁。

【29】此人便是特里博尼安（Tribonien，卒於五四七年），他奉查士丁尼之命收集並整理古羅馬的法律和有關法律的決定，經他不懈努力，終於編成了《查士丁尼法典》、《法學階梯》和《查士丁尼學說彙編》三部重要的法律文集。——譯者

【30】拉丁文為：Maris et feminoe conjunction, individuam vitoe societatem,continens。

【31】這裡絲毫不涉及作為商品的黃金和白銀。

【32】《論法的精神》第二十二章第二十一節中並無這一段文字。——譯者

【33】《論法的精神》第二十二章，第二十二節。

【34】同上。

【35】從前《十二銅表法》規定，利息不得超過十二分之一。

【36】利息種類是根據一阿司的各種份額來命名的：應該知道，這一點人們明白，一切本金都是要百分之百收回的；而當每月交付本金的百分之一的份額時，利息就是最高的。並且因為按該最高利率，每一百金幣一年獲得的這種利息是十二金幣，十二這個數目令律師們震動，以致於他們將這一阿司稱為「付息的」。正如

這一阿司不是按月支付而須按年支付來估價，其各種份額同樣也須按年利率來區分：這樣若每年每一百付一，則為十二分之一息；若付二，則為六分之一息；若付三，則為四分之一息；若付四，則為三分之一息；若付五，則為十二分之五息；若付六，則為二分之一息；若付七，則為十二分之七息；若付八，則為三分之二息；若付九，則為四分之三息；若付十，則為六分之五息；若付十一，則為十二分之十一息；若付十二，則為一阿司息。約翰內斯・卡爾維努斯（別名「卡爾」）：《詞典》，日內瓦，一六二二年，彼得・巴爾敦書坊，「利息」詞條，第九六〇頁。

[37] 索邁茲（Saumaise，一五八八—一六五三），法國哲學家和學者，不但精於法學、神學和醫學，而且通曉拉丁文、希臘文等多種語言。——譯者

[38] 《論利息的方式》，荷蘭，萊頓：埃爾賽維爾出版社，一六三九年，第二六九、二七〇和二七一頁：一盎司息（十二分之一息）究竟從何而來，一盎司息（也可稱作十二分之一息），不是按月支付的利息，而是按年付息。每一百盎司本金收取利息一盎司。

[39] 《法律論說》四十七，《軍團長官》，《關於監護人的管理和風險》的各頁。

[40] 阿司（as），羅馬計量單位。——譯者

[41] 一七四九年十月九日的期刊，第一六四頁。

[42] 參閱第二十二章，第二十二節，第三個和最末一個註腳，以及第三個註腳的全文。

[43] 拉丁文寫作 Pro aris。

[44] 呂西烏斯・瓦萊里烏斯・弗拉庫斯（Lucius Valerius Flaccus），羅馬大法官。——譯者

[45] 派特庫魯斯（Paterculus），羅馬護民官。——譯者

[46] 《論法的精神》第二十二章第二十二節並無此段。——譯者

[47] 《法律》，第十二篇，「關於用語的含義」。

[48] 此段與《論法的精神》中的同一段不盡相同。——譯者

[49] 皮松（Pison），羅馬望族。——譯者

[50] 賀拉斯，《詩藝》，第六行。

有關《爲論法的精神辯護》的資料[1]

·四三五—四三七。——我沒有寫入《爲論法的精神辯護》中的東西。

·四三五（二○○六）。——思想論著的作者們都應該想到，他們有一天會受到同行的審判。相對於讀者而言，作家必然擁有的全部優勢，就在於他們對自己所論述的問題，比讀者有更多的思考。不過，如果讀者也進行了深入的思考，他們就與作者處於同等地位。自尊心應該懂得這樣一個祕密：你是在自尊心面前說話。什麼？作者憑藉自命不凡便能擁有謙遜的讀者嗎？是否由於他目前擁有優勢就肯定以後不會變成弱勢呢？一位作者的憨厚恰如年輕人迷人的羞赧，如果說大自然有一種藝術作品，那就是年輕人的這種羞赧。倘若想要讓人讀我們的書，那就應該首先讓人喜歡我們。一個人假如確有才智，那就應該與他人的才智相得益彰，如果他做不到這一點，那他就應該像寶石一樣，把黃金切割開來。

「猶如點綴黃金的寶石，熠熠生輝。」

偉大的上帝！我們怎麼可能永遠有理？別人怎麼可能永遠不對呢？有頭腦的人在做出決定時會瑟瑟發抖，其他人則會以獲得肯定的喜悅作爲補償。

·四三六（二○○七）。——誇誇其談是無人不具的才能，願意寫作的年輕人總是由此邁出第一步，不是老師覺得採用這種風格比較容易，就是學生覺得接受這種風格更容易。請你看看德摩斯提尼，他不發火的時候很平實，就像幾乎永遠晴朗的藍天，偶爾才打幾聲雷。

• 四三七（二〇〇八）。——請你關注一下基督教的精神。基督教要求人們不停地羞辱自己，同時絕對禁止羞辱他人，它憎惡自負和虛榮，不讓你爲自負和虛榮推波助瀾，也不讓你冒犯虛榮心，理由是當你冒犯他人的虛榮心時，你自己的虛榮心會從中得到某種樂趣，而這是基督教所不允許的。因爲，他人的自負受到你的凌辱後，會觀察你的意圖，然後對你進行反擊，讓自負經受折磨並非根除自負的可靠手段。受到壓制的自負會迸發出力量來進行反擊。

自負會不會與自負作對？兩個自負的人只會相互撐腰，因爲謙遜迫使自負進行自衛。

基督教要求人人做到兩件事：一件令人神往，那就是愛別人；一件令人戰慄，那就是恨自己。除了我們自己以外，上帝對我們沒有別的要求。

對他人的凌辱足以表明，這是一個普遍粗野的民族，有時甚至還能表明，這是一個自由乃至率眞的民族。

在這種情況下，基督教的仁慈所受到的傷害比較小，因爲，很難確定這個民族何以具有上述這些特徵，是由於普遍的習俗呢，還是源自特殊的暴力？不過，在一個公民們被法律緊緊凝聚在一起的民族中，人人覺得相互的友善和尊重已經把自己與他人聯結起來，所以，如果有人遭到凌辱，那肯定是此人有罪，致使不得不打破禁忌對他施加凌辱，這樣做當然極大地傷害了基督教的仁慈。

所以，希臘人和羅馬人使用的言辭更加激烈，對人的傷害卻不如我們大。在這些民族中，基督教的仁慈受到的傷害比較小。倘若心靈講了這些傷人的話，倘若習俗聽任這些傷人的話，倘若公眾的良心或是個人的良心應該自責……

• 四三八（二〇〇五）。——我在回答貝爾捷神父關於雅典的提問時，最後是這樣說的：「這些先生非常喜歡決鬥，可是他們的裝備卻相當簡單。」[2]

本章注釋

[1] 本篇摘自孟德斯鳩的《隨想錄》。——譯者

[2] 這段話沒有收入《為論法的精神辯護》。

對《論法的精神》的若干解釋[1]

一

有幾位人士提出如下異議：在《論法的精神》這部書中，榮寵和畏懼被說成是某些政體的原則，美德則僅僅是若干其他政體的原則。這麼說就意味著，基督教的美德就不爲大多數政體所需了。

回答如下：作者在該書第三章第五節中的一個註腳中寫道：「我在這裡說的是政治美德，就其指向公共利益這層意思而言，它是倫理美德。我極少言及個人的倫理美德，根本不談與『神啓眞理』有關的美德。」第三章第六節的一個註腳再次提及第五節的這個註腳。在第五章第二節和第三節中，作者爲他筆下的美德所下的定義是「愛共和國和愛節儉」。整個第五章都立足於這個原則。一個作者既然在他的著作中爲一個詞下了定義，或者用我的話來說，一個作者既然給出了一部詞典。難道不應該根據他給出的定義來理解他的話嗎？

如同所有語言中的大多數詞一樣，美德一詞可以從不同的角度來理解，有時可以理解爲基督教的美德，有時可以理解爲不信教者的美德，通常則理解爲基督教的某種美德或是不信教者的某種美德，在一些語言中，有時還可以理解爲某種或某些工藝的某種能力。這個詞的含義歸根結底取決於上下文。作者既然多次爲這個詞下定義，可見他在這方面做了許多努力。有人之所以還會提出異議，那是由於讀得太快。

二

作者在第二章第三節中寫道：「在一個貴族政體中，與權力絲毫不沾邊的人民如果又少又窮，以致於占統治地位的那些人根本無須壓迫他們，那麼，這就是最佳的貴族政體了。安提帕特[2]規定，財產不足兩千德拉克馬的雅典人不得享有選舉權，從而建立了最佳的貴族政體，因爲這個財產門檻很低，城邦中略有身分的人都能獲得選舉權，因貧窮而不能獲得選舉權的人很少。因此，貴族家庭應該盡可能置身於人民中間。貴族政體越接近民主政體越好，越接近君主政體則越不完善。」

《特雷武報》一七五九年五月號上的一篇文章，對作者使用的引文也提出了異議。該文寫道，查閱作者所引的那本書發現，符合安提帕特所規定的財產門檻的只有九千人，不能獲得選舉權的人則多達二萬二千。由此可見，作者的引文有問題，因爲在安提帕特的共和國裡，達到財產規定的是少數，沒有達到的是多數。

回答

提出此項批評的人若能對作者和狄奧多羅斯所說的話讀得更加仔細一點就好了。

㈠在安提帕特的共和國裡，沒有二萬二千納稅額不達標的人。狄奧多羅斯所說的二萬二千人已經去往沙拉斯，並在那裡定居；留在安提帕特的共和國中的只有納稅額達標的九千人和不願前往沙拉斯的下層貧民，就是這批人組成了安提帕特的共和國。讀者不妨參閱一下迪奧多盧斯的著作。

㈡即使留在雅典的是沒有交足稅額的二萬二千人，所提異議依然不正確。大和小這兩個詞是相對的。一個國家若有九千君主，顯然多得嚇人，而同一個國家若僅有二萬二千臣民，則顯然少得可憐。

本章注釋

[1] 一七四九年四月《特雷武報》刊登了一封信件，指責孟德斯鳩在《論法的精神》中未將美德視為君主政體的原則，本文第一部分就是對此指責的回答。本文第二部分是對刊登在耶穌會主辦的期刊《特雷武報》上的一篇批評文章的回答，該文就一些枝節問題嚴厲指責《論法的精神》。——譯者

[2] 參閱狄奧多羅斯，《世界文庫》，第十八卷，第六〇一頁，羅多曼版。

向神學院提交的回答和解釋[1]

對神學院從它所審查的《論法的精神》中抽取的十七個命題所作的解釋

第一題

「氣候是所有因素中最重要的因素[2]……有的地區在氣候作用下，生理因素過於強大，道德幾乎沒有任何約束力[3]。產生於特定氣候條件的宗教，若是與另一個國家的氣候條件相差太多，就不可能在那個國家立足，即使被引入那個國家，也會立即被趕出來。從人的角度看，爲基督教和伊斯蘭教設置分界線的，好像就是氣候[4]。」

回答和解釋

該題可分爲三個部分，每個部分都與不同氣候對人類的影響有關。

《教會新聞》諸君指責我把所有後果歸咎於氣候。我在《爲論法的精神辯護》第一〇二、一〇三、一〇四、一〇五、一〇六、一〇七頁中已經作了回答，並向他們解釋我在這個問題上是如何想的。我請大家再讀一讀這篇《辯護》的第一一二、一一三、一一四、一一五頁，我在那裡談了我如何看待基督教的建立。

該題第一部分。——「氣候是所有因素中最重要的因素。」

這句話摘自第十九章第十四節，這一章隻字未曾提及基督教。我在這一章裡探討了這樣一個問題：沙皇彼得一世想要改變民族的習俗和風尚，他應該通過公民法還是習俗來達到這個目的，所謂通過習俗，也就是借助榜樣和確立相反的習慣。我認爲，在這種情況下不必借助法律，尤其因爲他所確立的習慣符合俄國的氣候性質。我還說（其實只不過是個含蓄的說法）：「氣候是所有因素中最重要的因素。」由此不難看出，這裡涉及的僅僅是人的事情，人的行動。我們日常所說：「沒有比這更加嚴重的事了」，並未把宗教考慮在內，甚至連想都不曾想到宗教。

該題的第二部分。——有的地區在氣候作用下，物質因素過於強大，道德幾乎沒有任何約束力。看來，如果有人被指控對道德原因的強大一無所知，因而對道德本身也一無所知，那麼，《論法的精神》的作者大概就是最後一位。他在以氣候爲主題的那幾章中多次談及氣候，他在這部書中幾乎從頭到尾都談及道德原因，因爲書中涉及道德原因問題。我們可以說，《論法的精神》是道德對氣候的永恆勝利，或者籠統地說，是道德對物質原因的永恆勝利。只要讀一下他所說的道德原因對斯巴達人、希臘人和羅馬人的精神的巨大作用就明白了。正是因爲這個緣故，作者大聲指責《教會新聞》。《教會新聞》以這部共有三十一章的著作中的兩三章爲依據，對作者大加斥伐，似乎他否認道德原因、政治原因和民事原因的影響，儘管這部書事實上幾乎從頭到尾都在努力確認這種影響。這只是就總體而言，現在再來談談該題受到指責的第二點。

作者的論述建立在事實的基礎之上，如果想要否定這個論述，就應該把闡明下述觀點的那幾個章節統付之一炬：在一些國家裡，人們耽於女色和飲酒過量的程度甚於其他國家。此外，作者的論述中有「似乎」一詞，它起到了某種緩和的作用。既然說道德幾乎沒有任何約束力，那就等於說道德畢竟還有某種約束力。作者在第十五章第十節中指出，道德如果得到它自己所確立的某些習慣的支援，例如把婦女幽禁起來，它就能發揮極大的影響。請讀《論法的精神》第十六章第八節和第十六章第十節。

該題的第三部分。——「產生於特定氣候條件的宗教，若是與另一個國家的氣候條件相差太多，就不可能在那個國家立足，即使被引入那個國家，也會立即被趕出來。從人的角度看，爲基督教和伊斯蘭教設置分界線的，好像就是氣候。」

爲了了斷一切，我在新版中刪掉了這段話。

第二題

「能夠容忍異教的宗教很少會想到向外擴張……一個國家對於已經建立的宗教倘若感到滿意，就不應再允許另一種宗教插足進來；這將是一項極好的法律。有關宗教的政治性法律的基本原則應該是：如果有權自行決定國家是否接受新的宗教，那就應該拒絕接受；如果新的宗教已經在國內站穩腳跟，那就應該對它採取容忍態度[5]。」

回答和解釋

我對上文中的「站穩腳跟」做了如下註腳：我在這裡所說與基督教無涉，因爲正如我在別處所說的，基督教是第一財產。參閱前章第一節以及《爲論法的精神辯護》第二部分。

第三題

「各種宗教都有許多地方性法律。莫采蘇馬堅持認爲，西班牙人的宗教適合西班牙，墨西哥的宗教適合他的國家。此話絕非謬說，事實上，立法者縱然不想考慮大自然此前已經確立的東西，那也是辦不到的[6]。」

回答和解釋

我除了想說莫采蘇馬說的是錯話，而不是無稽之談之外，我從未試圖再說什麼。不過，爲了了斷一切，我刪掉了這段話。

第四題

「應該敬重上帝，但絕不應該爲上帝復仇[7]。」

回答和解釋

我把這句話刪除了。

第五題

「尤利安（我雖然讚揚尤利安，但絕不會成爲他背棄宗教行徑的同謀）之後，再也沒有一個君主能像他那樣無愧於做人的統治者了[8]。」

回答和解釋

我把這句話刪除了。

第六題

「多偶制法律是一個統計問題。不過我相信，由於性別失衡嚴重而制定法律，實行一妻多夫制或一夫多妻制，這樣的國家不會很多。這種現象只能表明，一夫多妻或一妻多夫違背自然的程度，在某些國家裡較小，而在另外一些國家裡較大[9]。」

回答和解釋

我更換了標題，刪除了「多偶制法律是一個統計問題」這句話。與此相同，我將「比較符合自然」這句話，更換爲「離自然稍近些」。

至於有人要我多說幾句，藉以表明，我把男人的多妻視爲惹人反抗、令人憎惡的放蕩行爲。我的回答是無須多此一舉，因爲我已經把事情說清楚了。《教會新聞》的那位先生指責我沒有區別男子多妻和女子多夫，我在我的回答第九十五、九十六、九十七、九十八頁中指出，他不知道自己在說什麼，因爲，我在《論法的精神》第十六章第六節「多偶制本身」中已經對兩種多偶狀況做了區分，而且指出男子多妻比女子多夫更壞。要我多說幾句的建議缺乏理由，只能讓《教會新聞》那位先生拙劣的推理得逞。再者，我在第十六章第六節中表明了毫不含糊地反對多偶制的態度，對我在這個問題上的想法不應還有任何懷疑。因此，請認眞閱讀這一節，此外還請認眞閱讀《爲論法的精神辯護》第八十五—一〇二頁「關於多偶制」的那一節。

我再說一點感想。聽到《教會新聞》那位先生針對多偶制的叫嚷，仿佛漢尼拔已經來到了大門口，引進多妻制的威脅就在我們眼前。不喜歡爭吵和混亂的人是不會涉足此事的。在我們這個世紀和我們的國家中，倘若有人宣稱自己是多偶制的捍衛者，眾人必定會在一聲驚叫之後把他送進精神病院，至少也會把他當作一個十足的傻瓜。

第七題

「以不能生育爲由的休妻只適用於一妻制[10]。」

回答和解釋

我在一妻制下面加了一條註腳：「這並不意味著以不能生育爲由休妻是被基督教所允許的。」

第八題

「宗教設定一些規矩，不是爲了好，而是爲了最佳，不是爲了善，而是爲了至善，因而，只有當這些規矩是勸導而不是戒律時方才合適。……基督教勸人獨身，當這種勸導成爲某一類人必須遵守的法律後，就得每天制定新的法律，迫使這類人遵守獨身的法律。立法者不但使自己疲憊不堪，也讓社會不勝其煩，等等[11]。」

回答和解釋

我刪除了從「基督教勸人獨身」到結尾處的所有文字。取消了令人爲難的這個例證後，餘下部分就不會再令人爲難了。這樣做是基於以下理由：至善，也就是最佳，不可能人人做到，事事做到。

有人建議我在說了上面這些話之後，再添上如下幾個字：「法律：爲所有的人和所有的事制定。」我沒有這樣做，因爲這層意思已經在這一節中說明白了。

第九題

「宗教原則對人類的繁衍具有極大的影響，既能起到激勵作用，也能起到遏制作用。猶太人、穆斯林、波斯的祆教徒以及中國人，在人口增殖方面受到了宗教的鼓勵，而信奉基督教之後的羅馬人，卻在這方面受到了宗教的遏制。關於節欲的說教無處不在，從未停止，節欲是一種更加完美的品德，因爲就其性質而言，應該僅有少數人具有這種品德[12]。」

回答和解釋

眞不明白，這些話中究竟是什麼東西令人不快。如果說是事實，那倒是眞的。聽一聽竭力勸人獨身的神父們是如何說的就可以了。他們是不是這樣說的：「這是至善的美德，因爲就其性質而言，只有極少數人應該奉行此項美德。」這話說得更對了，因爲，既不可能人人獨身，也不可能絕大多數人獨身。索爾邦神學院不願禁止與此相仿的另一個說法，那就是第一批命題中的第六題。我把這個題改成「因爲只有少數人能奉行此項美德」，把原來的「極少數人」改成「少數人」；而爲了消除一切顧忌，我把原來的「也能起到遏制作用」，改寫成「也能起到延緩作用」。

兩年前，辛蒂克先生在他寄給作者的一張紙條上寫道，有人反駁作者說，永遠不必擔心有教養、有熱情、有品德的神職人員太多。我覺得，這麼說有點跑題。毋庸置疑，在神職人員當中，有教養又有熱情的神職人員永遠不會多。可是，問題是要弄清楚，公民當中的神職人員是否可能太多。一個君王如果使用這種推理方法，他就永遠不會對他的軍隊進行改革。有人永遠會對他這樣說：「陛下，勇敢、大膽、服從而又嚴守紀律的士兵永遠不會太多。」我還想說的是，《福音書》禁止異端分子結婚的激烈程度，與不准他們禁欲的激烈程度不相上下。

第十題

「羅馬人的自殺行爲是教育的結果，與他們的思想方法和習俗有關。英國人的自殺行爲是一種疾病的後果，起因於身體的生理狀態，此外別無其他原因。……顯然，某些國家的民法制止自殺是有道理的。可是，英國如果不消除精神錯亂的後果，就不可能杜絕自殺[13]。」

「最初幾位皇帝時期，羅馬的幾個大家族不斷因判罪而滅門。以自殺來防止因犯罪而被判刑的習慣逐漸形成，因爲有人從中發現了巨大好處，那就是可以得到體面的安葬，遺囑也可得到執行。之所以出現這種情況，原因在於此時羅馬沒有懲治自殺的法律。不過，當皇帝們不但凶殘而且貪得無厭時，就不再把爲自己保留財產的手段留給他們想要剪除的那些人，他們宣布，出於對罪行的悔恨而剝奪自己的生命，也是犯罪[14]。」

回答和解釋

我在第十四章第十二節中對「自殺」加了一個註腳：「自殺行爲違背自然法和神啓宗教」。在同章同節中，我把原來的「可能是有道理的」，改寫爲「是有道理的」。

《論法的精神》第二十九章第九節中的一段文字受到審查，作者對此頗有微辭。因爲，審查官如果把這段文字與前面的那段文字一併審查，本來不應該有任何問題。請聽我說道理。這兩段論述的是羅馬人中的自殺現象，第一段說的是共和時期的自殺現象，第二段說的是帝政初期的自殺現象。我在文中說，羅馬共和時期根本沒有對付自殺的法律。所謂羅馬沒有這樣的法律，當然只應該理解爲羅馬沒有這方面的民法，因爲自然法不可能是一種地方法律。因此，在緊挨著被審查的那段文字的前一段中，我明明白白地說的是，羅馬共和時期沒有對付自殺的民法。接下來的那段說的是帝政初期的情況，我說那時沒有對付自殺的法律。不錯，我沒有重複羅馬這個詞，可是，如果不把這兩段文字分割開來，羅馬一詞是完全沒有必要重複的。不過，現在要說的已經不是這些了。爲了對指責做出答覆，我已經把這句話改寫爲：「這是因爲羅馬沒有民法……」

同一頁第十九行和第二十行中原來的文字是「不但凶殘而且貪得無厭」，現在我把它改成「其貪得無厭絲毫不亞於過去的凶殘」。

同一頁第二十三行和第二十五行中原來的文字是：「他們確定這是罪行」，現在我把它改爲：「他們宣布這是罪行」。

同一頁第五行中的「懲治」一詞增加了一個註腳：「參閱第十四章第十二節的註腳。」

我承認，我始終不明白神學院在這幾段文字中究竟想要審查什麼。因爲，捍衛崇拜偶像的羅馬人的習俗和風尚，從來就不是基督教的責任，其次，沒有任何人禁止我就患有這種病的人發表看法（英國醫生證實：英國人的自殺行爲是生理疾病和與情緒失控無關的精神錯亂的後果），這就如同法國人就跳窗自殺的瘋子發表看法一樣。

《教會新聞》的那位作者對我進行了批駁，我已經在第五頁上做了回答。

第十一題

「美德絕不是君主政體的原則。國家的存續並不依賴對祖國的愛、對榮耀的追求、對自我的捨棄、對本身最寶貴利益的犧牲，以及我們僅僅有所耳聞的古人的一切美德。在君主政體中，法律取代了一切美德，人們完全不需要美德，國家免除了對人們具有美德的要求……[15]」

「榮寵，這是每個人和每個階層的固有的想法。榮寵取代了我所說的政治美德，並且處處代表著美德。……——因此，在治理良好的君主國裡，幾乎每個人都是好公民，但是，好人卻極爲罕見，因爲，要做好人，首先得想做好人[16]。」

回答和解釋

我所說的共和政體下的美德，是愛國，亦即愛平等，它不是倫理美德，也不是基督教美德，而是政治美德。我之所以使用美德這個詞，是因爲我已經對它下了定義。因此，應該採用我的定義。我在《就論法的精神所做的解釋》中對此作了解釋，此文是爲回覆《教會新聞》的那位作者而寫，放在《爲論法的精神辯護》後面。我在此文中引用了《論法的精神》中對此做出解釋的那些段落。很有必要讀一讀《就論法的精神所作的解釋》。

㈠共和政體下的這種政治美德，亦即愛國或愛平等，是推動共和政體的動力，猶如榮寵是君主政體的政治動力一樣。這兩種政治動力之所以不同，那是因爲，共和政體中敦促他人執行法律的人，自己也受法律約束，也感受到法律的分量。所以，爲了擔負起敦促他人執行法律的責任，他必須愛國，愛公民之間的平等，否則，法律就得不到執行。君主政體就不是這樣，想要讓法律得到執行，只要君主願意這樣做就足夠了。這些原則異常豐富，幾乎構成了我那部著作的全部內容。有些人起初因沒有聽到這些原則而提出一些異議，如今他們已經弄明白了，我的這些原則現在已經到處被認識、了解和接受。不過，爲了澈底打消顧忌，我再就《就論法的精神所做的解釋》做如下進一步的解釋。

㈡本題的第一句話「美德絕非君主政體的原則」來自《論法的精神》第三章第五節的標題。有人認爲，共和政體下的政治美德也被排除在君主政體之外；爲了打消這種想法，我在本題的第一句話「美德絕非君主政體的原則」後面添加了這樣一句話：「美德不是君主政體的動力，這是至理名言！」接著我又添了一句：「誠然，美德並未被排除在君主政體之外，但它卻不是這類政體的動力。」

㈢「榮寵，這是每個人和每個階層的固有的想法。榮寵取代了我所說的美德，並且處處代表著美德。」為了解釋上面這句話，我把它改寫為：「榮寵，這是每個人和每個階層的固有的想法。榮寵取代了我所說的政治美德，並且處處代表著美德。」

㈣「因此，在治理良好的君主國裡，幾乎每個人都是好公民，但是，好人卻極為罕見，因為，要做好人，首先得想做好人。」為了不讓上面這段話產生任何歧義，我緊接著添加了一句：「而且是為了國家而不是為了自己才愛國。」這句話消除了一切障礙，因為它表明，這裡所說的好人不是基督教的好人，而是政治上的好人，他的美德是我所說的政治美德。

剛才已經說過，這裡所說的好人並非基督教的好人，而是政治上的好人，他愛法律，愛國家，在對法律和國家的愛的推動下行事。所有國家都討論和檢驗過此事，因為，無論天主教國家或新教國家，都需要道德。我已經作了解釋，我的書已經被認眞地審查了一遍，這一點就不再有任何模棱兩可之處了。

有人說，我只要刪掉美德這個詞就可以了（全書有二百多處需要改動），這不啻是說，我為一個詞的含義所作的說明，其實什麼也沒有說明。我有一些新的想法，不得不尋找一些新詞，或者賦予一些舊詞以新義；但是，我為我所使用的詞給出了定義。

可是，我還是禁不住要大叫一聲。神學院對作者大加斥伐，說了「憎恨君主政體」之類的一些重話。神學院本來不應在我的內心看到仇恨，而應該想到可能是我的思想出了差錯。只有估計我對基督教的虔誠達到相當程度，才會對這種做法給予諒解，只有估計我的惡劣已經達到相當程度，才會採取這種做法。即使是宗教裁判所，也不至於做出這種估計。任何一位公民從未在自己的國家裡受到如此凶狠的侮辱，令我感到欣慰的是，從未有一位公民如我這樣不配受到這種侮辱。我還要再說一遍：「柏拉圖爲自己出生在蘇格拉底時代而感謝蒼天。我也對蒼天懷有感激之情，因爲它讓我出生在如今我生活於其中的政體下，因爲蒼天要我聽命於它讓我愛戴的那些人。」全歐洲都在讀我的書，所有人都認同這個意見：無法判定我究竟偏愛共和政體還是君主政體。確實，這兩種政體都是優良政體，若非心胸狹窄，就不會在兩者之間進行選擇。可是，神學院輕率地認定我仇視君主政體，那就請它同意，我絕不在這種情況下請它爲我進行裁決，我把它的決議視爲濫權，我將求助於公眾，並爲我自己求助於我自己（這並非我的強項）。

第十二題

「榮寵是有其至高無上的規則的，（君主政體下的）教育必須與之相適應。主要規則有如下幾條：榮寵准許我們重視財富，但嚴禁重視我們的生命[17]。」

回答和解釋

這裡涉及的絕非權利，而是事實；是什麼樣，而不是應該什麼樣。不過，爲了防止有人提出異議，我爲榮寵一詞添了一條註腳：「這裡說的是事實是如此，而不是應該如此，因爲，榮寵是一種先入之見，宗教時而要消滅它，時而要控制它。」

第十三題

「神學院修士們迷上了亞里斯多德的哲學，並從這位哲學家那裡獲得了許多關於有息貸款的學說，他們把有息貸款與高利貸混爲一談，並一律加以譴責[18]。」

「因此，我們應該把因貿易被毀而產生的一切惡果，全都歸咎於神學院修士們的無稽之談[19]。」

回答和解釋

我聲明，我將要在下面說的話，只不過是一位法學家爲自己所作的辯護，他熟悉法律，但只讀過一星期神學書籍。所以，如果我不具備闡述神啓眞理所需的準確性，那只能歸咎於我在這方面的全然無知。

神學院在這裡譴責一個事實、一個有目共睹的事實。它肯定聽到了傳聞，說我曾說過，《福音書》和《聖經》並不譴責高利貸。我肯定不曾說過這樣的話，何況我根本無須說這種話。我也不曾說，神學院修士們並未從《聖經》中汲取情感；但我曾說，他們從亞里斯多德那裡得到了一些解釋，利用了亞里斯多德的道理，他們的思想和語言都是亞里斯多德的思想和語言。我知道，他們並不需要亞里斯多德的思想和語言，因爲他們有《福音書》，何況，源於基督教仁慈的解釋遠比能從亞里斯多德那裡汲取的解釋有力得多。總之，在這方面，與其跟隨哲學的火炬前進，莫如跟隨神學的火炬前進好得多。

要回答神學院修士們對高利貸的解釋是否來自亞里斯多德這個問題，只需讀一讀亞里斯多德的《政治學》第一卷第五章、第八章、第十章、第十一章，《倫理學》第十章，聖托馬斯[20]的第一百二十三號著作「關於高利貸」（第十七節，安特衛普，一六一二年版）就可以了。在這部著作的第四章中，聖托馬斯一再引述亞里斯多德，依據他的原則進行闡述。他說，就其性質而言，高利貸是一種邪惡，因爲，錢幣不可能像果實生產果實那樣生產錢幣，這是它的性質決定的，使用錢幣是轉移錢幣，而不是像果實那樣爲人提供食物。所以，高利貸違背錢幣的性質和自然使用。所有這些思想都是哲學思想，作者在這一節中闡述的正是這些思想[21]。聖托馬斯只是在這一節的結尾處，才借助埃策希爾[22]和聖安布羅斯[23]的話證明，高利貸違背教會法。

既然選擇了聖托馬斯這位如此受人尊敬的神學家，那就不必再提其他人了。有人如果讀了亞里斯多德和聖托馬斯的著作，並且發現這兩位的論述幾乎完全一致，那就肯定不會由於我曾說神學院修士們關於高利貸的學說來自亞里斯多德而再次指責我，因爲這只能證明他們的解釋。

聖托馬斯還爲我提供了證明，那就是，神學院修士們如果放棄亞里斯多德的原則，只以《福音書》的原則爲依據，效果本應更好。聖托馬斯在他的這部著作第六章中分析了各種借貸後指出，哪一種是重利盤剝，哪一種不是重利盤剝。下面列舉兩種。聖托馬斯認爲，一個放款人如果同意借款人出海闖蕩，並且甘願承擔本金風險，他就不應收取利息，他說，這樣做是符合教皇聖諭「航海」的。可是，教皇聖諭「航海」如今已經不再施行，所以，神學家們都認爲，在如今這種情況下可以收取利息，只是利率應該較低。聖托馬斯堅持他的意見，並且以一種哲理作爲支持，他說：「時間不能成爲認可高利貸的理由，航海風險也不可能改變這種邪惡的性質。」我們今天則認爲可以簽訂這種合約，因爲，由於航海風險的存在，這樣做並不違背基督教的仁慈精神。

聖托馬斯在同一處指出，如果預期將來付款時小麥的價格將會上漲，那就可以高於市價出售小麥。他說：「因爲，問題不在於時間，時間是不會產生利息的，問題在於放款人的預期，預期是可以產生利息的。」如今我們認爲，這種借貸合約是高利盤剝，道理非常清楚，以超值的價格出售小麥（買主通常是窮人）的人肯定知道，自己是在高於市價出售小麥，但對於將來對方付款時，小麥是否會達到現在的出售價格，他並沒有把握。我們的法律爲何宣布此類借貸合約爲高利貸呢？因爲此類合約違背基督教的仁慈原則。

在我剛才提到的那部聖托馬斯的著作的第十章中，我們還看到，（依據神學院修士們的原則）商人以高於價值的價格出售商品，就是牟取利息，因爲商人是以賒銷方式出售商品。做出這種判斷的理由是：利息的基礎是時間，為此聖托馬斯還援引了教會法的同一章。不過，他寫道：「習俗通常與此相悖，教會知道此事，並予以寬容。」我曾說，鑒於他們的（哲學）原則在政治和民事方面可能產生的後果，神學院修士們不得不在這些原則上略微有所放鬆。這就是我所能提出的最強有力的理由。

這些解釋很快就會變得毫無用處，因為，為了避免引起麻煩，我改寫了這段文字：「神學院修士們迷上了亞里斯多德的哲學，並從這位哲學家那裡獲得了許多關於有息貸款的說法，其實，有息貸款的淵源在《福音書》裡說得很清楚；神學院修士們卻不加區別地對任何情況下的有息貸款一律表示譴責。」

遭到譴責的這段文字的第二部分。——「我們應該把因貿易被毀而產生的一切惡果，全都歸咎於神學院修士們的無稽之談。」

回答。——神學院還對另一個事實提出了譴責。這是一個眞實的事實，應該予以證實。巴希爾皇帝[24]頒布了一項法令，禁止在任何情況下收取利息：「在任何交易中絕對不得收取利息。」這項法令見於《市政錄》第三卷第四題§二十七。此項法令被收入《市政錄》，放在與其父巴希爾共同執政的利奥[25]名下，其實此項法律不是利奥所為，而是巴希爾頒布的。此事盡人皆知，下面還將看到。巴希爾頒布的此項法令，禁止在任何情況下沒完沒了地收取利息。利奥皇帝頒布了另一項法律，在此項法律中高度讚揚其父所頒布的那項法令，稱其美麗而崇高。可是他又說，其父的法令導致所有借貸活動全部停止，從而造成了極大弊病，帝國深受其害，他不得不廢除此項崇高的法令，把利率調低為年息百分之四到百分之十二。他還說，人間的事情最好由神靈來管理，但這是不可能的，因為人往往居心叵測，等等。利奥是個立法者，他審視並掂量了各種事物，本想繼續施行其父巴希爾的法令，但由於該法所造成的種種弊病而不能如願，於是下令廢除該法。里奥頒布的法律便是利奥新法的八十三項，在羅馬法課本中可以找到，我在這裡附上該法全文[26]。利奥准許在任何情況下年利均為百分之四，問題不在於弄明白他這樣做對不對，也不在於深究，他若依據教會法把可以收取利息和不應收取利息這兩種情況加以區分，是否本來可以做得更好些。但是可以肯定的一點就是，他鑒於其父的法令所造成的弊病而下令廢除該法令。我對於利奧所說沒有什麼可以補充。他所說的是一個事實，我所說的也是一個事實。這是一個始終如一的歷史事實，整個東羅馬帝國爲此不得不制定一個普遍適用的規則。

利奧皇帝在位時期與寬厚者路易在位時期前後相差距不遠，沒有跡象表明，利奧的法律曾經越出東羅馬帝國的疆界。但是，可以肯定的是，神學院修士們的態度非常僵硬，商業幾乎到處被毀棄，人民因可怕的高利貸而備感痛苦，原因就如我在《論法的精神》第二十一章第十六節、第二十二章第十九節所說，由於基督徒沒有任何公開的辦法可以借到錢，不像如今這樣允許收取利息（諸如法定租金、實滅獲利和顯現損失的利息），當時施行的是教皇聖諭「航海」以及其他類似的規定，所以，所有借貸全都落入猶太人手中，他們造的孽無人不知。

很顯然，我在這裡說的只不過是一個歷史事實而已，並非無中生有的傳言，而是眞實的歷史事實。我禁不住還要再說幾句。有息貸款的理論在法國得到大家一致認可，誰也不認爲收取利息是違背《福音書》的行爲，神學家和法院在這方面達成了令人讚歎的默契。既然大家都生活得安定平和，何必非得放棄這種生活呢？

第十四題

「貨幣是價値的符號。有人如果需要這種符號，那就應該像租用其他任何物品一樣，租用這種符號。……借錢給人而不索取利息當然是善舉。不過，大家覺得，這只能是宗教訓誡，而不能成爲民事法規[27]。」

回答和解釋

上面這些話引自《論法的精神》第二十章第十九節的前兩段，已經被我全部刪去。

第十五題

「耕種土地是人最主要的勞動。氣候越是讓人逃避此項勞動，宗教和法律就越應激勵人從事此項勞動。因此，規定把土地交付給君王，從而使人們的所有權意識消失的印度法律，增大了氣候的不良效果，也就是說，加劇了與生俱來的怠惰。」——「僧侶制度在那裡產生了同樣的弊害。……亞洲的僧侶數量似乎隨著炎熱的程度而增加，印度酷熱，所以僧侶奇多。這種差異在歐洲同樣可以見到。……想要戰勝氣候造成的怠惰，法律就應盡力剝奪不勞而獲的手段。可是，歐洲南部各國的法律卻恰好相反[28]。

為推行英國教會改革，亨利八世廢止僧侶制度。僧侶本身就是一個好吃懶做的集體[29]。」

回答和解釋

我只想說，如同我們在書刊審查報告中所看到的那樣，讓僧侶們從事體力勞動或許會是讓教會感興趣的一件事。拉特拉普教士和馬比榮神父就此進行過相當激烈的爭論。我不知道教會在這場爭論中支持哪一方。拉特拉普教士把僧侶中的無序和紀律鬆懈現象，歸咎於體力勞動的停止。聖哲羅姆在他撰寫（我記得是他）的《聖帕科米烏傳》中說，帕科米烏有一次在幻覺中見到了一位天使，這位天使把祈禱上帝和做手工這兩件事交替進行。作者就此寫道：「這位聖潔的修道士由此領悟到，這就是上帝要求僧侶們所過的生活。」

至於審查報告引述的康斯坦茨第八屆公會議，神學院如果考慮得成熟一些，不但會發現這個報告根本無法付諸實施，而且肯定會看到這個報告對我的侮辱。

第八屆公會議譴責威克里夫[30]提出的四十五個命題，這些命題推翻了教會的等級制和教會本身。威克里夫聲稱，現存的一切創立物，包括教皇、羅馬教會和所有神職人員，都來自惡魔撒旦（參見他的第三十六、三十七、三十八、三十九、四十命題），他認爲，鑒於所有僧侶都處在這個創立物之中，所以他們都該下地獄；他認爲僧侶托缽乞討是一種惡魔行爲，所以他鼓吹參與體力勞動：

修士因建立私人修會之舉而已經犯下罪過。

生活在私人修會中的教士不屬於基督教。

修道士被要求只能靠勞動而不能靠乞討維持生計。

我們看到，㈠上述最後一個命題中的兩個組成成分是相互關聯的：「修道士被要求只能靠勞動維持生計」和「而不能靠乞討」。可是，我的命題隻字未提及乞討。㈡不難看出，這個命題與其他所有命題有關，尤其是第四十五命題：修會是由惡魔創立的，以及第三十二命題：托缽修會的所有僧侶都是異教徒。由此可見，第八屆公會議並未譴責體力勞動，僅僅譴責包括體力勞動在內的威克里夫的異端邪說。事實上，公會議很清楚，體力勞動是所有早期基督徒的實踐活動，怎能譴責呢？

上世紀最有才華的作家們說，有一些教皇聖諭是僞造的；這些教皇聖諭被學者們一致認定確系僞造之後，是否有人就威克里夫的第三十八個命題「教會法令是僞經」向他們提出異議？沒有，肯定沒有。因爲我們看到，公會議並未就集子中的所有教皇聖諭的眞僞展開討論，而是僅僅對威克里夫的其他四十四個命題進行了譴責。

讓我們檢驗事實，辨明眞僞！有人說，教會無權創立修會，不能替僧侶許願，教會的創立物違背耶穌基督的意願。這些說法都遭到了神學院的譴責，神學院做得好。可是，神學院這樣做就有越俎代庖之嫌，把手伸進了只應由國家管理的事務中去了，這是一些純政治事務，教會肯定不應插手。修會雖然是由教會創立的，可是，君主爲了國家內外之需可以就修會事宜採取某些措施，例如限制修會的數量以及它們獲得財富的能力，誰能對此表示懷疑嗎？倘若君主可以這樣行事，政治作家們就不應因談論此類問題而受到審查。作家們在論述此類問題時應該體現出睿智，並且始終尊重被教會認定爲有利於靈魂救贖的那些機制，給予這些機制以厚愛，而他們的祈禱、他們循規蹈矩的生活和值得誇耀的善意都無愧於這種厚愛；以上就是人們應該向這些政治作家提出的全部要求。

應該說，《論法的精神》的作者在這個問題上說話很有分寸。不但如此，由於他認爲目前以不談論這些問題爲宜，所以，他在議論這些問題時只談目前的狀況，而且是出於正當的防衛，對於不在他的總體規劃之中的問題，他一概保持緘默。

此外，爲了避免讓人不開心，我對前面那句作了改動：「亨利八世把僧侶制度廢除了，在他看來，僧侶是一批好吃懶做的人。」

第十六題

「亨利二世的法律規定，女子懷孕時若未向官員報告，嬰兒一旦死亡，該女子就應被判處死刑。這種法律同樣違背大自然賦予的自衛權利[31]。」

回答和解釋

某些罪行在某些時代比在另外一些時代更爲常見，墮胎在亨利二世在位時便是如此。墮胎現象當時越演越烈，以致於必須通過立法加以制止，而且，此項法律必得引起人們嚴重關注方可。亨利二世下令，女子懷孕時若未向官員報告，嬰兒一旦死亡，該女子就應被判處死刑。此項法律所懲罰的不只是墮胎的女子，也懲罰懷孕時未向官員報告而嬰兒夭折的女子。此項法律從此被稱爲憤怒的法律，促使此項法律如此嚴厲的原因後來有了變化，嚴厲的程度在執行過程中也就慢慢有所消減。結果是，每個教區的本堂神父因疏忽而沒有在主日宣道時公布此項法律，他們的上級就會命令他們趕緊公布，高等法院極少判處死刑，因爲大家認定，一個大姑娘不會想到去申報自己難以啓齒的事，這樣做有悖與生俱來的羞恥心。如果不是因爲審訊筆錄或證人的證詞寫明，孩子身上作了某種記號，我就不相信曾有姑娘被判死刑，儘管她們未向官員報告自己已經懷孕。

問題在哪裡呢？很顯然，神學院對有關墮胎言論的譴責有一個前提，那就是這種言論贊成墮胎或是不贊成對墮胎加以懲處。其實並非如此，或者說，從有關墮胎的言論中無法推導出贊成大姑娘可以墮胎的判斷，其實並非如此，甚至可以說根本不涉及此事。有人認爲，據我們推測，神學院大概不會同意以下看法：亨利二世的法律即使在維持現狀不加修改的情況下也是必不可少的，所以君主不應加以更改，而鑒於眾所周知的原因，神學院試圖或已經做出這樣的決定。何況，贊同一項罪行是一回事，認爲刑罰過嚴或處置方式不當，應該處以這種刑罰而不應處以那種刑罰，則是另一回事，兩者迥然有別。我如果說，偷竊不應處以死刑，應該如羅馬人那樣，處以兩倍或四倍的罰款，難道就可以因此而認爲我贊成偷竊嗎？這些事情不正是屬於留給大家討論的那些普通事情嗎？神學院聲稱，作者的有關說法是對君主的侮辱，這種說法似乎表明，神學院想要把汙衊扣在作者頭上。君主不但制定法律，也更改法律，他們絕不會制止人們就下列問題進行討論：一項在某時確屬優良的法律，是否應該有所更改，以便對他們更爲有利。對法律的這種審視對大家都有益。提出來的理由如果不足爲憑，那就放棄，如果很好，那就採用。主張適時更改某項法律，絕不構成對君主的傷害，因爲，倘若需要更改，那也是由君主來更改。但是，被列爲第十六題的作者的上述說法，如果確如審查報告所說的那樣有這許多罪名，那麼，君主豈不是就不能制定法律，廢除死刑而代以其他刑罰，否則就難逃這些罪名嗎？這樣一來，君主在行使他的最高權力中的第一項即立法權時，豈不就被捆住手腳了嗎？關於這些事情，我就此打住。

第十七題

「迦南人遭受滅頂之災，原因在於他們是一些未曾聯合起來的小共和國，沒有共同進行防禦[32]。」

回答和解釋

上帝創造奇跡時並不始終使用同一方法。有時他直接干預：「要有光」，就有了光。有時他借助他人行事：「我讓你興起，爲的是在你身上體現我的強大，以便由整個大地來顯示我的名字。」有時他甚至願意被他人借助行事：「當初如果你打了我五下，等等」。

上帝在整部《聖經》中使用的途徑多種多樣，我們何以知道，上帝爲了把希望之鄉給予以色列人而使用了一種特殊的途徑呢？我們通過兩種辦法知道此事，其一是上帝說了此事，其二是上帝做了此事。不過，摩西在執行他的計畫時，若不把雙臂高舉伸向天空，以色列人也不一定就是勝利者。

我說過，迦南人民並未聯合起來。可不是嗎！上帝並不希望迦南人民聯合起來。

爲了隨意解釋作者的意思，把作者說成既不相信《舊約全書》，也不相信《新約全書》，就必須從他的書中找出一些東西，以便毫不含糊地證明他不相信上帝。可是，人們看到的恰恰相反，在《論法的精神》第一章中就明明白白地寫著：「上帝作爲宇宙的創造者和保護者行事[33]。」看來非得把作者說成不相信特殊途徑不可，可是，事實卻又是恰恰相反，在第三十章第十一節中，作者從《聖人傳》轉引了許多引語後寫道：「凡是上帝計畫之內的事情，他肯定已經一一完成，儘管在這些事情上，我們有理由責備這些傳記的作者們有時過於輕信，但是，我們依然可以從中得到巨大的啓示，看清楚當時的風俗和習慣[34]。」有一些奇跡對於基督教並不重要，而且可能並未眞的出現過，但這無損於基督教的主體，既然《論法的精神》的作者連這些奇跡都沒有摒棄，那就更沒有道理說他不承認那些最基本的奇跡，諸如上帝對猶太人民的召喚，兌現向猶太人民做出的承諾，等等。

儘管上帝的名字在整個大地上極受敬仰，他仍然希望他的名字在他爲他的人民所選定的那塊土地上更加響亮，通過他在安頓他的人民時所採用的方法，能讓人看到最有效的保護。可是，不管他完成的奇跡有多少，終究並非全都是奇跡。在上帝所採用的不尋常的途徑上，畢竟並非一切都不尋常。只有當大自然的走向不在他的計畫之中時，他才改變大自然的走向。他完成了一些奇跡，但是，他僅在他的睿智對他提出要求時才這樣做。

如果有人問我：「以色列人爲什麼進入傑里科？」我會回答說，因爲上帝讓城牆坍塌了。不過，如果傑里科四門大開，那我就會回答說，傑里科沒有設防。我不會說那是上帝的特殊途徑，因爲在這件事上並無特殊的意願。我不會回答說都是上帝做的；因爲，人家問我的是一般原因，人家並沒有問我次要原因。這樣說來，就得譴責《聖經》本身了。我們在《舊約全書．士師記》第一章中讀到：「約書亞死後，以色列人求問耶和華說：『我們中間誰當首先上去攻擊迦南人，與他們爭戰？』耶和華說，『猶大當先上去，我已將那地交在他手中。』……猶大又取了迦薩和迦薩的四境，亞實基倫和亞實基倫的四境，以革倫和以革倫的四境。耶和華與猶大同在，猶大就趕出山地的居民，只是不能趕出平原的居民。因爲他們有鐵車……」

我們是否因此而可以說：「上帝本想摧毀迦南人，但是，鐵車妨礙他這樣做？」不！鐵車如同迦南人的潰散一樣，全都是上帝計畫的一部分。上帝使用一支軍隊，這支軍隊就像軍隊一樣行動。

事實上，這種書刊審查絲毫無益於基督教。居然把手放在藏經櫃上，未免太過分了，且看它如何把手拿下來吧。

本章注釋

[1] 一七五〇年八月一日，巴黎大學神學院任命兩位專員，負責審查孟德斯鳩的《論法的精神》。孟德斯鳩以妥協的態度同意進行必要的修改。此文是在審查期間孟德斯鳩撰寫並提交的回答。——譯者

[2] 《論法的精神》，第十九章，第十四節。

[3] 《論法的精神》，第十六章，第八節。

[4] 《論法的精神》，第二十四章，第二十六節。

[5] 《論法的精神》，第二十五章，第十節。

[6] 《論法的精神》，第二十四章，第二十四節。

[7] 《論法的精神》，第十二章，第四節。

[8] 《論法的精神》，第二十四章，第十節。

[9] 《論法的精神》，第十六章，第四節。

[10] 《論法的精神》，第十六章，第十五節。

[11] 《論法的精神》，第二十四章，第七節。

[12] 《論法的精神》，第二十三章，第二十一節。

[13] 《論法的精神》，第十四章，第十二節。

[14] 《論法的精神》，第二十九章，第九節。

[15] 《論法的精神》，第三章，第五節。

[16] 《論法的精神》，第三章，第六節。

[17] 《論法的精神》，第四章，第二節。

[18] 《論法的精神》，第二十一章，第十六節。（這段文字其實摘自《論法的精神》，第二十一章，第二十節，此處的文字與書中的文字頗有出入。——譯者）

[19] 《論法的精神》，第二十一章，第十六節。（這段文字其實摘自《論法的精神》，第二十一章，第二十節。——譯者）

[20] 聖托馬斯（Saint Thomas），此處指湯瑪斯・阿奎那。——譯者

[21] 參閱第九節。

[22] 埃策希爾（Ezéchiel，前五九二—前五七〇），猶太先知。——譯者

[23] 聖安布羅斯（Saint Ambroise，三四〇—三九七），羅馬帝國高官，米蘭主教。——譯者

[24] 巴希爾，此處指巴希爾一世（Basile Ier，八一三—八八六），拜占庭皇帝（八六七—八八六在位）。——譯者

[25] 利奧，此處指里奧六世（Leon VI，八六六—九一二），拜占庭皇帝（八八六—九一二在位）。——譯者

[26] 本文的法文原著編者刪除了此項法律的文本。——譯者

[27] 《論法的精神》，第二十二章，第十九節。

[28] 《論法的精神》，第十四章，第六、七節。

[29] 《論法的精神》，第二十三章，第二十九節。

[30] 威克里夫（Wiclef，一三三〇—一三八四），英國神學家，歐洲宗教改革先行者。——譯者

[31] 《論法的精神》，第二十六章，第三節。

[32] 《論法的精神》，第九章，第二節。

[33] 引文與原著略有出入。——譯者

[34] 《論法的精神》，第三十章，第十一節。

答格羅萊對《論法的精神》的意見[1]

先生，你贊同我在書中表達的觀點，而且在閱讀拙著時邊讀邊做筆記，這令我非常感動。你的這些疑慮表明你是一位極其聰明的人。下面就是我忙中抽空寫就的回答。

「關於奴隸制，第十五章第六節，第二十節，第十八章。韃靼人攻下城池後，濫施殺戮，以血還血，他們認為這樣做是符合萬民法的。韃靼人的奴隸制是否也適用萬民法，究其根源是否起因於憐憫？」

對於一個用武力解決一切的民族來說，把奴隸制納入萬民法無論如何總比把奴隸處死少一些殘忍，不過，這絕對不符合憐憫心。與人性不符的兩件事，其中必有一種比另一種更加不符。我在別處已經證明，源自人的本性的萬民法，只允許在萬不得已時方可殺人。所以，當一個人淪為奴隸後，就沒有必要被殺了。

「自由民不能出賣自己，因為，自由對於買主來說是有價的，但對於賣主來說則是白送的。可是，如果債務人把自己出賣給債權人，難道債務人依然是白送嗎？」

無力還債者出賣自己絕不是一宗好買賣，他把無價之寶當成一錢不值的糞土了。

「第十五章第六節中的奴隸不像是奴隸，倒像是羅馬人的顧客，或者是封臣和封臣的封臣。」

我在第五章第六節中所探尋的並不是以往奴隸制的根源，而是可能或應該出現的奴隸制的根源。

「或許本應在第五章第十八節中研究一下，在大型建設工程中使用奴隸，是否比使用短工方便一些。」

使用按日計酬的工人勝過使用奴隸。儘管都說金字塔之類的大工程是奴隸完成的，但是，也有不少大工程並未使用奴隸。

想要對奴隸製做出判斷，不能只看奴隸對於每個國家中的一小撮家財萬貫而且驕奢淫逸的富人是否有用，奴隸對於他們來說肯定是有用的；應該從另一個角度看待這個問題，假設在每個國家、每個城市、每個村莊進行抽籤，抽到白籤的十分之一的人成爲自由民，抽到十分之九黑籤的人成爲他人的奴隸，把生死和全部財產統統交給此人。爲奴隸制說好話的那些人就將變成最憎惡奴隸制的人，最貧窮的人則將更加憎惡奴隸制。因此，爲奴隸制呼號不是爲公眾福祉呼號，也不是爲私人社會呼號，而是爲財富和淫逸呼號。一個人很高興做另一個人的主人，誰會對此有所懷疑呢？出於某些必需，在政治狀態中的事情大概就是這樣；但是在民事狀態中，這種事情就變得不可容忍了。

我讓人感到，我們在政治上是自由的，因爲我們彼此不平等。書中的某些段落之所以顯得含混不清和模棱兩可，那是因爲這些段落與將要進一步闡述的那些段落相距較遠，同一根鏈條上的鏈子往往沒有聯結在一起。

「第十九章第九節。傲慢是政府危險的動力，懶惰、貧困、百業俱廢是隨之而來的後果。可是，傲慢不正是羅馬政府的主要動力嗎？羅馬人不正是憑藉傲慢、自負、不可一世才讓全世界匍匐在他們腳下嗎？看來，傲慢助人成就偉業，虛榮令人囿於平庸小事。

第十九章第二十七節。自由的民族傲慢而自負，其他民族比較容易虛榮。」

第十九章第九節與第十九章第二十七節之間存在著矛盾，這些矛盾源於道德成分的不同組合所產生的不同效應。傲慢與宏大的志向和崇高的思想相結合，在羅馬人身上產生了某些效應；傲慢與遊手好閒和不思上進相結合，在其他民族身上產生了另外一些效應。對此心存疑慮的人其實心裡非常明白，且完全能體會這些差異，並把我來不及在這裡說的想法說出來。

不同的人有不同的優勢，人們會依據不同情況彼此交換這些優勢，我們只要對這些優勢進行一番觀察就行了。

「第十九章第二十二節。不信教的人民不可使用立誓，除非立誓人如同法官和證人一樣，與訟案沒有任何利害關係。」

關於對第十九章第二十二節的疑惑。有此疑惑的官員是令人尊敬的。不過，利害關係有親疏之分，這永遠是事實。

「在作者的體系中，不同的氣候產生不同的後果。我們是否可以就此提出這樣的詰問：爲什麼獅子、老虎、豹子……比熊、野豬……更加凶猛，更加難以馴服？」

關於第二十四章第二節。這是由不同種類動物的特性所決定的。

「設想一下，有那麼一天，所有的水磨坊都壞了，而且無法修復。法國能找到這許多人頂替水磨坊的工作嗎？只要水磨坊不復存在，從作坊和工廠招走多少人，作坊和工廠就少多少人。從總體上看，機器在簡化製造的同時，降低了產品的價格，工廠主則因消費增加而獲得補償；機器的加工對象如果是本國的產品，那就肯定能促使消費量增加。」

水磨坊非常有用，尤其在現階段。我們無法就此詳談；前面已經說過的那些取決於一個幾乎永遠正確的原則，那就是：從事手工業的勞動力越多，農業所需的勞動力也越多。我在這裡說的是大多數國家的現狀，所有這些事情都應該有所區別，有所限制，等等。

「第二十六章第三節。亨利二世所頒布的強制懷孕婦女向官員申報的法律，並不違背與生俱來的自我防衛。這種申報是一種懺悔。懺悔難道違背與生俱來的自我防衛嗎？作者認爲告訴親屬比較合適，其實，向必須爲之保守祕密的官員申報更好。」

至於強制姑娘報告自己懷孕一事，對於姑娘來說，保護名聲與保護生命同樣符合自然，教育增強了保護名聲的意識，減弱了對死亡的恐懼。

「第十四章第十四節。這一節談到了氣候給各國的法律帶來的變化。日耳曼和原籍西哥特的婦女享有許多自由，但一旦移居西班牙，她們就被西哥特人牢牢控制。立法者的想像力隨著百姓的想像力高漲而高漲。把這種說法與第十六章第九節和第十節中關於在炎熱地區必須把婦女幽禁起來的說法相比，就令人感到驚異和不解，因爲作者在這兩節中說，這些西哥特人害怕婦女，害怕婦女的陰謀、冒失、興趣、厭煩，以及大大小小的激情，可是，他們卻絲毫不怕爲婦女撒開轠繩，不再遵循日耳曼人和他們自己的先例，宣布婦女可以繼承王位（第十八章第二十二節）。氣候難道不應恰恰相反，讓婦女遠離王座嗎？」

關於對第十四章第十四節和第十八章第二十二節的疑慮。這兩件都是不容置疑的事實，如果顯得彼此矛盾，那是因爲他們各有其特殊原因。

「第三十章第五、六、七、八節。把莊園的土地放棄給法蘭克人，法蘭克人因此而有了土地，高盧人卻不會因此而被剝奪。」

第三十章第五、六、七、八節。有可能是這樣。但願公共財產足以組成領地。歷史爲此提供了證明，只不過曾有過分割。不過，歷史資料表明，分割並未涉及全部土地。

先生，以上大概就是你希望我做的進一步闡釋。從你的來信看，你在這方面十分內行，不但知識淵博，而且非常聰明。以上回答是我在很短時間中寫成的。此外，最好的版本是最近於巴黎阿爾書局（聖雅克街靠近聖塞弗蘭噴泉的地方）出版的那個版本，三卷一二開本。

先生，我以充滿敬意的心情，以能成爲聽命於你的僕人而感到榮幸。

一七五〇年四月八日

本章注釋

[1] 格羅萊（Grosley，一七一八－一七八五），法國法學家和文學家，讀了《論法的精神》之後致函孟德斯鳩，向他表示敬意，並提出若干問題請求解答。——譯者

譯名對照表

三畫

三月五日（人名）（Cinq-Mars）
大夏人（Bactriens）
小狄奧多西（Théodosius II）

四畫

內勒（Nesle）
內維爾（Philippe Nevers）
尤利安（Julien）
尤塞比烏斯（Eusèbe）
尤維納利斯（Juvénal, Junius）
巴比里烏斯（Papirius）
巴布曼德布（Babelmandel）
巴多明（Parennin）
巴克特里亞（大夏）（Bactriane）
巴克豪森（Henri Barckhaussen）
巴希爾（Basile）
巴貝拉克（Barbeyrac）
巴斯納日（Basnage）
巴爾比（Balbi）
巴魯茲（Baluze）
戈丹（Godin）
日耳曼人（Germains）
比代（Budé）
比索（Bison）
比雷埃夫斯（Pirée）
比爾內（Burnet）
以土買人（Iduméens）
以弗所（Ephèse）

五畫

幼琉士河（Euléus）
幼發拉底河（Euphrate）
弗里茲人（Frisons）
弗拉維烏斯・沃比斯庫斯（Flavius Vopiscus）
弗洛魯斯（Florus）
弗雷齊埃（Frézier）
弗雷德加里烏斯（Frédégaire）
弗雷戴貢德（Frédégonde）
瓜拉尼人（Guaranis）
瓦姆巴（Vamba）
瓦拉契亞（Valachie）
瓦林斯（Valens）
瓦倫提尼安（Valentinien）
瓦納歇爾（Wanachaire）
瓦雷烈・普勃里柯拉（Valerius Publicola）
瓦魯斯（Varus）
皮拉爾（Pirard, François）
皮洛士（Pyrrhus）
皮埃里亞（Piérie）
皮斯特（Pistes）
立窩尼亞（Livonie）

六畫

伊內留烏斯（Inerius）
伊卡盧斯河（Icarus）
伊西斯（Isis）
伊希斯（Irtis）
伊庇魯斯（Epire）
伊利里亞人（Illyriens）
伊斯勃蘭茲伊德斯（Isbrandsides）
伊比鳩魯（Epicure）
伏爾西尼安人（Volsiniens）
伐魯瓦（Valois）
吉里邁爾（Gilimer）
吉拉爾蒂，里里奧（Giraldi, Lilio）
吉蘭（Guilan）
多里安人（Dorique）
多馬（Jean Domat）
多爾哥魯基（Dolgourouki）
安戈爾斯（Angers）

七畫

佛蘭舍繆斯（Freinshemius）
佛蘭德（Flandre）
克利奧墨涅斯（Cléomène）
克里特（Crète）
克拉吉烏斯（Cragius）
克洛多米爾（Clodomir）
克勞狄（Claude）
克勞狄烏斯（Claudius）
克萊蒙，西蒙·德（Clermont, Simon de）
克雷姆狄烏斯·科爾都斯（Crémutius Cordus）
克魯恩西奧（Cluentio）
克羅泰爾（Clotaire）
克羅蒂爾德（Clotilde）
利古里亞（Ligurie）
利基尼烏斯（Licinius Caius）
努米底亞（Numidie）
努瑪（Numa）
君士坦丁·波菲洛戈尼圖斯（Constantin Porphyrogénète）
呂山德（Lysandre）
呂西烏斯·瓦萊里烏斯·弗拉庫斯（Lucius Valerius Flaccus）
呂底亞（Lydie）
呂基亞（Lycie）
坎奈（Cannes）
坎蒂利安（Quintilien）
希巴西斯河（Hypanis）
希戈尼烏斯（Sigonius）
希米爾科（Himilcon）
希帕波魯斯（Hyperbolus）
希費林（Xiphilin）
希達斯派斯河（Hydaspe）
希爾代里克（Childric）
希爾德貝（Childebert）
希歐多爾里克（Thodoric）
希歐多爾·拉斯卡里斯（Thodore Lascaris）
忒修斯（Thse）
杜申（Duchesne）
杜伊盧斯（Duellus）
杜納弗（Tournefort）

八畫

佩恩（William Penn）
佩特羅尼烏斯・圖爾比利亞努斯（Petronius Turpilianus）
佩提納克斯（Pertinax）
佩蒂（Petty）
佩蒂・德・拉克魯瓦（Pétis de la Croix）
佩達爾人（Pédaliens）
佩爾菲特，阿蘭（Peyrefitte, Alain）
佩歐尼烏斯（Péonius）
坦佩（Temp）
奇里乞亞（Silicie）
奇里乞亞海岬（Zephyrium）
奈伊人（Naïres）
奈里，菲力浦（Nri, Phlippe）
姆莫洛斯（Mummolus）
居魯士（Cyrus）
屈亞斯（Jacques Cujas）
帕坦（Patane）
帕拉斯（Pallas）
帕提亞人（Parthes）
帕塔拉（Patale）
帕塔倫島（Patalène）
帕魯帕米蘇斯山脈（Paropamisade）
底比斯（Thèbes）
底格里斯河（Tigre）
拉布呂耶爾（La Bruyère, Jean de）
拉瓦萊特公爵（Valette, le duc de la）
拉各斯（Lagus）
拉吉耶梯也爾（La Guilletière）
拉克西安人（Laziens）
拉希（Rachis）
拉姆齊（Ramsay, Andrew Richard）
拉韋納（Ravenne）
拉格雷塞（La Greesaye, Jean Brèthe de）
拉特拉普（La Trappe）
拉莫特（La motte, Houdar）
拉普圖姆（Raptum）
拉普蘭（Laponie）
拉達曼圖斯（Radammante）
昆提烏斯・金基納都斯（Quintius Cincinnatus）

林登勃洛赫（Lindembroch）
法希斯河（Phase）
法沃里努斯（Favorinus）
波利比烏斯（Polybe）
波斯杜謬斯（Posthumius）
波菲利（Porphre）
波爾塔瓦（Poltava）
波魯克斯（Pollux）
花剌子模（Charisme）
近鄰同盟（Amphictyonie）
阿巴思諾特（Arbouthnot）
阿戈斯（Argos）
阿戈斯人（Argiens）
阿比西尼亞人（Abyssins）
阿加西亞斯（Agathias）
阿卡迪亞人（Arcades）
阿卡迪烏斯（Arcadius）
阿司特（Aster）
阿皮烏斯・克勞狄烏斯（Appius Claudius）
阿吉羅芬格人（Agilolfingues）
阿米亞努斯・馬西利納斯（Ammien-Marcellin）
阿利巴斯（Arribas）
阿庇安（Appien）
阿杜安（Hardouin）
阿那克里翁（Anacréon）
阿那斯塔修（Anastase）
阿里安（Arrien）
阿里亞納（Ariane）
阿里耶諾爾（Alinor）
阿里斯提德（Aristides）
阿里奧巴贊（Ariobarzane）
阿里奧斯托（Arioste）
阿奇利亞（Acilia）
阿姆洛・德・拉・烏賽（Amelot de la Houssaye）
阿拉里克（Alaric）
阿拉圖斯（Aratus）
阿波加斯特（Arbogaste）
阿格里可拉（Agricola）
阿馬西斯（Amasis）
阿基利烏斯・格拉布里奧（Acilius Globrio）

阿莫里克（Armorique）
阿提卡（Attique）
阿提米多盧斯（Artémidore）
阿提拉（Attila）
阿揭西勞（Agésilas）
阿斯卡尼烏斯（Ascanius）
阿塔薛西斯（Artaxerxès）
阿蒂庫斯（Atticus）
阿圖阿爾帕（Athualpa）
阿爾巴（Albe）
阿爾基比亞德（Alcibiades）
阿爾都塞（A lthusser, Louis）
阿維圖斯（Avitus）
阿德拉爾（A delhard）

九畫

勃固（Pégu）
哈里卡納索斯的狄奧尼修斯（Denys d' Halicarnasse）
哈林頓（Harrington）
哈爾梅諾普爾（Harmenopule）
哈德良（Adrien）
封特奈爾（Fontenelle, Bernard）
拜占庭（Byznce）
柏努瓦・萊維特（Benoît Lévite）
柏拉圖（Platon）
查士丁（Justin）
查士丁尼（Justinien）
查理五世（Charles V）
柯洛曼德爾（Coromandel）
洛吉耶・塔西（Logier Tassis）
洛克（John Locke）
洛克里斯（Locrie）
洛里埃（Laurière）
派特洛克羅斯（Patrocle）
派特庫盧斯（Paterculus）
科林吉烏斯（Coringius）
科林斯（Corinthe）
科林斯的菲洛勞斯（Philolaüs de Corinthe）
科納留斯（Cornelius）
科納留斯・尼波斯（Cornelius Nepos）

十畫

庫萊特（Curette）
根特人（Gantais）
格老秀斯（Hugo van Groot Grotius）
格利摩（Grimoald）
格努西烏斯（Génucius）
格里永（Crillon）
格拉提安（Gratien）
格拉維納（J.V. Gravina）
桑尼特人（Samnites）
桑克多利烏斯（Sanctorius）
泰岡（Tgan）
泰萊馬克（Tlmaque）
海妖（Sirènes）
涅爾瓦（Nerva）
烏爾比安（Ulpien）
特利巴爾人（Triballiens）
特利比亞河戰役（Trbies）
特里博尼安（Tribonien）
特拉西米諾湖戰役（Trasimènes）
特羅古斯・龐培尤斯（Trogue Pompe）
特蘭西瓦尼亞（Transilvanie）
琉克特拉（Leuctres）
琉善（Lucien）
盎格魯人（Angles）
秦達遜德斯（Chaindasuinde）
納切茲人（Natchès）
納波奈茲（Narbonnaise）
納迪爾沙（Schah-Nadir）
納爾塞斯（Narcès）
納薩利烏斯（Nazaire）
索西穆斯（Zozime）
索佐梅諾斯（Sozomène）
索利斯（Solis）
茹貝爾（Joubert）
貢多瓦爾德（Gondovald）
貢德鮑（Gondebaud）
馬比榮（Mabillon）
馬卡薩爾人（Macassars）
馬可・奧勒留（Marc Aurèle）
馬吉亞納（Magiane）

馬克西米努斯（Maximinus）
馬希尼薩（Massinisse）
馬庫斯·瓦羅（Marc Varron）
馬略（Marius）
馬略卡（Majorque）
馬提亞爾（Martial Valerius）
馬萊阿角（Malée）
馬蒂耶（Mathieu）
馬蒂烏斯·魯蒂里烏斯（Martius Rutilius）
馬蒂爾德（Mathilde）
馬贊達蘭（Mazenderan）

十一畫

勒庫安特（Le Cointe）
勒諾多（Renaudot）
培根（Bacon）
培爾（Pierre Bayle）
婁維吉爾德（Leuvigilde）
寇里奧拉奴斯（Coriolan）
康比斯（Cambyse）
康茂德（Commode）
君士坦丁·杜卡斯（Constantin Ducas）
敘拉古（Syracuse）
敘達斯（Suidas）
曼利烏斯·卡皮多利努斯（Manlius Capitolinus）
曼利烏斯·托爾瓜圖斯（Manlius Torquatus）
曼努埃爾·克穆寧（Manuel Comnène）
梅卡多爾（Mercator）
梅涅尼烏斯（Mnnius）
梅蒂烏斯·蘇菲蒂烏斯（Metius Sufferius）
梭倫（Solon）
梯耶里（Thierry, Augustin）
畢達哥拉斯（Pythagore）
畢蓀（Pisonem）
莫里西烏斯（Maurice）
莫帕爾蒂（Maupertuis）
莫采蘇馬（Montésuma）
莫洛斯人（Molosses）
莫齊，羅貝爾（Mauzi, Robert）
莫德斯狄努斯（Modestinus）

許爾卡尼亞（Hyrcanie）

十二畫

傑拉（Gélon）
凱西烏斯（Cassius）
凱雷亞（Chras）
博納伊（Bonneuil）
博馬努瓦（Beaumanoir）
博寇里斯（Bocchoris）
喬南德斯（Jornandès）
堤亞（Mdes）
提比略（Tibère）
提吉利努斯（Tigellinus）
提奧弗拉斯特（Thophraste）
提奧多西亞努斯（Thodosianus）
提爾（Tyr）
斯托巴烏斯（Stobée）
斯特拉波（Strabon）
斯基泰人（Scythes）
斯凱沃拉（Scévola）
普布里烏斯・魯蒂里烏斯（Publius Rutilius）
普里多（Prideaux）
普里斯庫斯（Priscus）
普拉蘇姆（Prassum）
普林尼（Pline）
普芬道夫（Samuel Pufendorf）
普洛布斯（Probus）
普洛科比烏斯（Procope）
普洛泰爾（Protaire）
普洛龐蒂斯（瑪律馬拉海）（Propontide）
普勞狄烏斯（Platius）
森普洛尼烏斯（Sempronius）
欽圖斯・塞爾維利烏斯（Q. Servulius）
湯瑪斯・巴塞林（Thomas Bartholin）
湯瑪斯・蓋傑（Thomas Gage）
發納高黎人（Phanagoren）
腓特烈（Ferdéric）
腓羅佩門（Philopoemen）
菲洛（Philon）
菲羅斯特拉圖斯（Philostrate）

萊比杜斯（Lépidus）
萊斯特魯貢（Lestrigons）
賀拉斯（Horace）
雅克一世（Jacques Ier）
馮特奈（Fontenay）
黑海（Pont-Euxin）

十三畫

塔西佗（Cornelius Tacitus）
塔克文（Tarquin）
塔奈伊斯河（Tanaïs）
塔泰索斯（Tartèse）
塔普洛班（斯里蘭卡）（Taprobane）
塔克文・普里斯庫斯（Tarquinius Priscus）
塔維尼耶（Tavernier）
塔蘭（Talent）
塞瓦朗勃（Svarambes）
塞米拉米斯（Smiramis）
塞西里烏斯（Ccilius）
塞克斯提留烏斯・魯富斯（Sextilius Rufus）
塞克斯圖斯（Sextus）
塞克斯圖斯・柏圖庫斯（Sextus Peduceus）
塞克斯圖斯・龐培（Sextus Pompe）
塞奈（Cerné）
塞拉（Séra）
塞涅卡（Sénèque）
塞琉古（Séleucus Nicator）
塞納爾（Sennar）
塞爾維烏斯・圖里烏斯（Servius Tullius）
塞維路斯・亞歷山大（Sévère Alexandre）
塞薩利人（Thessaliens）
奧古斯都（Auguste）
奧布（Abo）
奧弗里烏斯（Aufrius）
奧托（Othon）
奧克努米斯（Orchomène）
奧克蘇斯河（Oxus）
奧勒留・維克托（Aurelius Victor）
奧菲提安（Orphitien）
奧爾泰子爵（Dorte）

奧德修斯（Ulysse）
奧盧斯・格利烏斯（Aulu Gelle）
凱撒（César）
新地島（Nouvelle-Zambe）
溫德克斯（Vindex）
瑟西（Circs）
聖厄謝（Eucher Saint）
聖皮爾（Saint-Pierre, Charles）
聖安布羅斯（Saint Ambroise）
聖西利爾（Saint Cyrille）
聖西蒙（Saint-Simon）
聖阿維特（Saint Avit）
聖派特洛克羅斯（Saint Patrocle）
聖奧古斯丁（Saint Augustin）
聖德尼（Saint-Denis）
萬丹（Bantam）
蒂永維爾（Thionville）
蒂米什瓦爾（Temeswar）
蒂博（Thibault）
詹農（Pietro Giannone）
賈尼松（Janisson）
路易普朗（Lucius Scipion Luitpran）
路德貝克（Rudbeck）
達維拉（Davila）
達蒙（Damon）
雷塞遜德斯（Récessuinde）
雷蒙・阿隆（Raymond Aron）

十四畫

圖密善（Domitien）
圖爾的格雷瓜爾（Grégoire de Tours）
圖盧斯・霍斯提利烏斯（Tullus Hostilius）
漢尼拔（Hannibal）
漢諾（Hannon）
瑣羅亞斯德（Zoroastre）
瑪律庫爾弗（Marculfe）
福里烏斯・卡米魯斯（Furius Camillus）
福凱斯（Phocas）
福斯蒂尼亞努斯（Faustinien）
福爾班（Forbin）

窩爾西人（Volsques）
維列斯（Verrès）
維吉尼亞（Verginie）
維吉尼烏斯（Virginius）
維克托・阿馬戴烏斯（Victor-Amédée）
維杜里烏斯（Vturius）
維特利烏斯（Vitellius）
維蒂札（Vitiza）
蒙呂克（Monluc）
蒙龐西耶（Montpensier）
赫卡尼亞（Hyrcanie）
赫魯爾斯人（Hérules）

十五畫

墨林德（Mélinde）
墨特盧斯・努米底庫斯（Métellus Numidicus）
德米特里烏斯（Démétrius de Phalère）
德・拉瓦萊特（de La Valette）
德拉克馬（Drachme）
德洛斯島（Délos）
德若拉圖斯（Dejoratus）
德摩斯提尼（Démosthène）
德魯蘇斯（Drusus）
德篤利安（Tertullien）
德謨克利特（Démocrite）
撒迦利亞（Zacharie）
歐多克索斯（Eudoxe）
歐里克（Euric）
蓬塞（Poncet）
蓬蒂厄（Ponthieu）
魯瓦索（Loyseau）
魯克萊西亞（Lucrèce）
黎胥留（Richelieu）

十六畫

盧卡（Lucques）
盧西烏斯・西庇阿（Lucius Scipion）
穆基烏斯・斯凱沃拉（Mucius Scévola）
穆塔托里（Muratori）
錫巴里斯人（Sybarites）

十七畫

十八畫

十九畫

二十畫

二十四畫

孟德斯鳩生平和著作年表

年代	生平記事
一六八九年	•一月十八日，夏爾·德·色貢達（即本書作者孟德斯鳩）出生。
一六九六年	•十月十六日，母親去世。
一六九九年	•貝尼埃的《遊記》出版，孟德斯鳩寫作《波斯人信札》時曾加以利用。
一七〇〇年	•八月十一日，進入朱伊公學。
一七〇五年	•孟德斯鳩離開朱伊公學。
一七〇五年八月—一七〇八年	•在波爾多法學院讀書。
一七〇八年	•七月二十九日，獲法學學士學位。 •八月十二日，獲法學碩士學位。 •八月十四日，進入波爾多高等法院任律師。
一七〇九—一七一三年	•首次旅居巴黎。
一七〇九年	•撰寫《論西塞羅》。

年代	生平記事
一七一一年	•沙爾丹的《波斯遊記》出版，孟德斯鳩寫作《論法的精神》時曾多處引用。 •撰寫《論異教徒永禁地獄》（已佚）。
一七一二年	•波爾多科學院成立。
一七一三年	•在巴黎遇到由耶穌會士帶到法國的中國教徒黃嘉略。 •十一月十五日，父親去世，孟德斯鳩遂成爲男爵。
一七一三年	•十二月五日，離開巴黎回波爾多。
一七一四年	•二月二十四日，買得波爾多高等法院推事職位。
一七一五年	•四月三十日，在波爾多與加爾文派新教徒讓娜・德・拉爾蒂克成婚，新娘帶來嫁妝十萬鋰。 •十二月，向攝政王進呈《重整國家的手段》一文。
一七一六年	•二月十日，兒子讓－巴蒂斯特出生。 •四月三日，孟德斯鳩當選爲波爾多科學院院士。 •四月二十四日，伯父、波爾多高等法院庭長讓－巴蒂斯特・德・色貢達去世，孟德斯鳩繼承其波爾多高等法院庭長職位。 •五月一日，在波爾多科學院發表就職演說。 •六月十八日，在波爾多科學院宣讀論文《論羅馬人的宗教政策》。 •七月十三日，獲得波爾多高等法院的庭長職務。

年代	生平記事
	・九月二十八日，建議波爾多科學院設立總額爲三百鋰的解剖學基金。 ・十一月二十八日，在波爾多科學院宣讀論文《論思想體系》（已佚）。
一七一七年	・一—三月，旅居巴黎。可能從此時開始寫作《波斯人信札》。 ・一月二十二日，女兒瑪麗出生。 ・八月二十五日，撰寫《論天才的區分》。 ・九月六日，當選波爾多科學院一七一七—一七一八年院長。 ・可能從此時開始寫作筆記《隨筆》。
一七一八年	・五月一日，在波爾多科學院宣讀論文《回聲的成因》。 ・六月二十九日，撰寫《關於槲寄生和橡樹上的苔蘚以及可食用的植物》。 ・八月二十五日，在波爾多科學院作《關於腎腺》的演說。
一七一九年	・一月，《古今地球物理史提綱》在《法蘭西信使》刊出。 ・六—九月，可能在巴黎逗留。
一七二〇年	・旅居巴黎。 ・五月一日，在波爾多科學院宣讀論文《論重力的原因》。 ・八月二十五日，在波爾多科學院作《論物體透明的原因》的演說。 ・十一月十六日，在波爾多科學院宣讀論文《論自然史觀察》第一部分。

年代	生平記事
一七二一年	• 五月，《波斯人信札》初版。 • 十月，《波斯人信札》再版。 • 十一月二十日，在波爾多科學院宣讀論文《論自然史觀察》第二部分。
一七二二年	• 年底，受波爾多科學院委託去巴黎呈送關於税收的陳情書。
一七二三年	• 一—八月，在巴黎。 • 七月三日，接到關於解除年齡下限，可正式擔任波爾多高等法院庭長的通知。 • 十一月一八日，在波爾多科學院宣讀論文《論相對運動》。 • 年底，撰寫《色諾克拉特致菲雷斯的信》。
一七二四年	• 《尼多斯的神殿》在《法蘭西文叢》上發表。 • 撰寫《論西班牙的財富》。
一七二五年	• 旅居巴黎，經常出入中二樓俱樂部。撰寫《論政治》。 • 五月一日，在波爾多科學院宣讀論文《論義務》。 • 八月二十五日，委託他人在波爾多科學院宣讀論文《聲望與名譽》。 • 八月二十八日，當選波爾多科學院一七二五—一七二六年院長。 • 十一月十一日，在波爾多科學院發表題爲《審判和執法應以公正爲準繩》的演説。 • 十一月一五日，在波爾多科學院宣讀論文《鼓勵我們進行科學研究的原因》。 • 十二月七日，最後一次在波爾多高等法院上班。

年代	生平記事
一七二六年	• 一—五月，在巴黎。 • 六—十二月，在波爾多。 • 七月七日，售出波爾多高等法院的庭長職務。 • 十二月十八日，將家業託付給妻子後動身去巴黎。
一七二七年	• 全年在巴黎居住。 • 二月二十三日，二女兒戴妮絲出生，後來成爲他的私人祕書。 • 十一月二日，成爲法蘭西學院院士候選人。 • 十二月二十日，法蘭西學院就選舉孟德斯鳩爲院士進行第一輪投票。
一七二八年	• 一月十五日，第二輪投票後當選爲法蘭西學院院士。 • 一月二十四日，在法蘭西學院就職。 • 四月五日，啓程出遊。 • 四月三十日，抵達維也納。 • 五月二十日，抵達盧森堡，受奧地利皇帝接見。 • 五月二十七日，前往匈牙利。 • 六月二十六日，返回維也納。 • 七月九日，前往格拉茨。 • 八月十六日，抵達威尼斯。

年代	生平記事
	•八月二十九日，與約翰·羅初次交談。 •八月三十一日，與約翰·羅再次交談。 •九月十四日，抵達帕多瓦。 •九月二十四日，抵達米蘭。 •十月十六日，離開米蘭。 •十月二十三日，抵達都靈。 •十一月九日，抵達熱那亞。 •十一月二十四日，抵達比薩。 •十二月一日，抵達佛羅倫斯。
一七二九年	•一月十五日，抵達錫耶那。 •一月十九日，抵達羅馬。 •二月一日，與自中國返回的耶穌會傳教士傅聖澤交談。 •四月十八日，離開羅馬。 •四月二十三日，抵達那不勒斯。 •五月六日，離開那不勒斯返回羅馬。 •七月四日，離開羅馬。 •七月九—十七日，在波倫亞。

年代	生平記事
	•七月二十四—二十六日，在帕爾瑪。 •七月二十九日，抵達維羅納。 •七月三十—三十一日，在特蘭托。 •八月三日，抵達慕尼黑。 •八月十六—二十三日，在奧格斯堡。 •八月二十九—三十一日，在法蘭克福。 •九月一日，在美因茨。 •九月三日，在波恩。 •九月九—十日，在杜塞爾多夫。 •九月十一日，在蒙斯特。 •九月十二日，在奧斯納布呂克。 •九月二十四日，抵達漢諾威。 •九月二十八日，參觀哈茨礦區。 •十月十二日，抵達烏特勒支。 •十月十五日，抵達阿姆斯特丹。 •十月三十一日，從海牙啓程前往英國。 •十一月三日，抵達倫敦。

年代	生平記事
一七三〇年	•全年逗留在倫敦。 •二月二十六日，被倫敦王家學會接受爲會員。 •三月十六日，加入共濟會。
一七三一—一七三三年	•撰寫《羅馬盛衰原因論》。
一七三一年	•五月，回到波爾多的拉布雷德堡家中。 •八月二十五日，在波爾多科學院宣讀論文《匈牙利兩個可變鐵爲銅的水泉記述》。 •十二月二日，在波爾多科學院宣讀論文《哈茨的礦業》。
一七三二年	•在波爾多市内和拉布雷德。 •十一月十四日，在波爾多科學院作題爲《思想的形成與進步》的演説。 •十二月，委託他人在波爾多科學院宣讀論文《古羅馬人的奢靡與羅馬居民的節儉》。
一七三三年	•一—四月，在波爾多和拉布雷德。 •五—十二月，在巴黎。
一七三四年	•一—九月，在巴黎。 •十—十二月，在波爾多和拉布雷德。 •從一七三四年至去世，孟德斯鳩在巴黎時一直居住在聖多明尼克街。 •七月二十日，《羅馬盛衰原因論》在巴黎銷售。

年代	生平記事
	• 撰寫《論歐洲統一王國》。
一七三五年	• 一—四月，在波爾多和拉布雷德。 • 五—十二月，在巴黎。 • 《羅馬盛衰原因論》義大利文譯本在威尼斯出版。
一七三六年	• 一—九月，在巴黎。 • 十—十二月，在波爾多和拉布雷德。 • 十一月二日，爲兒子讓—巴蒂斯特購得波爾多高等法院推事職位。
一七三七年	• 一—四月，在波爾多和拉布雷德。 • 五—十二月，在巴黎。 • 一月三十日，兒子讓—巴蒂斯特就任波爾多高等法院推事。
一七三八年	• 一—十月，在巴黎。 • 十一—十二月，在波爾多和拉布雷德。 • 十一月十九日，女兒瑪麗結婚。
一七三九年	• 一—二月，在波爾多和拉布雷德。 • 三—十二月，在巴黎。 • 四月，任波爾多科學院院長。

年代	生平記事
一七四〇年	• 一—三月，在波爾多和拉布雷德。 • 四—十二月，在巴黎。
一七四一年	• 一—三月，在波爾多和拉布雷德。 • 四—十二月，在巴黎。
一七四二年	• 在巴黎。 • 撰寫《阿拉斯和伊斯梅尼》。 • 《羅馬盛衰原因論》德文譯本在柏林出版。
一七四三年	• 一—八月，在巴黎。 • 九—十二月，在拉布雷德。 • 在一七二六年開始的孟德斯鳩莊園地界訴訟中勝訴。
一七四四年	• 在拉布雷德。 • 《波斯人信札》增訂本出版。
一七四五年	• 在波爾多和拉布雷德。 • 一月，《蘇拉和歐克拉特的對話》在《法蘭西信使》刊出。 • 二月二日，在波爾多向若干好友宣讀《論法的精神》部分章節。 • 三月，女兒戴妮絲結婚。

年代	生平記事
一七四六年	•一—八月，在波爾多和拉布雷德。 •九—十二月，在巴黎。 •當選柏林科學院院士。
一七四七年	•一—十月，在巴黎。 •七月，在巴黎宣讀《論法的精神》部分章節。 •六月，在呂內維爾的波蘭國王王宮中小住。 •十一—十二月，在波爾多和拉布雷德。
一七四八年	•一—四月，在巴黎。 •五—十二月，在波爾多和拉布雷德。 •《羅馬盛衰原因論》新版出版。 •六月十日，售出波爾多高等法院推事職位。 •十一月十一日，《論法的精神》在日內瓦發售。
一七四九年	•一—六月，在波爾多和拉布雷德。 •七—十二月，在巴黎。 •年底《論法的精神》被提交書刊審查局接受審查。
一七五〇年	•在巴黎。 •《爲論法的精神辯護》在日內瓦出版。

年代	生平記事
	•八月一日，索爾邦神學院開始審查《論法的精神》。 •十一月二十六日，草擬遺囑。
一七五一年	•一—三月，在巴黎。 •六—十二月，在波爾多和拉布雷德。 •十一月二九日，《論法的精神》被列爲禁書。
一七五二年	•被聘爲斯坦尼斯拉斯科學院院士。 •《論法的精神》義大利譯文出版。
一七五三年	•一—十一月，在巴黎。 •十二月，在波爾多和拉布雷德。 •爲《百科全書》撰寫《論情趣》。
一七五四年	•一—七月，在巴黎。 •七—十二月，在波爾多和拉布雷德。 •《波斯人信札》在科隆以「皮埃爾·馬托」出版社名義出版。 •增補後的《論法的精神》定本出版。 •十二月底，前往巴黎。
一七五五年	•一月二十日，在巴黎染疾。 •二月十日，去世。 •二月十一日，下葬。

經典名著文庫 063

論法的精神（下卷）

作　　者 —— 孟德斯鳩（Montesquieu）
譯　　者 —— 許明龍
發 行 人 —— 楊榮川
總 經 理 —— 楊士清
文庫策劃 —— 楊榮川
副總編輯 —— 劉靜芬
責任編輯 —— 林佳瑩、黃麗玟
封面設計 —— 姚孝慈
著者繪像 —— 莊河源
出 版 者 —— 五南圖書出版股份有限公司
地　　址 —— 臺北市大安區 106 和平東路二段 339 號 4 樓
電　　話 —— 02-27055066（代表號）
傳　　眞 —— 02-27066100
劃撥帳號 —— 01068953
戶　　名 —— 五南圖書出版股份有限公司
網　　址 —— http://www.wunan.com.tw
電子郵件 —— wunan@wunan.com.tw
法律顧問 —— 林勝安律師事務所　林勝安律師
出版日期 —— 2019 年 7 月初版一刷
定　　價 —— 600 元

國家圖書館出版品預行編目資料

論法的精神 / 孟德斯鳩 (Montesquieu) 著 ; 許明龍譯 . -- 初版 . -- 臺北市 : 五南 , 2019.07
冊 ;　公分 . -- (經典名著文庫 ; 63)
譯自 : De l'esprit des lois
ISBN 978-957-763-401-6(上卷 : 平裝)
ISBN 978-957-763-459-7(下卷 : 平裝)

1. 孟德斯鳩 (Montesquieu, 1689-1755)　2. 學術思想
3. 法律哲學

580　　108005848